孟子

全訳注

宇野精一

講談社学術文庫

目次

凡　例

一　底本として清の阮元が刊行した『十三経注疏』本を用いたが、一、二改めたところがある。

一　『論語』の章を示す番号は、森本角蔵編『四書索引』本によったが、その他の点でも、この索引には負うところが多い。

一　巻末に解説を施し、本書成立の時代的背景およびその思想・内容を概説し、全貌の把握に資した。

一　本文は、内容によって適当な段落にくぎり、それぞれ原文・読み下し文・現代語訳によって構成した。

①原文は、旧漢字を用い、返り点を施した。

②読み下し文は、新漢字・歴史的仮名遣いを用い、漢字にはすべて振り仮名をつけた。

一　原文の各章の冒頭には、便宜上、番号を施した。

孟子

全訳注

梁恵王章句　上

1孟子　梁の恵王に見ゆ。王曰く、「叟、千里を遠しとせずして来る。亦将に以て吾が国を利する有らんとするか」と。孟子対へて曰く、「王何ぞ必ずしも利と曰はん。亦仁義有るのみ。

[現代語訳]

孟子が梁の恵王にお目にかかった。王「先生は千里も遠い道をものともせずにおいでくださいましたが、やはり我が国に利益になるようなことでもありますか」孟子がお答えして言う、「王様はどうして利益などとおっしゃるのですか。(国を治めるには)仁義の道があるだけです。

王は何を以て吾が国を利せんと曰ひ、大夫は何を以て吾が家を利せんと曰ひ、士庶人は何を以て吾が身を利せんと曰ひ、上下交利を征れば、国危ふし。万乗の国、其の君を弑する者は、必ず千乗の家なり。千乗の国、其の君を弑する者は、必ず百乗の家なり。万に千を取り、千に百を取る、多からずと為さず。苟も義を後にして利を先にすることを為さば、奪はずんば饜かず。

［現代語訳］

王はどうしたら我が国に利益があるかと言い、大夫はどうしたら我が家に利益があるかと言い、士や庶人はどうしたら我が一身に利益があるかと言うように、上のなすところ、下これに倣って、上下互いに利益を求めるようだと、国には争乱が起こって、滅亡の危険を生じます。そもそも万乗の国において、その君を弑するような者は、必ず千乗の領地を持つ大夫であり、千乗の国においてその君を弑するような者は、必ず百乗の領地を持つ大夫であるに相違ありません。万の中から千を取り、千の中から百を取るなら、臣下の禄としてけっして多くないとはいえません。しかし、もし義をあと回しにして、利を先立てるようなことをすれば、君のものを全部奪わなければ満足しないということになります。

未だ仁にして其の親を遺つる者有らざるなり。未だ義にして其の君を後にする者有らざるなり。王も亦仁義と曰はんのみ。何ぞ必ずしも利と曰はん」と。

［現代語訳］

昔から仁を主としながら、その親を捨てる者はないし、義を主としながら、その君をないがしろにして私利を図る者はありません。ですから、王様も仁義を心がけさえすればよろしいのでありまして、利益などを口にされる必要はありません」

2　孟子(もうし)　梁(りよう)の恵王(けいわう)に見(まみ)ゆ。王(わう)沼(せう)上(じやう)に立(た)ち、鴻鴈(こうがん)麋鹿(びろく)を顧(かへり)みて曰(いは)く、「賢者(けんしや)も亦(また)此(これ)を楽(たの)しむか」と。孟子(もうし)対(こた)へて曰(いは)く、「賢者(けんしや)にして後(のち)此(これ)を楽(たの)しむ。不賢者(ふけんしや)は此(これ)有(あ)りと雖(いへど)も楽(たの)しまざるなり。

[現代語訳]

孟子が梁の恵王にお目にかかった。王は池のそばに立って、大小の雁や鹿をながめながら、「昔の賢君もこういうことを楽しんだものだろうか」と尋ねた。孟子がお答えする、「賢君であってはじめてこういうことを楽しむことができるのです。不賢者ではたといこのようなものがあっても、楽しむことはできません。

詩(し)に云(い)ふ、『霊台(れいだい)を経始(けいし)し、之(これ)を経(けい)し之(これ)を営(いとな)む。庶民(しよみん)之(これ)を攻(をさ)め、日(ひ)ならずして之(これ)を成(な)す。経始(けいし)亟(すみやか)にすること勿(なか)れ。庶民(しよみん)子(こ)のごとく来(きた)る。王(わう)霊囿(れいいう)に在(あ)れば、麀鹿(いうろく)伏(ふく)する攸(ところ)、麀鹿(いうろく)濯濯(たくたく)たり。白鳥(はくてう)鶴鶴(かくかく)たり。王(わう)霊沼(れいせう)に在(あ)れば、於(ああ)牣(み)ちて魚(うを)躍(をど)る』と。文王(ぶんわう)民(みん)力(りよく)を以(もつ)て台(だい)を為(つく)り、沼(せう)を為(つく)り、而(しか)して民(たみ)之(これ)を歓楽(くわんらく)す。其(そ)の台(だい)を謂(い)ひて霊台(れいだい)と曰(い)ひ、其(そ)の沼(せう)を謂(い)ひて霊沼(れいせう)と曰(い)ひ、其(そ)の麋鹿魚鼈(びろくぎよべつ)有(あ)るを楽(たの)しむ。古(いにしへ)の人(ひと)は民(たみ)と偕(とも)に楽(たの)しむ。故(ゆゑ)に能(よ)く楽(たの)しむなり。

［現代語訳］

『詩経』に『文王が霊台をはじめて作ろうとし、測量し計画ができると、庶民は先を争って工事をし、幾日もかからずに作り上げた。というのも、文王は急ぐに及ばぬと言い渡したのだけれども、庶民は文王の徳を慕って、まるで親の下に集まる子供のように集まって来たからである。文王が霊囿の中に在ってながめると、雌雄の鹿は楽しげに遊び伏し、よく肥えてつやつやし、白鳥は白くつややかな羽をしている。また、文王が霊沼のほとりに立てば、満々とたたえた水に魚もぴちぴち跳ねている。このように文王の徳は禽獣にまでも及んでいるのである』とあります。文王は民の力を用いて台や池を作ったのだが、民はかえってこれを喜び楽しみ、文王の徳をたたえてその台を霊台と呼び、その池を霊沼と呼び、そこに大小の鹿や魚や鼈がいるのを楽しみました。昔の賢君は楽しみを独占せず、人民とともに楽しんだからこそ、ほんとうによく楽しむことができたのであります。

湯誓に曰く、『時の日害か喪びん。予女と偕に亡びん』と。民之と偕に亡びんと欲せば、台池鳥獣有りと雖も、豈能く独り楽しまんや」と。

［現代語訳］

『書経』に、夏の桀王をのろった人民のことばとして、『この太陽はいつ滅びるだろうか。これさえ滅びるなら、われわれもいっしょに滅びてもよい』とあります。このように人民が君をのろって、速やかに君とともに滅びたいと思うようでは、りっぱな台や池や鳥獣があったとしても早晩これを失うことは必定で、どうして君主一人で安穏にこれを楽しんでいることができましょうか」

3梁の恵王曰く、「寡人の国に於けるや、心を尽すのみ。河内凶なれば、則ち其の民を河東に移し、其の粟を河内に移す。河東凶なるも亦然り。鄰国の政を察するに、寡人の心を用ふるが如き者無し。鄰国の民少きを加へず、寡人の民多きを加へざるは、何ぞや」と。

〔現代語訳〕

梁の恵王「私が国を治めるについては、精いっぱい心を尽くしている。たとえば、河内が凶作なら餓死者が出ないように、その人民を河東に移動させる一方、河東の穀物を河内に運んでやる。河東が凶作ならやはり同じようにする。ところで隣国の政治を見てみると、私が努力しているようなことはしていない。それだのに、隣国の人民が減りもせず、私の人民が増えもしないのは、どうしてだろうか」

孟子対へて曰く、「王戦ひを好む。請ふ戦ひを以て喩へん。塡然として之を鼓し、兵刃既に接す。甲を棄て兵を曳いて走る。或ひは百歩にして後止まり、或ひは五十歩にして後止まる。五十歩を以て百歩を笑はば、則ち何如」と。曰く、「不可なり。直百歩ならざるのみ。是れ亦走るなり」と。曰く、「王 如し此を知らば、則ち民の鄰国より多きを望むこと無かれ。」

[現代語訳]

孟子がお答えする、「王様は戦争がお好きですから、ひとつ戦争でたとえてみましょう。今、どんどんと進軍の太鼓が鳴って、刀で切り合いが始まると、よろいを脱ぎ捨て身軽になり、武器を引きずって逃げ出した。百歩も逃げた者もあれば、五十歩で踏みとどまった者もあって、五十歩の者が、百歩の者をおくびょう者と笑ったとしたら、いかがなものでございましょうか」 王「それはいかん。ただ百歩逃げなかっただけで、五十歩でもやはり逃げたのだから」 孟子はそこで思うつぼとばかり「王様にそれがおわかりなら、王様の政治もいわば五十歩百歩ですから、人民が隣国よりも多くなることをお望みになるわけにはまいりませんよ。」

農の時を違へずんば、穀勝げて食ふ可からず。数罟 洿池に入らずんば、魚鼈勝げて食ふ可からず。斧斤時を以て山林に入れば、材木勝げて用ふ可からず。穀と魚鼈と勝げて食ふ可からず、材木勝げて用ふ可からざるは、是れ民をして生を養ひ死を喪して憾無からしむるなり。生を養ひ死を喪して憾無きは、王道の始めなり。

〔現代語訳〕

政治にはもっと根本の問題があります。すなわち、人民の労力を使うには、よく時期を考えて、農業の忙しい時期を妨害しないようにすれば、穀物は食べきれぬほどできます。沼や池で魚を取るのに、目の細かい網を使わせないようにすれば、魚や鼈は食べきれないほど増えます。山林でも木を切り出すのに適当な時期を選ぶようにすれば、材木は使いきれないほど十分になります。このように、穀物や魚類は食べきれないほどだし、材木は使いきれないほどだということは、つまり人民に生前の生活や死後の葬祭に心配がないようにさせるわけであります。生活や葬式に心配がないということが、まさに王道の始めであります。

五畝の宅、之に樹うるに桑を以てせば、五十の者以て帛を衣る可し。雞豚狗彘の畜、其の時を失ふ無くんば、七十の者以て肉を食ふ可し。百畝の田、其の時を奪ふ勿くんば、数口の家、以て飢うる無かる可し。庠序の教へを謹み、之に申ぬるに孝悌の義を以てせば、頒白の者 道路に負戴せず。七十の者 帛を衣、肉を食ひ、黎民飢ゑず寒えず。然り而うして王たらざる者は、未だ之れ有らざるなり。

〔現代語訳〕

農夫一世帯の割当面積である五畝の宅地には、桑を植えて養蚕をすれば、五十歳以上の者は軽くて暖かい絹物を着ることができましょう。鶏・豚・犬などの飼育に心を用いて、その繁殖生育の時期に殺さないようにすれば、七十歳以上の者は栄養のよい肉を十分に食べられましょう。また、一世帯分の百畝の田地は、農耕の時期を妨害しなければ、五、六人暮らしの家では腹をすかせることもないでしょう。こうして生活を安定させたうえで、学校教育を慎重にし、さらにくり返して孝悌の道を教えれば、若者は長老に対する道を心得て、白髪混じりの老人が重荷を負って歩くようなこともないでしょう。五十歳・七十歳の老人が絹物を着、肉を食べ、天下の万民はひもじい思いもせず、寒い思いもしないということになれば、天下ことごとく帰服しますから、それで王者にならないということはけっしてありません。

狗彘人の食を食ひて、検するを知らず。塗に餓莩有りて、発するを知らず。人死すれば、則ち我に非ざるなり、歳なりと曰ふ。是れ何ぞ人を刺して之を殺し、我に非ざるなり、兵なりと曰ふに異ならんや。王歳を罪する無くんば、斯に天下の民至らん」と。

[現代語訳]

凶作のときに、犬や豚のような家畜が人の食べるべき食糧を食べているのに、それを取り締まろうともせず、一方では道路に行き倒れの餓死者があるというのに、予備の米倉を開いて救おうともせず、人死があれば、私の責任ではない、実りのせいだというなら、これこそ人を刺し殺しておいて、私ではない、この武器が殺したのだというのとどこが違いましょうか。王様も御自分の責任をよく考えて、実りに罪を着せないようになされば、天下の人民はみな、王様を慕って集まって来るでありましょう」

4梁の恵王曰く、「寡人願はくは安んじて教へを承けん」と。孟子対へて曰く、「人を殺すに梃を以てすると刃もてすると、以て異なる有るか」と。曰く、「以て異なる無きなり」と。「刃を以てすると政もてすると、以て異なる有るか」と。曰く、「以て異なる無きなり」と。

[現代語訳]

梁の恵王「私はひとつゆっくり落ち着いてお話を承りたい」孟子はそこで反問する、「人を殺すのに、つえで打ち殺すのと刃物で切り殺すのと、違いがありましょうか」「別に変わりはない」「では刃物で殺すのと政治（のしかたが悪くて）で殺すのと違いがありましょうか」「別に変わりはない」

曰く、「庖に肥肉有り。廐に肥馬有り。民に飢色有り。野に餓莩有り。此れ獣を率ゐて人を食ましむるなり。獣相食むすら、且つ人之を悪む。民の父母と為りて、政を行ひ、獣を率ゐて人を食ましむるを免れず。悪んぞ其の民の父母為るに在らんや。

［現代語訳］

「では、君主の料理場には肥えた肉が蓄えてあり、馬屋には肥えた馬が飼われているというのに、人民は飢えに苦しむ顔色をし、郊外に出てみれば餓死者が行き倒れになっているというようなことでは、（つまり人間の食べるべき物を家畜に食べさせて平気でいるからで）いわば獣を引き連れて行って人を食わせるようなものであります。獣同士がかみ合うのさえ、人はいやな気持ちになりますのに、民の父母たる君主として政治をしながら、獣を引き連れて行って人を食わせるという結果を避けられないようでは、どこに民の父母たる資格がありましょうか。

仲尼曰く、『始めて俑を作る者は、其れ後無からんか』と。其の、人に象りて之を用ふるが為なり。之を如何ぞ、其れ斯の民をして飢ゑて死なしめんや」と。

［現代語訳］

孔子は『はじめて俑を作り出した者こそは、天罰で子孫が絶えるだろう』と申しましたが、それはあまりに人間に似たものを作って、これを副葬品として埋めたからであります。（人間に似たものを作ったことでさえ、それだけ不仁の罪を負わせるのに）どうしてこの人民を餓死させられましょうか」

5梁の恵王曰く、「晋国は天下焉より強きは莫きは、叟の知れる所なり。寡人の身に及び、東は斉に敗られ、長子死す。西は地を秦に喪ふこと七百里。南は楚に辱めらる。寡人之を恥づ。願はくは死する者の比までに一たび之を洒がん。之を如何せば則ち可ならん」と。

[現代語訳]

梁の恵王「我が晋国が天下無敵の強国だったことは、先生も御承知のとおりであるが、私の代になってから、東は斉に敗られて長男が戦死する、西は秦に七百里も土地を奪われる、南は楚から恥辱を受けるというありさまで、私はまことに恥ずかしいと思っている。なんとか私の死ぬまでには、すっかりこの恥をすすぎたいものだが、どうしたらよかろうか」

孟子対へて曰く、「地、方百里ならば以て王たる可し。王如し仁政を民に施し、刑罰を省き、税斂を薄くし、深く耕し易め耨らしめ、壮者は暇日を以て其の孝悌忠信を修め、入りては以て其の父兄に事へ、出でては以て其の長上に事へば、梃を制して以て秦楚の堅甲利兵を撻たしむ可し。

[現代語訳]

孟子がお答えする、「百里四方の小国でも、天下の王となることができます。（いわんやこの大国において）王がもし民に仁政を施し、刑罰を簡単にし、税を軽くし、人民が安心して農耕に従事し、田地を深く耕して、除草の手も届くようにし、青壮年には余暇をもって孝悌忠信の道徳を学ばせ、家に在ってはよく父兄に仕え、社会に在ってはよく長上に仕えるというように、経済・道徳を確立すれば、人民はみな義勇奉公、棍棒を引っ提げてでも、秦や楚のような強国の堅固な甲冑、鋭利な武器の軍隊にも立ち向かわせることができましょう。

彼は其の民の時を奪ひ、耕耨して以て其の父母を養ふことを得ざらしむ。父母凍餓し、兄弟妻子離散す。彼は其の民を陥溺す。王往きて之を征せば、夫れ誰か王と敵せん。故に曰く、『仁者は敵無し』と。王 請ふ疑ふこと勿れ」と。

［現代語訳］

相手はその人民の農業の時期をもかまわずこき使い、田畑を耕作してその父母や家族を養うこともできないようにしていますから、父母は寒さに凍え、飢えに悩み、兄弟妻子は散り散りというありさまです。このように、彼らは人民を苦しめているのですから、そこへ王様が征伐に出かけられれば、だれが王にかないましょうか。ですから、昔から『仁者は敵なし』と申すのです。どうぞ、私の申すことをお疑いなさいますな」

6孟子　梁の襄王に見ゆ。出でて人に語げて曰く、「之を望むに人君に似ず。之に就くに畏るる所を見ず。卒然として問うて曰く、『天下悪にか定まらん』と。吾対へて曰く、『一に定まらん』と。『孰か能く之を一にせん』と。対へて曰く、『人を殺すを嗜まざる者、能く之を一にせん』と。『孰か能く之に与せん』と。

〔現代語訳〕

　孟子が梁の襄王にお目にかかった。退出してからある人に話をした、「襄王は遠目にもどうも人君らしくない。近づいて謁見すると、畏敬すべきところがない。これは、と思っていると、出し抜けに『この乱れた天下はどう落ち着くだろうか』と問われる。私が『必ず統一されます』とお答えすると、畳み掛けて『だれが統一できるだろうか』というお尋ねだ。私が『人を殺すことを心から好まぬ仁君こそ、よく統一するでありましょう』とお答えすると、『そんな者に帰服する者があるだろうか』と言われる。対へて曰く、『天下与せざる莫きなり。王夫の苗を知るか。七八月の間、旱すれば則ち苗槁れん。天油然として雲を作し、沛然として雨を下さば、則ち苗浡然として之に興きん。其れ是の如くなれば、孰か能く之を禦めん。今夫れ天下の人牧、未だ人を殺すことを嗜まざる者有らざるなり。如し人を殺すことを嗜まざる者有らば、則ち天下の民、皆領を引いて之を望まん。誠に是の如くならば、民の之に帰すること、由ほ水の下きに就きて沛然たるがごとし。誰か能く之を禦めん』と」

［現代語訳］

『天下だれでも帰服しない者はありません。王様はあの稲の苗のことをご存じですか。最も水を必要とする七、八月のころにひでりが続けば、苗は枯れかかってぐったりするでしょう。そこへ、もくもくと雲が出て一天にわかにかき曇り、ざあざあ雨が降れば、苗はたちまち元気を出してむくむくと起き上がるでしょう。そうなったら、だれがこれを押さえ止めることができましょうか。国家の政治とて同じことで、現在、民を養うべき人君で（直接間接はともかく）人を殺すのが好きでない者は一人もありません。ゆえに、もし人を殺すのが好きでない人君があったら、天下の民はみな、首を長くしてこれを慕い望むこと（あたかもひでりにあった苗が雨雲を望むごとく）でありましょう。実際にそのとおりになったら、人民が仁君に帰服することは、あたかも水が低いほうへざあざあと流れるようなもので、だれがこれを防ぎ止めることができましょうか』とお答えした」

7斉の宣王問うて曰く、「斉桓晋文の事、聞くことを得可きか」と。孟子対へて曰く、「仲尼の徒、桓文の事を道ふ者無し。是を以て後世伝ふる無し。臣未だ之を聞かざるなり。以む無くんば則ち王か」と。曰く、「徳何如なれば則ち以て王たる可き」と。曰く、「民を保んじて王たらば、之を能く禦ぐ莫きなり」と。曰く、「寡人の若き者は、以て民を保んず可きか」と。曰く、「可なり」と。曰く、「何に由りて吾が可なるを知るや」と。曰く、「臣之を胡齕に聞けり。

［現代語訳］

斉の宣王がお尋ねになった、「昔の覇者の代表的な斉の桓公・晋の文公の事績を話してもらえまいか」孟子がお答えする、「孔子の教えを学ぶ者は、桓公や文公のような覇者の事業を口にする者がありませんので、後世に伝わらず、私もいっこうに聞いておりません。しかし、ぜひとも話をせよとのことならば、王道のことをば申し上げましょうか」王「どんな徳があれば、王者になれるだろうか」孟子「民を保全愛護すればおのずから王者となり、かくして王者となるのは、だれも阻止することはできません」王「私のような者でも民を保全愛護することができるだろうか」孟子「おできになりますとも」王「どうして私にできることがわかるのか」孟子「私は御近侍の胡齕から、こういう話を聞いたことがあります。

曰く、王堂上に坐す。牛を牽いて堂下を過ぐる者有り。王之を見て曰く、『牛何に之く』と。対へて曰く、『将に以て鐘に釁らんとす』と。王曰く、『之を舍け。吾其の觳觫若として、罪無くして死地に就くに忍びず』と。対へて曰く、『然らば則ち鐘に釁ることを廃せんか』と。曰く、『何ぞ廃す可けん。羊を以て之に易へよ』と。識らず諸有りや」と。曰く、「之有り」と。曰く、「是の心以て王たるに足る。百姓は皆王を以て愛めりと為すも、臣は固より王の忍びざるを知るなり」と。

[現代語訳]

その話というのは、王様が堂の上でながめておられたとき、堂の下の道を牛を引いて通りかかった者がありました。王様が御覧になって『牛をどこに連れて行くのか』とお尋ねになったので、牛を引く者が『鐘ができましたので、血祭りにするところでございます』とお答え申し上げると、王様が『やめてくれ。牛がおずおずと罪もないのに死場所に連れて行かれるのを見てはおれん』とおっしゃる。『それでは血祭りはやめにいたしますか』と伺うと、『いや、やめるわけにはゆかん。牛の代わりに羊を使え』とおっしゃったということですが、そういうことがございましたか」王「そんなことがあったな」孟子「そういうお心こそ王者となるに十分であります。世間ではみな、王様を物惜しみをなさるとうわさしておりますよ、私はもちろん王様の哀れみのお気持ちを存じておりますけれど」

王曰く、「然り。誠に百姓なる者有り。斉国褊小なりと雖も、吾何ぞ一牛を愛まんや。即ち其の觳觫若として、罪無くして死地に就くに忍びず。故に羊を以て之に易へしなり」と。曰く、「王 百姓の王を以て愛めりと為すを異しむこと無かれ。小を以て大に易ふ、彼悪んぞ之を知らん。王 若し其の罪無くして死地に就くを隠まば、則ち牛羊何ぞ択ばん」と。王笑つて曰く、「是れ誠に何の心ぞや。我其の財を愛みしに非ず。而も之に易ふるに羊を以てす。宜なるかな、百姓の我を愛めりと謂ふや」と。

〔現代語訳〕

王「そうだ。なるほど、とかくうわさをする人民という者がおったわい。しかし、わが斉国はたとい小国なればとて、なんでわずか一頭の牛を惜しもうか。まさしく牛がおずおずと罪もないのに死場所に連れて行かれる様子を見ておれなかったから、牛の代わりに羊を使ったまでなのだ」孟子「王様、人民が王様を物惜しみなさるというのも不思議ではありません。小さな羊で大きな牛と取り替えたのですから、彼らにどうして王様の御本心がわかりましょうか。王様がもし罪もないのに死場所に引かれて行くのを哀れと思われるなら、牛も羊も変わりはございますまい」王は苦笑して、「なるほど、それはどういうつもりであったかな。私は確かに物を惜しんだのではないのだ。が、羊を代わりにしたからには、いかにも人民が私を物惜しみするというのももっともだな」

曰く、「傷む無きなり。是れ乃ち仁の術なり。牛を見て未だ羊を見ざればなり。君子の禽獣に於けるや、其の生を見ては其の死を見るに忍びず。其の声を聞きては其の肉を食ふに忍びず。是を以て君子は庖厨を遠ざくるなり」と。王説んで曰く、「詩に云ふ、『他人 心有り、予之を忖度す』とは、夫子の謂なり。夫れ我乃ち之を行ひ、反つて之を求めて吾が心に得ず。夫子 之を言ひ、我が心に於て戚戚焉たる有り。此の心の王たるに合する所以の者は何ぞや」と。

[現代語訳]

孟子「差し支えございません。これこそ仁の術と申すものです。つまり牛を羊に代えたのは、牛は御覧になったが、羊は目前に御覧にならなかったからです。有徳の君子が鳥や獣に対する気持ちというものは、生きている様子を見ると、それが殺されるのを見るに忍びないし、鳴き声を聞くと、その肉は食べる気にならぬものです。ですから、君子は料理場を遠ざけるものとされております」王は喜んで、「『詩経』に『他人の抱いている心持ちを私は図り知る』とあるが、これはあなたのことをいったようなものだ。どうも自分でしておきながら、考えてみても自分に合点がいかなかったが、あなたから説明されてみて、はじめて自分の心にひしひしと思い当たる。ところで、この心が王者となるにかなうというのはどういうわけか」

曰く、「王に復す者有り。曰く、『吾が力は以て百鈞を挙ぐるに足れども、以て一羽を挙ぐるに足らず。明は以て秋毫の末を察するに足れども、輿薪を見ず』と。則ち王之を許さんか」と。曰く、「否」と。「今、恩は以て禽獣に及ぶに足れども、功は百姓に至らざる者は、独り何ぞや。然らば則ち一羽の挙がらざるは、力を用ひざるが為なり。輿薪の見えざるは、明を用ひざるが為なり。百姓の保んぜられざるは、恩を用ひざるが為なり。故に王の王（わう）たらざるは、為（な）さざるに非（あら）ざるなり」と。

[現代語訳]

孟子「王様に対して『私の力は百鈞もある重い物を持ち上げることができますが、一枚の羽を持ち上げることができません。私の視力は細い毛の先端でも見分けることができますが、車いっぱいの薪を見ることができません』と申し上げる者がありましたら、もっともだとお思いになりますか」王「いやいや」「では、慈悲の心は鳥獣にまでも及ぼすことができるというのに、実際、政治上の施策となると、人民に行き届かないというのは、いったいどういうわけでしょうか。つまり、一枚の羽が持ち上がらないのは力を使わないからであり、車いっぱいの薪が見えないのは視力を働かせないからであり、人民が保護されないのは慈悲の心を用いないためであります。ですから、王様が王者とならないのは、御自分でならないのであって、なれないのではありません」

曰（いは）く、「為（な）さざる者（もの）と、能（あた）はざる者（もの）との形（かたち）は、何（なに）を以（もつ）て異（こと）なるか」と。曰（いは）く、「太山（たいざん）を挟（わきばさ）みて以（もつ）て北海（ほくかい）を超（こ）えんとす。人（ひと）に語（つ）げて曰（いは）く、『我能（われあた）はず』と。是（こ）れ誠（まこと）に能（あた）はざるなり。長者（ちゃうじゃ）の為（ため）に枝（えだ）を折（を）らんとす。人（ひと）に語（つ）げて曰（いは）く、『我能（われあた）はず』と。是（こ）れ為（な）さざるなり、能（あた）はざるに非（あら）ざるなり。故（ゆゑ）に王（わう）の王（わう）たらざるは、是（こ）れ枝（し）を折（を）るの類（るゐ）に非（あら）ざるなり。王（わう）の王（わう）たらざるは、是（こ）れ枝（し）を折（を）るの類（るゐ）なり。

[現代語訳]

王「しないのと、できないのとは、外見上どう違うか」孟子「たとえば、泰山をこわきに抱えて渤海を飛び越えようとして、自分にはできないというのは、事実できないのであります。ところが、長者のためにあんまをしようというとき、自分にはできないというのは、それはしないのであって、できないのではありません。ですから、王様が王者にならないのは、泰山を抱えて渤海を飛び越えるというたぐいのことではありません。まさに、あんまをするたぐいのことであります。

吾が老を老として、以て人の老に及ぼし、吾が幼を幼として、以て人の幼に及ぼさば、天下は掌に運らす可し。詩に云ふ、『寡妻に刑し、兄弟に至り、以て家邦を御む』と。斯の心を挙げて諸を彼に加ふるを言ふのみ。故に恩を推せば、以て四海を保んずるに足り、恩を推さざれば、以て妻子を保んずる無し。古の人、大いに人に過ぎたる所以の者は、他無し。善く其の為す所を推すのみ。今、恩は以て禽獣に及ぶに足り、而も功は百姓に至らざる者は、独り何ぞや。権して然る後に軽重を知り、度して然る後に長短を知る。物皆然り。心を甚しと為す。王請ふ之を度れ。

[現代語訳]

我が家の年老いた父兄を老人として敬い仕え、この同じ心持ちを他人の老父兄にも及ぼしていき、我が家の幼い子弟を幼い者としていたわり慈しみ、この同じ心持ちを他人の幼い者にも及ぼしていったならば、天下を治めることも手のひらで物を転がすようにたやすいことであります。『詩経』に周の文王の徳をたたえて、『文王は夫人に対して正しい態度をとり、次に兄弟に及ぼし、さらに、人民に及ぼして国を治められた』とありますのは、身近の者に対する心をそのまま他者に移すことを言ったにほかなりません。ゆえに、愛情を推し広めれば、広い天下を十分に保全することができるのですが、愛情を推し広めないならば、身近な妻子さえ保全することはできません。昔の聖人が特に常人に優れている点というのは、ほかでもありません、ただ、身近な者に対する態度をよく広く推し及ぼすだけのことであります。今、王様の慈愛のお心は鳥獣にまでも十分に及んでいながら、実際の施策が人民にまで行き届かないというのは、いったいどういうわけでございますか。はかりにかけてはじめて軽重がわかり、ものさしで測ってはじめて長短がわかるというように、物事はみなそうしたものでありますが、特に心の中は測らなければわからず、測ることが必要であります。どうぞ王様、お心をよくお測りください。

抑〻王　甲兵を興し、士臣を危ふくし、怨を諸侯に構へ、然る後心に快きか」と。王曰く、「否。吾何ぞ是に快からん。将に以て吾が大いに欲する所を求めんとすればなり」と。曰く、「王の大いに欲する所、聞くを得可きか」と。王　笑ひて言はず。

曰く、「肥甘の口に足らざるが為か。軽煖の体に足らざるか。抑〻采色の目に視るに足らざるが為か。声音の耳に聴くに足らざるか。便嬖の前に使令するに足らざるか。王の諸臣、皆以て之を供するに足れり。王豈是が為ならんや」と。曰く、「否。吾是が為ならざるなり」と。曰く、「然らば則ち王の大いに欲する所、知る可きのみ。土地を辟き秦楚を朝せしめ、中国に莅んで四夷を撫せんと欲するなり。若き為す所を以て、若き欲する所を求むるは、猶ほ木に縁りて魚を求むるがごときなり」と。

［現代語訳］

（王様に反省なさいと申しましたが）それとも王様は戦争を引き起こし、人民や御家来たちを危うい目に会わせ、諸侯に怨恨の種をまくようなことをなさって、それでお気持ちは愉快なのですか」 王「いや、私とてどうしてそれが愉快なものか。ただ私が非常に欲しいものを手に入れたいと思うからだ」 孟子「王様が非常に欲しいものとは何か、お聞かせいただけますか」 王はにやにや笑って答えない。そこで、孟子「では伺いますが、肥えた肉、甘い食物が食べ足りないためですか。軽く暖かい着物が着足りないのですか。それとも、また美しいものが見足りないためですか。美しい音楽が聞き足りないのですか。お気に入りのおそば仕えの者が、王様のお仕事に不足なのですか。王様の御家来衆はそれくらいのことは十分にお仕え申しておりますからには、まさかそのためではございますまい」 王「いかにも、そんなことのためではない」 孟子「それでは、王様が大いに欲しいものとは、わかりきっております。領土を拡張し、秦や楚のような強国を来朝させ、天下諸侯の上に立ち、四方の蛮族どもを帰順させたいと思っておられるのですな。しかし、今のようななされかたで、今のような大望を抱かれるのは、まるで木に登って魚を取ろうとするようなものです」

王曰く、「是の若く其れ甚しきか」と。曰く、「殆ど有た焉より甚し。木に縁りて魚を求むるは、魚を得ずと雖も、後の災ひ無し。若き為す所を以て、若き欲する所を求むるは、心力を尽して之を為し、後必ず災ひ有らん」と。曰く、「聞くことを得可きか」と。曰く、「鄒人と楚人と戦はば、則ち王以て孰れか勝つと為す」と。曰く、「楚人勝たん」と。曰く、「然らば則ち小は固より以て大に敵す可からず。寡は固より以て衆に敵す可からず。弱は固より以て強に敵す可からず。海内の地、方千里なる者九。斉集めて其の一を有す。一を以て八を服するは、何を以て鄒の楚に敵するに異ならんや。蓋ぞ亦其の本に反らざる。

〔現代語訳〕

王「私の望みはそれほどむちゃなことだろうか」「それよりもっとひどいでしょう。木によじのぼって魚を捕らえようとするのは、魚は取れなくても別にあとの災いはありません。ところが、今のようななされかたで、今のような大望を抱かれるのは、全力を尽くしてそれをやれば、あとに必ず災いが起こるでしょう」　王「それを説明してもらえまいか」　孟子

「ではかりに鄒と楚と戦ったら、王様はどちらが勝つとおぼしめされますか」　王「楚の国が勝つだろうね」　孟子「つまり小はもちろん大にかなわず、寡はもちろん衆にかなわず、弱はもちろん強にかなわない、というわけです。さて、天下は千里四方の土地が全部で九つある広さですが、斉は自国の領土を寄せ集めると、その中の一つすなわち千里四方ほどの広さです。すると一をもって八を征服しようということになりますが、それでは鄒が楚に立ち向かおうとするのと、どこが違いましょうか。（大望を遂げようとするなら）どうして王道の根本に立ち返られないのですか。

今、王政を発し仁を施さば、天下の仕ふる者をして、皆、王の朝に立たんと欲し、耕す者をして皆、王の野に耕さんと欲し、商賈をして皆、王の市に蔵せんと欲し、行旅をして皆、王の塗に出でんと欲し、天下の其の君を疾ましめんと欲する者をして、皆、王に赴き愬へんと欲せしむ。其れ是の若くんば、孰か能く之を禦めん」と。

［現代語訳］

今、王様が（王道の根本に立ち返り）政治を振興し、仁政を施されたならば、天下の仕官を求める者は、みな、王の朝廷に仕えたいと思い、天下の農夫は、みな、王の領地の畑で耕作したいと思い、天下の商人は、みな、王の市場に商品を貯蔵したいと思い、天下の旅人は、みな、王の領地の道路を通りたいと思い、天下の虐政に苦しむ人民で、その君主をとっちめようと思う者は、みな、王のところに訴えに来たいと思うようになります。そのように民心が帰服しますならば、王様が王者となられるのを、だれもじゃまをすることはできません」

王曰く、「吾惛くして是に進むこと能はず。願はくは夫子吾が志を輔け、明らかに以て我に教へよ。我不敏なりと雖も、請ふ之を嘗試せん」と。曰く、「恒産無くして恒心有る者は、惟士のみ能くすることを為す。民の若きは則ち恒産無ければ、因つて恒心無し。苟も恒心無ければ、放辟邪侈、為さざる無きのみ。罪に陥るに及んで、然る後従つて之を刑す。是れ民を罔するなり。焉んぞ仁人位に在る有つて、民を罔して為す可けんや。

［現代語訳］

王「私は暗愚で、とてもそこまでは行けまい。どうか先生、私の志を助けて、明細に教えてもらいたい。ふつつかながら、ひとつやってみたいものだ」孟子「定職がなくても志がぐらつかないのは、道理を心得た紳士だけができることでございます。無知な人民などは、定職がなければ、したがって恒心を失うものであります。かりそめにも恒心がないとなれば、なんでもやりたいほうだい、どんな悪事でもやりかねません。（それもしかたないことですのに、事前に策を講ぜず）人民が悪事を働いたからといって、当然のこととして刑罰を加えるのは、つまり、人民を網にひっかけるようなものでございます。仁者が人民保全の責任ある君主の地位にありながら、人民を網にひっかけるようなことがどうしてできましょうか。

是の故に明君民の産を制するに、必ず仰いでは以て父母に事ふるに足り、俯しては以て妻子を畜ふに足り、楽歳には終身飽き、凶年には死亡を免れしむ。然る後駆りて善に之かしむ。故に民の之に従ふや軽し。今や民の産を制して、仰いでは以て父母に事ふるに足らず、俯しては以て妻子を畜ふに足らず、楽歳には終身苦しみ、凶年には死亡を免れず。此れ惟死を救ひて而も贍らざるを恐る。奚ぞ礼義を治むるに暇あらんや。王之を行はんと欲せば、則ち盍ぞ其の本に反らざる。

[現代語訳]

それですから、昔の明君が人民の生業を計らってやる場合に、必ず上は父母に仕えるに足り、下は妻子を養うに足り、豊年が続けば、一生涯腹いっぱい食べることができ、凶年があっても、餓死することのないようにしてやり、そして、はじめて人民を導き励まして善に向かわせるのです。ですから、人民も楽々とついていけます。ところが、今は人民の生業を定めるのに、上は父母に仕えるに足りず、下は妻子を養うに足りず、豊年続きでも一生涯苦しい生活をし、凶年でもあると餓死を免れないありさまで、これではなんとか死なずに生きていくだけで精いっぱいですから、とても人の道である礼儀などを学んでいる暇はありません。王様が王道を行おうと思われるならば、どうして根本に立ち返られないのでありますか。

「五畝(ごほ)の宅(たく)、之(これ)に樹(う)うるに桑(くは)を以(もつ)てせば、五十の者(もの)以(もつ)て帛(はく)を衣(き)る可(べ)し。雞豚狗彘(けいとんこうてい)の畜(ちく)、其(そ)の時(とき)を失(うしな)ふ無(な)くんば、七十の者(もの)以(もつ)て肉(にく)を食(く)ふ可(べ)し。百畝(ひやくほ)の田(でん)、其(そ)の時(とき)を奪(うば)ふ勿(な)くんば、八口(はつこう)の家(いへ)、以(もつ)て飢(う)うる無(な)かる可(べ)し。庠序(しやうじよ)の教(をしへ)を謹(つつし)み、之(これ)に申(かさ)ぬるに孝悌(かうてい)の義(ぎ)を以(もつ)てせば、頒白(はんぱく)の者(もの)、道路(だうろ)に負戴(ふたい)せず。老者(らうしや)帛(はく)を衣(き)、肉(にく)を食(くら)ひ、黎民(れいみん)飢(う)ゑず寒(こご)えず、然(しか)り而(しかう)して王(わう)たらざる者(もの)は、未(いま)だこれ有(あ)らざるなり」

[現代語訳]
農夫一世帯の五畝の宅地には、桑を植えて養蚕をすれば、五十歳以上の者は軽くて暖かい絹物を着ることができましょう。鶏・豚・犬などの飼育に心を用いて、その繁殖生育の時期に殺さないようにすれば、七十歳以上の老人は栄養のよい肉を十分に食べられましょう。また、一世帯分の百畝の田地でも、農耕の時期を妨害しなければ、八人家族ぐらいの家では飢えることもないでしょう。このように、生活を安定させたうえで、学校教育を慎重にし、さらにくり返して孝悌の道徳を教え込めば、若者が長老に対する道を心得て、白髪混じりの老人は重荷を負って歩くようなこともないでしょう。老人は絹物を着、肉を食べ、天下の万民

はひもじい思いもせず、寒い思いもしないということになれば、天下が帰服して、それで王者にならないことはけっしてありません」

原文

1孟子見二梁惠王一。王曰、叟、不レ遠二千里一而來。亦將レ有三以利二吾國一乎。孟子對曰、王何必曰レ利。亦有二仁義一而已矣。王曰三何以利二吾國一、大夫曰三何以利二吾家一、士庶人曰三何以利二吾身一、上下交征レ利、而國危矣。萬乘之國、弑二其君一者、必千乘之家。千乘之國、弑二其君一者、必百乘之家。萬取レ千焉、千取レ百焉、不レ爲レ不レ多矣。苟爲二後レ義而先一レ利、不レ奪不レ饜。未レ有下仁而遺二其親一者上也。未レ有下義而後二其君一者上也。王亦曰二仁義一而已矣。何必曰レ利。

2孟子見二梁惠王一。王立二於沼上一、顧二鴻鴈麋鹿一曰、賢者亦樂レ此乎。孟子對曰、賢者而後樂レ此。不賢者雖レ有レ此不レ樂也。詩云、經二始靈臺一、經レ之營レ之。庶民攻レ之、不レ日成レ之。經始勿レ亟。庶民子來。王在二靈囿一、麀鹿攸レ伏、麀鹿濯濯。白鳥鶴鶴。王在二靈沼一、於物魚躍。文王以二民力一爲レ臺爲レ沼、而民歡二樂之一。謂二其臺一曰二靈臺一、謂二其沼一曰二靈沼一、樂三其有二麋鹿魚鼈一。古之人與レ民偕樂。故能樂也。湯誓曰、時日害喪。予及レ女偕亡、民欲二與レ之偕亡一、雖レ有二臺池鳥獸一、豈能獨樂哉。

3梁惠王曰、寡人之於レ國也、盡レ心焉耳矣。河內凶、則移二其民於河東一、移二其粟於河內一。河東凶、亦然。察二鄰國之政一、無下如二寡人之用一レ心者上。鄰國之民不レ加レ少、寡人之民不レ加レ多、何也。

孟子對曰、王好レ戰。請以レ戰喩。塡然鼓レ之、兵刃既接。棄レ甲曳レ兵而走。或百步而後止、或五十步而後止。以二五十步一笑二百步一、則何如。曰、不可。直不二百步一耳。是亦走也。曰、王如知レ此、則無レ望三民之多二於鄰國一也。

不レ違二農時一、穀不レ可二勝食一也。數罟不レ入二洿池一、魚鼈不レ可二勝食一也。斧斤以レ時入二山林一、材木不レ可二勝用一也。穀與二魚鼈一、不レ可二勝食一、材木不レ可二勝用一、是使二民養レ生喪レ死無一レ憾也。養レ生喪レ死無レ憾、王道之始也。

五畝之宅、樹レ之以レ桑、五十者可二以衣一レ帛矣。雞豚狗彘之畜、無レ失二其時一、七十者可二以食一レ肉矣。百畝之田、勿レ奪二其時一、數口之家、可二以無一レ飢矣。謹二庠序之教一、申レ之以二孝悌之義一、頒白者不三負二戴於道路一矣。七十者衣レ帛食レ肉、黎民不レ飢不レ寒。然而不レ王者、未二之有一也。

狗彘食二人食一、而不レ知レ檢。塗有二餓莩一、而不レ知レ發。人死、則曰二非レ我也、歲也一。是何異三於刺レ人而殺レ之、曰二非レ我也、兵也一。王無レ罪レ歲、斯天下之民至焉。

4 梁惠王曰、寡人願安承レ敎。孟子對曰、殺レ人以レ梃與レ刃、有二以異一乎。曰、無二以異一也。以レ刃與レ政、有二以異一乎。曰、無二以異一也。

曰、庖有二肥肉一。廏有二肥馬一。民有二飢色一。野有二餓莩一。此率レ獸而食レ人也。獸相食、且人惡レ之。爲二民父母一行レ政、不レ免三於率レ獸而食レ人。惡在三其爲二民父母一也。

仲尼曰、始作レ俑者、其無レ後乎。爲二其象レ人而用一レ之也。如レ之何、其使二斯民飢而死一也。

5 梁惠王曰、晉國天下莫レ強焉、叟之所レ知。及二寡人之身一、東敗二於齊一、長子死焉。西喪二地於秦一七百里。南辱二於楚一。寡人恥レ之。願比二死者一一洒レ之。如レ之何則可。

孟子對曰、地方百里、而可二以王一。王如施二仁政於民一、省二刑罰一、薄二稅斂一、深耕易耨、壯者以二暇日一修二其孝悌忠信一、入以事二其父兄一、出以事二其長上一、可レ使三制レ梃以撻二秦楚之堅甲利兵一矣。

彼奪二其民時一、使レ不レ得三耕耨以養二其父母一。父母凍餓、兄弟妻子離散。彼陷二溺其民一。王往而征レ之、夫誰與レ王敵。故曰、仁者無レ敵。王請勿レ疑。

6 孟子見二梁襄王一。出語レ人曰、望レ之不レ似二人君一。就レ之而不レ見レ所レ畏焉。卒然問曰、天下惡乎定。吾對曰、定二于一一。孰能一レ之。對曰、不レ嗜レ殺レ人者、能一レ之。孰能與レ之。對曰、天下莫レ不レ與也。王知二夫苗一乎。七八月之閒、旱則苗槁矣。天油然作レ雲、沛然下レ雨、則苗浡然興レ之矣。其如レ是、孰能禦レ之。今夫天下之人牧、未レ有二不レ嗜レ殺レ人者一也。如有二不レ嗜レ殺レ人者一、則天下之民、皆引レ領而望レ之矣。誠如レ是也、民歸レ之、由二水之就レ下沛然一。誰能禦レ之。

7 齊宣王問曰、齊桓晉文之事、可レ得レ聞乎。孟子對曰、仲尼之徒、無下道二桓文之事一者上。是以後世無レ傳焉。臣未二之聞一也。無レ以則王乎。曰、德何如則可二以王一矣。曰、保レ民而王、莫二之能禦一也。曰、若二寡人一者、可二以保レ民乎哉。曰、可。曰、何由知二吾可一也。曰、臣聞二之胡齕一。曰、王坐二於堂上一。有下牽レ牛而過二堂下一者上。王見レ之曰、牛何之。對曰、將二以釁一レ鐘。王曰、舍レ之。吾不レ忍三其觳觫若無レ罪而就二死地一。對曰、然則廢レ釁レ鐘與。曰、何可レ廢也。以レ羊易レ之。不レ識有レ諸。曰、有レ之。曰、是心足二以王一矣。百姓皆以レ王爲レ愛也、臣固知二王之不一レ忍也。王曰、然。誠有二百姓者一。齊國雖二褊小一、吾何愛二一牛一。卽不レ忍三其觳觫若無レ罪而就二死地一。故

以レ羊易レ之也。曰、王無レ異二於百姓之以レ王爲一レ愛也。以レ小易レ大、彼惡知レ之。王若隱三其無レ罪而就二死地一、則牛羊何擇焉。王笑曰、是誠何心哉。我非レ愛二其財一而易レ之以レ羊也。宜乎百姓之謂二我愛一也。

曰、無レ傷也。是乃仁術也。見レ牛未レ見レ羊也。君子之於二禽獸一也、見二其生一不レ忍レ見二其死一。聞二其聲一不レ忍レ食二其肉一。是以君子遠二庖廚一也。王說曰、詩云、他人有レ心、予忖二度之一、夫子之謂也。夫我乃行レ之、反而求レ之、不レ得二吾心一。夫子言レ之、於二我心一有二戚戚焉一。此心之所三以合二於王一者、何也。

曰、有下復二於王一者上。曰、吾力足三以擧二百鈞一、而不レ足三以擧二一羽一。明足三以察二秋毫之末一、而不レ見二輿薪一。則王許レ之乎。曰、否。今、恩足三以及二禽獸一、而功不レ至二於百姓一者、獨何與。然則一羽之不レ擧、爲レ不レ用レ力焉。輿薪之不レ見、爲レ不レ用レ明焉。百姓之不レ見レ保、爲レ不レ用レ恩焉。故王之不レ王、不レ爲也。非レ不レ能也。

曰、不レ爲者與二不レ能者一之形、何以異。曰、挾二太山一以超二北海一。語レ人曰、我不レ能。是誠不レ能也。爲二長者一折レ枝。語レ人曰、我不レ能。是不レ爲也、非レ不レ能也。故王之不レ王、非下挾二太山一以超二北海一之類上也。王之不レ王、是折レ枝之類也。

老二吾老一、以及二人之老一、幼二吾幼一、以及二人之幼一、天下可レ運二於掌一。詩云、刑二于寡妻一、至二于兄弟一、以御二于家邦一。言下擧二斯心一、加中諸彼上而已。故推レ恩足三以保二四海一、不レ推レ恩無三以保二妻子一。古之人、所二以大過一レ人者、無レ他焉。善推二其所一レ爲而已矣。今、恩足三以及二禽獸一、而功不レ至二於百姓一者、獨何與。權然後知二輕重一、度然後知二長短一。物皆然。心爲レ甚。王請度レ之。

抑王興二甲兵一、危二士臣一、構二怨於諸侯一、然後快二於心一與。王曰、否。吾何快二於是一。將四以求三吾所二大欲一也。曰、王之所二大欲一、可レ得レ聞與。王笑而不レ言。曰、爲二肥甘不一レ足二於口一與。輕煖不レ足二於體一與。抑爲二采色不一レ足レ視二於目一與。聲音不レ足レ聽二於耳一與。便嬖不レ足三使二‐令於前一與。王之諸臣、皆足二以供一レ之。而王豈爲レ是哉。曰、否。吾不レ爲レ是也。曰、然則王之所二大欲一、可レ知已。欲下辟二土地一、朝二秦楚一、莅二中國一而撫中四夷上也。以二若所一レ爲、求二若所一レ欲、猶二緣レ木而求一レ魚也。

王曰、若レ是其甚與。曰、殆有レ甚焉。緣レ木求レ魚、雖レ不レ得レ魚、無二後災一。以二若所一レ爲、求二若所一レ欲、盡二心力一而爲レ之後必有レ災。曰、可レ得レ聞與。曰、鄒人與二楚人一戰、則王以爲二孰勝一。曰、楚人勝。曰、然則小固不レ可二以敵一レ大。寡固不レ可二以敵一レ衆。弱固不レ可二以敵一レ强。海內之地、方千里者九。齊集有二其一一。以レ一服レ八、何以異二於鄒敵一レ楚哉。蓋三亦反二其本一矣。今、王發レ政施レ仁、使下天下仕者、皆欲レ立二於王之朝一、耕者皆欲レ耕二於王之野一、商賈皆欲レ藏二於王之市一、行旅皆欲レ出二於王之塗一、天下之欲レ疾二其君一者、皆欲上レ赴二‐愬於王一。其若レ是、孰能禦レ之。

王曰、吾惛不レ能レ進二於是一矣。願夫子輔二吾志一、明以教レ我。我雖二不敏一、請嘗二‐試之一。曰、無二恆産一、而有二恆心一者、惟士爲レ能。若レ民、則無二恆産一、因無二恆心一。苟無二恆心一、放辟邪侈、無レ不レ爲已。及レ陷二於罪一、然後、從而刑レ之。是罔レ民也。焉有二仁人在一レ位、罔レ民而可レ爲也。是故明君制二民之産一、必使下仰足三以事二父母一、俯足三以畜二妻子一、樂歲終身飽、凶年免中於死亡上。然後驅而之レ善。故民之從レ之也輕。今也、制二民之産一、仰不レ足三以事二父母一、俯不レ足三以畜二妻

子、樂歲終身苦、凶年不レ免二於死亡一。此惟救レ死而恐レ不レ贍。奚暇レ治二禮義一哉。王欲レ行レ之、則盍レ反二其本一矣。

五畝之宅、樹レ之以レ桑、五十者可二以衣一レ帛矣。雞豚狗彘之畜、無レ失二其時一、七十者可二以食一レ肉矣。百畝之田、勿レ奪二其時一、八口之家、可二以無一レ飢矣。謹二庠序之教一、申レ之以二孝悌之義一、頒白者不三負二戴於道路一矣。老者衣レ帛食レ肉、黎民不レ飢不レ寒、然而不レ王者、未二之有一也。

梁恵王章句　下

8荘暴孟子に見えて曰く、「暴、王に見ゆ。王、暴に語ぐるに楽を好むを以てす。暴未だ以て対ふる有らざるなり。曰く、楽を好むこと何如」と。孟子曰く、「王の楽を好むこと甚しければ、則ち斉国其れ庶幾からんか」と。

［現代語訳］

斉の臣、荘暴が孟子に面会して言う、「私が王様にお目にかかりますと、王様は音楽が好きだと仰せられましたが、私はなんともお答えしませんでした。さて、音楽をお好みになるのは、いかがなものでしょうか」孟子は「王様が音楽を非常に好まれるならば、斉の国こそは理想の政治に有望でありましょう」と言った。

他日、王に見えて曰く、「王嘗て荘子に語ぐるに楽を好むを以てすと。諸有りや」と。王色を変じて曰く、「寡人能く先王の楽を好むに非ざるなり。直世俗の楽を好むのみ」と。曰く、「王の楽を好むこと甚しければ、則ち斉は其れ庶幾からんか。今の楽は猶ほ古の楽のごときなり」と。曰く、「聞くことを得可きか」と。曰く、「独り楽を楽しむと、人と与に楽を楽しむと、孰れか楽しき」と。曰く、「人と与にするに若かず」と。曰く、「少と与に楽を楽しむと、衆と与に楽を楽しむと、孰れか楽しき」と。曰く、「衆と与にするに若かず」と。

[現代語訳]

後日、孟子は王にお目にかかって、「王様は先ごろ荘暴に音楽が好きだと仰せられたそうですが、さようでございますか」とお尋ねした。王は慌てて顔を赤くし、「私は昔の聖王の作られた音楽が好きなのではない。ただ、近ごろ流行の俗楽が好きなだけだ」孟子「王様が大いに音楽を好まれるならば、斉こそは理想の政治を実現するのに有望でありましょう。今の音楽も昔の音楽も同じことでございますよ」王「その訳を聞かしてもらえまいか」孟子「王様は御自分独りで音楽を楽しむのと、他人といっしょに楽しむのと、どちらがお楽しみですか」王「他人といっしょのほうがよい」孟子「では、少人数で聞いて楽しむのと、大ぜいで楽しむのと、どちらがお楽しみですか」王「大ぜいといっしょのほうがよい」

「臣請ふ、王の為に楽しみを言はん。今、王 此に鼓楽せんに、百姓 王の鐘鼓の声、管籥の音を聞き、挙首を疾ましめ 頞を蹙め、而して相告げて曰く、『吾が王の鼓楽を好む、夫れ何ぞ我をして此の極に至らしむるや。父子相見ず、兄弟妻子離散す』と。今、王 此に田猟せんに、百姓 王の車馬の音を聞き、羽旄の美を見て、挙首を疾ましめ、頞を蹙め、而して相告げて曰く、『吾が王の田猟を好む、夫れ何ぞ我をして此の極に至らしむるや。父子相見ず、兄弟妻子離散す』と。此れ他無し、民と楽しみを同じうせざればなり。

[現代語訳]

「では、王様に楽しみかたについてお話しいたしましょう。今かりに、王様が音楽を演奏なさると、人民は御殿の鐘や太鼓・笛の音を聞きつけて、みな頭を痛めまゆをしかめて、『王様の音楽道楽のおかげで、なんだってわれわれをこんなひどい目に会わせなさる。父子も顔を合わせられず、兄弟妻子も散り散りだ』とこぼし合う。またかりに、王様が猟にお出かけになると、人民は王様の車馬の音を聞き、羽や牛の尾の美しい旗を見て、みな頭を痛めまゆをしかめて、『王様の狩猟道楽のおかげで、なんだってわれわれをこんなひどい目に会わせなさる。父子も顔を合わせられず、兄弟妻子も散り散りだ』とこぼし合う。もしそうなったとすれば、これはほかでもない、（人民の苦しみをよそに、自分だけが楽しみ）人民たちといっしょに楽しまれないからであります。

今、王此に鼓楽せんに、百姓王の鐘鼓の声、管籥の音を聞き、挙欣欣然として喜色有り。而して相告げて曰く、『吾が王疾病無きに庶幾からんか。何を以て能く鼓楽せんや』と。今、王此に田猟せんに、百姓王の車馬の音を聞き、羽旄の美を見、挙欣欣然として喜色有り。而して相告げて曰く、『吾が王疾病無きに庶幾からんか。何を以て能く田猟せんや』と。此れ他無し、民と楽しみを同じうすればなり。今、王百姓と楽しみを同じうせば、則ち王たらん」と。

［現代語訳］

それと反対に、かりに王様が音楽を楽しんでおられると、人民がその鐘鼓や笛の音を聞きつけて、みな、欣然といかにも楽しげに、『王様は御病気もなさらずお元気とみえる。さもなくばどうして音楽などなさろうか』と話し合う。また、王様が猟にお出かけになったとすると、人民はその車馬の音を聞き、羽毛の美しい旗を見、みな、欣然といかにもうれしげに、『王様は御病気もなさらずお元気とみえる。さもなくばどうして猟にお出かけになれようか』と話し合う。そういうふうになるわけはほかでもありません。（常に人民のことを思いやり）人民といっしょに楽しまれるからであります。ですから、王様が人民とともに楽しむようになされたならば、天下の王者となられるでありましょう」

9 斉の宣王問うて曰く、「文王の囿は、方七十里と。諸有りや」と。孟子対へて曰く、「伝に於て之有り」と。曰く、「是の若く其れ大なるか」と。曰く、「民猶ほ以て小なりと為すなり」と。曰く、「寡人の囿は方四十里。民猶ほ以て大なりと為すは、何ぞや」と。

〔現代語訳〕

斉の宣王が問うた、「昔、周の文王の囿は七十里四方ほどもあったというが、ほんとうだろうか」 孟子がお答えして言う、「昔からの言い伝えによればそうでございます」 王「そんなに大きかったのだろうか」 孟子「文王の人民はそれでもまだ小さいと思っておりました」 王「私の囿は四十里四方ほどであるが、人民はそれでも大きすぎると思うのはどういうわけだろうか」

曰く、「文王の囿は、方七十里、芻蕘の者も往き、雉兎の者も往く。民と之を同じうす。民以て小なりと為すも、亦宜ならずや。臣始めて境に至るや、国の大禁を問ひ、然る後敢て入れり。臣聞く、『郊関の内、囿方四十里なる有り。其の麋鹿を殺す者は、人を殺すの罪の如し』と。則ち是れ方四十里、阱を国中に為るなり。民以て大なりと為すも、亦宜ならずや」と。

〔現代語訳〕

孟子「文王の囿は七十里四方ですが、そこには草刈りや木こりも行くし、雉や兎を捕らえる猟師も自由に入れるというわけで、文王が独占せずに人民とともに楽しんだのですから、人民がまだ狭いくらいだと思うのも、もっともではありませんか。ところが私ははじめてこの国の国境に参りましたとき、お国の重要な禁令をお尋ねして、そのうえで決心をして入って来ました。そのとき聞いたところによると、関所内に四十里四方の囿があって、そこの大鹿や鹿を殺すと殺人の罪と同じであるとのことでした。してみると、つまり四十里四方の土地は、国の中に落とし穴を作っておくようなものです。人民が大きすぎると思うのも、もっともではありませんか」

10 斉の宣王問うて曰く、「鄰国に交はるに道有るか」と。孟子対へて曰く、「有り。惟仁者のみ能く大を以て小に事ふることを為す。是の故に湯は葛に事へ、文王は昆夷に事へたり。惟智者のみ能く小を以て大に事ふることを為す。故に大王は獯鬻に事へ、句践は呉に事へたり。大を以て小に事ふる者は、天を楽しむ者なり。小を以て大に事ふる者は、天を畏るる者なり。天を楽しむ者は天下を保ち、天を畏るる者は其の国を保つ。詩に云ふ、『天の威を畏れ、時に于て之を保つ』と」

[現代語訳]

斉の宣王が問うた、「隣国と交際するのに方法があるものだろうか」孟子が答える、「ございます。（隣国と対等ならば問題はないが、大小の差のある場合）大国の身で小国に礼をもって交わるのは、ただ仁者であってはじめてできることであります。ゆえに昔の殷の湯王が葛伯に対し、周の文王が西戎の昆夷に対するごときこれであります。また逆に、小国の身をもって大国と無事に交わるのは、ただ知者であってはじめてできることであります。ゆえに昔の周の大王が北狄の獯鬻に対し、越王句践が呉王夫差に対するごときこれであります。さて、大国で小国と平和に交際するのは、努力もせずに自然に天命に従っている、いわば天命を楽しむ者であり、小国をもって大国と無事に交際するのは、天命を恐れ謹んでみずから謹慎するもので、いわば天命を恐れる者であります。天を楽しむ者は、人民が自然に帰服して天下を保安することができ、天を恐れる者は、乱世においても無事にその国を保っていけます。『詩経』に『天の威命を恐れて、ここにその国を保っていける』とあるのは、そのことであります」

王曰く、「大なるかな言や。寡人疾有り、寡人勇を好む」と。対へて曰く、「王請ふ小勇を好むこと無かれ。夫れ剣を撫し疾視して曰く、『彼悪んぞ敢て我に当らんや』と。此れ匹夫の勇、一人に敵する者なり。王請ふ之を大にせよ。詩に云ふ、『王赫として斯に怒り、爰に其の旅を整へ、以て莒に徂くを遏め、以て周の祜を篤くし、以て天下に対ふ』と。此れ文王の勇なり。文王一たび怒りて、而して天下の民を安んぜり。

[現代語訳]

宣王「いかにもりっぱなお話である。が、私は悪い癖があり、勇を好むので、ちょっとした無礼にも我慢がならぬのだ」孟子がお答えする、「王様、どうか血気の小勇をお好みなさいますな。そもそも刀のつかに手を掛けにらみつけて、『あいつがおれにかなうものか』などと言うのは、つまり、匹夫の勇と申すもので、一人を相手にするだけのことであります。王様、どうかもっと大きな勇気をお持ちください。『詩経』に『文王が赫然と大いに怒り、その軍隊を整備し率いて、莒に攻め入らんとする密国の軍を阻止し、周王朝の幸福を増進し、かくて天下の人望にこたえた』とありますが、これが文王の勇であります。文王はひとたび不正を怒って、天下の人民を安定したのであります。

書に曰く、『天、下民を降し、之が君を作り、之が師を作る。惟れ曰く、其れ上帝を助けよと。之を四方に寵す。罪有るも罪無きも、惟我在り。天下曷ぞ敢て厥の志を越す有らんや』と。一人、天下に衡行するは武王 之を恥づ。此れ武王の勇なり。而して武王も亦一たび怒りて、天下の民を安んぜり。今、王も亦一たび怒りて、天下の民を安んぜば、民惟王の勇を好まざるを恐るるなり」と。

〔現代語訳〕

『書経』に、『天は下なる人民を降し生じ、これを治めるために、その君たり師たる者を立てる。それは、もっぱら上帝の志を助けよとの天意であって、されば、この君師を天下四方の人民の中から、特に寵愛されるのである。罪ある者も罪なき者も、その賞罰監督はもっぱら自分がその任に当たるゆえ、天下だれ一人として、その志望を失う者あらしめようぞ』とありますが、これによれば、一人でも天下に横行して乱暴する者があれば、周の武王はこれを自分の恥と思い、ただちに誅伐しました。これが武王の大勇でございます。そして武王もひとたび怒れば、天下の人民を保安しました。今、王様もひとたび不義無道を怒って、天下の人民を保安するという態度に出られたならば、人民はひたすら王様が大勇を好まれないことを心配するでありましょう」

11 斉の宣王孟子を雪宮に見る。王曰く、「賢者も亦此の楽しみ有るか」と。孟子対へて曰く、「有り。人得ざれば、則ち其の上を非る。得ずして其の上を非る者は、非なり。民の上と為りて、民と楽しみを同じうせざる者も、亦非なり。民の楽しみを楽しむ者は、民も亦其の楽しみを楽しむ。民の憂ひを憂ふる者は、民も亦其の憂ひを憂ふ。楽しむに天下を以てし、憂ふるに天下を以てす。然り而うして王たらざる者は、未だ之れ有らざるなり。

[現代語訳]

斉の宣王が孟子と離宮の雪宮で会見した。王「いにしえの賢君子もこのような楽しみがあったろうか」孟子がお答えする、「ございます。しかし、人民もその楽しみに加わることができませんと、上の君主を非難することもございましょう。自分が楽しみに加わることができないからとて君主を非難するのは、よろしくありませんが、人の上に立つ者として、人民と楽しみをともにしないというのも、よろしくありません。民の楽しみをいっしょに楽しむような君主ですと、人民も君主の楽しみをいっしょに楽しみますし、民の憂いをともに憂えるような君主ですと、人民も君主の憂いをともに憂えるものでありまして、楽しむにも憂えるにも天下がいっしょということになれば、それで王者になれないことは古来、けっしてありません。

昔者、斉の景公、晏子に問うて曰く、『吾、転附朝儛を観し、海に遵って南し、琅邪に放らんと欲す。吾何を修めて以て先王の観に比すべきや』と。晏子対へて曰く、『善いかな問や。天子諸侯に適くを巡狩と曰ふ。巡狩とは、守る所を巡るなり。諸侯天子に朝するを述職と曰ふ。述職とは、職とする所を述ぶるなり。事に非ざる者無し。春は耕すを省みて足らざるを補ひ、秋は斂むるを省みて給らざるを助く。夏の諺に曰く、〈吾が王遊せずんば、吾何を以て休せん。吾が王予せずんば、吾何を以て助からん〉と。一遊一予、諸侯の度と為る。

〔現代語訳〕

昔、斉の景公がその宰相の晏子に問うたことがあります、『私は転附・朝儛などの山を見物し、海岸沿いに南下し、琅邪まで行こうと思うが、どのような事業をしたならば、昔の先王の旅行と肩を並べることができようか』晏子はお答え申します、『まことにけっこうな御質問でございます。いったい、天子が諸侯の国々にお出かけになるのを巡狩と申しますが、巡狩とは諸侯の守っている領地を巡視するという意味であります。また、諸侯が天子の都に参朝するのを述職と申しますが、述職とは諸侯が職務とすることを述べる（報告する）という意味であります。いずれにしても、天子諸侯の旅行は、用事もないのに出歩くというものではありません。また、国内でも、春は耕作の状態を巡視し、秋は収穫の状態を巡視して、道具や人手の足りないのを補ってやるというようにします。ゆえに、昔の夏の時代のことわざに〈王様が遊行されないとわれわれは休息できない。王様が行楽されないと、われわれには補助がない〉とありますが、そのように、昔の聖王は一遊一楽といえども諸侯の手本となりました。

今や然らず。師行きて糧食す。飢うる者は食はず、労する者は息はず。睊睊として胥讒り、民乃ち慝を作す。命を方ち民を虐げ、飲食流るるが若く、流連荒亡、諸侯の憂ひと為る。流れに従ひて下り、而して反るを忘る、之を流と謂ふ。流れに従ひて上り、而して反るを忘る、之を連と謂ふ。獣に従ひて厭く無き、之を荒と謂ふ。酒を楽しみて厭く無き、之を亡と謂ふ。先王には流連の楽しみ、荒亡の行ひ無かりき。惟君の行ふ所のままなり』と。

［現代語訳］

ところが、今の諸侯はそうではありません。出かけるとなると、大ぜいを引き連れて行って食糧を徴発しますから、民の飢えた者まで食物がなくなり、疲労した者でも労役を課せられて休息できず、人民は互いに目に角を立ててそしり合い、悪事を働くというありさまです。このように、先王の教命を無視して人民を虐げ、飲食の欲は水の流れるように際限がなく、流連荒亡するのが諸侯の通弊であります。ここに「流」というのは、川の流れのままに舟を浮かべて下り、遊蕩して帰るのを忘れてしまうこと、「連」というのは、川の流れを引舟して上り、帰るのを忘れてしまうこと、「荒」というのは、獣を追って飽きもせず狩り暮らすこと、「亡」というのは、酒ばかり飲んでとめどのないことであります。先王にはこのような流連の楽しみ、荒亡の行いというものはありませんでした。先王の行いと今の通弊とどちらを選ばれるかは、もっぱら殿様のお心しだいであります』と申しました。

景公説び、大いに国を戒め、出でて郊に舎す。是に於て始めて興発し、足らざるを補ふ。太師を召して曰く、『我が為に君臣相説ぶの楽を作れ』と。蓋し徴招・角招、是なり。其の詩に曰く、『君を畜する何ぞ尤めん』と。君を畜すとは君を好するなり」と。

[現代語訳]

景公はこの晏子の話を聞いて大いに喜び、まず、広く国じゅうに布告を出し、みずから御殿を出て、郊外に宿して親しく民情を視察しました。そして、はじめて政治を振興して米倉を開き、人民の食の足らぬ者に補給しました。さらに、楽官を召して、景公のために、君臣互いに喜び合うことを歌った音楽を作れ、と命じました。今、伝わる徴招・角招というのがそれでありましょう。その詩の句に『君を畜するのは、少しも差し支えない』とありますが、この『君を畜する』というのは『君を好する』という意味であります」

12 斉の宣王問うて曰く、「人皆我に明堂を毀てと謂ふ。諸を毀たんか、已めんか」と。孟子対へて曰く、「夫れ明堂なる者は、王者の堂なり。王、王政を行はんと欲せば、則ち之を毀つこと勿れ」と。

[現代語訳]

斉の宣王が問う、「皆が役にも立たぬ明堂は取り壊してしまえ、と私に勧めるのだが、さて壊したものか、壊さずにおいたものか、どうだろう」孟子がお答えする、「いったい、明堂というものは、王者の堂であります。王様が王者の政治を行おうというおつもりなら、壊すのはおよしなさいませ」

王曰く、「王政聞くことを得可きか」と。対へて曰く、「昔者、文王の岐を治むるや、耕す者は九の一、仕ふる者は禄を世〻にし、関市は譏して征せず、沢梁は禁無く、人を罪するに孥せず。老いて妻無きを鰥と曰ひ、老いて夫無きを寡と曰ひ、老いて子無きを独と曰ひ、幼にして父無きを孤と曰ふ。此の四者は、天下の窮民にして告ぐる無き者なり。文王政を発し仁を施すに、必ず斯の四者を先にせり。詩に云ふ、『哿いかな富める人、此の煢独を哀れむ』と」

［現代語訳］

宣王「王者の政治というのを聞かせてもらえまいか」お答えして、「昔、周の文王が、その領地の岐を治めていたとき、耕す農夫からは九分の一という軽い税を取り、仕官する者は、その俸禄を世襲せしめて生活を安定にし、関所や市場では、怪しい者を取り締まるだけで、通行税や物品税などは取らず、沼沢や魚梁には、禁制を設けず自由に魚を取らせ、罪人を罰するときは本人だけで、妻子まで連坐させないというやりかたでありました。さて、世間には、鰥といって年老いても妻のない者、寡といって年老いても夫のない者、独といって年老いて子供のない者、孤といって幼くして父を失った者などがおりますが、この四者は、およそこの世の困窮した民であり、寄るべのない者であります。文王が政治を行い仁政を施すにあたっては、必ずこの四者を救うことをまっ先とされました。『詩経』にも『富んだ人間はまあよいが、身寄りのない者は哀れもう』とあるのはこのことであります」

王曰く、「善いかな言や」と。曰く、「王如し之を善しとせば、則ち何為れぞ行はざる」と。王曰く、「寡人疾有り、寡人貨を好む」と。対へて曰く、「昔者、公劉貨を好めり。詩に云ふ、『乃ち積し乃ち倉す。乃ち餱糧を裹む。槖に嚢に。戢げて用て光いにせんことを思ふ。弓矢斯に張り、干戈戚揚あり。爰に方めて行を啓く』と。故に居る者は積倉有り、行く者は裹糧有り。然る後以て爰に方めて行を啓く可し。王如し貨を好むも、百姓と之を同じうせば、王たるに於て何か有らん」と。

[現代語訳]

宣王「まことにけっこうなお話である」 孟子「王様がけっこうと思われるなら、どうして実行なされませぬ」 王「私には悪い癖があって、どうも欲が深く財貨が好きだから」 お答えして、「いや、昔の名君といわれる周の公劉も、財貨がお好きでした。（公劉は夏人に圧迫されて都を移されたのですが、そのときのことを歌って）『詩経』に『そこで穀物を野に倉に十分に蓄えて、居残る者に与え、乾飯を背負い袋や大袋に入れて、行く者の食糧とした。それは、人民を和安して国家他日の大を期したのである。そこで弓を張り矢を整えて、干戈や大小のおのを用意し、かくてはじめて出発した』とあります。このように、居残る者には十分の蓄積があり、行く者には携帯食糧がありましたから、そこではじめて安心して出発することができたのであります。王様も財貨を好まれるなら、（公劉のように）人民とともにその利を受けるようになされば、王者となるになんの差し支えもありません」

王曰く、「寡人疾有り、寡人色を好む」と。対へて曰く、「昔者、大王色を好み、厥の妃を愛せり。詩に云ふ、『古公亶父、来つて朝に馬を走らす。西水の滸に率ひ、岐下に至る。爰に姜女と、聿に来つて胥宇る』と。是の時に当りて、内に怨女無く、外に曠夫無かりき。王如し色を好むも、百姓と之を同じうせば、王たるに於て何か有らん」と。

［現代語訳］

王「私には悪い癖がある。私はどうも色好みだから」　孟子がお答えする、「昔、周の大王も色を好まれ、その妃を愛されました。『詩経』に『古公亶父は岐山のほうに、朝から馬を飛ばして来られました。西の川の辺りの道を通って、岐山のふもとに着かれました。そこに妃の姜女といっしょにおいでになって、ともに家を構えて暮らされました』とあります。（このように君主みずから一夫一婦の正しい生活を示されたので）その当時は婚期を逸する娘もなく、妻を得られず嘆く男もなく、人民はみな楽しい家庭を作りました。ですから、王様も色を好まれるなら、（御自分で大ぜいの婦人を独占せず）人民にもその楽しみを公平に与えられるようになされば、王者となるに少しも差し支えないことでございます」

13 孟子斉の宣王に謂ひて曰く、「王の臣、其の妻子を其の友に託し、而して楚に之きて遊ぶ者有らんに、其の反るに比んでや、則ち其の妻子を凍餒せば、則ち之を如何せん」と。王曰く、「之を棄てん」と。曰く、「士師、士を治むること能はずんば、則ち之を如何せん」と。王曰く、「之を已めん」と。曰く、「四境の内治まらずんば、則ち之を如何せん」と。王 左右を顧みて、他を言ふ。

［現代語訳］

孟子が斉の宣王に話しかける、「かりに、王様の御家来の中で、自分の妻子の世話を友人に頼んで、遠方の楚の国に旅行に出かけた者があって、帰ってみたら、その友人は頼んでおいた妻子を飢え凍えさせていた、というようなことがあったら、その者をどうなさいますか」 王「そのような者は見限って用いない」 孟子「では、裁判官がその部下をよく統率できず、職務が果たせなかったら、どうなさいますか」 王「それを罷免する」 孟子「では、国内がよく治まらなかったら、どうなさる」 王は（返事に困り）左右の者を顧みて話題をそらしてしまった。

14孟子 斉の宣王に見えて曰く、「所謂故国とは、喬木有るの謂を謂ふに非ざるなり。世臣有るの謂なり。王には親臣無し。昔者進むる所、今日 其の亡きを知らざるなり」と。王曰く、「吾 何を以て其の不才を識りて而して之を舍てん」と。曰く、「国君 賢を進むるには、已むを得ざるが如くす。将に卑をして尊を踰え、疏をして戚を踰えしめんとす。慎まざる可けんや。

［現代語訳］

孟子が斉の宣王にお目にかかって言う、「いわゆる、故国とは、いたずらに高い大きな樹木があるということではありません。譜代の臣があるということであります。ところが、王様には（譜代の臣どころか）真に信任できる臣下もなく、つい昨日任用した臣が、今日はもう逃亡してしまうことを見抜くこともおできにならぬ」王「しかし、私はどうしたらあらかじめその人物のだめなことを見分けて、これを用いないようにすることができようか」孟子「国君が賢者を抜擢されるには、いわば、しかたなしにというふうに、きわめて慎重になさいませ。かりにも身分の卑賤の者を高貴の者の上に進め、自分とは疎遠の者を親しい親戚の上に進めようということであれば、慎重にしないわけにはまいりますまい。左右皆賢なりと曰ふも、未だ可ならざるなり。諸大夫皆賢なりと曰ふも、未だ可ならざるなり。国人皆賢なりと曰ひ、然る後之を察し、賢なるを見て、然る後之を用ひよ。左右皆不可なりと曰ふも、聴く勿れ。諸大夫皆不可なりと曰ふも、聴く勿れ。国人皆不可なりと曰ひ、然る後之を察し、不可なるを見て、然る後之を去れ。左右皆殺す可しと曰ふも、聴く勿れ。諸大夫皆殺す可しと曰ふも、聴く勿れ。国人皆殺す可しと曰ひ、然る後之を察し、殺す可きを見て、然る後之を殺せ。故に曰く、国人之を殺すなりと。此の如くにして、然る後以て民の父母たる可し」と。

［現代語訳］

慎重にするのにはどうするか、と申しますに、御近侍がみな、あれは賢者ですと申しても、まだいけません。諸大夫がみな、あれは賢者ですと申しても、まだいけません。国人がみな、あれは賢者ですと申しましたら、そこで王様御自身でよく人物を見きわめ、なるほど賢者だとお見届けのうえで、はじめてその者をお用いなさいませ。（また、罷免の場合も同様で）御近侍がみな、あれはいけませんと申しても、お聞き入れなさいますな。諸大夫がみな、あれはいけませんと申しても、お聞き入れなさいますな。国人がみな、あれはいけませんと申しましたら、そこで王様御自身でよく見きわめ、確かにいけないことをお見届けのうえで、はじめてその者を免職なさいませ。（処刑の場合も）御近侍の者がみな、殺すべきだと申しても、お聞き入れなさいますな。諸大夫がみな、殺すべきだと申しても、お聞き入れなさいますな。国人がみな、殺すべきだと申しましたら、そこで王様御自身よく見きわめ、確かに殺すべきだとお見届けのうえで、はじめて処刑なさいませ。こうすれば、王様がかってに臣下を殺されたのではありませんから、国民の世論によって殺した、と申すのであります。かように慎重に事を行って、はじめて、真に民の父母であることができるのであります」

15 斉の宣王問うて曰く、「湯、桀を放ち、武王、紂を伐つと。諸有りや」と。孟子対へて曰く、「伝に於て之有り」と。曰く、「臣にして其の君を弑す、可ならんや」と。曰く、「仁を賊ふ者之を賊と謂ひ、義を賊ふ者之を残と謂ふ。残賊の人、之を一夫と謂ふ。一夫紂を誅するを聞く。未だ君を弑するを聞かざるなり」と。

[現代語訳]

斉の宣王が問うた、「昔、殷の湯王は前の夏王朝の桀王を放逐し、周の武王は前の殷王朝の紂王を誅伐したということだが、ほんとうにあったことだろうか」孟子がお答えする、「そういう言い伝えがございます」王「湯王も武王も、ともかく臣下であったわけだが、臣でありながらその君を弑してよいものだろうか」孟子「仁をそこなう者はこれを賊といい、義をそこなう者はこれを残と申しますが、残賊の人はそれを一夫すなわち一介の平民と申すべきで、君たる資格はありません。残賊の人たる桀・紂は、まさに一夫と申すべきであります。ですから、武王が『一夫なる紂』を誅したということは私も聞いていますが、君たる者を弑したとは、聞いておりません」

16孟子斉の宣王に謂ひて曰く、「巨室を為らば、則ち必ず工師をして大木を求めしめん。工師大木を得ば、則ち王喜びて、以て能く其の任に勝ふと為さん。匠人斲りて之を小にせば、則ち王怒りて、以て其の任に勝へずと為さん。夫れ人幼にして之を学び、壮にして之を行はんと欲す。王曰く、『姑く女の学ぶ所を舎いて、而して我に従へ』と。則ち何如。

[現代語訳]

孟子が斉の宣王に話しかける、「大家屋を作ろうとすれば、必ず大工の棟梁に命じて大木をお求めになるでありましょう。そして、棟梁が大木を手に入れれば、王様は喜んで、これなら十分役に立つと思われましょう。ところが、大工がその材木を切って小さくしてしまったら、王様はこれではもう役に立たんとお怒りになるでしょう。さて、せっかく人が子供のころから学問をし、一人前になってそれを実行しようと思っているのに、王様が『まあおまえの学んだことはしばらくおいて、私の考えに従え』と仰せられるとすれば、どういうことになりましょうか。

今、此に璞玉有らんに、万鎰と雖も必ず玉人をして之を彫琢せしめん。国家を治むるに至りては、則ち曰く、『姑く女の学ぶ所を舎いて、而して我に従へ』と。則ち何を以て玉人に玉を彫琢することを教ふるに異ならんや」と。

[現代語訳]

ここにまだみがいてない玉があったとすれば、それが万鎰もする貴重な品で、他人に渡すのが心配でも、自分では手をつけずに、本職の玉造りにみがかせるでありましょう。ところが、国家を治めるということになると、『まあ、おまえの学んだことはしばらくおいて、私の考えに従え』と仰せられるとすれば、素人が本職の玉造りに玉のみがきかたを教えるのと、どこが違いましょうか」

17 斉人、燕を伐ちて之に勝つ。宣王問うて曰く、「或ひとは寡人に取る勿れと謂ひ、或ひとは寡人に之を取れと謂ふ。万乗の国を以て、万乗の国を伐ち、五旬にして之を挙ぐ。人力は此に至らず。取らずんば必ず天の殃有らん。之を取ること何如」と。

［現代語訳］

斉の国が燕を討って勝った。宣王が尋ねる、「私に燕の国を取るなという者もあれば、この際取ってしまえという者もある。ところで、万乗の国の力をもって同等の万乗の国と戦って、わずか五十日で攻略してしまったということは、なかなか人力ではできないこと、（さだめし天祐であろうが）これを取らなければかえって天罰を被るであろう。取ったらどんなものかな」

孟子対へて曰く、「之を取りて燕の民悦ばば、則ち之を取れ。古の人之を行ふ者有り、武王是なり。之を取りて燕の民悦ばずんば、則ち取ること勿れ。古の人之を行ふ者有り、文王是なり。万乗の国を以て、万乗の国を伐つ。簞食壺漿して、以て王の師を迎ふるは、豈他有らんや。水火を避けんとてなり。水の益〻深きが如く、火の益〻熱きが如くんば、亦運らんのみ」と。

[現代語訳]

孟子がお答えする、「取って燕の民が喜ぶというならお取りなさい。昔の聖賢でそのようにした人が、すなわち周の武王であります。もし取ったら燕の民が喜ばぬというなら、お取りなさいますな。昔の聖賢でそのようにした人が、すなわち周の文王であります。なるほど、万乗の国が万乗の国と戦ったのに、敵方の人民が食物や飲み物をわざわざ持参して、王様の軍隊を歓迎したというのは、けっしてほかに理由があるわけではない。ただ、現在の政治の水責め火責めのような苦しみを逃れたいと思えばこそであります。ですから、もし斉が燕を取っても、水はますます深く、火はますます熱いというような虐政を行ったら、今度と同様、やはり、斉に背いて他国の軍隊を歓迎するというまわり合わせになるだけのことであります」

18 斉人 燕を伐ちて之を取る。諸侯将に謀りて燕を救はんとす。宣王曰く、「諸侯 寡人を伐たんと謀る者多し。何を以て之を待たん」と。孟子対へて曰く、「臣七十里にして政を天下に為す者を聞く。湯是なり。未だ千里を以て人を畏るる者を聞かざるなり。書に曰く、『湯一めて征する、葛自り始む』と。天下之を信ず。東面して征すれば西夷怨み、南面して征すれば北狄怨む。曰く、『奚為れぞ我を後にする』と。民の之を望むこと、大旱の雲霓を望むが若し。市に帰く者止らず。耕す者変ぜず。其の君を誅し、而して其の民を弔ふ。時雨の降るが若し。民大いに悦ぶ。書に曰く、『我が后を徯つ。后来らば其れ蘇らん』と。

[現代語訳]

斉は燕を討ってこれを取ってしまった。そこで諸侯は連合して燕を救おうと相談した。宣王は（少々慌てて）孟子に相談する、「諸侯は大ぜいで私を討とうと謀っているが、どういうふうに対処しようか」孟子はお答えする、「わずか七十里四方の小国から、ついに天下に政を行うに至った者のあることを聞いております。殷の湯王がすなわちその人であります。千里四方の大国でありながら、よその国を恐れるということを聞いたことがありません。『書経』にも『湯王が無道の国を征伐するにあたっては、隣国の葛国から始めた』とありますが、天下はみな、湯の正義の戦いであることを信じていましたから、東に向かって征伐すれば西の夷が、南に向かって征伐すれば北の狄が、いずれも『どうしてわれわれをあとまわしにするのか、早く来て助けてもらいたい』と言って恨んだと申します。それらの人民が湯王の軍隊を待ち望むことは、あたかも大旱のときに雨雲を待ち焦がれるようなふうでした。ですから、湯王の軍隊が攻め込んでも、人民は落ち着いていて、市場に行く者は相変わらず出かけて行くし、耕作する者も相変わらず畑仕事をしておりました。そのように、湯王の軍隊は暴君を誅伐して人民を慰労してやりましたが、ちょうど時宜を得た雨の降るように、人民はその恩沢に服して大いに喜びました。『書経』にも『我が君、湯王をお待ち申し上げる。君がおいでになれば、きっと蘇生するであろう』とあります。

今、燕其の民を虐ぐ。王往きて之を征す。民以て将に己を水火の中より拯はんとすと為す。簞食壺漿して以て王の師を迎ふ。若し其の父兄を殺し、其の子弟を係累し、其の宗廟を毀ち、其の重器を遷さば、之を如何ぞ其れ可ならんや。天下固より斉の彊きを畏るるなり。今、又地を倍して仁政を行はずんば、是れ天下の兵を動かすなり。王速やかに令を出し、其の旄倪を反し、其の重器を止め、燕の衆に謀り、君を置きて而る後之を去らば、則ち猶ほ止むるに及ぶ可きなり」と。

[現代語訳]

さて今、燕ではその人民を虐げているところへ、王様がお出かけになったのですから、燕の人民はきっと自分たちを水火の苦しみから救い出してくれるだろうと思って、簞食壺漿、食物持参で王様の軍隊を歓迎したのであります。しかるに、もしその長老たちを殺し、若者を取っ捕まえ、祖先のお霊屋をぶち壊し、宝物をぶんどって来るようなことをしたら、どうしてよいはずがありましょうか。天下はかねてより斉の強大を恐れていますが、今、そのうえに領土が二倍になって、ますます強くなり、しかも仁政を行わず、次々と侵略でもしようということでは、天下の諸侯も自衛のために連合して立つということになり、つまり、天下の軍隊を動員させることになります。王様よ、即刻、命令をお出しになって、老幼の者を送還し、宝物をもとの場所に置き、燕の人民と相談して、しかるべき君主を立てて撤兵したならば、諸侯の軍隊を動かすことをやめさせるのに、まだまにあうことでありましょう」

19 鄒と魯と鬨ふ。穆公問うて曰く、「吾が有司死する者三十三人。而るに民之に死する莫きなり。之を誅せんとせば、則ち勝げて誅す可からず。誅せざれば、則ち其の長上の死を疾視して救はず。之を如何せば則ち可ならん」と。

[現代語訳]

鄒と魯と戦った。その後、鄒の穆公が孟子に問われる、「我が軍の隊長であった役人たちは、三十三人も戦死したが、兵士であった人民には、隊長を守って戦死した者がない。けしからんことだから、彼らを処刑しようと思うが、あまり多くて全部を罪するわけにもゆかず、さりとて、処刑せずに放置すれば、その部隊長の死を、いい気味とばかり見殺しにした罪を、ただせない。どうしたらよかろうか」

孟子対へて曰く、「凶年饑歳には、君の民、老弱は溝壑に転じ、壮者は散じて四方に之く者、幾千人ぞ。而るに君の倉廩は実ち、府庫は充つ。有司以て告ぐる莫し。是れ上慢にして下を残ふなり。曾子曰く、『之を戒めよ、之を戒めよ。爾に出づる者は爾に反る者なり』と。夫れ民今にして後、之を反すことを得たるなり。君尤むること無かれ。君仁政を行はば、斯に民其の上に親しみ、其の長に死なん」と。

[現代語訳]

孟子がお答えする、「悪疫やききんなどの悪い年には、殿様の人民は、老幼の者は、みぞや谷間に転がって死んでおり、若者は家を離れて散り散りに四方に出かける者が、何千人ともしれません。一方、殿様の米倉・金倉は、いっぱい詰まっているのに、役人は人民の窮状を殿様に訴えることをいたしません。これこそ上の者が怠慢で、下の人民を痛めつけるというものです。昔、曾子は『戒めよ、戒めよ。なんじから出たものは、みななんじの身に返ってくるぞ』と申しました。人民は、今こそはじめて仕返しをすることができたのであります。殿様、あまり人民ばかりおとがめなさいますな。今後、殿様が仁政を行っていかれましたら、自然、人民も上長の役人たちにも親しみ、上長の危難のためには死をも辞さないことになりましょう」

20 滕の文公問うて曰く、「滕は小国なり。斉・楚に間す。斉に事へんか、楚に事へんか」と。孟子対へて曰く、「是の謀は吾が能く及ぶ所に非ざるなり。已む無くんば則ち一有り。斯の池を鑿ち、斯の城を築き、民と与に之を守り、死を効すも民去らざるは、則ち是れ為す可きなり」と。

【現代語訳】

滕の文公が孟子に問われる、「我が滕の国は小国で、斉と楚の二大国の間に介在している。どちらかと結ばなくては自立できぬが、斉に仕えたものだろうか、楚に仕えたものだろうか」　孟子がお答えする、「その問題は、私の思慮の及ばぬことでございます。が、どうしても私の考えを言えとならば、ここに一案がございます。すなわち、この城の堀を深くし、この城壁を高くし、いったん緩急あるときは人民とともにこの城を守り、死んでも人民が殿様を捨てて逃げ出さぬというようにすることはできます」

21 滕の文公問うて曰く、「斉人将に薛に築かんとす。吾甚だ恐る。之を如何せば、則ち可ならん」と。孟子対へて曰く、「昔者、大王　邠に居る。狄人　之を侵す。去つて岐山の下に之きて居る。択んで之を取るに非ず。已むを得ざればなり。苟も善を為さば、後世子孫、必ず王者有らん。君子　業を創め統を垂れ、継ぐ可きを為す。夫の成功の若きは則ち天なり。君　彼を如何せんや。彊めて善を為さんのみ」と。

【現代語訳】

滕の文公が孟子に問う、「斉の国では我が国の国境近くの薛に要塞を築こうとしている。私ははなはだ心配だが、どうしたらよかろうか」　孟子がお答えする、「昔、周の大王は邠におられましたが、狄人が侵入して来たので、あえて争わず、去って岐山のふもとに移られました。これは自分からその地を選び取ったのではなく、難を避けるためにやむをえなかったからであります。しかし、まことに善をなしさえすれば、その本拠は失っても、後世子孫は必ず王者となる者が現れるでしょう。君子たる者は、事業を始め、仕事を残して、子孫がそれを継承できるようにするものであります。それが成功するかどうかということは、天命であります。今の問題も同様で、斉のすることは、殿様としてはどうすることもできません。ただ、つとめてみずから善をなさるほかはありません」

22 滕の文公問うて曰く、「滕は小国なり。力を竭して以て大国に事ふるも、則ち免るるを得ず。之を如何せば則ち可ならん」と。孟子対へて曰く、「昔者、大王邠に居る。狄人 之を侵す。之に事ふるに皮幣を以てすれども、免るるを得ず。之に事ふるに犬馬を以てすれども、免るるを得ず。之に事ふるに珠玉を以てすれども、免るるを得ず。乃ち其の耆老を属め、而して之に告げて曰く、『狄人の欲する所の者は、吾が土地なり。吾 之を聞く。君子は其の人を養ふ所以の者を以て人を害せずと。二三子、何ぞ君無きを患へん。我将に之を去らんとす』と。邠を去り、梁山を踰え、岐山の下に邑して居る。邠人曰く、『仁人なり。失ふ可からざるなり』と。之に従ふ者、市に帰くが如し。或ひは曰く、『世〻の守りなり。身の能く為す所に非ざるなり。死を効すも去ること勿れ』と。君請ふ斯の二者に択べ」と。

[現代語訳]

滕の文公が問う、「滕は小国である。全力を尽くして大国に貢ぎ仕えても、侵略を免れることができないが、どうしたらよかろうか」孟子がお答えする、「昔、周の大王は邠におられましたが、狄人が侵入して来ましたので、大王は毛皮や絹織物を贈りましたが、効き目がありません。犬や馬などの家畜を贈りましても、効き目がありません。さらに、珠玉の宝物を贈りましたが、それでも効き目がありません。そこで、長老たちを呼び集めて『狄人の欲しがるのは我が土地である。私はかねて聞いていることだが、君子は人間を養うための者、すなわち土地のために争って、人を傷つけたりせぬものだ。おまえたちは私が去ったら君主がいなくなるなどと心配するな。(別の君主が来てくれることだろうから)私はここを立ち去ることにしよう』と話して聞かせ、邠を去り、梁山を越えて、岐山のふもとに村を作って住まわれました。すると、あとに残った邠の人たちは『我が君はまことに仁人である。この君を失うことはできない』とばかり、大王に従ってあたかも市場に出かけるように、先を争ってぞろぞろついて行きました。これが一つの行きかたでありますが、また、こういう考えもあります。すなわち国家は先祖代々、守り伝えたものであるから、自分一身でかってにできるものではない。死んでも立ちのくな、という考えであります。殿様どうかこの二つの中からお選びください」

23魯の平公将に出でんとす。嬖人臧倉なる者請うて曰く、「他日、君出づれば、則ち必ず有司に之く所を命ぜり。今、乗輿已に駕せり。有司未だ之く所を知らず。敢て請ふ」と。公曰く、「将に孟子を見んとす」と。曰く、「何ぞや君の為す所、身を軽んじて以て匹夫に先だつとは。以て賢と為すか。礼義は賢者由り出づ。而るに孟子の後喪は前喪に踰えたり。君見ること無かれ」と。公曰く、「諾」と。

[現代語訳]

魯の平公が外出しようとした。お気に入りの臧倉という近臣が「いつも殿様のお出ましのときは、必ず係役人にお出先を仰せになりますのに、今日はお馬車の用意もすっかり整いましたが、係役人はいまだにお出先を存じません。ぜひお聞かせくださいますように」とお願いした。公は「孟子に会おうと思う」と言われたので、臧倉「殿様のなされかたはなんたることでございます。御身分柄もありましょうに、軽々しくもこちらから先に一平民をお訪ねになるなどとは。彼を賢者とお考えになってのことでございますか。しかし、礼義は賢者によって実現されるものですが、孟子の行ったのちの喪すなわち母の葬式は、前の喪すなわち父の葬式を越えておりました。かかる非礼の者は賢者とは申せませぬゆえ、殿様お会いなされますな」と言う。公も「よしよし」と言ってやめられた。

楽正子入りて見えて曰く、「君奚為れぞ孟軻を見ざるや」と。曰く、「或ひと寡人に告げて曰く、『孟子の後喪は前喪に踰えたり』と。是を以て往きて見ざるなり」と。曰く、「何ぞや、君の所謂踰ゆとは。前には士を以てし、後には大夫を以てし、前には三鼎を以てし、後には五鼎を以てしたるか」と。曰く、「否。棺槨衣衾の美を謂ふなり」と。曰く、所謂踰ゆるには非ざるなり。貧富同じからざればなり」と。

[現代語訳]

お取りやめになったと聞いて、楽正子は御殿に行って公にお目通りしてお尋ねした、「殿様には何ゆえあって孟軻にお会いになりませぬ」公「孟子の母の喪が父の喪を越えていたと私に知らせる者があったので、さればこそ会いに行くのをやめたのだ」楽正子「殿様の仰せられる越えたとは、どういうことでございます。前には士の礼を用い、のちには大夫の礼を用い、また、前にはお供物が三鼎で、のちには五鼎であったとでもいうのでございますか」公「いや、私のいうのは棺槨や衣衾がりっぱなことだ」楽正子「それならば越えたと申すべきではありません。前とあとと貧富の程度が同じでなかったからであります」

楽正子、孟子に見えて曰く、「克、君に告ぐ。君来り見んと為す。嬖人に臧倉なる者有り、君を沮む。君是を以て来ることを果たさざるなり」と。曰く、「行くも之を使むる或り。止るも之を尼る或り。行止は人の能くする所に非ざるなり。吾の魯侯に遇はざるは、天なり。臧氏の子、焉んぞ能く予をして遇はざらしめんや」と。

[現代語訳]

おもしろくない楽正子は孟子にお目にかかって言う、「私は先生のことを殿様に申し上げ、殿様も会いにおいでになろうとなさったのですが、お気に入りの御近侍に臧倉という者がおりまして、じゃまをしました。そのため殿様はとうとうおいでになれませんでした」

孟子「人が行くのもそうさせるものがあり、とどまるのもとどめるものがあるので、行くもとどまるも、人間の力でかってにできるものではない。私が魯侯に会えないのは実に天命である。臧氏の小人ごときが、どうして私を魯侯に会わせないなどということができようか」

原文

8 莊暴見二孟子一曰、暴見二於王一。王語レ暴以レ好レ樂。暴未レ有二以對一也。曰、好レ樂何如。孟子曰、王之好レ樂甚、則齊國其庶幾乎。

他日、見二於王一曰、王嘗語二莊子一以レ好レ樂。有レ諸。王變二乎色一曰、寡人非三能好二先王之樂一也。直好二世俗之樂一耳。曰、王之好レ樂甚、則齊其庶幾乎。今之樂猶二古之樂一也。曰、可レ得レ聞與。曰、獨樂レ樂、與レ人樂レ樂、孰樂。曰、不レ若レ與レ人。曰、與レ少樂レ樂、與レ衆樂レ樂、孰樂。曰、不レ若レ與レ衆。

臣請、爲レ王言レ樂。今、王鼓二樂於此一、百姓聞二王鐘鼓之聲、管籥之音一、擧疾レ首蹙レ頞、而相告曰、吾王之好二鼓樂一、夫何使三我至二於此極一也。父子不二相見一、兄弟妻子離散。今、王田二獵於此一、百姓聞二王車馬之音一、見二羽旄之美一、擧疾レ首蹙レ頞、而相告曰、吾王之好二田獵一、夫何使三我至二於此極一也。父子不二相見一、兄弟妻子離散。此無レ他、不二與レ民同一レ樂也。今、王鼓二樂於此一、百姓聞二王鐘鼓之聲、管籥之音一、擧欣欣然有二喜色一、而相告曰、吾王庶三幾無二疾病一與。何以能鼓樂也。今、王田二獵於此一、百姓聞二王車馬之音一、見二羽旄之美一、擧欣欣然有二喜色一、而相告曰、吾王庶三幾無二疾病一與。何以能田獵也。此無レ他、與レ民同レ樂也。今、王與二百姓一同レ樂、則王矣。

9
齊宣王問曰、文王之囿、方七十里。有レ諸。孟子對曰、於レ傳有レ之。曰、若レ是其大乎。曰、民猶以爲レ小也。曰、寡人之囿、方四十里。民猶以爲レ大、何也。曰、文王之囿、方七十里、芻蕘者往焉、雉兔者往焉。與レ民同レ之。民以爲レ小、不二亦宜一乎。臣始至二於境一、問二國之大禁一、然後敢入。臣聞、郊關之內、有二囿方四十里一。殺二其麋鹿一者、如レ殺二人之罪一。則是方四十里、爲二阱於國中一。民以爲レ大、不二亦宜一乎。

10
齊宣王問曰、交二鄰國一有レ道乎。孟子對曰、有。惟仁者爲二能以レ大事一レ小。是故湯事レ葛、文王事二昆夷一。惟智者爲二能以レ小事一レ大。故大王事二獯鬻一、句踐事レ呉。以レ大事レ小者、樂レ天者也。以レ小事レ大者、畏レ天者也。樂レ天者保二天下一、畏レ天者保二其國一。詩云、畏二天之威一、于レ時保レ之。王曰、大哉言矣。寡人有レ疾、寡人好レ勇。對曰、王請無レ好二小勇一。夫撫レ劍疾視曰、彼惡敢當レ我哉。此匹夫之勇、敵二一人一者也。王請大レ之。詩云、王赫斯怒、爰整二其旅一、以遏レ徂レ莒、以篤二周祜一、以對二于天下一。此文王之勇也。文王一怒、而安二天下之民一。

書曰、天降㆓下民㆒、作㆓之君㆒、作㆓之師㆒。惟曰、其助㆓上帝㆒。寵㆓之四方㆒。有ㇾ罪無ㇾ罪、惟我在。天下曷敢有ㇾ越㆓厥志㆒。一人衡㆓行於天下㆒、武王恥ㇾ之。此武王之勇也。而武王亦一怒、而安㆓天下之民㆒。今、王亦一怒、而安㆓天下之民㆒、民惟恐㆓王之不ㇾ好ㇾ勇也。

11 齊宣王見㆓孟子於雪宮㆒。王曰、賢者亦有㆓此樂㆒乎。孟子對曰、有。人不ㇾ得、則非㆓其上㆒矣。不ㇾ得而非㆓其上㆒者、非也。爲㆓民上㆒而不㆓與ㇾ民同㆒ㇾ樂者、亦非也。樂㆓民之樂㆒者、民亦樂㆓其樂㆒。憂㆓民之憂㆒者、民亦憂㆓其憂㆒。樂以㆓天下㆒、憂以㆓天下㆒。然而不ㇾ王者、未㆓之有㆒也。

昔者、齊景公問㆓於晏子㆒曰、吾欲㆘觀㆓於轉附朝儛㆒、遵ㇾ海而南、放㆗於琅邪㆖。吾何修而可㆔以比㆓於先王觀㆒也。晏子對曰、善哉問也。天子適㆓諸侯㆒曰㆓巡狩㆒。巡狩者、巡ㇾ所ㇾ守也。諸侯朝㆓於天子㆒曰㆓述職㆒。述職者、述ㇾ所ㇾ職也。無㆓非ㇾ事者㆒。春省ㇾ耕而補ㇾ不ㇾ足、秋省ㇾ斂而助ㇾ不ㇾ給。夏諺曰、吾王不ㇾ遊、吾何以休。吾王不ㇾ豫、吾何以助。一遊一豫、爲㆓諸侯度㆒。今也不ㇾ然。師行而糧食。飢者弗ㇾ食、勞者弗ㇾ息。睊睊胥讒、民乃作ㇾ慝。方ㇾ命虐ㇾ民、飲食若ㇾ流、流連荒亡、爲㆓諸侯憂㆒。從ㇾ流下而忘ㇾ反、謂㆓之流㆒。從ㇾ流上而忘ㇾ反、謂㆓之連㆒。從ㇾ獸無ㇾ厭、謂㆓之荒㆒。樂ㇾ酒無ㇾ厭、謂㆓之亡㆒。先王無㆓流連之樂、荒亡之行㆒。惟君所ㇾ行也。景公說、大戒㆓於國㆒、出舍㆓於郊㆒。於ㇾ是始興發補ㇾ不ㇾ足。召㆓太師㆒曰、爲ㇾ我作㆓君臣相說之樂㆒。蓋徵招角招、是也。其詩曰、畜ㇾ君何尤。畜ㇾ君者好ㇾ君也。

12 齊宣王問曰、人皆謂㆔我毀㆓明堂㆒。毀ㇾ諸、已乎。孟子對曰、夫明堂者、王者之堂也。王欲ㇾ行㆓王政㆒、則勿ㇾ毀ㇾ之矣。

王曰、王政可ㇾ得ㇾ聞與。對曰、昔者、文王之治ㇾ岐也、耕者九一、仕者世ㇾ祿、關市譏而不ㇾ征、

澤梁無レ禁、罪レ人不レ孥。老而無レ妻曰レ鰥、老而無レ夫曰レ寡、老而無レ子曰レ獨、幼而無レ父曰レ孤。此四者、天下之窮民而無レ告者。文王發レ政施レ仁、必先二斯四者一。詩云、哿矣富人、哀二此煢獨一。

王曰、善哉言乎。曰、王如善レ之、則何爲不レ行。王曰、寡人有レ疾、寡人好レ貨。對曰、昔者、公劉好レ貨。詩云、乃積乃倉、乃裹二餱糧一。于レ橐于レ囊。思二戢用光一。弓矢斯張、干戈戚揚。爰方啓レ行。故居者有二積倉一、行者有二裹糧一也。然後可二以爰方啓一レ行。王如好レ貨、與二百姓一同レ之、於レ王何有。

王曰、寡人有レ疾、寡人好レ色。對曰、昔者、大王好レ色、愛二厥妃一。詩云、古公亶父、來朝走レ馬。率二西水滸一、至二于岐下一。爰及二姜女一、聿來胥宇。當二是時一也、内無二怨女一、外無二曠夫一。王如好レ色、與二百姓一同レ之、於レ王何有。

13 孟子謂二齊宣王一曰、王之臣、有下託二其妻子於其友一、而之レ楚遊者上、比二其反一也、則凍二餒其妻子一、則如レ之何。王曰、棄レ之。曰、士師不レ能レ治レ士、則如レ之何。王曰、已レ之。曰、四境之内不レ治、則如レ之何。王顧二左右一而言レ他。

14 孟子見二齊宣王一曰、所謂故國者、非レ謂下有二喬木一之謂上也。有二世臣一之謂也。王無二親臣一矣。昔者所レ進、今日不レ知二其亡一也。王曰、吾何以識二其不才一而舍レ之。曰、國君進レ賢、如レ不レ得レ已。將レ使二卑踰レ尊、疏踰一レ戚。可レ不レ愼與。左右皆曰レ賢、未レ可也。諸大夫皆曰レ賢、未レ可也。國人皆曰レ賢、然後察レ之、見レ賢焉、然後用レ之。左右皆曰二不可一、勿レ聽。諸大夫皆曰二不可一、勿レ聽。國人皆曰二不可一、然後察レ之、見二不可一焉、然後去レ之。左右皆曰レ可レ殺、勿レ聽。諸大夫皆曰レ可レ殺、勿レ聽。國人皆曰レ可レ殺、然後察レ之、見レ可レ殺焉、然後殺レ之。故曰、國人殺レ之也。如レ此、然後可三以爲二民父母一。

15 齊宣王問曰、湯放レ桀、武王伐レ紂。有レ諸。孟子對曰、於レ傳有レ之。曰、臣弒二其君一可乎。曰、賊レ仁者謂二之賊一、賊レ義者謂二之殘一。殘賊之人、謂二之一夫一。聞レ誅二一夫紂一矣。未レ聞レ弒レ君也。

16 孟子謂二齊宣王一曰、爲二巨室一、則必使三工師求二大木一。工師得二大木一、則王喜以爲三能勝二其任一也。匠人斲而小レ之、則王怒以爲レ不レ勝二其任一矣。夫、人幼而學レ之、壯而欲レ行レ之。王曰、姑舍二女所一レ學而從レ我。則何如。今、有三璞二玉於此一、雖二萬鎰一、必使三玉人彫二琢之一。至三於治二國家一、則曰、姑舍二女所一レ學而從レ我。則何以異四於教三玉人彫二琢玉一哉。

17 齊人伐レ燕勝レ之。宣王問曰、或謂二寡人勿一レ取、或謂二寡人取一レ之。以二萬乘之國一、伐二萬乘之國一、五旬而擧レ之。人力不レ至二於此一。不レ取必有二天殃一。取レ之何如。

孟子對曰、取レ之而燕民悅、則取レ之。古之人有二行レ之者一、武王是也。取レ之而燕民不レ悅、則勿レ取。古之人有二行レ之者一、文王是也。以二萬乘之國一、伐二萬乘之國一。簞食壺漿、以迎二王師一。豈有レ他哉。避二水火一也。如二水益深一、如二火益熱一、亦運而已矣。

18 齊人伐レ燕取レ之。諸侯將二謀救一レ燕。宣王曰、諸侯多下謀レ伐二寡人一者上。何以待レ之。孟子對曰、臣聞下七十里爲二政於天下一者上。湯是也。未レ聞下以二千里一畏レ人者上也。書曰、湯一征、自レ葛始。天下信レ之。東面而征、西夷怨、南面而征、北狄怨。曰、奚爲後レ我。民望レ之、若二大旱之望二雲霓レ也。歸レ市者不レ止。耕者不レ變。誅二其君一、而弔二其民一。若二時雨降一。民大悅。書曰、徯二我后一。
后來其蘇。

今、燕虐二其民一。王往而征レ之。民以爲レ將レ拯二己於水火之中一也。簞食壺漿、以迎二王師一。若殺二其父兄一、係二累其子弟一、毀二其宗廟一、遷二其重器一、如レ之何其可也。天下固畏二齊之彊一也。今、又倍レ地而不レ行二仁政一、是動二天下之兵一也。王速出レ令、反二其旄倪一、止二其重器一、謀二於燕衆一、置レ君而後去レ之、則猶可レ及レ止也。

19 鄒與レ魯鬨。穆公問曰、吾有司死者三十三人。而民莫二之死一也。誅レ之則不レ可二勝誅一。不レ誅則疾三視其長上之死一而不レ救。如レ之何則可也。

孟子對曰、凶年饑歲、君之民、老弱轉二乎溝壑一、壯者散而之二四方一者、幾千人矣。而君之倉廩實、府庫充。有司莫二以告一。是上慢而殘レ下也。曾子曰、戒レ之戒レ之。出二乎爾一者、反二乎爾一者也。夫、民今而後、得レ反レ之也。君無レ尤焉。君行二仁政一、斯民親二其上一、死二其長一矣。

20 滕文公問曰、滕小國也。閒二於齊楚一。事レ齊乎、事レ楚乎。孟子對曰、是謀非三吾所二能及一也。無レ已則有レ一焉。鑿二斯池一也、築二斯城一也、與レ民守レ之、效レ死而民弗レ去、則是可レ爲也。

21 滕文公問曰、齊人將レ築レ薛。吾甚恐。如レ之何則可。孟子對曰、昔者、大王居レ邠。狄人侵レ之。去之二岐山之下一居焉。非二擇而取レ之。不レ得レ已也。苟爲レ善、後世子孫、必有二王者一矣。君子創レ業垂レ統、爲レ可レ繼也。若二夫成功一、則天也。君如レ彼何哉。彊爲レ善而已矣。

22 滕文公問曰、滕小國也。竭レ力以事二大國一、則不レ得レ免焉。如レ之何則可。孟子對曰、昔者、大王居レ邠。狄人侵レ之。事レ之以二皮幣一、不レ得レ免焉。事レ之以二犬馬一、不レ得レ免焉。事レ之以二珠玉一、

不ㇾ得ㇾ免焉。乃屬二其耆老一、而告ㇾ之曰、狄人之所ㇾ欲者、吾土地也。吾聞ㇾ之也。君子不乙以下其所二以養一ㇾ人者上害甲ㇾ人。二三子、何患二乎無一ㇾ君。我將ㇾ去ㇾ之。去ㇾ邠、踰二梁山一、邑二于岐山之下一居焉。邠人曰、仁人也。不ㇾ可ㇾ失也。從ㇾ之者如ㇾ歸ㇾ市。或曰、世守也。非三身之所二能爲一也。效ㇾ死勿ㇾ去。君請擇二於斯二者一。

23 魯平公將ㇾ出。嬖人臧倉者請曰、他日、君出、則必命二有司所一ㇾ之。今、乘輿已駕矣。有司未ㇾ知ㇾ所ㇾ之。敢請。公曰、將ㇾ見二孟子一。曰、何哉君所ㇾ爲、輕ㇾ身以先二於匹夫一者。以爲ㇾ賢乎。禮義由二賢者一出。而孟子之後喪踰二前喪一。君無ㇾ見焉。公曰、諾。

樂正子入見曰、君奚爲不ㇾ見二孟軻一也。曰、或告二寡人一曰、孟子之後喪踰二前喪一。是以不二往見一也。曰、何哉君所謂踰者。前以ㇾ士、後以二大夫一、前以二三鼎一、而後以二五鼎一與。曰、否。謂二棺椁衣衾之美一也。曰、非二所謂踰一也。貧富不ㇾ同也。

樂正子見二孟子一曰、克告二於君一。君爲二來見一也。嬖人有二臧倉者一、沮ㇾ君。君是以不ㇾ果ㇾ來也。曰、行或ㇾ使ㇾ之。止或ㇾ尼ㇾ之。行止非二人所一ㇾ能也。吾之不ㇾ遇二魯侯一、天也。臧氏之子、焉能使二予不一ㇾ遇哉。

公孫丑章句　上

24 公孫丑問うて曰く、「夫子路に斉に当らば、管仲・晏子の功、復た許す可きか」と。孟子曰く、「子は誠に斉の人なり。管仲・晏子を知るのみ。或ひと曾西に問うて曰く、『吾子と子路と孰れか賢れる』と。曾西蹵然として曰く、『吾が先子の畏れし所なり』と。曰く、『然らば則ち吾子と管仲と孰れか賢れる』と。曾西艴然として悦ばずして曰く、『爾何ぞ曾ち予を管仲に比するや。管仲は君を得ること、彼の如く其れ専らなり。国政を行ふこと、彼の如く其れ久しきなり。功烈、彼の如く其れ卑しきなり。爾何ぞ曾ち予を是に比するや』と。曰く、管仲は曾西の為さざる所なり。而るに子我が為に之を願ふか」と。

[現代語訳]

公孫丑が問う、「先生がもし斉の国の政局を担当されたら、昔の管仲や晏子のような功業を期待できますか」孟子「君はなるほど斉の人間だ。管仲と晏子しか知らんのだな。昔ある人が曾参の子曾西に『あなたと子路とはどちらが優れていられますか』と尋ねたところ、曾西は居ずまいを正して、『我が亡き父上さえ畏敬されたおかただ（私などとんでもない)』と言う。『それではあなたと管仲とは、どちらが優れていられますか』と言うと、曾西はむっとした様子で、いやな顔をし、『おまえはなんでまた私を管仲などと比べるのだ。管仲はあれほど主君の信任を独占し、国政をあれほど長く行ってきたのに、その功業は（王道にあらず）つまらぬ覇道を行ったにすぎぬ。君はなんでまた私をこんな男に比べるのか』と言ったそうだ。さて、管仲は曾西さえ相手にしない男だ。それだのに君は私のために管仲のように願うのか」

曰く、「管仲は其の君を以て覇たらしめ、晏子は其の君を以て顕れしむ。管仲・晏子は猶ほ為すに足らざるか」と。曰く、「斉を以て王たるは、由ほ手を反すがごときなり」と。曰く、「是の若くんば、則ち弟子の惑ひ滋〻甚し。且つ文王の徳、百年にして後崩ずるを以てしてすら、猶ほ未だ天下に洽からず。武王 周公之に継ぎ、然る後大いに行はる。今、王たるを言ふこと然し易きが若し。則ち文王は法るに足らざるか」と。

[現代語訳]

公孫丑「管仲はその君をば覇者とし、晏子はその君の名を天下にとどろかせるという功業を立てましたが、その管仲や晏子でもまだもの足りませんか」孟子「今の斉の国力をもってすれば、覇者どころでなく、王者となることも手のひらを返すように、いとも容易なことである」　公孫丑「そうしますと、私ども弟子はますます訳がわからなくなります。かの文王ほどの徳があり、しかも百年もの長寿を保たれたにもかかわらず、それでもまだ王者の徳が天下に行き渡らず、その子武王や周公のごとき聖人が、文王に継いで仁政を行い、そこでやっと周の王道が実現しました。今、先生は王者となるのはなんでもないようにおっしゃる。とすると文王も模範とするに足りませんか」

曰く、「文王は何ぞ当る可けんや。湯より武丁に至るまで、賢聖の君六七作る。天下殷に帰すること久し。久しければ則ち変じ難し。武丁諸侯を朝し、天下を有つこと、猶ほ之を掌に運らすがごとし。紂の武丁を去ること、未だ久しからず。其の故家遺俗、流風善政、猶ほ存する者有り。又微子・微仲・王子比干・箕子・膠鬲有り。皆賢人なり。相与に之を輔相す。故に久しくして而る後之を失へるなり。尺地も其の有に非ざるは莫く、一民も其の臣に非ざるは莫し。然り而うして文王方百里より起る。是を以て難きなり。

［現代語訳］

孟子「文王はどうして比べ物になろうか。そもそも殷は、湯王から中興の英主武丁に至るまで、六、七人の賢聖の君主が出て、天下はすでに久しく殷に帰服している。久しければなかなか人心は変じがたいものである。されば武丁は諸侯を朝貢せしめ、天下を保持することは、まことに自由自在で容易であった。暴逆なる紂でも、この武丁の治世を去ることあまり久しからず、先祖以来の功臣の旧家やよい風俗、および君主の人民に与えた伝統的な感化や善政の恩沢が、まだ残存している。そのうえ、微子・微仲・王子比干・箕子・膠鬲などという賢者がいて、皆で紂を補佐していたから、そう容易に滅びず、長い間の暴逆が続いてはじめて天下を失うに至ったのである。なにぶん、殷の天下は、一尺の土地でも殷の領土でない所はなく、一人の人民でも殷の臣下でない者はない。一方、文王はわずか百里四方の土地から興ったのだからこそ、なかなか困難であったのだ。

斉人言へる有り。曰く、『智慧有りと雖も、勢ひに乗ずるに如かず。鎡基有りと雖も、時を待つに如かず』と。今の時は則ち然し易きなり。夏后・殷・周の盛んなるも、地未だ千里に過ぐる者有らざるなり。而して斉其の地を有せり。雞鳴狗吠相聞えて、四境に達す。而して斉其の民を有せり。地改め辟かず。民改め聚めず。仁政を行うて王たらば、之を能く禦むる莫きなり。

[現代語訳]

斉の人のことわざにも、『知恵があっても、時の勢いにはかなわない。すき・くわがあっても、時期を待ったほうがよい』というのがあるとおり、今のときこそは王業を行いやすいのだ。というのは、夏・殷・周の三代の盛時でも、領土は千里四方を超過するものはなかったが、斉もそのくらいの土地は持っているではないか。また三代の世には人口も多く、家々が立ち並んで鶏や犬の鳴き声が四方の国境にまでも聞こえたというが、斉も同様にたくさんの人口があるではないか。土地をこのうえ拡張せず、人民をこのうえかき集めずとも、仁政を行って王者となるのに、だれもこれを妨害する者はないのである。

且つ王者の作らざる、未だ此の時より疏き者有らざるなり。民の虐政に憔悴せる、未だ此の時より甚しき者有らざるなり。飢うる者は食を為し易く、渇する者は飲を為し易し。孔子曰く、『徳の流行は、置郵して命を伝ふるより速やかなり』と。今の時に当り、万乗の国、仁政を行はば、民の之を悦ぶこと、猶ほ倒懸を解くがごとけん。故に事は古の人に半ばにして、功は必ず之を倍せん。惟此の時を然りと為す」と。

〔現代語訳〕

そのうえ、真の王者というべき人君の出現しないことは、現在よりも長い間のことはないし、人民が虐政に疲れ果てていることも、今日よりはなはだしいことはないのである。飢えたる者は、食物を選ばないし、渇したる者は飲み物を選ばない。孔子は『徳化が天下に行われることは、早馬、早飛脚で命令を伝えるよりも速い』と言われた。今の時にあたって万乗の大国が仁政を行うならば、人民がこれを喜ぶことは、あたかもさかさづりを解かれる思いである。さればほねおりはいにしえの王業を成し遂げた人の半分で、その功果は必ず古人に倍するであろう。ただ今日ただ今こそ、そのときである」

25公孫丑問うて曰く、「夫子斉の卿相に加はり、道を行ふことを得ば、此に由りて覇王たらしむと雖も異まず。此の如くんば則ち心を動かすや否や」と。孟子曰く、「否。我四十にして心を動かさず」と。曰く、「是の若くんば則ち夫子孟賁に過ぐること遠し」と。曰く、「是れ難からず。告子は我に先だちて心を動かさず」と。

[現代語訳]

公孫丑が問う、「先生がもし斉の大臣になって斉王を助け、かねて学ばれた道を実施することがおできになったとしたら、それによって斉王を覇者にしようと王者にしようと、だれも不思議がることはなく当然と思うでしょう。そうなったら（責任重大で）、先生とて心が動揺されることはないでしょうか」孟子「いや、私は四十歳になってから、心を動揺させるようなことはない」丑「それならば、先生はかの昔の勇士孟賁よりも、はるかに優れた勇者であられますね」孟子「なに、それくらいのことは難しいことではない。告子は私よりも一足先に心を動かさない修行はできているのである」

曰く、「心を動かさざるに、道有りや」と。曰く、「有り。北宮黝の勇を養ふや、膚撓せず、目逃せず。一毫を以て人に挫めらるるを思ふこと、之を市朝に撻たるるが若し。褐寛博にも受けず、亦万乗の君にも受けず。万乗の君を刺すを視ること、褐夫を刺すが若し。厳る諸侯無し。悪声至れば、必ず之を反す。孟施舎の勇を養ふ所や、曰く、『勝たざるを視ること猶ほ勝つがごとし。敵を量りて而る後進み、勝つを慮つて而る後会するは、是れ三軍を畏るる者なり。舎豈能く必勝を為さんや。能く懼るる無きのみ』と。

[現代語訳]

丑「心を動かさぬように修行する方法がありますか」孟子「あるとも。勇士の北宮黝が勇気を養うには、白刃身に迫るともびくともせず、きっ先を突きつけられても目玉を動かさず、毛ほどの微細なことで人から辱めを受けても、まるで市場の公衆の面前でむち打たれるほどに思う。かりにも屈辱はだぶだぶの褐布を着た下賤の男からも受けないが、万乗の大国の君主にも我慢しない。また万乗の君を刺し殺すのも、褐を着た男を刺し殺すのと少しも変わらない。天下に恐れはばかる諸侯は一人もない。もし悪口を言われたら必ずやり返す、というやりかたである。また勇士の孟施舎の勇気の養いかたはこうである。『勝てぬとみても必勝の信念で立ち向かう。敵軍の兵力を計算してから進軍し、勝てる見込みがついてから会戦するというのは、つまり大軍を恐れる者だ。私だとて必ず勝てるとは決まらぬが、ただ敵をけっして恐れないだけのことだ』

孟施舎は曾子に似たり。北宮黝は子夏に似たり。夫の二子の勇は、未だ其の孰れか賢れるを知らず。然り而うして孟施舎は守り約なり。昔者、曾子 子襄に謂ひて曰く、『子 勇を好むか。吾嘗て大勇を夫子に聞けり。自ら反して縮からずんば、褐寛博と雖も、吾惴れざらんや。自ら反して縮くんば、千万人と雖も吾往かん』と。孟施舎の気を守るは、又曾子の守りの約なるに如かざるなり」と。

[現代語訳]

孟施舎のやりかたは、孔子の門人でいえば曾子に似ているし、北宮黝のほうは子夏に似ている。かの孟施舎・北宮黝の二人の勇士は、どちらが勝っているかはわからないが、それはともかく、孟施舎のほうが、みずから守る点は要を得ている。昔、曾子はその門人の子襄に向かって『おまえは勇を好むか。私はかつて孔夫子から大勇について承ったことがあるが、みずから反省して正しいと思えぬときは、だぶだぶの褐を着た卑しい男に対してさえ、どうも気の引けるものだが、みずから反省して正しいとならば、相手は千人万人あろうとも、あとへはひかぬ、これこそ真の大勇というものであるぞ』と言った。してみると、孟施舎の気力をただ守っているというのよりも、曾子のみずから守るというほうがさらにいっそう要領を得ている」

曰く、「敢て問ふ、夫子の心を動かさざると、告子の心を動かさざると、聞くことを得可きか」と。「告子は曰く、『言に得ざれば、心に求むること勿れ。心に得ざれば、気に求むること勿れ』と。心に得ざれば気に求むること勿れとは可なり。言に得ざれば心に求むること勿れとは不可なり。夫れ志は気の帥なり。気は体の充てるなり。夫れ志至り、気は次ぐ。故に曰く、『其の志を持し其の気を暴すること無かれ』と」「既に志至り、気は次ぐと曰ひ、又其の志を持し其の気を暴すること無かれと曰ふ者は何ぞや」と。曰く、『志壱なれば則ち気を動かし、気壱なれば則ち志を動かせばなり。今、夫れ蹶く者の趨るは、是れ気なり。而るに反つて其の心を動かす』と。

[現代語訳]

丑「ぜひお尋ねしたいのですが、先生の心を動かされないのと、告子の心を動かされないのとについて、お話してくださいませんか」「告子は『人のことばに納得のいかぬことがあったら、しいて我が心に求めて穿鑿するな。心に納得ができなくても、気に求めて怒るな』と言う。このあとのほうの『心に得ざれば気に求むることなかれ』というのはよいが、前のほうの『言に得ざれば心に求むることなかれ』というのはよくない。いったい、志は気の統率者であり、気は体に充満しているものである。また志の至るところには気がつき従って行くものである。だから、その志を堅持して、その気をそこない乱してはならぬというのである」「志が至るところには、気がつき従って行く、と仰せられた以上、またさらにその志を堅持してその気をそこない乱してはならぬ、と仰せられるのは、どういうわけですか」孟子「志が専一であると気を引き動かすけれども、気がいっぱいになっていると、逆に志を動かすものだからだ。たとえば、歩いてつまずくと、その拍子に二歩三歩走り出すのは、志ではなくて気であるが、（かくのごとく気がいっぱいになっていると）逆にその心を動かしはっとさせるようなものだ」

「敢て問ふ、夫子悪にか長ぜる」と。曰く、「我、言を知る。我善く吾が浩然の気を養ふ」と。「敢て問ふ、何をか浩然の気と謂ふ」と。曰く、「言ひ難きなり。其の気為るや、至大至剛以て直、養うて害すること無ければ、則ち天地の間に塞がる。其の気為るや、義と道とに配す。是無ければ餒う。是れ集義の生ずる所の者にして、義襲うて之を取るに非ざるなり。行ひ心に慊からざること有れば、則ち餒う。我故に曰く、『告子は未だ嘗て義を知らず』と。其の之を外にするを以てなり。

[現代語訳]

「はなはだ差し出がましいお尋ねでありますが、先生は何がお得意であられますか」孟子「私は人の言を知ることができ、我が浩然の気を養うことができる」「なおお尋ねいたしますが、いったい浩然の気とは、どういうものでございます」孟子「ことばでは説明しにくい。が、まあ、その気というものは、いたって大、いたって剛、そして直、害することなく養っていけば、広大なる天地の間にも充満するほどのものだ。また、その気というものは、道と義とに配合するもので、もし道義がなければ飢えてしぼんでしまう。つまりこの気は、内に義を積集した結果、生ずるものであって、外にある義が入り込んできて浩然の気ができる、などというものではないのだ。自分の行為に何か心にやましいことがあると、その気は飢えてしまう。だから、告子は義を知らぬ、と私がいうのだが、それは彼が内なる義を外のものとしているからである。

必ず事とする有れ。正めすること勿れ。心に忘るること勿れ。助けて長ぜしむること勿れ。宋人の若く然すること無かれ。宋人に其の苗の長ぜざるを閔へて、之を揠く者有り。芒芒然として帰り、其の人に謂ひて曰く、『今日病れたり。予苗を助けて長ぜしむ』と。其の子趨りて往きて之を視れば、苗は則ち槁れたり。天下の苗を助けて長ぜしめざる者寡し。以て益無しと為して、之を舎つる者は、苗を耘らざる者なり。之を助けて長ぜしむる者は、苗を揠く者なり。徒に益無きのみに非ず、而も又之を害す」と。

[現代語訳]

（浩然の気を養うには）必ず常に努力をしなくてはならないが、自分のした努力に対して結果を予期してはならない。さりとてその大目的を忘れてはいけないが、早く効果をあげようとして助長するようなことをしてはならない。たとえば宋人がやったようなことはするな。宋の国に自分の畑の苗が成長しないのを気に病んで、苗のしんを引き伸ばしたものがあった。へとへとになって家に帰って来て、家人に向かい『今日はすっかり疲れた。わしは苗の伸びるのを手伝ってやった』と言う。せがれが驚いて走って行って見てみると、苗はみなしおれてしまっていたという話だ。しかし、世間にも苗を引き伸ばさない者は実は少ないのだ。気を養うことなどは無益だとして、捨てて顧みないのは（告子の「勿求於気」を指す）、いわば苗の除草をしないようなものだし、急に浩然の気を身につけようとして、無理に助長するのは（北宮黝(ほくきゆうゆう)・孟施舎(もうししや)を指す）、いわば苗のしんを引き伸ばすようなものである。こういうのは無益なばかりか、かえって害があるのだ」

「何(なに)をか言(げん)を知(し)ると謂(い)ふ」と。曰(いは)く、「詖辞(ひじ)は其(そ)の蔽(おほ)はるる所(ところ)を知(し)る。淫辞(いんじ)は其(そ)の陥(おちい)る所(ところ)を知(し)る。邪辞(じやじ)は其(そ)の離(はな)るる所(ところ)を知(し)る。遁辞(とんじ)は其(そ)の窮(きゆう)する所(ところ)を知(し)る。其(そ)の心(こころ)に生(しやう)ずれば、其(そ)の政(まつりごと)に害(がい)あり。其(そ)の政(まつりごと)に発(はつ)すれば、其(そ)の事(こと)に害(がい)あり。聖人(せいじん)復(ま)た起(おこ)るとも、必(かなら)ず吾(わ)が言(げん)に従(したが)はん」と。

［現代語訳］

「言を知るとはどういうことでございましょうか」孟子「偏って公正でない議論は、その人の心が物に覆われていることを見抜く。出任せの議論は、その心が何かに陥溺(かんでき)していることを見抜く。よこしまな曲がった議論は、その心が道理から離れていることを見抜く。ごまかして言い逃れようとする議論は、その行きづまって困っていることを見抜く（というように、言辞によってその本心を見抜くことだ）。さて、このようなまちがった心が為政者の心に生じたならば、単に言辞の上にとどまらず、必ず政治に弊害を生ずるし、政治に弊害を生じたならば、もろもろの事務に弊害を生ずるものである。昔の聖人が出現されたとしても、必ずやこの我が議論に賛成されるであろう」

「宰我・子貢は善く説辞を為し、冉牛・閔子・顔淵は善く徳行を言ふ。孔子は之を兼ぬ。曰く、『我　辞命に於ては、則ち能はざるなり』と。然らば則ち夫子は既に聖なるか」と。曰く、「悪、是れ何の言ぞや。昔者、子貢　孔子に問うて曰く、『夫子は聖なるか』と。孔子曰く、『聖は則ち吾能はず。我は学びて厭はず、教へて倦まざるなり』と。子貢曰く、『学びて厭はざるは、智なり。教へて倦まざるは、仁なり。仁且つ智なり。夫子既に聖なり』と。夫れ聖は孔子も居らず。是れ何の言ぞや」と。

[現代語訳]

「孔子の門下で、宰我・子貢は言辞に優れ、冉牛・閔子・顔淵は徳行に優れ、孔子はこの両者を兼ねておられましたが、御自分では『私は言辞のほうはだめだ』と言われました。しかるに、先生は徳行はもとよりですが、知言もよくされるとすると、すでに聖人であられますね」孟子「ああ、なんということを。昔、子貢が孔子に『先生はすでに聖人であられますね』と伺うと、孔子は『聖人などとは思いもよらぬ。私はただ先王の道を学んでいとわず、教えてうまぬだけだ』と言われた。すると子貢が『学んでいとわずとは智者のことであり、教えてうまずとは仁者のことであります。仁かつ智であれば、先生はすでに聖人であられます』と言ったということだ。かの聖人などは、孔子でさえみずから任じてはおられなかったのに、この私を聖人などとはなんということか」

「昔者(むかし)、窃(ひそか)に之(これ)を聞けり。『子夏(しか)・子游(しいう)・子張(しちやう)は、皆聖人(みなせいじん)の一体(いったい)有り。冉牛(ぜんぎう)・閔子(びんし)・顔淵(がんえん)は、則(すなは)ち体(からだ)を具(そな)へて微(び)なり』と。敢(あ)へて安(やす)んずる所(ところ)を問(と)ふ」と。曰(いは)く、「姑(しばら)く是(これ)を舎(お)け」と。

[現代語訳]
「昔、だれかから聞いたことがありますが、子夏・子游・子張らは、みな聖人孔子の一面を有しており、冉牛・閔子・顔淵は、全体の徳を有しているが、ただ微小であったと申します。失礼ながら先生の御自任なさるのは、どのへんでございますか」孟子「ちょっとその話はやめよう」(といささかそれでは不満足の様子)。

曰(いは)く、「伯夷(はくい)・伊尹(いいん)は何如(いかん)」と。曰(いは)く、「道(みち)を同(おな)じうせず。其(そ)の君(きみ)に非(あら)ざれば事(つか)へず、其の民に非ざれば使はず、治まれば則ち進み、乱るれば則ち退くは、伯夷なり。何れに事ふるとして君に非ざらん、何れを使ふとして民に非ざらん、治まるも亦進み、乱るるも亦進むは、伊尹なり。以て仕ふ可くんば則ち仕へ、以て止む可くんば則ち止み、以て久しかる可くんば則ち久しうし、以て速やかなる可くんば則ち速やかにするは、孔子なり。皆古の聖人なり。吾は未だ行ふこと有る能はず。乃ち願ふ所は則ち孔子を学ばん」と。

[現代語訳]

丑「伯夷や伊尹はいかがでしょう」孟子「それぞれ行きかたが違う。自分の仕えるべき君と思わねば仕えず、自分の使役するに足る民でなければ使わず、天下が治まれば進んで仕えるが、乱れれば退き隠れる、というのが伯夷である。どんな君でも仕えるし、どんな人民でも使うし、治まっても進み、乱れても進み仕える、というのが伊尹である。ところで、仕えるべきときには仕え、退くべきときには退き、久しくとどまるべきときには久しくとどまり、速やかに立ち去るべきときには速やかに立ち去る、というのが孔子である。この三人はみな昔の聖人である。私にはどれ一つ行えるというわけではないが、しかしまあ、希望としては孔子を学びたいものだ」

「伯夷・伊尹の孔子に於ける、是の若く班しきか」と。曰く、「否。生民有りて自り以来、未だ孔子有らざるなり」と。「然らば則ち同じき有るか」と。曰く、「有り。百里の地を得て之に君たらば、皆能く以て諸侯を朝せしめ、天下を有たん。一不義を行ひ、一不辜を殺し、而して天下を得るは、皆為さざるなり。是は則ち同じ」と。

［現代語訳］

「伯夷・伊尹と孔子とは、そのようにほぼ同列の者でありますか」丑「でもみな昔の聖人だ、といわれるからには、何か共通の点はありますか」孟子「あるとも。わずか百里四方の領土を得て君主となったら、三人ともみな諸侯を朝貢せしめ、天下を保有する王業を成し遂げるであろう。しかしまた、わずか一事でも不義を行い、一人でも罪なき者を殺してまで、天下を取るがごときことはだれもしない。そういう点は同じである」

曰く、「敢て其の異なる所以を問ふ」と。曰く、「宰我・子貢・有若は、智は以て聖人を知るに足る。汙なるも其の好む所に阿るに至らず。宰我は曰く、『予を以て夫子を観れば、堯舜に賢ること遠し』と。子貢は曰く、『其の礼を見て、而して其の政を知り、其の楽を聞いて、而して其の徳を知る。百世の後より、百世の王を等するに、之に能く違ふこと莫きなり。生民自り以来、未だ夫子有らざるなり』と。有若は曰く、『豈惟民のみならんや。麒麟の走獣に於ける、鳳凰の飛鳥に於ける、太山の丘垤に於ける、河海の行潦に於けるは類なり。聖人の民に於けるも亦類なり。其の類より出でて其の萃に抜く。生民自り以来、未だ孔子より盛んなるは有らざるなり』と」

［現代語訳］

丑「では異なるわけもぜひ伺いたいものです」　孟子「孔子の門人の宰我・子貢・有若らは、聖人を知るに足る知能があり、人物は多少小さいとしても、まさかその好む人におべっかを使うというようなことはない。そこで、この三人のことばをみると、宰我は『私の目から先生を見れば、昔の聖王堯舜よりもはるかに勝っておられる』と言い、子貢は『その人の制定した礼を見れば、その政治の様子もわかるし、その人の制定した音楽を聞けば、その人物の徳性の高下もわかるものだ。さてこれによって百代ののちから、百代前の王者の政治や徳性を品評してみても、はっきりまちがいなくわかるのだが、人間あって以来、先生ほどのおかたはない』と言い、有若は『およそ同類といってもはなはだしい差異のあるのは、人間ばかりの話ではない。たとえば、麒麟と地を走る獣、鳳凰と空飛ぶ鳥、泰山と丘陵・ありづか、黄河や東海と水たまりなど、みな同類なのだ。聖人と人民ともやはり同類ではある。ただ孔子はその同類中から抜け出し、もろもろの聖人中から抜け出ておられるのであって、人間始まって以来、孔子よりも盛徳ある聖人はないのである』と言っているのである」

26 孟子曰く、「力を以て仁を仮る者は覇たり。覇は必ず大国を有つ。徳を以て仁を行ふ者は王たり。王は大を待たず。湯は七十里を以てし、文王は百里を以てす。力を以て人を服する者は、心服に非ざるなり。力贍らざればなり。徳を以て人を服する者は、中心悦んで誠に服するなり。七十子の孔子に服するが如きなり。詩に云ふ、『西自りし東自りし、南自りし北自りし、思ひて服せざる無し』と。此を之れ謂ふなり」

[現代語訳]

孟子「実力を用いながら、仁道を行うごとく見せかける者は覇者である。覇者は必ず大国を持たねばならぬ。みずからの徳をもって仁政を行う者は王者である。王者は国力の大を必要としない。すなわち、殷の湯王はわずか七十里の国、周の文王は百里の国をもって王となった。実力を用いて人を服従せしめるのは、相手が心服するのでなく、実力が及ばぬからいたしかたなく服従しているのである。徳をもって人を服せしめるのは、相手が心の底から喜んでほんとうに服するのである。たとえば、七十人の弟子が孔子に服したのがそれである。『詩経』に『西からも東からも、南からも北からも、人民が集まり、武王の徳を思慕して心服せぬ者はない』とあるのは、そのことをいったものである」

27孟子曰く、「仁なれば則ち栄え、不仁なれば則ち辱めらる。今、辱めらるるを悪んで不仁に居るは、是れ猶ほ湿を悪んで下きに居るがごとし。如し之を悪まば、徳を貴びて士を尊ぶに如くは莫し。賢者位に在り、能者職に在り、国家間暇なりとせん。

是の時に及んで其の政刑を明らかにせば、大国と雖も必ず之を畏れん。詩に云ふ、『天の未だ陰雨せざるに迨びて、彼の桑土を徹り、牖戸を綢繆す。今此の下民、敢て予を侮ること或らんや』と。孔子曰く、『此の詩を為る者は、其れ道を知れるか』と。能く其の国家を治めば、誰か敢て之を侮らん。

［現代語訳］

孟子のことば「仁政を行えば国は栄え、不仁ならば国が衰え乱れて恥辱を受ける。しかるに恥辱をきらいながら不仁の行いの中にいるのは、あたかも湿気をきらいながら低地にいるようなものである。もし恥辱をきらうならば、有徳の賢者を尊敬し、有能の士を尊重するに越したことはない。かくして徳ある賢者は用いられてしかるべき地位にあり、能ある人物はしかるべき職について、政治がよく行われて国家が平穏無事であるとする。そのような時期を失わず、政治や裁判を公明に行ったならば、強大な国といえども必ずその国を恐れはばかるであろう。『詩経』に『曇って雨の降り出さぬうちに、桑の根を取って巣の出入り口を補修しておく。かくのごとく用意周到であれば、この下にいる人間たちも、私を侮ろうとする者はあるまい』とあるが、孔子は『この詩を作った者は、さだめし物の道理をわきまえた者であろう』と評された。この詩のように、人君がよく用意周到にその国家を治めていったならば、だれがその国を侮るようなことがあろうか。

今、国家間暇なりとせん。是の時に及んで般楽怠敖せば、是れ自ら禍を求むるなり。禍福は己より之を求めざる者無し。詩に云ふ、『永く言に命に配し、自ら多福を求む』と。太甲に曰く、『天の作せる孽は猶ほ違く可し。自ら作せる孽は活く可からず』と。此を之れ謂ふなり」

[現代語訳]

かりに今、国家が平穏無事として、それをよいことに楽しみにふけり怠惰遨遊したならば、これこそみずから災いを求めるものである。禍福はみな自分から招くものである。『詩経』に『長い間、天命に従って行動し、みずから多大の幸福を求めた』とあり、『書経』の太甲篇に『天の与えた災いはなんとか避けることもできるが、自分で招いた災いは逃れ生きることはできぬ』とあるのは、このことをいったものである」

28孟子曰く、「賢を尊び能を使ひ、俊傑位に在れば、則ち天下の士、皆悦んで其の朝に立たんことを願はん。市は廛して征せず、法して廛せざれば、則ち天下の商、皆悦んで其の市に蔵せんことを願はん。関は譏して征せざれば、則ち天下の旅、皆悦んで其の路に出でんことを願はん。耕す者は助して税せざれば、則ち天下の農、皆悦んで其の野に耕さんことを願はん。廛に夫里の布無ければ、則ち天下の民、皆悦んで之が氓(たみ)と為(な)ることを願(ねが)はん。

[現代語訳]

孟子のことば「賢者を尊び、有能の士を使い、かくて人並み優れた人たちがしかるべき地位にあって政治が行われれば、天下の人材はみな喜んでその君の朝廷に仕えたいと願うであろう。市場では貨物を保管してやるが課税せず、また貨物が売れないような場合には市場の法によって保管貨物を引き取るようにすれば、天下の商人はみな喜んでその君の市場に商品を貯蔵しようと思うだろう。関所では人や物の取締まりをするだけで通行税や関税を取らないならば、天下の旅行者はみな喜んでその君の道路を通りたいと願うだろう。農耕者には公田耕作による収穫のみを納めさせ、私田には課税しないならば、天下の農民はみな喜んでその国の田野で耕したいと願うであろう。住居には夫布や里布などの附加税がなければ、天下の人民はみな喜んでその国への移住民となりたいと願うであろう。

信(まこと)に能(よ)く此(こ)の五者(ごしゃ)を行(おこな)はば、則(すなは)ち鄰国(りんこく)の民(たみ)、之(これ)を仰(あふ)ぐこと父母(ふぼ)の若(ごと)けん。其(そ)の子弟(してい)を率(ひき)ゐて、其(そ)の父母(ふぼ)を攻(せ)むるは、生民(せいみん)ありて自(よ)り以来(いらい)、未(いま)だ能(よ)く済(な)す者(もの)有(あ)らざるなり。此(か)くの如(ごと)くんば、則(すなは)ち天下(てんか)に敵(てき)無(な)し。天下(てんか)に敵(てき)無(な)き者(もの)は、天吏(てんり)なり。然(しか)り而(しかう)して王(わう)たらざる者(もの)は、未(いま)だ之(これ)れ有(あ)らざるなり」

〔現代語訳〕

ほんとうにこの五ヵ条のことを行ったならば、その君を隣国の民までも父母のように思って仰ぎ慕うであろう。しからば隣国の民は自分の子弟のようなものだが、いったい、子弟を率いてその父母を攻撃するなどということは、人間始まって以来、成功したためしはない。だからそうなれば天下にかなう者はない。天下無敵の者は天命を執行する天吏である。そうなって王者とならぬようなことは、けっしてありえないのである」

29孟子曰く、「人皆人に忍びざるの心有り。先王人に忍びざるの心有り、斯に人に忍びざるの政有り。人に忍びざるの心を以て、人に忍びざるの政を行はば、天下を治むること、之を掌上に運らす可し。

〔現代語訳〕

孟子のことば「人々はみな人に忍びざるの心、すなわち人の難儀を見過ごしにできない心持ちがある。昔の聖王はもちろん人に忍びざるの心があったから、自然、人に忍びざるの政治が行われた。このように人に忍びざるの心をもって、人に忍びざるの政治を行うならば、天下を治めることなど、手のひらで物を転がすように容易である。

人皆人に忍びざるの心有りと謂ふ所以の者は、今、人乍ち孺子の将に井に入らんとするを見れば、皆怵惕惻隠の心あり。交はりを孺子の父母に内るる所以に非ざるなり。誉れを郷党朋友に要むる所以に非ざるなり。其の声を悪んで然るに非ざるなり。

〔現代語訳〕

なぜ人にはみな人に忍びざるの心があるというかというと、今かりに突然幼児が井戸に落ちようとするのを見れば、だれでもはっと驚き深く哀れむ心持ちが起こって助けようとする。それは子供を救ったのを手づるに、その両親に交際を求めようとするからでもなく、村人や友人にほめてもらおうとするからでもなく、見殺しにしたら悪口を言われて困るというので救うのでもない。利害得失を考えた結果ではなく、反射的にすることだ。

是に由りて之を観れば、惻隠の心無きは、人に非ざるなり。羞悪の心無きは、人に非ざるなり。辞譲の心無きは、人に非ざるなり。是非の心無きは、人に非ざるなり。惻隠の心は、仁の端なり。羞悪の心は、義の端なり。辞譲の心は、礼の端なり。是非の心は、智の端なり。

〔現代語訳〕

これによって考えてみると、傷ましく思う惻隠の心がないのは人ではない。同様に不義不善を恥じ憎む羞悪の心がないのは人ではない。他人に譲る辞譲の心がないのは人ではない。是非善悪を判断する是非の心がないのは人ではない。この惻隠の心は仁の萌芽であり、羞悪の心は義の萌芽であり、辞譲の心は礼の萌芽であり、是非の心は智の萌芽なのである。
人の是の四端有るや、猶ほ其の四体有るがごときなり。是の四端有りて、而して自ら能はずと謂ふ者は、自ら賊ふ者なり。其の君能はずと謂ふ者は、其の君を賊ふ者なり。凡そ我に四端有る者、皆拡して之を充すことを知らん。火の始めて然え、泉の始めて達するが若し。苟も能く之を充さば、以て四海を保んずるに足るも、苟も之を充さざれば、以て父母に事ふるに足らず」

[現代語訳]

人間にこの四端があることは、あたかも両手両足の四肢があるようなものである。すなわちこの四端がありながら、仁義礼智を行うことができぬというのは、自暴自棄というものであり、己の仕える君が行うことができないというのは、その君を傷つけるものである。すべて自分に四端があるからは、これを拡大して充実し、仁義礼智の徳を完全にすることを理解できるはずである。その四端は燃えだしたばかりの火、噴き出たばかりの泉のごとく、微小なものであるが、いやしくもこれを拡充したならば、広い天下を十分保有することができるし、もし拡充しないなら、父母に仕えるという卑近なことさえできないであろう」

30 孟子曰く、「矢人は豈函人より不仁ならんや。矢人は惟人を傷つけざらんことを恐れ、函人は惟人を傷つけんことを恐る。巫匠も亦然り。故に術は慎まざる可からざるなり。

［現代語訳］

孟子のことば「矢師は本来鎧師よりも不仁の心があるというはずはない。しかし、矢師は自分の作る矢が人を傷つけないようでは困ると心配し、鎧師はもっぱら自分の作る鎧が矢や刀を防げずに人を傷つけるようでは困ると心配する。人の病気を治す巫医や人が死なないと商売にならない棺おけ職人とについても同様である。ゆえに職業を選ぶにあたっては慎重でなければならない。

孔子曰く、『仁に里るを美と為す。択んで仁に処らずんば、焉んぞ智たることを得ん』と。夫れ仁は、天の尊爵なり。人の安宅なり。之を禦むる莫くして不仁なるは、是れ不智なり。不仁 不智 無礼 無義は、人の役なり。人の役にして役を為すことを恥づるは、由ほ弓人にして弓を為るを恥ぢ、矢人にして矢を為るを恥づるがごとし。如し之を恥ぢなば、仁を為すに如くは莫し。

［現代語訳］

孔子は『人間は仁徳の中に身を置くのがよろしいのだ。それはだれでもできることなのに、わざわざ自分から選んで仁におらぬようでは、どうして智者といえようか』と言われた。いったい、仁の徳は天の与えた尊い爵位のようなものであり、人間の安んじておるべき場所である。仁におることはだれも妨害する者はないのに、わざわざ不仁におるというのは、まことに不智である。かように不仁・不智さらに礼も義もわきまえない者は、人に使われる者たるべきである。人に使われる者でありながら、人に使われて仕事をするのを恥ずかしく思うのは、弓師でありながら弓を作るのを恥じ、矢師でありながら矢を作るのを恥じるようなものである。もし人に使われるのを恥じるなら、（まず根本的に不仁を去って）仁を行うほかはない。

仁者は射の如し。射る者は己を正しうして後に発す。発して中らざるも、己に勝つ者を怨みず。諸を己に反求するのみ」

［現代語訳］

仁者の態度は射術と似ている。弓を射る人は、自分の精神・姿勢を正しくして、しかるのちに矢を放つが、放った矢が当たらなくても、当たって自分に勝った相手を恨むことなく、当たらなかった自分におちどがあったことを反省するだけである」

31孟子曰く、「子路は人之に告ぐるに過ち有るを以てすれば、則ち喜ぶ。禹は善言を聞けば、則ち拝す。大舜は焉より大なる有り。善、人と同じうし、己を舍てて人に従ひ、人に取りて以て善を為すを楽しむ。耕稼陶漁より、以て帝と為るに至るまで、人に取るに非ざる者無し。諸を人に取りて以て善を為すは、是れ人と善を為す者なり。故に君子は人と善を為すより大なるは莫し」

[現代語訳]

孟子のことば「孔子の門人の子路は、他人から自分の犯した過失を指摘されると、喜びの色が顔に現れた。夏の禹王は、よいことばを聞くと拝して受けた。（いずれも常人には難しいことだが）偉大なる帝舜はもっと大人物で、善はすべてこれを私せずに人とともにし、人に善あれば己を捨てて私心なく人に従い、他人から善を取って行うことを楽しみとした。すなわち彼が微賤にして耕作・陶業・漁業をしていたころから、帝堯に認められて天子となるまで、すべて人から取り入れないものはない。かように人から取り入れて善を行うのは、つまり人とともに善をなすことである。ゆえに、有徳の君子としては、人とともに善をなすよりも偉大なことはないのである」

32 孟子曰く、「伯夷は其の君に非ざれば事へず。其の友に非ざれば友とせず。悪人の朝に立たず。悪人と言はず。悪人の朝に立ち、悪人と言ふは、朝衣朝冠を以て塗炭に坐するが如し。悪を悪むの心を推すに、郷人と立ちて、其の冠正しからざれば、望望然として之を去り、将に浼されんとするが若く思ふ。是の故に、諸侯其の辞命を善くして至る者有りと雖も受けざるなり。受けざる者は、是れ亦就くを屑しとせざるのみ。

［現代語訳］

孟子のことば「伯夷は自分の仕えるべき君でなければ仕えないし、しかるべき友でなければ友としない。また、悪人のいる朝廷にはともに仕えないし、悪人とはことばを交さない。悪人のいる朝廷に立ち、悪人と口をきくのは、まるで朝廷に出る礼服姿でどろや炭の中にすわりでもするように考える。こういう伯夷の悪を強く憎む心持ちを推量してみると、郷里の人たちと並んだとき、その人の冠が傾いてでもいると、さっさとあとも見ずに立ち去り、長居をすれば自分まで汚されでもするかのように思うのである。そういう風であるから、丁重な口上で招聘しようとする諸侯があっても受けつけない。なぜ受けないかというと、仕えるべきでない君には仕えるのを潔しとしないだけのことである。

柳下恵は汙君を羞ぢず、小官を卑しとせず。進んで賢を隠さず、必ず其の道を以てす。遺佚せられて怨みず、阨窮して憫へず。故に曰く、『爾は爾為り、我は我為り。我が側に袒裼裸裎すと雖も、爾焉んぞ能く我を浼さんや』と。故に由由然として之と偕にして自ら失はず。援いて之を止むれば止まる。援いて之を止むれば止まる者は、是れ亦去るを屑しとせざるのみ」

［現代語訳］

柳下恵という人は、あまりよからぬ君に仕えても恥じず、低い官職でも役不足と思わず、自分の才能を隠さずに努力し、必ず自分の信ずる道を行って志を曲げない。君から見捨てられても恨まないし、困窮しても心配しない。そういう人だから、常に『おまえはおまえ、わしはわしだ。わしのそばではだ脱ぎ、まる裸の無作法をしたとて、どうしておまえがわしを汚すことができようか』と言っていた。だから、かかる無作法者とも平気で楽しげに同席するが、しかも自分の正しさを失わない。引き止める人があればいつでも位にとどまる。とどめ手があればとどまるというのは、つまり位を去るのを潔しと思わないだけのことである」

孟子曰く、「伯夷は隘なり。柳下恵は不恭なり。隘と不恭とは、君子由らざるなり」

［現代語訳］

「さて、以上を要するに、伯夷はあまりかたくなだし、柳下恵は不謹慎だ。かたくなも不謹慎も、君子の従うべき道ではない」

原文

24 公孫丑問曰、夫子當二路於齊一、管仲晏子之功、可二復許一乎。孟子曰、子誠齊人也。知二管仲晏子一而已矣。或問二乎曾西一曰、吾子與二子路一孰賢。曾西蹵然曰、吾先子之所レ畏也。曰、然則吾

子與二管仲一孰賢。曾西艴然不レ悅曰、爾何曾比二予於管仲一。管仲得レ君、如レ彼其專也。行二乎國政一、如レ彼其久也。功烈、如レ彼其卑也。爾何曾比二予於是一。曰、管仲、曾西之所レ不レ爲也。而子爲レ我願レ之乎。

曰、管仲以二其君一霸、晏子以二其君一顯。管仲晏子、猶不レ足レ爲與。曰、以レ齊王、由レ反レ手也。

曰、若レ是、則弟子之惑滋甚。且以二文王之德、百年而後崩一、猶未レ洽二於天下一。武王周公繼レ之、然後大行。今、言レ王若レ易レ然。則文王不レ足レ法與。

曰、文王何可レ當也。由レ湯至二於武丁一、賢聖之君六七作。天下歸レ殷久矣。久則難レ變也。武丁朝二諸侯一、有天下一、猶レ運二之掌一也。紂之去二武丁一、未レ久也。其故家遺俗、流風善政、猶有二存者一。又有二微子微仲王子比干箕子膠鬲一。皆賢人也。相與輔二相之一。故久而後失レ之也。尺地莫レ非二其有一也、一民莫レ非二其臣一也。然而文王猶二方百里一起。是以難也。

齊人有レ言。曰、雖レ有二智慧一、不レ如レ乘レ勢。雖レ有二鎡基一、不レ如レ待レ時。今時則易レ然也。夏后殷周之盛、地未レ有下過二千里一者上也。而齊有二其地一矣。雞鳴狗吠相聞、而達二乎四境一。而齊有二其民一矣。地不二改辟一矣。民不二改聚一矣。行二仁政一而王、莫二之能禦一也。

且王者之不レ作、未レ有下疏二於此時一者上也。民之憔二悴於虐政一、未レ有下甚二於此時一者上也。飢者易レ爲レ食、渴者易レ爲レ飮。孔子曰、德之流行、速二於置郵而傳一レ命。當二今之時一、萬乘之國、行二仁政一、民之悅レ之、猶レ解二倒懸一也。故事半二古之人一、功必倍レ之。惟此時爲レ然。

25 公孫丑問曰、夫子加二齊之卿相一、得レ行レ道焉、雖レ由レ此霸王一、不レ異矣。如レ此則動レ心否乎。孟子曰、否。我四十而不レ動レ心。曰、若レ是則夫子過二孟賁一遠矣。曰、是不レ難。告子先レ我不レ動レ心。

曰、不動心、有道乎。曰、有。北宮黝之養勇也、不膚橈、不目逃。思以一毫挫於人、若撻之於市朝。不受於褐寛博、亦不受於萬乘之君。視刺萬乘之君、若刺褐夫。無嚴諸侯。惡聲至、必反之。孟施舍之所養勇也、曰、視不勝猶勝也。量敵而後進、慮勝而後會、是畏三軍者也。舍豈能爲必勝哉。能無懼而已矣。

孟施舍似曾子。北宮黝似子夏。夫二子之勇、未知其孰賢。然而孟施舍守約也。昔者、曾子謂子襄曰、子好勇乎。吾嘗聞大勇於夫子矣。自反而不縮、雖褐寛博、吾不惴焉。自反而縮、雖千萬人、吾往矣。孟施舍之守氣、又不如曾子之守約也。

曰、敢問、夫子之不動心、與告子之不動心、可得聞與。告子曰、不得於言、勿求於心。不得於心、勿求於氣。不得於心、勿求於氣、可。不得於言、勿求於心、不可。夫志、氣之帥也。氣、體之充也。夫志至焉、氣次焉。故曰、持其志、無暴其氣。既曰志至焉、氣次焉、又曰持其志、無暴其氣者、何也。曰、志壹則動氣、氣壹則動志也。今、夫蹶者趨者、是氣也。而反動其心。

敢問、夫子惡乎長。曰、我知言。我善養吾浩然之氣。敢問、何謂浩然之氣。曰、難言也。其爲氣也、至大至剛以直、養而無害、則塞乎天地之閒。其爲氣也、配義與道。無是餒也。是集義所生者、非義襲而取之也。行有不慊於心、則餒矣。我故曰、告子未嘗知義。以其外之也。

必有事焉。而勿正。心勿忘。勿助長也。無若宋人然。宋人有閔其苗之不長、而揠

之者上。芒芒然歸、謂二其人一曰、今日病矣。予助レ苗長矣。其子趨而往視レ之、苗則槁矣。天下之不二助レ苗長一者寡矣。以爲レ無レ益而舍レ之者、不レ耘レ苗者也。助レ之長者、揠レ苗者也。非二徒無一レ益、而又害レ之。

何謂レ知レ言。曰、詖辭知二其所一レ蔽。淫辭知二其所一レ陷。邪辭知二其所一レ離。遁辭知二其所一レ窮。生二於其心一、害二於其政一。發二於其政一、害二於其事一。聖人復起、必從二吾言一矣。

宰我子貢、善爲二說辭一、冉牛閔子顏淵、善言二德行一。孔子兼レ之。曰、我於二辭命一、則不レ能也。然則夫子既聖矣乎。曰、惡、是何言也。昔者、子貢問二於孔子一曰、夫子聖矣乎。孔子曰、聖則吾不レ能。我學不レ厭、而教不レ倦也。子貢曰、學不レ厭、智也。教不レ倦、仁也。仁且智也。夫子既聖矣。夫聖、孔子不レ居。是何言也。

昔者、竊聞レ之。子夏子游子張、皆有二聖人之一體一。冉牛閔子顏淵、則具レ體而微。敢問レ所レ安。

曰、姑舍レ是。

曰、伯夷伊尹何如。曰、不レ同レ道。非二其君一不レ事、非二其民一不レ使、治則進、亂則退、伯夷也。何事非レ君、何使非レ民、治亦進、亂亦進、伊尹也。可二以仕一則仕、可二以止一則止、可二以久一則久、可二以速一則速、孔子也。皆古聖人也。吾未レ能レ有レ行焉。乃所レ願則學二孔子一也。

伯夷伊尹於二孔子一、若レ是班乎。曰、否。自レ有二生民一以來、未レ有二孔子一也。曰、然則有レ同與。曰、有。得二百里之地一而君レ之、皆能以朝二諸侯一有二天下一。行二一不義一、殺二一不辜一、而得二天下一、皆不レ爲也。是則同。

曰、敢問三其所二以異一。曰、宰我子貢有若、智足三以知二聖人一。汙不レ至レ阿二其所一レ好。宰我曰、以レ予觀二於夫子一、賢二於堯舜一遠矣。子貢曰、見二其禮一而知二其政一、聞二其樂一而知二其德一。由二百世之後一、等二百世之王一、莫二之能違一也。自二生民一以來、未レ有二夫子一也。有若曰、豈惟民哉。麒麟之於二走獸一、鳳凰之於二飛鳥一、太山之於二丘垤一、河海之於二行潦一、類也。聖人之於レ民、亦類也。出二於其類一、拔二乎其萃一。自二生民一以來、未レ有レ盛二於孔子一也。

26 孟子曰、以レ力假レ仁者霸。霸必有二大國一。以レ德行レ仁者王。王不レ待レ大。湯以二七十里一、文王以二百里一。以レ力服レ人者、非二心服一也。力不レ贍也。以レ德服レ人者、中心悅而誠服也。如三七十子之服二孔子一也。詩云、自レ西自レ東、自レ南自レ北、無二思不一レ服。此之謂也。

27 孟子曰、仁則榮、不仁則辱。今、惡レ辱而居二不仁一、是猶二惡レ濕而居一レ下也。如惡レ之、莫レ如二貴德而尊一レ士。賢者在レ位、能者在レ職、國家閒暇。及二是時一明二其政刑一、雖二大國一必畏レ之矣。詩云、迨三天之未二陰雨一、徹二彼桑土一、綢二繆牖戶一。今此下民、或二敢侮一レ予。孔子曰、爲二此詩一者、其知レ道乎。能治二其國家一、誰敢侮レ之。

今、國家閒暇。及二是時一般樂怠敖、是自求レ禍也。禍福無下不二自レ己求一レ之者上。詩云、永言配レ命、自求二多福一。太甲曰、天作孼、猶可レ違。自作孼、不レ可レ活。此之謂也。

28 孟子曰、尊レ賢使レ能、俊傑在レ位、則天下之士、皆悅而願レ立二於其朝一矣。市廛而不レ征、法而不レ廛、則天下之商、皆悅而願レ藏二於其市一矣。關譏而不レ征、則天下之旅、皆悅而願レ出二於其路一矣。耕者助而不レ稅、則天下之農、皆悅而願レ耕二於其野一矣。廛無二夫里之布一、則天下之民、皆悅而願レ爲二之氓一矣。

信能行二此五者一、則鄰國之民、仰レ之若二父母一矣。率二其子弟一、攻二其父母一、自二生民一以來、未レ有二能濟者一也。如レ此、則無レ敵二於天下一。無レ敵二於天下一者、天吏也。然而不レ王者、未二之有一也。

29 孟子曰、人皆有二不レ忍レ人之心一。先王有二不レ忍レ人之心一、斯有二不レ忍レ人之政一矣。以二不レ忍レ人之心一、行二不レ忍レ人之政一、治二天下一、可レ運二之掌上一。所四以謂三人皆有二不レ忍レ人之心一者、今、人乍見二孺子將一レ入二於井一、皆有二怵惕惻隱之心一。非四所三以內二交於孺子之父母一也。非四所三以要二譽於鄉黨朋友一也。非下惡二其聲一而然上也。由レ是觀レ之、無二惻隱之心一、非レ人也。無二羞惡之心一、非レ人也。無二辭讓之心一、非レ人也。無二是非之心一、非レ人也。惻隱之心、仁之端也。羞惡之心、義之端也。辭讓之心、禮之端也。是非之心、智之端也。

人之有二是四端一也、猶三其有二四體一也。有二是四端一、而自謂レ不レ能者、自賊者也。謂二其君不一レ能者、賊二其君一者也。凡有三四二端於我一者、知二皆擴而充一レ之矣。若二火之始然、泉之始達一。苟能充レ之、足三以保二四海一、苟不レ充レ之、不レ足三以事二父母一。

30 孟子曰、矢人豈不二仁於函人一哉。矢人惟恐レ不レ傷レ人、函人惟恐レ傷レ人。巫匠亦然。故術不レ可レ不レ愼也。

孔子曰、里レ仁爲レ美。擇不レ處レ仁、焉得レ智。夫仁、天之尊爵也。人之安宅也。莫二之禦一而不仁、是不智也。不仁不智無禮無義、人役也。人役而恥レ爲レ役、由二弓人而恥一レ爲レ弓、矢人而恥レ爲レ矢也。如恥レ之、莫レ如レ爲レ仁。

仁者如レ射。射者正レ己而後發。發而不レ中、不レ怨二勝レ己者一。反二求諸己一而已矣。

31孟子曰、子路人告レ之以レ有レ過、則喜。禹聞二善言一、則拜。大舜有レ大レ焉。善與レ人同、舍レ己從レ人、樂下取二於人一以爲上レ善。自二耕稼陶漁一、以至レ爲レ帝、無下非レ取二於人一者上。取二諸人一以爲レ善、是與レ人爲レ善者也。故君子莫レ大二乎與レ人爲一レ善。

32孟子曰、伯夷非二其君一不レ事。非二其友一不レ友。不レ立二於惡人之朝一。不下與二惡人一言上。立二於惡人之朝一、與二惡人一言、如下以二朝衣朝冠一、坐中於塗炭上。推二惡レ惡之心一、思下與二鄕人一立、其冠不レ正、望望然去レ之、若上レ將レ浼焉。是故諸侯雖レ有下善二其辭命一而至者上不レ受也。不レ受也者、是亦不レ屑レ就已。

柳下惠不レ羞二汙君一、不レ卑二小官一。進不レ隱レ賢、必以二其道一。遺佚而不レ怨、阨窮而不レ憫。故曰、爾爲レ爾、我爲レ我。雖四袒二‐裼裸三‐裎於我側一、爾焉能浼レ我哉。故由由然與レ之偕、而不二自失一焉。援而止レ之而止。援而止レ之而止者、是亦不レ屑レ去已。

孟子曰、伯夷隘。柳下惠不恭。隘與二不恭一、君子不レ由也。

公孫丑章句　下

33 孟子曰く、「天の時は地の利に如かず。地の利は人の和に如かず。

[現代語訳]

孟子のことば「戦いには、天の時すなわち天候・時日そのほかしかるべき時機と、地の利すなわち地形の利害と、人の和すなわち軍隊の人心の一致という三要素があるが、その天の時も地の利に及ばず、地の利も人の和には及ばない。

三里の城、七里の郭、環りて之を攻むれども勝たず。夫れ環りて之を攻むれば、必ず天の時を得る者有らん。然り而うして勝たざる者は、是れ天の時 地の利に如かざればなり。城高からざるに非ざるなり。池深からざるに非ざるなり。兵革堅利ならざるに非ざるなり。米粟多からざるに非ざるなり。委して之を去るは、是れ地の利 人の和に如かざればなり。

[現代語訳]

三里四方の内城、七里四方の外城というあまり大きくもない城を、四方から取り囲んで攻めても、なかなか勝てないものだ。いったい、取り囲んで攻めていれば、天の時を得ることは必ずあるはずだ。しかるに勝てないというのは、つまり天の時も城の要害という地の利に及ばぬからである。ところでまた、城郭も低くはないし、堀もなかなか深いし、武器や甲冑もりっぱなもので、兵糧は十分というのに、この城を守りきれずに捨てて逃げ出すこともある。というのは、つまり、地の利も人の和に及ばないからである。

故に曰く、「民を域(かぎ)るに、封疆(ほうきょう)の界(さかひ)を以てせず。国を固むるに、山谿(さんけい)の険(けん)を以てせず。天下を威(おど)すに兵革(へいかく)の利(り)を以てせず」と。道を得(う)る者は助(たす)け多く、道を失ふ者は助(たす)け寡(すく)なし。助け寡(すく)なきの至(いた)りは、親戚(しんせき)も之に畔(そむ)き、助け多きの至(いた)りは天下も之に順(したが)ふ。天下の順(したが)ふ所を以て、親戚(しんせき)の畔(そむ)く所を攻む。故に君子(くんし)戦はざる有り。戦へば必ず勝つ」

【現代語訳】

 ゆえに『人民を逃がさぬために、国境を固める必要はなく、国を堅固にするには、山や谷の険阻を必要とせず、天下を威嚇するには、武器甲冑の優秀を必要とせぬ』ということばがある。いったい、人君たる者は、正しい道を行っていれば自然と協力者が多くなるし、正しい道を失うと協力者は少なくなるのである。協力者の少ない極端な場合は、親戚の者すら離反するし、最も協力者の多い場合は、天下が残らず従うものである。ゆえに、王者は常に天下が従っている勢力をもって、親戚も見放した者を攻めるのである。ゆえに、君子は戦わなければそれまでだが、ひとたび戦わんか、必ず勝つのである」

34 孟子将に王に朝せんとす。王人をして来らしめて曰く、「寡人就きて見る如き者なり。寒疾有り、以て風す可からず。朝すれば将に朝を視んとす。識らず、寡人をして見るを得しむ可きか」と。対へて曰く、「不幸にして疾有り。朝に造る能はず」と。

[現代語訳]

孟子が斉王のところに行こうとしているところに、王から使者が来て、「本来、私のほうから出かけて会見すべきだが、風邪を引いて風に当たるわけにいかぬ。先生がお出かけくだされば、私も朝廷に出てお会いしたい。どうだろうか、会ってもらえまいか」と言う。孟子はお答えして、「あいにくと私も病気で朝廷に参ることができません」と言った。

明日、出でて東郭氏を弔せんとす。公孫丑曰く、「昔者は辞するに病を以てし、今日は弔す。或ひは不可ならんか」と。曰く、「昔者は疾みしも、今日は愈えたり。之を如何ぞ弔せざらんや」と。王人をして疾を問ひ医をして来らしむ。孟仲子対へて曰く、「昔者、王命有りしも、采薪の憂有りて、朝に造ること能はざりき。今は病小しく愈えたり。趨りて朝に造れり。我識らず、能く至れりや否やを」と。数人をして路に要せしめて曰く、「請ふ必ず帰ること無くして朝に造れ」と。已むを得ずして景丑氏に之きて宿せり。

［現代語訳］

翌日、斉の大夫、東郭氏の家に弔問に出かけようとした。門人の公孫丑は「昨日、病気といってお断りしておいて、今日、弔問に行かれるのは、よろしくございますまい」と言ったが、孟子は「昨日は病気だったが、今日は治ったから、弔問せぬわけにはいかん」と言って出かけてしまった。そこへ、王からお見舞いのお使いと医者とを差し遣わされた。るすいの孟仲子は困ったが、「昨日御命令がありましたが、かげんが悪くて朝廷に参ることができませんでした。今日は少しよくなりましたので、急いで朝廷に参りましたが、病後のことゆえ、無事に行き着くことができましたかしら」とその場を取り繕った。一方、数人の者を手分けして途中の道に待ち受けさせ、「どうか帰宅はせずに、朝廷に行っていただきたい」と孟子に頼んだ。孟子は（朝廷に行く気はなし、家へも帰れず）しかたなしに大夫の景丑氏の家に行って泊まった。

景子曰く、「内は則ち父子、外は則ち君臣は、人の大倫なり。父子は恩を主とし、君臣は敬を主とす。丑は王の子を敬するを見る。未だ王を敬する所以を見ざるなり」と。曰く、「悪、是れ何の言ぞや。斉の人は仁義を以て王と言ふ者無し。豈仁義を以て美ならずと為さんや。其の心に曰く、『是れ何ぞ与に仁義を言ふに足らんや』と。

爾云へば、則ち不敬是より大なるは莫し。我は堯舜の道に非ざれば、敢て以て王の前に陳ぜず。故に斉の人は我の王を敬するに如くもの莫きなり」と。

〔現代語訳〕

景子は事情を聞いて、「家庭内では父子、外の社会では君臣が人倫の最大なるものでありますが、父子は恩愛を主とし、君臣は敬意を主とします。ところで、私は王様のほうであなたを敬しておられることはわかりますが、どうもあなたが王様を尊敬される御様子はないようですが」と言う。孟子「おや、何をおっしゃる。斉の人々には仁義の道について王様と話し合う者がないが、まさか仁義をばつまらぬことと思われるのではありますまい。内心、とてもこの王様はともに仁義を論ずるに足らぬかただ、と思うからでしょう。そうだとすると、これよりはなはだしい不敬はありません。私は、けっして堯舜の道以外は、王様の御前で申し上げようとは思いません。ですから、斉の人々には、私が王様を尊敬するのに及ぶ者はないのです」

景子曰く、「否。此の謂に非ざるなり。礼に曰く、『父召せば諾する無し。君命じて召せば駕するを俟たず』と。固より将に朝せんとするなり。王の命を聞いて遂に果たさず。宜ど夫の礼と相似ざるが若く然り」と。曰く、「豈是を謂はんや。曾子曰く、『晋楚の富は、及ぶ可からざるなり。彼は其の富を以てし、我は吾が仁を以てす。彼は其の爵を以てし、我は吾が義を以てす。吾何ぞ慊せんや』と。夫れ豈不義にして曾子之を言はんや。是れ或ひは一道なり。天下に達尊三有り。爵一、歯一、徳一。朝廷は爵に如くは莫く、郷党は歯に如くは莫く、世を輔け民に長たるは徳に如くは莫し。悪んぞ其の一を有して以て其の二を慢るを得んや。

［現代語訳］

景子も引っ込んではいられない。「いや、私のいうのはその問題ではありません。『礼』に『父が呼んだならば、ゆるゆる返事をせず、ただちにはいと答えて立て。君がお召しのときは、馬車の用意を待つ間も遅しとただちに参内せよ』とあります。あなたはもともと参朝しようとしておられたのに、王様の御命令を聞いたら、そのままやめてしまわれたのは、どうもあの『礼』の定めと違うようですね」孟子「君臣の礼をいっているのではありません。曾子が『晋や楚の富にはとても及ばないが、彼がその富を誇るなら、私には我が仁の徳がある。彼がその爵位を誇るなら、私には我が義の徳がある。私に少しも引けめはない』といっています。曾子ほどの人が道理に合わぬことを言うはずがありましょうか。これも一つの道理でありましょう。天下にはあまねく通じて尊ばれるものが三つあります。爵と歯と徳とがそれです。朝廷では爵が一番だし、郷里では歯すなわち年齢が一番だし、世を指導し人民の長上となるには道徳が一番です。この三つの中の一つがあるからといって、ほかの二つを無視することができましょうか。

故に将に大いに為す有らんとするの君は、必ず召さざる所の臣有り。謀ること有らんと欲すれば、則ち之に就く。其の徳を尊び道を楽しむこと、是の如くならざれば、以て為す有るに足らざるなり。故に湯の伊尹に於ける、学んで而る後に之を臣とす。故に労せずして王たり。桓公の管仲に於ける、学んで而る後に之を臣とす。故に労せずして覇たり。今、天下地醜し徳斉しく、能く相尚ふる莫きは、他無し。其の教ふる所を臣とするを好んで、其の教へを受くる所を臣とするを好まざればなり。湯の伊尹に於ける、桓公の管仲に於けるは、則ち敢て召さず。管仲すら且つ猶ほ召す可からず。而るを況んや管仲を為さざる者をや」と。

[現代語訳]

それゆえ、大いに事をなそうと思う君主には、必ず自分のところに呼びつけない臣というものがあって、相談したいときは君主のほうから出かけて行くのです。このように徳を尊び道を楽しむのでなくては、いっしょになって大事業はやれません。ゆえに、殷の湯王が伊尹に対しては、まず学んでしかるのちにこれを臣として用いたので、たいした苦労もせずに王者となりました。また、斉の桓公が管仲に対しては、まず学んでしかるのちにこれを臣として用いたので、たいした苦労もせずに覇者となりました。今、天下諸侯の状態は、領土も似たり寄ったり、君徳も似たり寄ったりで、だれもずぬける者がないというのは、ほかでもありません。みなお山の大将で、自分が教えてやるような者ばかりを臣としたがって、教えを受けるような者を臣とするのを好まないからです。さて湯王が伊尹に対し、桓公が管仲に対しては、呼びつけようとはしませんでした。管仲などでさえ呼びつけられないとするなら、管仲を下にみて相手にしない私はいうまでもないことでしょう」

35 陳臻問うて曰く、「前日、斉に於て、王兼金一百を餽りしも、而も受けず。宋に於ては七十鎰を餽られ、而して受く。薛に於ても五十鎰を餽られ、而して受く。前日の受けざるが是ならば、則ち今日の受くるは非なり。今日の受くるが是ならば、則ち前日の受けざるは非なり。夫子必ず一に此に居らん」と。

[現代語訳]

門人の陳臻が問う、「先日、斉では王が良質の金、百金を贈られたのにお受けになりませんでしたが、その後、宋では七十金を贈られてこれを受け、薛では五十金を贈られたら、これもお受けになりました。前に受けなかったのが正しい態度ならば、あとに受けたのは正しくないし、あとに受けたのが正しいなら、前に受けなかったのが正しくない、ということになります。先生のなさったことは、この二つのうちのどちらかということになりましょう」

孟子曰く、「皆是なり。宋に在るに当りてや、予将に遠行有らんとす。行く者には必ず賮を以てす。辞に曰く、『賮を餽る』と。予何為れぞ受けざらん。薛に在るに当りてや、予戒心有り。辞に曰く、『戒めを聞く。故に兵の為に之を餽る』と。予何為れぞ受けざらん。斉に於けるが若きは、則ち未だ処する有らざるなり。処する無くして之を餽るは、是れ之を貨にするなり。焉んぞ君子にして貨を以て取らる可き有らんや」と。

［現代語訳］

孟子「両方とも正しいのだ。宋にいたときは、私は遠くに旅行しようとしていた。旅行する者には、必ず餞別をするものだが、使者の口上に『餞別をさしあげます』ということだったから、受け取らぬわけにはいかぬ。薛にいたときは、私は危険があって用心していた。使者の口上に、『警戒しておられるとのことだから、軍資金にさしあげます』とのことだったから、受け取らぬわけにはいかぬ。ところが、斉の場合は、別に金を必要とすることがなかった。必要がないのに贈るのは、つまりわいろである。君子たる者、わいろで金縛りになってたまるものか」

36孟子平陸に之き、其の大夫に謂つて曰く、「子の持戟の士、一日にして三たび伍を失はば、則ち之を去るや否や」と。曰く、「三たびを待たず」と。

［現代語訳］

孟子が平陸の町に出かけて、そこの長官に向かい、「あなたの部下の兵士が、一日に三度も隊伍を離れて職務を怠るようなことがあったら、やめさせますか」と聞いた。長官は即座に「三度までは待ちません」と答えた。

「然らば則ち子の伍を失ふや、亦多し。凶年饑歳には、子の民、老羸は溝壑に転じ、壮者の散じて四方に之く者幾千人ぞ」と。曰く、「此れ距心の為すを得る所に非ざるなり」と。曰く、「今、人の牛羊を受けて、之が為に之を牧する者有らば、則ち必ず之が為に牧と芻とを求めん。牧と芻とを求めて得ずんば、則ち諸を其の人に反さんか。抑ゝ亦立つて其の死を視んか」と。曰く、「此れ則ち距心の罪なり」と。

[現代語訳]

「それではあなただって何度も隊伍を離れるように、職務を尽くしていませんよ。悪疫やききんの年には、あなたの人民のうち、老人・病人や子供たちはみぞや谷間にしかばねをさらし、若者は四方に離散する者が何千人というありさまではありませんか」　長官「それは私などがどうすることもできないことです」　孟子「では今、かりに人の牛羊を預かって、その飼養を引き受けている者があれば、その人は必ず牛羊のために、牧場と牧草とを得ようとするでしょう。ところでもし適当な牧場と牧草とを得られなかったら、その牛羊をもとの人に返しますか。それとも、ぼんやりその死ぬのをながめていますか」　長官「わかりました。さっきのお話は私の責任です」

他日、王に見えて曰く、「王の都を為むる者、臣五人を知れり。其の罪を知る者は、惟孔距心のみ」と。王の為に之を誦す。王曰く、「此れ則ち寡人の罪なり」と。

[現代語訳]

その後、孟子は王にお目にかかって、「王様が町を治めさせておられる者を五人存じていますが、自分の責任を心得ているのは、孔距心だけでございます」と言って、そっくりその話をしてあげた。王も悟って、「それはつまり私の責任だ」と言った。

37 孟子 蚳鼃に謂ひて曰く、「子の霊丘を辞して士師を請ひしは似たり。其の以て言ふ可きが為なり。今、既に数月なり。未だ以て言ふ可からざるか」と。蚳鼃王を諫めて用ひられず。臣為ることを致して去る。斉人曰く、「蚳鼃の為にする所以は則ち善し。自ら為にする所以は則ち吾知らざるなり」と。公都子以て告ぐ。曰く、「吾之を聞く、『官守有る者は、其の職を得ざれば則ち去り、言責有る者は、其の言を得ざれば則ち去る』と。我官守無く、我言責無し。則ち吾が進退は豈綽綽然として余裕有らずや」と。

[現代語訳]

孟子が斉の大夫、蚳鼃に向かって、「あなたが霊丘の役人をやめて諫官を希望されたのは、まことにごもっともであります。が、それはその役につけば王の非をいさめることができるからでありましょう。ところが、就任して現在ではもう数ヵ月たつのに、まだ王に申し上げることがないのですか」と言った。そこで蚳鼃は発憤して王をいさめたが、お取り上げがないので、辞職して立ち去った。すると斉の人々が「蚳鼃のためを思って孟子が言ったことはけっこうだが、自分はいったいどうなのだ」とうわさし、門人の公都子がそのことを孟子に話した。すると孟子「私の聞くところでは、官として職責のある者は、その職責を果たせなければ辞するし、ことばでいさめる責任のある者は、その意見が用いられなければ辞するものだと言う。私は職責もなければ、諫言の責任もないのだから、私の進退は余裕綽々で、まことに自由なのだよ」

38孟子　斉に卿為り。出でて滕に弔す。王　蓋の大夫王驩をして輔行為らしむ。王驩朝暮に見ゆ。斉滕の路を反し、未だ嘗て之と行事を言はざるなり。公孫丑曰く、「斉卿の位は、小と為さず。斉滕の路は、近しと為さず。之を反して未だ嘗て与に行事を言はざるは何ぞや」と。曰く、「夫れ既に之を治むる或り。予何をか言はんや」と。

［現代語訳］

孟子が斉の国で客卿であったとき、王命によって滕の文公の喪を弔問に出かけた。斉王はお気に入りの蓋の長官の王驩を副使として同行させた。王驩は朝晩に孟子のごきげん伺いに来る。しかも斉から滕までの旅路を往復する間、一言も使命のことについて話し合ったことがなかった。帰国後、門人の公孫丑が変に思って、「先生の斉の卿という地位（とその使命）は、そう軽いものではありませんし、斉から滕までの道も近いとは申せません。その長い旅路を往復しながら、とうとう使命のことについて、何も相談なさらなかったのは、何ゆえでございますか」と問うた。すると孟子「だいたい、使命のことは処理する者がおる以上、私に何を口出しすることがあろうか」

39 孟子　斉自り魯に葬る。斉に反り、嬴に止まる。充虞請うて曰く、「前日は虞の不肖なるを知らず、虞をして匠事を敦めしむ。厳なり。虞敢て請はざりき。今、願はくは窃かに請ふこと有らん。木以だ美なるが若く然り」と。

〔現代語訳〕

孟子は斉で母を失ったので、葬儀のため郷里の魯に帰り、斉に帰任する途中、嬴という町に滞留した。そのとき、弟子の充虞が尋ねた、「先日はふつつかな私にもかかわらず、棺椁を作る仕事をお命じくださいました。なにぶん、取り込んでおりましたこととて、私はお伺いしようともいたしませんでしたが、今となっては、少しお尋ねいたしたく存じますのは、木材がどうもりっぱすぎたように思われますが」

曰く、「古は棺槨度無し。中古は棺七寸。槨之に称ふ。天子自り庶人に達す。直に観の美を為すのみに非ざるなり。然る後人の心を尽すなり。得ざれば以て悦を為す可からず。財無ければ以て悦を為す可からず。之を得ると財有ると、古の人皆之を用ふ。吾何為れぞ独り然らざらん。且つ化するときの比まで、土をして膚に親しましむる無きは、人の心に於て独り恔きこと無からんや。吾之を聞く、『君子は天下を以て其の親に倹せず』と」

[現代語訳]

孟子「大昔は内棺も外棺も一定のきまりがなかった。中古になって、棺は厚さ七寸、外棺はこれに合わせて適当に厚くするということで、天子から庶人に至るまで同じであった。かように厚い木を用いるのは、ただ外観がりっぱというだけでなく、そうしなければ、人間の気持ちが満足できないからだ。だから制度上、りっぱにできぬとあっては、満足できないし、材料がなくても、やはり満足できないのだ。制度上許され、かつ木材もあれば、昔の人はだれでもこれを使ったのだ。なんで私だけがしないでおられようか。そのうえ、土に化するころまで、土を死者の身体に近づけないことは、人の心にとって気持ちがよくないことがあろうか。君子は天下の生きている人のためだからとて、親の喪に倹約はせぬものだ、と私は聞いているよ」

40沈同其の私を以て問うて曰く、「燕伐つ可きか」と。孟子曰く、「可なり。子噲は人に燕を与ふることを得ず。子之は燕を子噲に受くることを得ず。此に仕ふるもの有り。而して子之を悦び、王に告げずして、私かに之に吾子の禄爵を与へ、夫の士や、亦王の命無くして、私かに之を子に受けなば、則ち可ならんか。何を以て是に異ならんや」と。

[現代語訳]

　斉の大臣、沈同が個人の資格ということにして「燕は討ってもよいか」と尋ねた。孟子「よろしい。燕王の子噲は、天子の命令によらないでかってに燕の国を人に与えることはできないし、宰相の子之も燕の国を天子の命令もないのにかってに子噲から譲り受けてはならないのです。たとえば仕えている者がいて、あなたがその男を気に入ったからとて、王様にも申し上げず、かってにあなたの受けている俸禄爵位をその男に与え、その男も、王様の御命令もないのに、かってにあなたから譲り受けたとしたら、それでよいものでしょうか。子噲がかってに子之に国を譲ったのも、なんでこれと違いがありましょうか（そういう不都合なことをしている国は、討ってもよろしい）」

斉人、燕を伐つ。或ひと問うて曰く、「斉を勧めて燕を伐たしむと。諸有りや」と。

曰く、「未だし。沈同『燕伐つ可きか』と問ふ。吾之に応へて『可なり』と曰ふ。彼然り而うして之を伐てるなり。彼如し『孰か以て之を伐つ可き』と曰はば、則ち将に之に応へて曰はんとす、『天吏為らば則ち以て之を伐つ可し』と。今、人を殺す者有らんに、或ひと之を問うて『人殺す可きか』と曰はば、則ち将に之に応へて『可なり』と曰はんとす。彼如し『孰か以て之を殺す可き』と曰はば、則ち将に之に応へて曰はんとす、『士師為らば、則ち以て之を殺す可し』と。今、燕を以て燕を伐つ。何為れぞ之を勧めんや」と。

〔現代語訳〕

その後、斉が燕を討った。そこである人が、「先生が斉に燕を討つことを勧めたということですが、ほんとうですか」と問うた。孟子「勧めたことはない。ただ沈同が『燕は討ってもよいか』と聞くから、私は『よい』と答えた。そこで彼は燕を討ったのだ。けれどもそのとき、彼がもし『だれがこれを討つ資格がありますか』と聞けば、私は『天命を奉ずる天吏ならば、討ってもよい』と答えようと思っていたのだ。たとえばここに人を殺した者があるとして、『この犯人は殺してもよいか』と聞く者があれば、『よろしい』と答えよう。そしてさらに『だれが殺す資格があるか』と言えば、『裁判長なら死刑にしてもよい』と答えよう。ところが今、斉は燕と大差ないありさまだから、斉が燕を討つのは、燕が燕を討つようなもの、どうしてそんなことを勧めるものか」

41燕人畔く。王曰く、「吾甚だ孟子に慙づ」と。陳賈曰く、「王患ふること無かれ。王自ら以て周公と孰れか仁且つ智なりと為すか」と。王曰く、「悪、是れ何の言ぞや」と。曰く、「周公は管叔をして殷を監せしむ。管叔、殷を以て畔けり。知りて之を使むれば、是れ不仁なり。知らずして之を使むれば、是れ不智なり。仁智は周公も未だ之を尽くさざるなり。而るを況んや王に於てをや。賈請ふ、見て之を解かん」と。

[現代語訳]

せっかく取った燕が斉に背いた。斉王は「どうも孟子に対してははなはだ面目がない」という。大夫の陳賈は慰めて、「王様、御心配なさいますな。王様は御自分で、周公とどちらが仁かつ知であるとお思いですか」王「いやあ、とんでもないことだ」陳賈「しかし周公は兄の管叔に殷の遺民を監督させたところ、管叔は殷の遺民たちを引き連れて周に謀反しました。もし周公がそうなると知りつつ任せたとすればすなわち不仁ですし、知らずにやったとすれば不知であります。すると仁知ということは、周公でさえ完全ではありません。まして周公には及ばない王様のことゆえなおさらであります。私がひとつ孟子に会って弁解するといたしましょう」

孟子を見て問うて曰く、「周公は何人ぞや」と。曰く、「古の聖人なり」と。曰く、

「管叔をして殷を監せしめしに、管叔殷を以て畔くと。諸有りや」と。曰く、「然り」と。曰く、「周公は其の将に畔かんとするを知って、而して之を使めしか」と。曰く、「知らざるなり」と。「然らば則ち聖人すら且つ過つこと有るか」と。曰く、「周公は弟なり。管叔は兄なり。周公の過つも、亦宜ならずや。且つ古の君子は、過てば則ち之を改む。今の君子は、過てば則ち之に順ふ。古の君子は、其の過つや、日月の食するが如し。民皆之を見る。其の更むるに及んでや、民皆之を仰ぐ。今の君子は、豈徒に之に順ふのみならんや。又従つて之が辞を為す」と。

［現代語訳］

陳賈は孟子に会って言う、「周公はどういう人物ですか」孟子「昔の聖人です」陳賈「周公は管叔に殷の遺民を監督させたところ、殷人を引き連れて周に謀反したということですが、ほんとうですか」孟子「そのとおりです」陳賈「では周公は管叔が背くと知りながら殷を任せたのでしょうか」孟子「知らなかったのです」「してみると、聖人でさえやはり過失はあるものでしょうか」孟子「周公は弟で、管叔は兄です。兄弟は互いに信頼し合うものですから、周公が過失を犯すのも、むしろもっともなことではありませんか。かつまた昔の君子は、誤りとわかればただちに改めましたが、今の君子は、誤りと知りつつそれを押し通そうとします。昔の君子が誤りをしたときは、日食月食のようなもので、人民はみな驚いてこれを見ます。また、いったんそれを改めると、日月が再び明るくなるように、人民はみな喜んで仰ぎ見るのです。ところが今の君子は、誤りを押し通そうとするばかりでなく、さらに過失について理屈をつけるので、過失を重ねることになるのです」

42孟子　臣為ることを致して帰る。王就いて孟子を見て曰く、「前日は見んことを願ひて得可からざりき。侍して朝を同じうすることを得て甚だ喜べり。今、又寡人を棄てて帰る。識らず、以て此に継いで見ることを得可きか」と。対へて曰く、「敢て請はざるのみ。固より願ふ所なり」と。他日、王、時子に謂ひて曰く、「我、中国にして孟子に室を授け、弟子を養ふに万鍾を以てし、諸大夫国人をして、皆矜式する所有らしめんと欲す。子盍ぞ我が為に之を言はざる」と。時子、陳子に因つて以て孟子に告げしむ。

[現代語訳]

孟子は斉の卿を辞して屋敷に帰って来た。すると王はわざわざ孟子を訪問して言う、「以前から先生にお目にかかりたいと思いながら、それができずにおりましたが、さいわいにその後、我が朝廷において先生に侍することができまして、はなはだ喜ばしいことでありました。ところが、今回はまた私を見捨てて帰ってしまわれた。どうでしょう、こののちもお目にかかることができましょうか」孟子がお答えして、「それは私のほうから、しいてお願いをしなかったまでで、もちろん私も希望するところであります」と言う。さてその後、王は家来の時子に向かい、「私は孟子に都の中央の辺りに邸宅を与え、かつ万鍾の禄を与えて弟子を養成させ、朝廷の諸大夫や市民にも、模範とするようにさせたい。おまえはひとつ私に代わってこのことを孟子に伝えてもらいたいが」と言われたので、時子が孟子の弟子の陳臻を通して孟子に伝えてもらった。

陳子、時子の言を以て孟子に告ぐ。孟子曰く、「然り。夫の時子悪んぞ其の不可なるを知らんや。如し予をして富を欲せしめば、十万を辞して万を受けん。是れ富を欲するを為さんや。季孫曰く、『異なるかな子叔疑。己をして政を為さしむ。用ひられざれば則ち亦已まん。又其の子弟をして卿為らしむ。人亦孰か富貴を欲せざらんや。而して独り富貴の中に於て、龍断を私する有り』と。

[現代語訳]

陳子が時子のことばを孟子に告げた。すると孟子が言うことに、「なるほど。しかし時子などには、そんなことはだめなのだということがわかるまいな。かりにもし私が富を欲するなら、十万を辞してからでも、また一万鍾に飛びつくこともあろうが、まさかそうしてまで富を欲することはしないのだ。季孫がこう言っている、『子叔疑はおかしな男だなあ。初め君主が自分に政治を執らせたが、のちに用いられなくなったら、さっぱり身を引けばよいのに、また自分の子弟を卿にならせた。人間だれでも富貴を欲しない者はないが、彼のこのやりかたは富貴に対して龍断を独占しようとするものだ』

古の市為るや、其の有る所を以て、其の無き所に易ふる者なり。有司者は之を治むるのみ。賤丈夫有り。必ず龍断を求めて之に登り、以て左右望して市利を罔せり。人皆以て賤しと為す。故に従って之を征せり。商に征すること、此の賤丈夫自り始まる」と。

［現代語訳］

昔の市場というものは、自分の持っている物と持っていない物とを交換する所であって、役人はその秩序を監督するだけであった。ところが、欲の深い卑しむべき男が、必ず小高い丘の断崖を捜してそこに上り、左右を見渡して利益のありそうな所を見つけては市場の利益を独占した。人々はみなこれを卑しむべきことと考えたから、やがてこの男に課税するようになった。商人に課税するのは、この男に対することから始まったのである」

43孟子 斉を去り、昼に宿す。王の為に行を留めんと欲する者有り。坐して言ふ。応へず。几に隠りて臥す。客 悦ばずして曰く、「弟子斉宿して後敢て言ふ。夫子臥して聴かず。請ふ復び敢て見ゆること勿らん」と。曰く、「坐せよ。我明らかに子に語げん。昔者、魯の繆公は、子思の側に人無ければ、則ち子思を安んずる能はず。泄柳・申詳は、繆公の側に人無ければ、則ち其の身を安んずる能はざりき。子 長者の為に慮りて、子思に及ばず。子 長者を絶つか。長者 子を絶つか」と。

［現代語訳］

孟子はいよいよ斉の都を立ち去って、ほど遠からぬ昼という町に泊まった。すると斉王のために孟子を引き留めようとする者があって、孟子のところにすわり込んで意見を述べたてた。ところが孟子は、返事もせず、脇息にもたれて突っ伏して相手にしない。客はおもしろからず、「私は一晩斎戒してわざわざお話し申し上げておりますのに、先生は身を伏せて聞いてもくださらぬ。もう二度とお目にはかかりますまい」と言う。孟子「まあ、おすわりなさい。はっきりあなたに説明しましょう。昔、魯の繆公は、いつも子思の傍らに人をはべらせて自分の誠意を示しておかないと、子思を引き留めるのに安心できませんでした。また、泄柳や申詳という二人の賢者は、いつも繆公の傍らにとりなす人がいなければ、安心してとどまってはいなかったのです。（賢者を遇する道はかくのごときものでありますが）あなたは先輩たる私のために心配してはくださるが、子思に対するような礼遇に及ばないのでは、あなたのほうから先輩を見捨てたのか、それとも私があなたを見捨てたのか、どちらでしょうか」

44 孟子 斉を去る。尹士 人に語げて曰く、「王の以て湯・武為る可からざるを識らざれば、則ち是れ不明なり。其の不可なるを識りて然も且つ至らば、則ち是れ沢を干むるなり。千里にして王に見え、遇はざるが故に去る。三宿にして而る後、昼を出づるは、是れ何ぞ濡滞なるや。士は則ち茲に悦ばず」と。高子以て告ぐ。

[現代語訳]

孟子はとうとう斉を去った。斉の尹士という者がある人に話した、「孟子は賢人ということだが、うちの王様が昔の湯王・武王のような名君にはとてもなれないことがわからずに来たのなら不明だし、だめと知りつつなおやって来たのなら、俸禄目当てだ。また千里も遠くから王様に会いに来て、意見が合わないから去るというのに、三晩も泊まってやっと昼を出発したとは、なにをぐずぐずしているのだ。私はそんなことは気に入らない」それを門人の高子が聞いて孟子に告げた。

曰く、「夫の尹士は悪んぞ予を知らんや。千里にして王に見ゆるは、是れ予が欲する所なり。遇はざるが故に去るは、豈予が欲する所ならんや。予已むを得ざればなり。予三宿して昼を出づるも、予が心に於て猶ほ以て速やかなりと為す。王庶幾くは之を改めよ。王如し諸を改めんか、則ち必ず予を反さん。夫れ昼を出でて、而も王予を追はざるなり。予然る後浩然として帰志有り、予然りと雖も豈王を舎てんや。王由ほ用て善を為すに足れり。王如し予を用ひば、則ち豈徒斉の民安きのみならんや。天下の民挙安からん。王庶幾くは之を改めよ。予日〻に之を望めり。予豈是の小丈夫の若く然らんや。其の君を諫めて、受けられざれば、則ち怒り、悻悻然として其の面に見れ、去れば則ち日の力を窮めて、而る後に宿せんや」と。尹士之を聞きて曰く、「士は誠に小人なり」と。

[現代語訳]

孟子「あの尹士などに私の心がわかるものか。千里も遠くから王に会いに行ったのは、それが私の願いだったのだ。意見が合わないから去るのだが、なんで私の望むところであろうか、しかたがないからである。私は三晩も泊まってやっと昼を出たが、私の気持ちとしては、それでもまだ早まりすぎたと思うくらいである。というのは、どうか王は改心してもらいたい。改心さえしたら、必ず私を呼びもどすだろう、と思ったからだ。ところが昼を出発しても王は私を追いかけて来ない。そこで私もすっかりあきらめて、さっぱりした気分で帰国の気持ちになった。とはいうものの、私はどうも王を見限ることができない。王はやっぱり善をなすに足る人物だ。王がもし私を任用してくれれば、斉の人民が安寧を得るばかりでなく、天下の民がみなこぞって安寧を得るだろう。どうか改心してもらいたいものだ。私は毎日それを希望しているのだ。私はかの小人物のようなまねができようか。自分の君をいさめても聞き入れられないと、たちまち怒り、かんかんになって顔色まで怒りを表し、立ち去るとなると、日のある限り歩き続けて、日が暮れてやっと宿に着くというようなことはしたくないのだ」　尹士はこの話を聞いて「私はいかにも小人物であった」と反省した。

45孟子 斉を去る。充虞 路に問うて曰く、「夫子 不予の色有るが若く然り。前日、虞諸を夫子に聞けり。曰く、『君子は天を怨みず、人を尤めず』と」曰く、「彼も一時なり、此も一時なり。五百年にして必ず王者の興る有り。其の間、必ず世に名ある者有り。周由り而来、七百有余歳なり。其の数を以てすれば、則ち過ぎたり。其の時を以て之を考ふれば、則ち可なり。夫れ天未だ天下を平治するを欲せざるなり。如し天下を平治するを欲せば、今の世に当りて、我を舎きて其れ誰ぞや。吾何為れぞ不予ならんや」と。

［現代語訳］

孟子が斉を去った。弟子の充虞が途中で尋ねた。「先生はおもしろくないというお顔つきをしておられますが、以前、私は先生から『君子は逆境にあっても天を恨まず、人をとがめ立てせぬ』と承っております。（どうなさったのですか）」孟子「あのときはあのとき、今は今だ。（天下の問題だから事情が違う）歴史を考えてみると、五百年ぐらいで必ず王者が勃興するもので、その際にはまた必ず王者を補佐する名声一世に高い名臣が出るものだ。今は周の初め以来、七百余年であって、年数からいえば定まりの年数を過ぎているし、時勢からいえば乱が極まってもう治まるべきときになっている。しかるに時が至らぬのは、天がまだ天下を平定しようと思われないのであろう。もし天下を平定しようと思うなら、現在の世において、王者の補佐たるべき者は、私をおいてだれがあろうか。（私は天下をこそ憂いもするが）自分の身についておもしろからず思うようなことはない」

46孟子斉を去りて休に居る。公孫丑問うて曰く、「仕へて禄を受けざるは、古の道か」と。曰く、「非なり。崇に於て吾王に見ゆることを得、退いて去る志有り。変ずるを欲せず、故に受けざるなり。継いで師命有り、以て請ふ可からず。斉に久しきは、我が志に非ざるなり」と。

[現代語訳]

孟子が斉を去って休にいたとき、公孫丑が問うた。「先生のように、君に仕えながら禄を受けないのは、古来の正しい道でしょうか」孟子「そうではない。私は崇で斉王に謁することができたが、御前を下がったとき、すでに王は話相手にならないことをみてとって、斉の国を去る気持ちがあった。そして、その初志を変ずるつもりはなく、長くもいない国で禄を受けるべきではないから、受けなかったのだ。ところが、引き続いて戦争が起こって、お暇をお願いするわけにもゆかず、つい長くなったが、それは私の本意ではなかったのである」

原文

33 孟子曰、天時不レ如二地利一。地利不レ如二人和一。

三里之城、七里之郭、環而攻レ之而不レ勝。夫環而攻レ之、必有下得二天時一者上矣。然而不レ勝者、是天時不レ如二地利一也。城非レ不レ高也。池非レ不レ深也。兵革非レ不二堅利一也。米粟非レ不レ多也。委而去レ之、是地利不レ如二人和一也。

故曰、域レ民不レ以二封疆之界一。固レ國不レ以二山谿之險一。威二天下一不レ以二兵革之利一。得レ道者多レ助、失レ道者寡レ助。寡レ助之至、親戚畔レ之、多レ助之至、天下順レ之。以二天下之所一レ順、攻二親戚之所一レ畔。故君子有レ不レ戰。戰必勝矣。

34 孟子將レ朝レ王。王使二人來一曰、寡人如二就見一者也。有二寒疾一、不レ可二以風一。朝將レ視レ朝。不レ識、可レ使二寡人得一レ見乎。對曰、不幸而有レ疾。不レ能レ造レ朝。

明日、出弔二於東郭氏一。公孫丑曰、昔者辭以レ病、今日弔。或者不可乎。曰、昔者疾、今日愈。如レ之何不レ弔。王使二人問レ疾醫來一。孟仲子對曰、昔者、有二王命一、有二采薪之憂一、不レ能レ造レ朝。今、病小愈。趨造二於朝一。我不レ識、能至否乎。使三數人要二於路一曰、請必無レ歸、而造二於朝一。不レ得レ已而之二景丑氏一宿焉。

景子曰、內則父子、外則君臣、人之大倫也。父子主レ恩、君臣主レ敬。丑見二王之敬一レ子也。未レ見三所二以敬一レ王也。曰、惡、是何言也。齊人無下以二仁義一與レ王言者上。豈以二仁義一爲レ不レ美也。其心曰、是何足三與言二仁義一也。云レ爾、則不レ敬莫レ大二乎是一。我非二堯舜之道一、不三敢以陳二於王前一。故齊人莫レ如二我敬一レ王也。

景子曰、否。非二此之謂一也。禮曰、父召無レ諾。君命召不レ俟レ駕。固將レ朝也。聞二王命一而遂不レ果。宜與二夫禮一若レ不二相似一然。曰、豈謂レ是與。曾子曰、晉楚之富、不レ可レ及也。彼以二其富一、我以二吾仁一。彼以二其爵一、我以二吾義一。吾何慊乎哉。夫豈不義、而曾子言レ之。是或一道也。天下有二達尊三一。爵一、齒一、德一。朝廷莫レ如レ爵、鄉黨莫レ如レ齒、輔レ世長レ民莫レ如レ德。惡得下有二其一一以慢中其二上哉。

故將二大有㆑爲之君、必有二所レ不レ召之臣一。欲レ有レ謀焉、則就レ之。其尊レ德樂レ道、不レ如レ是、不レ足二以有㆑爲也。故湯之於二伊尹一、學焉而後臣レ之。故不レ勞而王。桓公之於二管仲一、學焉而後臣レ之。故不レ勞而霸。今、天下地醜德齊、莫二能相尙一、無レ他。好レ臣二其所㆑敎、而不レ好レ臣二其所㆑受レ敎。湯之於二伊尹一、桓公之於二管仲一、則不二敢召一。管仲且猶不レ可レ召。而況不レ爲二管仲一者乎。

35 陳臻問曰、前日、於レ齊王餽二兼金一百一、而不レ受。於レ宋餽二七十鎰一、而受。於レ薛餽二五十鎰一、而受。前日之不レ受是、則今日之受非也。今日之受是、則前日之不レ受非也。夫子必居二一於此一矣。

孟子曰、皆是也。當レ在レ宋也、予將レ有二遠行一。行者必以レ贐。辭曰、餽レ贐。予何爲不レ受。當レ在レ薛也、予有二戒心一。辭曰、聞レ戒。故爲レ兵餽レ之。予何爲不レ受。若レ於レ齊、則未レ有レ處也。無レ處而餽レ之、是貨レ之也。焉有三君子而可二以貨取一乎。

36 孟子之二平陸一、謂二其大夫一曰、子之持戟之士、一日而三失レ伍、則去レ之否乎。曰、不レ待レ三。然則子之失レ伍也、亦多矣。凶年饑歲、子之民、老羸轉二於溝壑一、壯者散而之二四方一者、幾千人矣。曰、此非二距心之所一レ得レ爲也。曰、今、有下受二人之牛羊一而爲レ之牧レ之者上、則必爲レ之求二牧與一レ芻矣。求二牧與一レ芻而不レ得、則反二諸其人一乎。抑亦立而視二其死一與。曰、此則距心之罪也。

他日、見二於王一曰、王之爲レ都者、臣知二五人一焉。知二其罪一者、惟孔距心。爲レ王誦レ之。王曰、此則寡人之罪也。

37 孟子謂二蚳鼃一曰、子之辭二靈丘一而請二士師一、似也。爲三其可二以言一也。今、既數月矣。未レ可二以言一與。蚳鼃諫二於王一而不レ用。致レ爲レ臣而去。齊人曰、所三以爲二蚳鼃一、則善矣。所三以自爲一、則吾不レ知也。公都子以告。曰、吾聞レ之也、有二官守一者、不レ得二其職一則去、有二言責一者、不レ得二其言一則去。我無二官守一、我無二言責一也。則吾進退、豈不三綽綽然有二餘裕一哉。

38 孟子爲レ卿於齊。出弔二於滕一。王使三蓋大夫王驩爲二輔行一。王驩朝暮見。反二齊滕之路一、未三嘗與レ之言二行事一也。公孫丑曰、齊卿之位、不レ爲レ小矣。齊滕之路、不レ爲レ近矣。反レ之而未三嘗與言二行事一、何也。曰、夫既或レ治レ之。予何言哉。

39 孟子自レ齊葬二於魯一。反二於齊一、止二於嬴一。充虞請曰、前日不レ知二虞之不肖一、使三虞敦二匠事一。嚴。虞不二敢請一。今、願竊有レ請也。木若二以美一然。

曰、古者、棺椁無レ度。中古棺七寸。椁稱レ之。自二天子一達二於庶人一。非三直爲二觀美一也。然後盡二於人心一。不レ得不レ可二以爲一レ悦。無レ財不レ可二以爲一レ悦。得レ之爲レ有レ財、古之人皆用レ之。吾何爲獨不レ然。且比二化者一、無レ使二土親一レ膚、於二人心一獨無レ恔乎。吾聞レ之、君子不下以二天下一儉中其親上。

40 沈同以二其私一問曰、燕可レ伐與。孟子曰、可。子噲不レ得レ與二人燕一。子之不レ得レ受二燕於子噲一。有レ仕二於此一。而子悅レ之、不レ告二於王一、而私與二之吾子之祿爵一、夫士也、亦無二王命一、而私受二之於子一、則可乎。何以異二於是一。

齊人伐レ燕。或問曰、勸レ齊伐レ燕。有レ諸。曰、未也。沈同問二燕可レ伐與一。吾應レ之曰レ可。彼然而伐レ之也。彼如曰三孰可二以伐一レ之、則將二應レ之曰一、爲二天吏一、則可二以伐一レ之。今、有二殺レ人者一、或問レ之曰二人可レ殺與一、則將二應レ之曰一レ可。彼如曰三孰可二以殺一レ之、則將二應レ之曰一、爲二士師一、則可二以殺一レ之。今、以レ燕伐レ燕。何爲勸レ之哉。

41 燕人畔。王曰、吾甚慙二於孟子一。陳賈曰、王無レ患焉。王自以爲下與二周公一孰仁且智上。王曰、惡、是何言也。曰、周公使二管叔監一レ殷。管叔以レ殷畔。知而使レ之、是不仁也。不レ知而使レ之、是不智也。仁智、周公未二之盡一也。而況於レ王乎。賈請見而解レ之。

見二孟子一問曰、周公何人也。曰、古聖人也。曰、使二管叔監一レ殷、管叔以レ殷畔也。有レ諸。曰、然。曰、周公知二其將一レ畔、而使レ之與。曰、不レ知也。然則聖人且有レ過與。曰、周公弟也。管叔兄也。周公之過、不二亦宜一乎。且古之君子、過則改レ之。今之君子、過則順レ之。古之君子、其過也、如二日月之食一。民皆見レ之。及二其更一也、民皆仰レ之。今之君子、豈徒順レ之。又從爲二之辭一。

42 孟子致レ爲レ臣而歸。王就見二孟子一曰、前日、願レ見而不レ可レ得。得レ侍同レ朝甚喜。今、又棄二寡人一而歸。不レ識、可二以繼一レ此而得レ見乎。對曰、不二敢請一耳。固所レ願也。他日、王謂二時子一曰、我欲下中國而授二孟子室一、養二弟子一以二萬鍾一、使中諸大夫國人、皆有上レ所二矜式一。子盍二爲レ我言一レ之。時子因二陳子一而以告二孟子一。

陳子以二時子之言一告二孟子一。孟子曰、然。夫時子、惡知二其不可一也。如使二予欲一レ富、辭二十萬一而受レ萬。是爲レ欲レ富乎。季孫曰、異哉子叔疑。使二己爲一レ政。不レ用則亦已矣。又使二其子弟爲一レ卿。人亦孰不レ欲二富貴一。而獨於二富貴之中一、有レ私二龍斷一焉。古之爲レ市也、以二其所一レ有、易二其所一レ無者。有司者治レ之耳。有二賤丈夫一焉。必求二龍斷一而登レ之、以左右望而罔二市利一。人皆以爲レ賤。故從而征レ之。征レ商、自二此賤丈夫一始矣。

43 孟子去レ齊、宿二於晝一。有下欲二爲レ王留一レ行者上。坐而言。不レ應。隱レ几而臥。客不レ悅曰、弟子齊宿而後敢言。夫子臥而不レ聽。請勿二復敢見一矣。曰、坐。我明語レ子。昔者、魯繆公無レ人二乎子思之側一、則不レ能レ安二子思一。泄柳申詳、無レ人二乎繆公之側一、則不レ能レ安二其身一。子爲二長者一慮、而不レ及二子思一。子絕二長者一乎。長者絕レ子乎。

44 孟子去レ齊。尹士語レ人曰、不レ識二王之不一レ可三以爲二湯武一、則是不明也。識二其不可一、然且至、則是干レ澤也。千里而見レ王、不レ遇故去。三宿而後出レ晝。是何濡滯也。士則茲不レ悅。高子以告。曰、夫尹士惡知レ予哉。千里而見レ王、是予所レ欲也。不レ遇故去、豈予所レ欲哉。予不レ得レ已也。予三宿而出レ晝、於二予心一猶以爲レ速。王庶幾改レ之。王如改レ諸、則必反レ予。夫出レ晝而王不二予追一也。予然後浩然有二歸志一。予雖レ然豈舍レ王哉。王由足二用爲一レ善。王如用レ予、則豈徒齊民安。天下之民擧安。王庶幾改レ之。予日望レ之。予豈若二是小丈夫一然哉。諫二於其君一而不レ受則怒、悻悻然見二於其面一、去則窮二日之力一、而後宿哉。尹士聞レ之曰、士誠小人也。

45 孟子去レ齊。充虞路問曰、夫子若レ有二不豫色一然。前日、虞聞二諸夫子一。曰、君子不レ怨レ天、不レ尤レ人。曰、彼一時也、此一時也。五百年、必有二王者興一。其間必有二名レ世者一。由レ周而來、七百

有餘歳矣。以二其數一、則過矣。以二其時一考レ之、則可矣。夫天未レ欲三平二治天下一也。如欲三平二治天下一、當二今之世一、舍レ我其誰也。吾何爲不豫哉。

46 孟子去レ齊居レ休。公孫丑問曰、仕而不レ受レ祿、古之道乎。曰、非也。於レ崇吾得レ見レ王、退而有二去志一。不レ欲レ變、故不レ受也。繼而有二師命一、不レ可二以請一。久二於齊一、非二我志一也。

滕文公章句　上

47 滕の文公 世子為りしとき、将に楚に之かんとし、宋に過りて孟子を見る。孟子 性善を道ひ、言へば必ず堯舜を称す。世子 楚自り反りて、復た孟子を見る。孟子曰く、「世子吾が言を疑ふか。夫れ道は一のみ。成覸 斉の景公に謂ひて曰く、『彼も丈夫なり、我も丈夫なり。吾何ぞ彼を畏れんや』と。顔淵は曰く、『舜 何人ぞや。予何人ぞや。為す有る者亦是の若し』と。公明儀は曰く、『文王は我が師なり。周公豈我を欺かんや』と。今、滕は長を絶ち短を補はば、将に五十里ならんとす。猶ほ以て善国と為す可し。書に曰く、『若し薬 瞑眩せずんば、厥の疾 瘳えず』と」

〔現代語訳〕

滕の文公がまだ世子であったとき、楚に行こうとして、途中、宋に立ち寄って孟子に会った。（孟子の賢なるを聞いてわざわざ回り道をしたのである）すると孟子のほうも世子を見込んで、持論である性善の説を述べ、一言めには堯舜を引き合いに出した。さて、世子は楚からの帰途、また孟子に会いに来た。（もっと詳しい話を聞こうと思ったのであろう）そこで孟子が言う、「世子は私の申し上げたことを疑っておられますか。真の道理は一つであります。昔、成覸という勇士は斉の景公に向かい、『彼も一個の男子であり、私も一個の男子であります。なんで彼を恐れる必要がありましょうか』と言い、孔子の高弟、顔淵は『舜がどういう人だというのか。私がどういう人間だというのか（同じ人間ではないか）。大いにやろうとする志があれば、自分も舜のようになれるのだ』と言い、魯の賢人、公明儀は『文王は我が師とすべき人物である。周公のことばにうそはない』と言っています。ところでお国の滕は、出入りをならせば五十里四方の国というところで、小なりといえども、なおりっぱなよい国とすることができます。それには『書経』に『めまいを起こすくらいの薬でなければ、持病は治らぬ』とありますように、よほどの御決心が必要であります」

48 滕の定公薨ず。世子 然友に謂ひて曰く、「昔者、孟子嘗て我と宋に言へり。心に於て終に忘れず。今や、不幸にして大故に至れり。吾、子をして孟子に問はしめ、然る後事を行はんと欲す」と。然友 鄒に之き、孟子に問ふ。孟子曰く、「亦善からずや。親の喪は固より自ら尽す所なり。曾子曰く、『生けるには之に事ふるに礼を以てし、死せるには之を葬るに礼を以てし、之を祭るに礼を以てす。孝と謂ふ可し』と。諸侯の礼は吾未だ之を学ばざるなり。然りと雖も吾嘗て之を聞けり。『三年の喪、斉疏の服、飦粥の食は、天子自り庶人に達し、三代之を共にす』と」

［現代語訳］

滕の定公が薨じた。世子（のちの文公）は傅育官の然友に向かい、「以前、私は宋で孟子から話を聞いたことがあるが、そのときのことは今なお心に忘れることができない。このたび不幸にして父上の喪に会ったが、おまえに孟子の所に行っていろいろ葬儀のことを尋ねてもらって、そのうえで葬式をしたいと思う」と言う。そこで、然友が鄒に孟子を訪ねて問うた。孟子が言う、「まことにけっこうなお考えです。元来、親の喪は子供としての気持ちを十分に尽くして行うはずのものです。曾子も『父母の生存中は礼をもってお仕えし、亡くなられたら礼をもって葬り、のちのちも礼をもってお祭りするならば、孝といえる』と言われました。ところで諸侯の礼は私もまだ学んでおりませんが、しかし、こういうことを聞いてはおります。すなわち、親の喪は三年間で、その間はそまつな喪服をつけ、薄いおかゆを食べるというのが、上は天子から下は庶人に至るまで同じことであり、また夏・殷・周の三代ともその点は共通であるとのことであります（そのようになさったらよろしいでしょう）」

然友反命す。定めて三年の喪を為さんとす。父兄百官、皆欲せざるなり。故に曰く、「吾が宗国魯の先君之を行ふ莫く、吾が先君も亦之を行ふ莫きなり。子の身に至りて之に反するは、不可なり。且つ志に曰く、『喪祭は先祖に従ふ』と」曰く、「吾之を受くる所 有るなり」と。然友に謂ひて曰く、「吾 他日、未だ嘗て学問せず。好んで馬を馳せ剣を試む。今や父兄百官、我を足れりとせざるなり。恐らくは其れ大事を尽す能はざらん。子我が為に孟子に問へ」と。

［現代語訳］

然友が帰って報告をし、三年の喪を行うことに決めた。すると、一族の老臣や他の役人たちがみな、それではやりきれぬと思った。そこで、「我が御本家である魯国の御先代のかたがたも三年の喪はなさらず、我が御先代も実行なさったかたはありません。あなた様の代になって違ったことをなさるのは、よろしくございません。かつまた古記録にも『喪祭は先祖の定めに従うこと』とあります」と言って反対した。世子は「私は自分かってのやりかたではない。受け伝えた根拠があるのだ」といったが、然友に向かい、「私は前にさっぱり学問をせず、馬を乗り回したり、剣を振り回すのが好きだったから、この期に及んで老臣や役人どもが私を信用しないのだ。これでは彼らが身を入れて葬儀をやらないおそれがある。おまえは御苦労だがもう一度孟子に聞いてきてもらいたい」と命じた。

然友復た鄒に之きて孟子に問ふ。孟子曰く、「然り。以て他に求む可からざる者なり。孔子曰く、『君薨ずれば冢宰に聴せ、粥を歠り面は深墨、位に即きて哭すれば、百官有司、敢て哀しまざる莫きは、之に先んずればなり。上、好む者有れば、下、必ず焉より甚しき者有り。君子の徳は、風なり。小人の徳は、草なり。草之に風を尚ふれば、必ず偃す』」と。是れ世子に在り」と。

［現代語訳］

然友はまた鄒に行って孟子に問うた。孟子が言う、「そうでしょう。（しかし、父母の喪は自分の心しだいで）他人に要求するわけにはいかないものです。孔子もいっているように、君が薨ぜられたならば、政治はいっさい、筆頭家老に任せて、世子自身はかゆをすすり、悲しみのために顔は黒ずみ、定まった場所で哭礼を行うならば、大ぜいの役人どもも悲しみもせず平気でいようとする者はない、というのも君がみずから率先して模範となるからです。いったい、上の者が好むことがあると、下の者は必ずそれに輪をかけてはなはだしくなるものです。たとえば、上に立つ君子の持ち前は風、下にいる小人の持ち前は草のようなもので、草は風が吹けば必ず倒れるものです。そういうわけですから、今度のことは世子の態度一つにかかっています」

然友反命す。世子曰く、「然り。是れ誠に我に在り」と。五月廬に居り、未だ命戒有らず。百官族人、可とし謂ひて知れりと曰ふ。葬るに至るに及び、四方来りて之を観る。顔色の戚める、哭泣の哀しめる、弔する者大いに悦ぶ。

［現代語訳］

然友がこれを報告した。世子は「そうだ。いかにも私の態度ひとつだ」と言い、（断然、三年の喪を決行することとし）古礼のとおり葬式の前五ヵ月間は差し掛け小屋に起居し、役人たちに政治向きのことはいっさい命令しないこととした。そこで先に反対した役人や一族の者も世子の心を認め、自分たちも了解したと言った。いよいよ本葬のときになると、あちらこちらから見に来たが、世子のやつれた顔色、悲しみに満ちた哭泣の礼を行う様子を見て、会葬者もりっぱなものだと感服した。

49 滕の文公国を為むるを問ふ。孟子曰く、「民事は緩うす可からざるなり。詩に云ふ、『昼は爾于きて茅かれ。宵は爾索を綯へ。亟かに其れ屋に乗れ。其れ始めて百穀を播せん』と。民の道為る、恒産有る者は、恒心有り。恒産無き者は、恒心無し。苟も恒心無ければ、放辟邪侈、為さざる無きのみ。罪に陥るに及んで、然る後従つて之を刑す。是れ民を罔するなり。焉んぞ仁人位に在る有つて、民を罔して為す可けんや。

[現代語訳]

滕の文公が国を治める心得を問うた。孟子が言う、「民の仕事、農業は、のんびりせず、急務と心得なければなりません。『詩経』にも『十月にもなれば、昼は野に出て茅を刈れ。夜にはなわをなえ。暇をみては急いで屋根に上って雨漏りを修理せよ。春には百穀の種をまくに忙しいぞ』とあります。いったい、人民の通有性として、定職のある者は悪にゆるがぬ心すなわち恒心がありますが、定職のない者は、恒心がなく心がぐらつくものです。もし恒心がなければ、どんなわがままかってや悪事でもやりかねません。人民をそのようなはめに追い込んでおいて、罪を犯したからといって、当然のこととして刑罰を加えるのは、いわば人民を網に掛けるというものです。仁人が君主の位にありながら、人民を網に掛けるようなことができましょうか。

是の故に賢君は、必ず恭倹にして下を礼し、民に取るに制有り。陽虎曰く、『富を為せば仁ならず。仁を為せば富まず』と。夏后氏は五十にして貢し、殷人は七十にして助し、周人は百畝にして徹す。其の実は皆什の一なり。徹とは徹なり。助とは藉なり。龍子曰く、『地を治むるは助より善きは莫く、貢より善からざるは莫し』と。貢とは数歳の中を校して以て常と為す。楽歳には粒米狼戻す。多く之を取るも虐と為さざるに、則ち寡く之を取る。凶年には其の田に糞するも足らざるに、則ち必ず取り盈たす。民の父母と為りて、民をして盻盻然として、将終歳勤動するも、以て其の父母を養ふを得ざらしむ。又称貸して之を益し、老稚をして溝壑に転ぜしむ。悪んぞ其の民の父母為るに在らんや。

[現代語訳]

ですから、賢君は必ず恭倹にしておごり高ぶることなく、下の者にも礼を尽くし、人民から税を取るにもきまりがありました。昔、陽虎は『富を得ようとすると、とかく仁でなくなり、仁を行っていると富まない』と言っています。さて、昔の夏后氏の世には、五十畝の土地を与えて貢という税法を行い、殷では七十畝を与えて助という税法を行い、周では百畝を与えて徹という税法を行いましたが、土地や税法は違っても課税標準はみな十分の一であります。この徹とは徹取することで、つまり収穫高に応じて税を取るのでありますし、助とは藉、すなわち借りることで、つまり民の労力を借りて公田を耕し、その収穫を税とするのであります。昔の賢人、龍子は『土地を治めるには助法に及ぶものはなく、貢法より悪法はない』と申しました。貢とは数年間の平均を計り数えてそれを定額とします。ですから豊年には穀物が散らかるほど取れ、少々税をたくさん取っても虐政ではないのに、定まった少しの分量しか取らず、一方、凶年には田畑にうんと肥料をやって努力しても収穫不足であるのに、やはり定まった額いっぱいに取り立てることになります。民の父母として、人民にあくせく一年じゅう働きづめしても、その両親を養うこともできぬようにさせ、そのうえ、種もみや資本を貸すのはよいが、その利息を取るからいっそう負担が増えることになり、老幼の者が飢えてみぞや谷間に転がるはめとなります。それではどこに民の父母たる資格がありましょうか。

夫(そ)れ禄(ろく)を世〻(よよ)にするは、滕固(とうもと)より之(これ)を行(おこな)へり。詩(し)に云(い)ふ、『我(わ)が公田(こうでん)に雨(あめ)ふり、遂(つひ)に我が私に及べ』と。惟助のみ公田有りと為す。此に由りて之を観れば、周と雖も亦助するなり。庠序学校を設け為して、以て之を教ふ。庠とは養なり。校とは教なり。序とは射なり。夏に校と曰ひ、殷に序と曰ひ、周に庠と曰ひ、学は則ち三代之を共にす。皆人倫を明らかにする所以なり。人倫上に明らかにして、小民下に親しむ。王者起る有らば、必ず来りて法を取らん。是れ王者の師と為るなり。詩に云ふ、『周は旧邦なりと雖も、其の命維れ新たなり』と。文王の謂なり。子力めて之を行はば、亦以て子の国を新たにせん」と。

[現代語訳]

さて、文王の治政である世禄と助法のうち、世禄すなわち官吏が禄を世襲する制度は、滕の国ではもちろん実行しておられます。ところで、『詩経』に『まず我が公田に雨降り、そしてわれわれの私田にも及ぶように』とありますが、助法だけに公田があるのですから、この詩によって考えると、周は徹法を用いたとはいうものの、助法も併用したことがわかります。ゆえに、お国も助法を行われるがよろしい。さてそのうえは、庠・序・学・校などを設けて民を教育することです。この庠とは養の意で、語源としては老人を敬い養う場所という意味、序とは射、すなわち射礼によって賢能を抜擢する場所という意味であります。そして、夏の時代には校といい、殷の時代には序といい、周の時代には庠といいますが、これら地方の学校のほかに、都にある学校を学と呼ぶことは、夏・殷・周の三代とも同じでありました。これらの学校はすべて人の道たる人倫を明らかに教える所であります。かくて上にある者が人倫を明らかにして教導すれば、下にある人民は互いに親睦するという美風が生まれます。もし王者が起こったならば、必ずこの国を見に来るでありましょう。しからば、滕は自分が王者になれなくても、つまり王者の師となるわけであります。『詩経』に『周は歴史の古い国であるが、王者たる天命を受けたのは新しいことである』とありますのは、文王をうたったものでありますが、あなたも努力してこの道を行ったならば、やはりこの国の面目を一新させることになるでありましょう」

畢戦をして井地を問はしむ。孟子曰く、「子の君将に仁政を行はんとし、選択して子を使む。子必ず之を勉めよ。夫れ仁政は必ず経界自り始む。経界正しからざれば、井地均しからず、穀禄平らかならず。是の故に暴君汙吏は必ず其の経界を慢にす。経界既に正しければ、田を分ち禄を制すること、坐して定む可きなり。夫れ滕は壌地褊小なれども、将君子為り、将野人為り。君子無くんば野人を治むる莫く、野人無くんば君子を養ふ莫し。請ふ、野は九が一にして助し、国中は什が一にして自ら賦せしめんことを。

[現代語訳]

文公はさらに畢戦という臣下を遣わして井田の法を詳しく尋ねさせた。孟子が答える、「あなたの御主君が今や仁政を行おうとして、臣下の中から特に選んであなたに任せようとされるのですから、あなたはぜひとも努力してこの重任を果たされたい。そもそも、仁政は必ず土地の境界を正しくするのが手始めです。境界が正しくないと、井田の区画も家臣の俸禄も平均にいきません。ですから、暴君汙吏は必ず境界のことをおろそかにしてごまかそうとします。境界が正しく定められれば、田を分配し俸禄を制定することは、居ながらにして正しく決定できるものです。さて、滕の国は領土は狭いが、やはり政をなす君子もあれば、農耕生産に従う野人もあるので、君子がいなければ野人を治める者がないし、野人がいなくては君子を食わせていけません。両方ともたいせつなものでありますから、どうか郊外は九分の一の税率として助法を行い、城内は十分の一の税率として個人個人から上納させるようになさるがよろしい。

卿以下必ず圭田有り。圭田は五十畝。余夫は二十五畝。死徙郷を出づる無く、郷田井を同じくし、出入相友とし、守望相助け、疾病相扶持せば、則ち百姓親睦せん。方里にして井す。井は九百畝。其の中公田為り。八家皆百畝を私し、同じく公田を養ふ。公事畢りて、然る後敢て私事を治む。野人を別つ所以なり。此れ其の大略なり。若し夫れ之を潤沢せんは、則ち君と子とに在り」と。

[現代語訳]

そして、卿以下の官吏には必ず祭祀用の圭田を与え、圭田は五十畝とします。また、農夫の子弟で十六歳以上の未婚男子には二十五畝の土地を与えます。かくのごとく官民ともに適当に遇すれば、人民は死者を葬るにも、移転するにも、郷里を出て流民となることなく、郷里の田地は八家が一井を構成して、田畑への出入も相連れ立って行けるし、盗賊の防御・見張りも共同ででき、病気のときは互いに助け合うというふうになって、自然、庶民は親睦するようになります。井田は一里四方の土地を井字形に分け、一井は九百畝とします。まん中が公田で、八家はみな周囲の百畝を私田とし、公田を共同耕作しますが、公田の仕事が済んでからあとで私田の仕事に取り掛かるようにします。これは君子と野人との尊卑上下を区別するためです。以上が井田についての大略ですが、これを適当に実情に合うように修正するのは、御主君とあなたとの責任ですよ」

50 神農の言を為す者許行有り。楚自り滕に之き、門に踵りて文公に告げて曰く、「遠方の人、君仁政を行ふと聞く。願はくは一廛を受けて氓と為らん」と。文公之に処を与ふ。其の徒数十人、皆褐を衣、屨を捆ち、席を織りて以て食を為せり。陳良の徒陳相、其の弟辛と、耒耜を負ひて、宋自り滕に之く。曰く、「君聖人の政を行ふと聞く。是れ亦聖人なり。願はくは聖人の氓と為らん」と。陳相　許行を見て大いに悦び、尽く其の学を棄てて学べり。

［現代語訳］

昔の神農氏の教えを奉ずる許行という者がいたが、今まで住んでいた楚から滕に出かけ、町の門までやって来て文公に申し上げた。「遠方から参った者でございますが、殿様にはお恵み深い政治をなさると承りました。どうか住居をいただいてこちらの民になりとうございます」文公は彼らに住居を与えたが、その仲間は数十人もいて、みなそまつな毛布を着、わらや麻のくつを作り、むしろを織って生活を立てている。また、ここに楚の儒者陳良の門人で陳相という者が、弟の陳辛とともにすき・くわを担いで、宋から滕にやって来て、「殿様には昔の聖人のような政治をなさると承りました。してみれば殿様も聖人と申すべきであります。どうか聖人の民になりとうございます」と申し出た。ところが、滕に来た陳相は、許行に会って大いに共鳴し、今まで学んだ儒学をすっかり捨てて、この許行の教えを学ぶことにした。

陳相　孟子を見、許行の言を道ひて曰く、「滕君は則ち誠に賢君なり。然りと雖も未だ道を聞かざるなり。賢者は民と並び耕して食し、饔飧して治む。今や滕には倉廩府庫有り。則ち是れ民を厲ましめて以て自ら養ふなり。悪んぞ賢なるを得ん」と。

[現代語訳]

陳相は次に孟子に会って、許行の説を受け売りしていう、「滕の君はまことに賢君です。しかしながら、神農氏のほんとうの道を御存じありません。ほんとうの賢者は、人民といっしょになって耕作をして生活を立て、自分で朝夕の炊事をしながら政治をするものです。ところが、この滕の国には、穀物倉や銭倉があるということは、つまり人民ばかりに苦労を掛けて食わせてもらっているので、これでは賢君といえましょうか」

孟子曰く、「許子は必ず粟を種ゑ、而して後食するか」と。曰く、「然り」と。「許子は必ず布を織りて然る後衣るか」と。曰く、「否。許子は褐を衣る」と。「許子は冠するか」と。曰く、「冠す」と。曰く、「奚をか冠する」と。曰く、「素を冠す」と。曰く、「自ら之を織るか」と。曰く、「否。粟を以て之に易ふ」と。曰く、「許子は奚為れぞ自ら織らざる」と。曰く、「耕すに害あり」と。曰く、「許子は釜甑を以て爨ぎ、鉄を以て耕すか」と。曰く、「然り」と。「自ら之を為るか」と。曰く、「否。粟を以て之に易ふ」と。「粟を以て械器に易ふるは、陶冶を厲ますと為さず。陶冶も亦其の械器を以て粟に易ふるは、豈農夫を厲ますと為さんや。且つ許子は何ぞ陶冶を為さず、皆諸を其の宮中に取りて之を用ふることを舍めて、何為れぞ紛紛然として百工と交易する。何ぞ許子の煩を憚からざるや」と。曰く、「百工の事は、固より耕し且つ為す可からざればなり」と。

[現代語訳]

孟子「では許子は必ず自分で穀物を作ってそれを食べるのか」陳「そうです」「許子は必ず自分で麻を織ってそれを着るのか」陳「いいえ、許子はそまつな毛布を着ます」「許子は冠をかぶるか」陳「かぶります」孟「どんなのをかぶるか」陳「白絹のをかぶります」孟「自分でそれを織るのか」陳「いいえ、穀物と取り替えます」孟「許子はどうして自分で織らないのか」陳「耕作に差し支えますから」孟「許子は、かまやこしきで煮炊きをし、鉄の農具で耕作するのか」陳「そうです」「自分で作るのか」陳「いいえ、穀物と取り替えます」「穀物で道具と交換するのは、陶工やかじ屋に苦労を掛けることにはならず、陶工やかじ屋も作った道具で穀物と交換するのは、別に農夫に苦労を掛けるとは思うまい。だが、許子はまたなぜ、陶工やかじ屋の仕事をせず、自分の家で作って使うことをしないで、どうしてごたごたと多くの職人と交換するのだ。許子ほどの男がずいぶんめんどうだろうのに」陳「いろいろの職人の仕事は、もちろん耕作をしながら片手間にできるものではないからです」

「然らば則ち天下を治むる、独り耕し且つ為す可けんや。大人の事有り、小人の事有り。且つ一人の身にして百工の為す所備はる。如し必ず自ら為して而る後之を用ひば、是れ天下を率ゐて路するなり。故に曰く、『或ひは心を労し、或ひは力を労す』と。心を労する者は人を治め、力を労する者は人に治めらる。人に治めらるる者は人を食ひ、人を治むる者は人に食はるるは、天下の通義なり。

[現代語訳]

「それでは天下を治めることだけが、耕作しながらの片手間でどうしてできるものか。世の中には人君として政治をする仕事もあれば、農工商のような被治者としての仕事もあるのだ。かつまた一人の身体でも、大ぜいの職人の作ったものが全部必要なのだから、もしぜひとも自分で作らなければ使えないとすると、それこそ天下の人をみな路上に奔走させることになる。だから、昔から『心を労する者もあれば、力を労する者もある』と言っている。心を労する者は人を治め、力を労する者は人に治められる。人に治められる者は治める者を養い、人を治める者は人から養われるというのが、この世の道理というものだ。

堯の時に当りて、天下猶ほ未だ平らかならず。洪水横流し、天下に氾濫す。草木暢茂し、禽獣繁殖し、五穀登らず。禽獣人に偪り、獣蹄鳥迹の道、中国に交はる。堯独り之を憂へ、舜を挙げて治を敷かしむ。舜、益をして火を掌らしむ。益山沢を烈して之を焚き、禽獣逃れ匿る。禹九河を疏し、済・漯を瀹して、諸を海に注ぎ、汝・漢を決し、淮・泗を排して、之を江に注ぐ。然る後中国得て食ふ可きなり。是の時に当りてや、禹外に八年、三たび其の門を過ぎて而も入らず。耕さんと欲すと雖も得んや。

［現代語訳］

さて、堯の時代は天下がまだ平穏でなく、洪水が川筋かまわず天下に氾濫する、草木はぼうぼうと茂り、鳥獣ははびこって、穀物はできない、害鳥悪獣は人を恐れず近寄って危害を加え、鳥や獣の足跡が我が文化の中心地にまで入り込むというありさまであった。堯は独りこれを憂えて、臣下の中から賢者の舜を抜擢して政治を行わしめた。舜は益に命じて火をつかさどらしめ、益は山や沢地を燃やしたので、鳥獣は居場所がなくなって逃げ出してしまった。禹に命じて水を治めさせると、彼は黄河のたくさんの川筋を通し、済水・漯水という川をさらえて東海に注ぎ、汝・漢・淮・泗などの諸川をさらって揚子江に流し込んだ。こうして、はじめて中原の地も生活できるようになったのである。こういうときに、禹は家を外に八年間も治水に努め、何度も自宅の前を通過することがあっても立ち寄りもしなかった。これでは耕作しようと思っても、とてもできないではないか。

后稷は民に稼穡を教へ、五穀を樹芸す。五穀熟して民人育す。人の道有るや、飽食煖衣、逸居して教へ無ければ、則ち禽獣に近し。聖人有之を憂へ、契をして司徒為らしめ、教ふるに人倫を以てす。父子親有り、君臣義有り、夫婦別有り、長幼序有り、朋友信有り。放勲曰く、『之を労ひ之を来し、之を匡し之を直くし、之を輔け之を翼け、之を自得せしめ、又従つて之を振徳せよ』と。聖人の民を憂ふること此の如し。而るを耕すに暇あらんや。

[現代語訳]

また、后稷に命じて人民に農業を指導させ、穀類を耕作させた。穀物がよく実って人民も生命を全うするようになった。さて、人間というものは、食物・着物が十分で安逸な生活をするだけで教育をしなければ、禽獣とあまり違わないものだ。そこで、聖人はさらにそのことを心配して、契に命じて司徒の官とし、人倫を教えさせた。すなわち、父子の間には親愛、君臣の間には礼義、夫婦の間には分別、長幼の間には次序、朋友の間には信頼という、それぞれ道徳のあることを教えたのである。また放勲すなわち堯は『民をいたわり励まし、心の曲がった者は匡正してやり、力の及ばぬ者は助けて各自に人の道を会得させ、そのうえで恩恵を施して民をにぎわしてやれ』と命じた。聖人はこのように人民のことを心配されるのであるから、そのうえ自分で耕作する暇などあろうか。

堯は舜を得ざるを以て己が憂ひと為し、舜は禹・皐陶を得ざるを以て己が憂ひと為す。夫れ百畝の易まらざるを以て己が憂ひと為す者は、農夫なり。人に分つに財を以てする、之を恵と謂ふ。人に教ふるに善を以てする、之を忠と謂ふ。天下の為に人を得る者、之を仁と謂ふ。是の故に天下を以て人に与ふるは易く、天下の為に人を得るは難し。孔子曰く、『大なるかな堯の君為るや。惟天を大なりと為す。惟堯之に則る。蕩蕩乎として、民能く名づくる無し。君なるかな舜や。巍巍乎として、天下を有つて而も与からず』と。堯・舜の天下を治むる、豈其の心を用ふる所無からんや。亦耕すに用ひざるのみ。

［現代語訳］

堯は舜のような賢臣を得られないことを心配し、舜は禹や皐陶のような賢臣を得られないことを心配したが、それはさもないと天下をよく治めることができないからである。ところで自分の百畝の畑がよくできないことを心配するのは、農夫の立場であって（人君、宰相はもっと大所高所から総体を考えているのである）、人に物を分けてやるのを恵といい、人に善道を教えるのを忠といい、天下のために人物を得ることを仁という。（恵や忠もけっこうだが仁が最もたいせつであり困難だ）だから、天下を人に与えるのは、恵の大なるものではあるが比較的やさしいことであり、天下のために人材を得ることはまことに困難である。孔子も『堯の帝王ぶりはなんと偉大であるわい。この世に最も偉大な天を模範として無為の政治をしたのは堯だけだ。あまりにその徳が広大で、人民は名状することもできない。舜はなんと名君であるわい。その徳はまことに高大で、天下を保有しながら、よく賢臣に任じて自分では直接関与しなかった』と評している。堯や舜が天下を治めるにあたって、何も心配しなかったなどということがあるものか。ただ、農耕について直接は心配しなかっただけのことだ。

吾夏を用て夷を変ずる者を聞く。未だ夷に変ぜらるる者を聞かざるなり。陳良は楚の産なり。周公・仲尼の道を悦び、北のかた中国に学ぶ。北方の学者、未だ之に先んずる或る能はず。彼は所謂豪傑の士なり。子の兄弟、之に事ふること数十年、師死して遂に之に倍く。

[現代語訳]

私はかねて文明をもって野蛮を変じて開化に赴かせることは聞いているが、文化人の身をもって野蛮人に感化されるというのは聞いたことがない。きみの先生の陳良は、いわば南蛮の地である楚の生まれだが、周公・孔子の道である儒教を好んで、北のかた天下の中央に来て学んだ結果、北方の中央の学者でさえかなう者がないほどになった。彼は人並み優れたいわゆる豪傑の士というべき者である。きみたち兄弟は、この先生に学びながら、先生が亡くなられると、先生に背くようなことになった。

昔者、孔子の没するや、三年の外、門人、任を治めて将に帰らんとし、入りて子貢に揖し、相嚮ひて哭し、皆声を失ひ、然る後に帰る。子貢は反りて、室を場に築き、独り居ること三年、然る後に帰れり。他日、子夏・子張・子游、有若の聖人に似たるを以て、孔子に事ふる所を以て之に事へんと欲し、曾子に強ふ。曾子曰く、『不可なり。江漢以て之を濯ひ、秋陽以て之を暴す。皜皜乎として尚ふ可からざるのみ』と。

[現代語訳]

昔、孔子が亡くなられたときは、門人は師を慕って普通の礼の定めにはない三年間の心の喪に服し、それが済んでそれぞれ荷物をまとめて郷里に帰ることになった。世話役の子貢の室に行ってあいさつを交し、向かい合って声をあげて泣き、みな声をからしてやっと郷里に帰っていった。ところが、子貢はまた墓地に引き返して墓前の空き地に小屋を建て、さらに自分だけで三年間墓もりをして、郷里に帰ったという。また、ある日のこと、子夏・子張・子游らは、先輩の有若が孔子に似ているというので、孔子の身代わりにして、孔子に仕えたように仕えて先師をしのぼうと思い、曾子にもぜひにと賛成を求めた。すると曾子は『それはいけません。先師の御人格は、たとえば布をさらすのに、揚子江・漢水の豊富な水で洗いあげ、強い秋の日ざしでさらしたように、これ以上まっ白にはならぬというほどの比類なきおかたでありますものを』と言って承知しなかった。

今や南蛮鴃舌の人、先王の道を非とす。子、子の師に倍いて之に学ぶ。亦曾子に異なれり。吾幽谷を出でて喬木に遷る者を聞く。未だ喬木を下りて幽谷に入る者を聞かず。魯頌に曰く、『戎狄は是れ膺ち、荆舒は是れ懲らす』と。周公方に且つ之を膺つ。子は是を之れ学ぶ。亦善く変ぜずと為す」と。

[現代語訳]

ところが今、南蛮鴃舌の許行が先王の道を非難し、きみは先生の教えに背いてこの男に学んでいるとは、曾子の態度とはたいそうな違いである。鳥でさえ暗い谷間から出て明るい大木のこずえに移り住む、ということは聞いているが、せっかくの大木のこずえを下りて、暗い谷間に入って行く者があるとは、聞いたことがない。『詩経』の魯頌には『天子の命に従わぬ西や北のえびすどもをば討ち平らげ、南の荆や舒をば懲らしめた』とあるとおり、四方の野蛮人は周公がまさに討ち懲らしめようとされたものである。しかるに、きみはわざわざこういう連中の教えを学ぶとは、どうもよい変わりかたとはいえないね」

「許子の道に従へば、則ち市の賈弐ならず、国中偽り無し。五尺の童をして市に適かしむと雖も、之を欺くこと或る莫し。布帛の長短同じければ、則ち賈相若く。麻縷糸絮の軽重同じければ、則ち賈相若く。五穀の多寡同じければ、則ち賈相若く。屨の大小同じければ、則ち賈相若く」と。曰く、「夫れ物の斉しからざるは、物の情なり。或ひは相倍蓰し、或ひは相什百し、或ひは相千万す。子比して之を同じうせんとす。是れ天下を乱すなり。巨屨・小屨 賈を同じうせば、人豈之を為らんや。許子の道に従ふは、相率ゐて偽りを為す者なり。悪んぞ能く国家を治めん」と。

[現代語訳]

陳相はさらに食い下がる、「許子の説によると、市場の価格は一定していて掛け値がなく、国じゅうにごまかしがなくなります。小さい子供を市場に使いにやっても、だましてずるする者はありません。つまり、麻布や絹布は、それぞれ長さが同じなら値段が同じ、麻の皮・麻糸・絹糸・真綿のようなものは、それぞれ目方が同じなら値段が同じ、五穀のたぐいもそれぞれ分量が同じなら値段が同じ、くつは大きさが同じなら値段が同じというわけです」 孟子「いったい、品物にはなんでも品質の差があるというのが実情だ。だから、同じようなものでも、値段はあるいは二倍、あるいは五倍、あるいは十倍百倍、あるいは千倍万倍にもなる。きみはそれをひっくるめて同じに扱おうとするので、それでは天下を混乱させるものだ。たとえば、くつにしても、そまつなものと上等なものと、値段が同じというのだったら、だれも上等なものは作らないだろう。許子の方法に従うと、こぞってごまかしをし、手を抜くようになる。それではどうして国家を治めてゆくことができようか」

51墨者夷之、徐辟に因りて孟子に見えんことを求む。孟子曰く、「吾固より見んことを願ふも、今、吾尚ほ病めり。病 愈えなば我且に往き見んとす。夷子来らざれ」

と。他日、又孟子に見えんことを求む。孟子曰く、「吾今は則ち以て見る可し。直さざれば則ち道見れず。我且に之を直さんとす。吾聞く、夷子は墨者なり。墨の喪を治むるや、薄きを以て其の道と為す。夷子は以て天下を易へんと思ふ。豈以て是に非ずと為して貴ばざらんや。然り而うして夷子は其の親を葬ること厚しと。則ち是れ賤しむ所を以て親に事ふるなり」と。

[現代語訳]

墨子学派の夷之という者が、孟子の門人の徐辟を介して孟子に面会を求めた。孟子は「かねて会いたいと思っていたが、あいにく今は病気中である。治ったら私からお訪ねするから、来ないでほしい」と言わせた。その後、また孟子に面会を求めた。孟子は徐辟に、「今なら会える。まちがいは率直に指摘しないと、正しい道は明らかにならないから、ひとつ会って正してやろうと思う。聞くところによると、夷子は墨子学派だそうだが、墨子学派では葬式をするのに倹約して質素にする主義だという。夷子はこの主義で天下の風俗を改革しようと思うからには、それが正しくないとして尊重しないはずはあるまい。それにもかかわらず、夷子は自分の親を手厚く葬ったという話だ。すると、つまり自分の卑しむやりかたで自分の親に仕えたことになるが」と言った。

徐子以て夷子に告ぐ。夷子曰く、「儒者の道は、古の人 赤子を保んずるが若しと。

此の言何の謂ぞや。之は則ち以為へらく、愛に差等無し、施すこと親由り始む」と。徐子以て孟子に告ぐ。孟子曰く、「夫の夷子は信に人の其の兄の子を親しむこと、其の鄰の赤子を親しむが若しと為すと以為へるか。彼は取ること有りて爾るなり。赤子の匍匐して将に井に入らんとするは、赤子の罪に非ざるなり。且つ天の物を生ずるや、之をして本を一にせしむ。而るに夷子は本を二にする故なり。

[現代語訳]

徐子は孟子の話を夷子に告げた。夷子は一本参ったが、話題を変えて「しかし『書経』に書いてある儒者の道にも、昔の聖賢が民を愛することは、赤子を保護するようにする、とありますが、これはどういうわけですか。私の考えでは、儒者もやはり愛に差等がないのであって、ただ実行は身近の者から始めるにすぎず、(墨者の兼愛と違わないようですが)」と言った。徐辟はそれを孟子に伝えた。すると孟子「あの夷子という男は、人が自分の兄の子を愛するのと、隣人の赤子を愛するのと同じだと、本気で考えているのだろうか。あの『書経』のことばは条件付きでいっているのだ。つまり赤子が腹ばって行って井戸に落ちそうになるのは、何も知らぬ赤子の罪ではない。その保護者の責任である(それと同様に、無知の人民が知らずに罪を犯すのは、保護者たる王者の責任で、いわば赤子を保護するように人民を保護せよということだ)。さらに天が物を生ずるには、必ず根本は一つである(人間も自分を生んだ親は一つでほかにはない)。しかるに夷子は自分の両親も他人の両親もまったく同等というのは、親が二つも三つもあることになって、根本を二つと考えるからだ。

蓋し上世嘗て其の親を葬らざる者有り。其の親死すれば、則ち挙げて之を壑に委てたり。他日之を過ぐるに、狐・狸之を食ひ、蠅・蚋・姑之を嘬ふ。其の顙泚たる有り。睨して視ず。夫の泚たるや、人の為に泚たるに非ず。中心より面目に達するなり。蓋し帰り、虆梩を反して之を掩へり。之を掩ふこと誠に是ならば、則ち孝子・仁人の其の親を掩ふこと、亦必ず道有らん」と。徐子以て夷子に告ぐ。夷子憮然として間を為して曰く、「之に命ぜり」と。

［現代語訳］

思うに、太古の世には親が死んでも葬らぬ時代があって、親が死ぬとすべて谷間に捨てておいた。ところがある日、そこを通りかかると、狐や狸が肉を食べ、蠅・蚋・螻蛄などの虫が群がって食いついていたので、額にはじっとりとひや汗をかき、横目でちらりと見たきり正視できなかった。そのひや汗が出たのは、他人の手前というのでなく、心の底からの気持ちが顔に現れたのであった。そんなことがあって、家に帰って道具をそろえ、もっこで土を運んで遺骸を覆ったことだろう。（これが埋葬の始めであるが）土で覆うのが真実、道理にかなっているなら、後世の孝子や仁人がその親を葬るについても、必ず定まった正しい方法があるはずだ。手厚く葬るのこそ当然の道というべきだ」そこで、徐子が夷子にそれを告げた。夷子はしばらく茫然（ぼうぜん）としていたが、やがて「よくわかりました」と言った。

原文

47 滕文公爲二世子一、將レ之レ楚、過レ宋而見二孟子一。孟子道二性善一、言必稱二堯舜一。世子自レ楚反、復見二孟子一。孟子曰、世子疑二吾言一乎。夫道一而已矣。成覸謂二齊景公一曰、彼丈夫也。我丈夫也。吾何畏レ彼哉。顏淵曰、舜何人也。予何人也。有レ爲者亦若レ是。公明儀曰、文王我師也。周公豈欺レ我哉。今、滕絶レ長補レ短、將二五十里一也。猶可三以爲二善國一。書曰、若藥不二瞑眩一、厥疾不レ瘳。

48 滕定公薨。世子謂二然友一曰、昔者、孟子嘗與レ我言二於宋一。於レ心終不レ忘。今也、不幸至三於大故一。吾欲下使三子問二於孟子一、然後行上レ事。然友之レ鄒、問二於孟子一。孟子曰、不二亦善一乎。親喪固所二自盡一也。曾子曰、生事レ之以レ禮、死葬レ之以レ禮、祭レ之以レ禮。可レ謂レ孝矣。諸侯之禮、吾未二之學一也。雖レ然吾嘗聞レ之矣。三年之喪、齊疏之服、飦粥之食、自二天子一達二於庶人一、三代共レ之。

然友反命。定爲二三年之喪一。父兄百官、皆不レ欲也。故曰、吾宗國魯先君莫二之行一、吾先君亦莫二之行一也。至二於子之身一而反レ之不可。且志曰、喪祭從二先祖一。曰、吾有レ所レ受レ之也。謂二然友一曰、吾他日、未二嘗學問一。好馳レ馬試レ劍。今也、父兄百官、不二我足一也。恐其不レ能レ盡二於大事一。子爲レ我問二孟子一。

然友復之レ鄒問二孟子一。孟子曰、然。不レ可二以他求一者也。孔子曰、君薨、聽二於冢宰一、歠レ粥面深墨、卽レ位而哭、百官有司、莫三敢不二哀、先レ之也。上有二好者一、下必有二甚レ焉者一矣。君子之德、風也。小人之德、草也。草尙二之風一、必偃。是在二世子一。

然友反命。世子曰、然。是誠在レ我。五月居レ廬、未レ有二命戒一。百官族人、可謂曰レ知。及レ至レ葬、四方來觀レ之。顏色之戚、哭泣之哀、弔者大悅。

49 滕文公問レ爲レ國。孟子曰、民事不レ可レ緩也。詩云、晝爾于茅。宵爾索綯。亟其乘レ屋。其始播二百穀一。民之爲レ道也、有二恆產一者、有二恆心一。無二恆產一者、無二恆心一。苟無二恆心一、放辟邪侈、無レ不レ爲已。及レ陷二乎罪一、然後從而刑レ之。是罔レ民也。焉有二仁人在レ位、罔レ民而可レ爲也。是故賢君、必恭儉禮レ下、取二於民一有レ制。陽虎曰、爲レ富不レ仁矣。爲レ仁不レ富矣。夏后氏五十而貢、殷人七十而助、周人百畝而徹。其實皆什一也。徹者徹也。助者藉也。龍子曰、治レ地莫レ善二於助一、莫レ不レ善二於貢一。貢者校二數歲之中一以爲レ常。樂歲粒米狼戾。多取レ之而不レ爲レ虐、則寡取レ之。凶年糞二其田一而不レ足、則必取盈焉。爲二民父母一、使二民盻盻然、將終歲勤動、不レ得三以養二其父母一。又稱貸而益レ之、使三老稚轉二乎溝壑一。惡在三其爲二民父母一也。夫世レ祿、滕固行レ之矣。詩云、雨二我公田一、遂及二我私一。惟助爲レ有二公田一。由レ此觀レ之、雖レ周亦助也。設二爲庠序學校一、以敎レ之。庠者養也。校者敎也。序者射也。夏曰レ校、殷曰レ序、周曰レ庠。學則三代共レ之。皆所三以明二人倫一也。人倫明二於上一、小民親二於下一。有二王者起一、必來取レ法。是爲二王者師一也。詩云、周雖二舊邦一、其命維新。文王之謂也。子力行レ之、亦以新二子之國一。使三畢戰問二井地一。孟子曰、子之君將レ行二仁政一、選擇而使レ子。子必勉レ之。夫仁政必自二經界一始。經界不レ正、井地不レ均、穀祿不レ平。是故暴君汙吏、必慢二其經界一。經界既正、分レ田制レ祿、可二坐而定一也。夫滕、壤地褊小、將爲二君子一焉、將爲二野人一焉。無二君子一莫レ治二野人一、無二野人一莫レ養二君子一。請、野九一而助、國中什一使二自賦一。

卿以下必有二圭田一。圭田五十畝。餘夫二十五畝。死徒無レ出レ鄕、鄕田同レ井、出入相友、守望相助、疾病相扶持、則百姓親睦。方里而井。井九百畝。其中爲二公田一。八家皆私二百畝一、同養二公田一。公事畢、然後敢治二私事一。所三以別二野人一也。此其大略也。若夫潤二澤之一、則在二君與一レ子矣。

50 有下爲二神農之言一者許行上。自レ楚之レ滕、踵レ門而告二文公一曰、遠方之人、聞三君行二仁政一。願受二一廛一而爲レ氓。文公與二之處一。其徒數十人、皆衣レ褐捆レ屨織レ席以爲レ食。陳良之徒陳相、與二其弟辛一、負二耒耜一而自レ宋之レ滕。曰、聞三君行二聖人之政一。是亦聖人也。願爲二聖人氓一。陳相見二許行一而大悅、盡棄二其學一而學焉。

陳相見二孟子一、道二許行之言一曰、滕君則誠賢君也。雖レ然未レ聞レ道也。賢者與レ民竝耕而食、饔飧而治。今也、滕有二倉廩府庫一。則是厲レ民而以自養也。惡得レ賢。

孟子曰、許子必種レ粟、而後食乎。曰、然。許子必織レ布、然後衣乎。曰、否。許子衣レ褐。許子冠乎。曰、冠。曰、奚冠。曰冠レ素。曰、自織レ之與。曰、否。以レ粟易レ之。曰、許子奚爲不二自織一。曰、害二於耕一。曰、許子以二釜甑一爨、以レ鐵耕乎。曰、然。自爲レ之與。曰、否。以レ粟易レ之。以レ粟易二械器一者、不レ爲レ厲二陶冶一。陶冶亦以二其械器一易レ粟者、豈爲レ厲二農夫一哉。且許子何不レ爲二陶冶一、舍下皆取二諸其宮中一而用上レ之、何爲紛紛然與二百工一交易。何許子之不レ憚レ煩。曰、百工之事、固不レ可二耕且爲一也。

然則治二天下一、獨可二耕且爲一與。有二大人之事一、有二小人之事一。且一人之身、而百工之所レ爲備。

如必自爲而後用レ之、是率二天下一而路也。故曰、或勞レ心、或勞レ力。勞レ心者治レ人、勞レ力者治二於人一。治二於人一者食レ人、治レ人者食二於人一、天下之通義也。

當二堯之時一、天下猶未レ平。洪水横流、氾二濫於天下一。草木暢茂、禽獸繁殖、五穀不レ登。禽獸偪レ人、獸蹄鳥迹之道、交二於中國一。堯獨憂レ之、擧レ舜而敷レ治焉。舜使二益掌一レ火。益烈二山澤一而焚レ之、禽獸逃匿。禹疏二九河一、瀹二濟漯一而注二諸海一、決二汝漢一、排二淮泗一而注二之江一。然後中國可二得而食一也。當二是時一也、禹八二年於外一、三過二其門一而不レ入。雖レ欲レ耕得乎。

后稷教二民稼穡一、樹二藝五穀一。五穀熟而民人育。人之有レ道也、飽食煖衣、逸居而無レ教、則近二於禽獸一。聖人有レ憂レ之、使三契爲二司徒一、教以二人倫一。父子有レ親、君臣有レ義、夫婦有レ別、長幼有レ序、朋友有レ信。放勳曰、勞レ之來レ之、匡レ之直レ之、輔レ之翼レ之、使三自二得之一、又從而振二德之一。聖人之憂レ民如レ此。而暇レ耕乎。

堯以レ不レ得レ舜爲二己憂一、舜以レ不レ得二禹皐陶一爲二己憂一。夫以二百畝之不一レ易爲二己憂一者、農夫也。分レ人以レ財、謂二之惠一。教レ人以レ善、謂二之忠一。爲二天下一得レ人者、謂二之仁一。是故以二天下一與レ人易、爲二天下一得レ人難。孔子曰、大哉堯之爲レ君。惟天爲レ大。惟堯則レ之。蕩蕩乎、民無二能名一焉。君哉舜也。巍巍乎、有二天下一而不レ與焉。堯舜之治二天下一、豈無レ所レ用二其心一哉。亦不レ用二於耕一耳。

吾聞二用レ夏變レ夷者一。未レ聞下變二於夷一者上也。陳良、楚產也。悅二周公仲尼之道一、北學二於中國一。北方之學者、未レ能二或之先一也。彼所謂豪傑之士也。子之兄弟、事レ之數十年。師死而遂倍レ之。

昔者、孔子沒、三年之外、門人治レ任將レ歸、入揖二於子貢一、相嚮而哭、皆失レ聲、然後歸。子貢反、築二室於場一、獨居三年、然後歸。他日、子夏子張子游、以三有若似二聖人一、欲下以レ所レ事二孔子一事上レ之、強二曾子一。曾子曰、不可。江漢以濯レ之、秋陽以暴レ之。皜皜乎不レ可レ尚已。今也、南蠻鴃舌之人、非二先王之道一。子倍二子之師一而學レ之。亦異二於曾子一矣。吾聞下出二於幽谷一、遷二于喬木一者上。未レ聞下下二喬木一而入二于幽谷一者上。魯頌曰、戎狄是膺、荊舒是懲。周公方且膺レ之。子是之學。亦爲レ不二善變一矣。

從二許子之道一、則市賈不レ貳、國中無レ僞。雖レ使二五尺之童適一レ市、莫二之或一レ欺。布帛長短同、則賈相若。麻縷絲絮輕重同、則賈相若。五穀多寡同、則賈相若。屨大小同、則賈相若。曰、夫物之不レ齊、物之情也。或相倍蓰、或相什百、或相千萬。子比而同レ之。是亂二天下一也。巨屨小屨同レ賈、人豈爲レ之哉。從二許子之道一、相率而爲レ僞者也。惡能治二國家一。

51 墨者夷之、因二徐辟一而求レ見二孟子一。孟子曰、吾固願レ見、今、吾尚病。病愈、我且二往見一。夷子不レ來。他日、又求レ見二孟子一。孟子曰、吾今則可二以見一矣。不レ直則道不レ見。我且レ直レ之。吾聞、夷子墨者。墨之治レ喪也、以レ薄爲二其道一也。夷子思三以易二天下一。豈以爲レ非レ是而不レ貴也。然而夷子葬二其親一厚。則是以レ所レ賤事レ親也。

徐子以告二夷子一。夷子曰、儒者之道、古之人若レ保二赤子一。此言何謂也。之則以爲、愛無二差等一、施由レ親始。徐子以告二孟子一。孟子曰、夫夷子信以下爲人之親二其兄之子一、爲上レ若レ親二其鄰之赤子一乎。彼有レ取爾也。赤子匍匐將レ入レ井、非二赤子之罪一也。且天之生レ物也、使二之一一レ本。而夷子二レ本故也。

蓋上世嘗有下不ㇾ葬二其親一者上。其親死、則擧而委二之於壑一。他日過ㇾ之、狐狸食ㇾ之、蠅蚋姑嘬ㇾ之。其顙有ㇾ泚。睨而不ㇾ視。夫泚也、非二爲ㇾ人泚一。中心達二於面目一。蓋歸、反二虆梩一而掩ㇾ之。掩ㇾ之誠是也、則孝子仁人之掩二其親一、亦必有ㇾ道矣。徐子以告二夷子一。夷子憮然爲ㇾ間曰、命ㇾ之矣。

52陳代曰く、「諸侯を見ざるは、宜ど小なるが若く然り。今、一たび之を見ば、大は則ち以て王たらしめ、小は則ち以て覇たらしめん。且つ志に曰く、『尺を枉げて尋を直くす』と。宜ど為す可きが若し」と。孟子曰く、「昔、斉の景公田す。虞人を招くに旌を以てす。至らず。将に之を殺さんとす。『志士は溝壑に在るを忘れず。勇士は其の元を喪ふを忘れず』と。孔子奚をか取れる。其の招きに非ざれば往かざるを取れるなり。其の招きを待たずして往くが如きは何ぞや。且つ夫れ尺を枉げて尋を直くすとは、利を以て言ふなり。如し利を以てせば、則ち尋を枉げ尺を直くして利あらば、亦為す可きか。

[現代語訳]

弟子の陳代が言う、「先生が諸侯に面会を求められないのは、どうも狭量のように思います。もし、ひとたび有力な諸侯に会って志を行われたならば、大にしては王業を行わしめ、小にしては覇業を成さしめることがおできになりましょうのに。それに昔の記録にも『わずか一尺を曲げて、八尺をまっすぐに伸ばす』とありますが、先生もそのようになさるとよいと思います」孟子が答える、「昔、斉の景公が猟をされたとき、狩場の係役人を旌という旗で招き呼んだところ、応じて来なかったので捕らえて殺そうとした。孔子はその話を聞き、その役人をほめて『志士は義のためにはみぞや谷間にしかばねをさらすことも覚悟しているし、勇士は事あらばいつでも首を取られる覚悟をしているものだ。（この役人もまさにこの志士や勇士と同じである）』と言われたという。孔子は何をそんなに感心されたのかというと、（景公が旌を用いて招いたが、それは大夫を招くものであり、狩場役人は皮冠で招くはずのものなのだ。だから）その役人が正当な招きかたでなければ死んでも行かれぬというところに感心されたのだ。招かれても礼に反するなら行かぬというのに、招かれもせぬうちに、こちらから出かけて行くなどなんたることだ。かつまたかのわずか一尺を曲げて八尺をまっすぐに伸ばすなどというのは、利益の点からいうのだが、それなら八尺を曲げて一尺をまっすぐにするのも、それが利益になるならやってもよいのか。

昔者、趙簡子、王良をして嬖奚と乗らしむ。終日にして一禽をも獲ず。嬖奚反命して曰く、『天下の賤工なり』と。或ひと以て王良に告ぐ。良曰く、『請ふ之を復びせん』と。強ひて後に可く。一朝にして十禽を獲たり。嬖奚反命して曰く、『天下の良工なり』と。簡子曰く、『我女と乗ることを掌らしめん』と。王良に謂ふ。良可かずして曰く、『吾之が為に我が馳駆を範すれば、終日にして一をも獲ず。之が為に詭遇すれば、一朝にして十を獲たり。詩に云ふ、〈其の馳することを失はざれば、矢を舎ちて破るが如し〉と。我小人と乗ることを貫はず。請ふ辞せん』と。御者すら且つ射る者と比するを羞づ。比して禽獣を得ること丘陵の若しと雖も為さざるなり。道を枉げて彼に従ふが如きは何ぞや。且つ子過てり。己を枉ぐる者は未だ能く人を直くする者有らざるなり」と。

[現代語訳]

昔、晋の卿であった趙簡子が、名御者の王良に命じて寵臣の奚を同乗させて狩りをした。一日かかっても一匹の獲物さえなかったので、奚は趙簡子に『王良は天下一の下手くそでございます』と報告した。それを王良に告げた者があったので、王良は『どうかもう一度やらせてください』とお願いした。むりやりお願いしてやっとお許しが出た。今度は朝飯前に十羽も取れたので、奚は『王良は天下の名人でございます』と報告した。そこで簡子は『では王良をおまえの専属にしてやろう』と言って、王良にもそのことを話すと、王良は承知しない。『私は奚のために模範的に車を御しましたら、一日かかっても一匹も取れず、規則外れの御都合主義でやりましたら、朝飯前に十羽も取れました。『詩経』にも〈馬車を正しくかりさえすれば、放つ矢は弓勢鋭く必中する〉とあります。私は正式に御して獲物がないような小人と乗るのは不慣れでございますから、どうか御免を被ります』と言ったという。御者でさえ、射手におもねって礼に外れたことをするのを恥ずかしく思い、そうすれば獲物は山のように取れるとしても、しようとはしない。まして士君子たる私が、少しでも道を曲げて諸侯に従うなどなんたることか。それに第一おまえはまちがっているぞ。おまえは少々自分を屈してもというが、自分を曲げておいて、人を直くすることなどできるものではないのだ」

53景春曰く、「公孫衍・張儀は、豈誠の大丈夫ならずや。一たび怒りて諸侯懼れ、安居して天下熄む」と。孟子曰く、「是れ焉んぞ大丈夫と為すことを得んや。子未だ礼を学ばざるか。丈夫の冠するや、父之に命ず。女子の嫁するや、母之に命ず。往きて之を門に送り、之を戒めて曰く、『往きて女の家に之き、必ず敬ひ必ず戒め、夫子に違ふこと無かれ』と。順を以て正と為す者は、妾婦の道なり。天下の広居に居り、天下の正位に立ち、天下の大道を行く。志を得れば民と之に由り、志を得ざれば独り其の道を行ふ。富貴も淫する能はず、貧賤も移す能はず、威武も屈する能はず。此を之れ大丈夫と謂ふ」と。

[現代語訳]

景春が言う、「公孫衍や張儀こそは、ほんとうの大丈夫ではありませんか。彼らがひとたび怒るや、諸侯の間を遊説して戦いを巻き起こすので、諸侯はびくびくしているし、彼らが活躍せずにじっとしていると、天下も平穏になるというわけで、一個人の力で天下を動かすのですから」孟子が答える、「そんなことでは大丈夫とはいえないぞ。きみは礼を学んだことはないか。礼によると、男子が冠礼を行うときは、父親がその子に教訓を与えるし、女子がお嫁に行くときは、母親が教訓を与える。母親は家の門口まで送って行き、『これからはあちらがおまえの家ですよ。必ず慎み深く、よく気をつけて、だんな様に逆らってはいけません』と娘に教訓する。このように従順の徳を正道とするのは、婦女子の守るべきことである。公孫衍や張儀の行為は、表面は偉そうだが、実は諸侯の顔色をうかがって奔走しているのであって、むしろ婦女子の態度というべきだ。真の大丈夫とはそんなものではない。天下の広居である仁におり、天下の正しい位である礼に立ち、天下の大道である義を歩むもので、志を得て世に用いられれば、天下の民とともにこの正道を行い、志を得ないときは、自分一人でこの道を行うのみである。いかなる富貴も我が志をとろかし乱すことはできず、いかなる貧賤も我が志を変えさせることはできず、いかなる威武も我が志を屈服せしめることはできない、というような人物こそ、誠の大丈夫というものである」

54 周霄(しうせう)問うて曰(いは)く、「古(いにしへ)の君子(くんし)は仕(つか)ふるか」と。孟子(まうし)曰(いは)く、「仕(つか)ふ。伝(でん)に曰(いは)く、『孔子(こうし)は三月(さんぐわつ)君無(きみな)ければ、則(すなは)ち皇皇如(くわうくわうじよ)たり。疆(さかひ)を出(い)づれば必(かなら)ず質(し)を載(の)す』と。公明儀(こうめいぎ)曰(いは)く、『古(いにしへ)の人(ひと)は、三月(さんぐわつ)君無(きみな)ければ則(すなは)ち弔(てう)す』と」

[現代語訳]

周霄が問う、「昔の君子は仕官したのでしょうか」　孟子「むろん仕えたのだ。伝えによると、孔子は三ヵ月も仕える君がないと、うろうろ不安な様子をされたし、辞職して国境を出るときは、必ず礼物を用意して、いつでも王侯に謁見できる準備を整えられたということだし、昔の賢人公明儀も『昔の人は三ヵ月も浪人している人があると、慰問したものだ』と言っている」

「三月君無ければ則ち弔すとは、以だ急ならずや」と。曰く、「士の位を失ふや、猶ほ諸侯の国家を失ふがごときなり。礼に曰く、『諸侯は耕助して以て粢盛に供し、夫人は蚕繅して以て衣服を為る』と。犠牲成らず、粢盛潔からず、衣服備はらざれば、敢て以て祭らず。惟士は田無ければ、則ち亦祭らず。牲殺器皿衣服備はらずして、敢て以て祭らざれば、則ち敢て以て宴せず。亦弔するに足らずや」と。「疆を出づれば必ず質を載すとは、何ぞや」と。曰く、「士の仕ふるや、猶ほ農夫の耕すがごときなり。農夫は豈疆を出づるが為に、其の耒耜を舎てんや」と。

[現代語訳]

「たった三ヵ月、浪人したからといって慰問するのは、どうも気が早すぎませんか」　孟子「士が位を失うのは、諸侯が国家を失うようなものなのだ。礼の書物に『諸侯はみずから藉田を耕すと、庶民がそれを手助けして、その収穫をもって宗廟の祭りの供物とする。夫人も形ばかりみずから養蚕、糸繰りをして、侍女がそれをお手伝いして国君の衣服を作る』とあるが、もし国家を失えば祭りの犠牲も太らず、清浄なお供物もなく、祭服も調わないから、宗廟の祭りはできない。士の場合は、（元来猟があればその獲物を供えるが）猟がなければ祭りはしないのだが、位を失っては、犠牲や祭器や祭服にもことかき、祖先の祭りができないのだから、自然、祭りのあとの宴会で一族が集まるということもない。となれば慰問する理由は十分だろう」「では国境を出たら必ず謁見の礼物を準備するのはどういうわけですか」孟子「士が仕官するのは農夫が田畑を耕すようなもので、その本来の務めである。農夫は国を立ち去ったからとて、自分のすき・くわを捨てはしまい。（それと同様、士が礼物を準備しなくては、今後いっさい、仕官できなくなって、あたかも農夫が農具を捨てたようなことになってしまう）」

曰く、「晋国も亦仕国なり。未だ嘗て仕ふること此の如く其れ急なるを聞かず。仕ふること此の如く其れ急ならば、君子の仕ふることを難しとするは何ぞや」と。曰く、「丈夫生るれば、之が為に室有らんことを願ひ、女子生るれば、之が為に家有らんことを願ふ。父母の心は人皆之有り。父母の命、媒妁の言を待たずして、穴隙を鑽って相窺ひ、牆を踰えて相従はば、則ち父母・国人皆之を賤まん。古の人未だ嘗て仕ふることを欲せずんばあらざるなり。又其の道に由らざるを悪む。其の道に由らずして往く者は、穴隙を鑽るの類なり」と。

［現代語訳］

周「この晋国だって君子の仕えるに足る国であります。私は今まで仕官がそんなに切実なものとは知りませんでしたが、お話のように切実なことなら、あなたのような君子が、いつまでもぐずぐずしておられるのはなぜですか」孟子「男の子が生まれれば、その子のためによい嫁を持たせたい。女の子が生まれると、よい夫を持たせたいと思う父母の心は、万人共通のものである。しかるに子供が父母の許しや媒妁のことばも待たずに、かってにへいや壁に穴をあけてのぞき合ったり、へいを乗り越えて密会するようなことをしたら、父母も世間の人もみなけいべつするだろう。それと同様に、昔の賢人は仕官を欲しない者はないが、やはりそれ相当の正しい道によらないことは忌みきらうのである。正しい道によらずになんでも仕官しようとするのは、壁に穴をあけるたぐいの卑しむべきことなのだ」

55 彭更問うて曰く、「後車数十乗、従者数百人、以て諸侯に伝食す。以だ泰ならずや」と。孟子曰く、「其の道に非ざれば、則ち一箪の食も人より受く可からず。如し其の道ならば、則ち舜、堯の天下を受くるも、以て泰なりと為さず。子は以て泰なりと為すか」と。曰く、「否。士　事無くして食むは不可なり」と。曰く、「子　功を通じ事を易へ、羨れるを以て足らざるを補はずんば、則ち農に余粟有り、女に余布有らん。子如し之を通ぜば、則ち梓・匠・輪・輿、皆食を子に得ん。此に人有り。入りては則ち孝、出でては則ち悌、先王の道を守り、以て後の学者を待つ。而るに食を子に得ずとせば、子何ぞ梓・匠・輪・輿を尊んで、仁義を為す者を軽んずるか」と。

[現代語訳]

孟子の門人の彭更が問う、「何十台という車、何百人という従者を引き連れて、諸侯の国を次から次へと渡り歩くのは、どうも分に過ぎたぜいたくではありませんか」孟子が答える、「正当な理由がなければ、一杯の飯でも人から受けることはできないし、道理があれば、舜が堯から天下を譲り受けても、別に分に過ぎたこととはいえない。が、きみは舜が分に過ぎたことをしたとでも思っているか」彭「いいえ。ただ士たる者が仕事もせずに食禄をもらうのはよくないと思うのです」孟「そうか、しかしきみが当局者だとして、人民に適当に製品を流通し仕事を分担させ、余ったもので足りないところを補うという方策を講じなかったら、農夫は穀物があり余っても布がなく、女子は布ばかりあっても穀物がないということになる。きみがそれを融通してやれば、さしもの師・大工・車輪工・車台工などみな有無通じてきみのおかげで食物が得られるわけだ。ところでここに、家にあっては親に孝、社会に出ては長者によく仕え、先王の教えをよく守ってのちの学者にそれを伝えていこうとする者があったら、(それは非常に重要な仕事をしているわけだのに) きみのおかげで食物が得られないとすると、きみはいかにもさしもの師・大工・車輪工・車台工ばかりを尊重して、人間道徳の大道である仁義を修める士君子を軽んずることになるなあ」

曰く、「梓・匠・輪・輿は其の志 将に以て食を求めんとするなり。君子の道を為すや、其の志 亦将に以て食を求めんとするか」と。曰く、「子何ぞ其の志を以て為さんや。其の子に功有らば、食ましむ可くして之に食ましめんのみ。且つ子、志に食ましむるか。功に食ましむるか」と。曰く、「志に食ましむ」と。曰く、「此に人有り。瓦を毀ち墁に画するも、其の志 将に以て食を求めんとすれば、則ち子之に食ましむるか」と。曰く、「否」と。曰く、「然らば則ち子は志に食ましむるに非ざるなり。功に食ましむるなり」と。

〔現代語訳〕

彭「しかし、梓・匠・輪・輿の工人は、本来、食を得よう、報酬を得ようというつもりなのですが、君子が道を行うのも、やはり報酬目当てなのですか」　孟「何も目的を問題にすることはない。きみにとって成果が上がり、報酬を与える価値があれば与えればよい。だが、きみは目的に報酬をやるのか、それとも成果に対して報酬をやるのか」　彭「目的に対して与えます」　孟「では、ここに下手な職人がいて、かわらをふこうとしては割ってしまうし、壁の上塗りをすると傷だらけにしてしまう。けれども、目的は報酬だとしたら、きみは報酬をやるのか」　彭「いいえ」　孟「それなら、きみはやはり報酬は目的に与えるのではなく、成果に対して与えるのだ」

56 万章問うて曰く、「宋は小国なり。今、将に王政を行はんとす。斉・楚悪んで之を伐たば、則ち之を如何せん」と。孟子曰く、「湯 亳に居り、葛と鄰を為す。葛伯 放にして祀らず。湯 人をして之を問はしめて曰く、『何為れぞ祀らざる』と。曰く、『以て犠牲に供する無きなり』と。湯 人をして之に牛羊を遺らしむ。葛伯之を食ひ、又以て祀らず。湯 又人をして之を問はしめて曰く、『何為れぞ祀らざる』と。曰く、『以て粢盛を供する無きなり』と。湯 亳の衆をして往きて之が為に耕さしめ、老弱食を饋る。葛伯其の民を率ゐ、其の酒食黍稲有る者を要して之を奪ひ、授けざる者は之を殺す。童子有り、黍肉を以て餉る。殺して之を奪ふ。書に曰く、『葛伯 餉に仇す』と。此の謂なり。其の是の童子を殺すが為にして、之を征す。四海の内皆曰く、『天下を富めりとするに非ざるなり。匹夫匹婦の為に讐を復するなり』と。

[現代語訳]

孟子の門人、万章が問うた、「宋は小国でありますが、いまやまさに王者の政治を行おうとしています。なにぶんにも小国のことゆえ、大国の斉や楚が憎んで攻めて来ましたら、どうしたらよろしゅうございますか」　孟子が答える、「昔、湯王は小諸侯として亳に都し、葛の国と隣り合わせであった。葛の君が放縦で神や祖先の祭りをしないので、湯は使いをやって、どうしてお祭りをなさらぬか、と問わしめたところ、供える犠牲がない、との返事である。そこで湯は犠牲に用いる牛や羊を贈らせると、葛の君はそれを自分で食べてしまって、やっぱり祭りをしない。湯はまた、使いをやって、どうしてお祭りをなさらぬか、と問わしめると、今度は供える穀類がない、という。そこで湯は、自分の領土の人民をやって葛国の畑を耕させ、老人や子供には弁当を運ばせた。すると、葛の君は自国の民を率いて途中に待ち伏せし、持っている酒や飯や穀物を強奪し、やるまいとする者は殺して奪い、子供が黍飯と肉とを運んで行くと、その子供まで殺して奪い取ってしまった。『書経』に『葛の君は弁当運びに仇をした』とあるのは、このことである。罪のない子供まで殺すに至って、湯もついに立って葛を征伐したから、天下の者は、湯王を評して、天下の富を目当てにしたのではなく、罪なくして殺された人民のために仇を討ったのだ、と言った。

湯始めて征する、葛自り載む。十一征して天下に敵無し。東面して征すれば、西夷怨み、南面して征すれば、北狄怨む。曰く、『奚為れぞ我を後にする』と。民の之を望むこと、大旱の雨を望むが若きなり。市に帰く者止らず。芸る者変ぜず。其の君を誅し、其の民を弔ふ。時雨の降るが如し。民大いに悦ぶ。書に曰く、『我が后を徯つ。后来らば其れ罰無からん』と。

［現代語訳］

湯王の征伐は葛から始めた。そして、十一ヵ国を征して、ついに天下に敵する者がなくなったのであるが、その間、東に向かって征伐すると西のえびすが恨み、南に向かって征伐すると北のえびすが恨んだ。それは『どうして私のほうをあと回しになさるのか（早く来て解放していただきたい）』というわけで、諸方の人民が湯王の軍の来るのを待ち望むこと、あたかも大旱に雨を待ち望むようなありさまであった。だから、湯王の軍が入って来ても、市場に出かける者はいつものように出かけて行くし、田畑で草取りする者は相変わらず草取りをしていた。そして、湯王は暴君を誅伐してその人民を慰問するから、まるで恵みの雨が降る思いで、人民は大いに喜んだのである。だから、『書経』には『我が君をお待ち申し上げている。君が来られたら、苛酷な罰は行われないだろう』とある。

臣たるを惟はざる攸有り。東征して厥の士女を綏んず。厥の玄黄を匪にし、我が周王に紹して休を見、惟れ大邑周に臣附す。其の君子は玄黄を匪に実てて、以て其の君子を迎へ、其の小人は簞食壺漿して、以て其の小人を迎ふ。民を水火の中より救ひ、其の残を取るのみ。太誓に曰く、『我が武惟れ揚り、之が疆を侵す。則ち残を取り、殺伐用て張る。湯に于て光有り』と。王政を行はずして爾云ふ。苟も王政を行はば、四海の内、皆首を挙げて之を望み、以て君と為さんことを欲せん。斉・楚大なりと雖も、何ぞ畏れん」と。

［現代語訳］

また『書経』には『周の初めにはなお周に臣となることを承知しない者があるので、東方に征して反賊を平らげ、その男女の民を安定させた。すると諸侯は黒や黄の絹布を竹箱に入れて礼物とし、我が周の武王につてを求めて謁見し、大周国に臣として帰服した』とある。つまり殷の在位の君子は、黒絹・黄絹を竹箱に入れて周の君子を歓迎し、殷の人民は食事や飲み物を用意して周の兵士たちを歓迎したのであるが、それも武王は殷の人民を水火の苦しみから救い出し、残虐な者どもを取り除いたからである。また『書経』の太誓篇には『我が武威はよく発揮して殷の国境に攻め入り、残賊の者を取り除くその討伐の功は大いに拡大して、昔の湯王よりもいっそう栄光に満ちたものであった』とある。今、宋は王政を行いもせずに先の心配をしているが、いやしくも湯・武のような王政を行いさえすれば、天下の民はみな、首を伸ばしてその君を仰ぎ望み、その君を主君といただこうと思うのである。そうなれば、斉・楚は大国なりとはいえ、なんの恐れることがあろうか」

57孟子　戴不勝に謂ひて曰く、「子は子の王の善ならんことを欲するか。我明らかに子に告げん。此に楚の大夫有らんに、其の子の斉語せんことを欲すれば、則ち斉人をして諸に傅たらしめんか。楚人をして諸に傅たらしめんか」と。曰く「斉人をして之に傅たらしめん」と。曰く、「一斉人之に傅たるも、衆楚人之を咻せば、日に撻ちて其の斉たらんことを求むと雖も得可からず。引いて之を荘・岳の間に置くこと数年ならば、日に撻ちて其の楚たらんことを求むと雖も、亦得可からず。子、薛居州を善士と謂ひ、之をして王の所に居らしむ。王の所に在る者、長幼卑尊、皆薛居州ならば、王は誰と与にか不善を為さん。王の所に在る者、長幼卑尊、皆薛居州に非ざれば、王は誰と与にか善を為さん。一薛居州、独り宋王を如何せん」と。

[現代語訳]

孟子が宋の臣の戴不勝に向かって言う、「あなたは宋の王が善良であることを望まれるでしょう。それならはっきりと申し上げましょう。今かりに楚の大夫が、自分の子供に斉のことばを話させたいと思ったら、斉の人を家庭教師にしますか、楚の人を家庭教師にしますか」戴「それは斉の人を家庭教師にするでしょう」孟「それはそうでしょうが、斉の人が一人、家庭教師になっても、大ぜいの楚の人がしじゅう、子供にぺちゃくちゃと楚のことばで話しかけたのでは、毎日むちでたたいて斉のことばを話させようとしても、そうはいきません。ところが、子供を斉に連れて行って、都の荘とか岳というにぎやかな町に何年間か置いておけば、今度は毎日むち打って楚のことばを話させようとしても、やはりそうはいきません。それと同じことで、あなたは薛居州を善良な紳士だと考えて、王の傍らに侍せしめたのはけっこうですが、王の傍らにいる者が、年の老若、地位の尊卑を問わずみな薛居州のような人なら、王は不善をしようにも相手がない。しかし、王の傍らにいる者が、老若尊卑を問わず薛居州のような人でないとすると、王は善をしようとしても力を貸す者がないというわけです。薛居州ただ一人の力では、宋王をどうすることもできませんよ」

58 公孫丑問うて曰く、「諸侯を見ざるは、何の義ぞや」と。孟子曰く、「古は臣為らざれば見ず。段干木は垣を踰えて之を辟け、泄柳は門を閉ぢて内れず。是れ皆已甚し。迫らば斯に以て見る可し。陽貨、孔子を見んと欲して、礼無しとせらるるを悪む。大夫、士に賜ふこと有るに、其の家に受くることを得ざれば、則ち往きて其の門に拝す。陽貨、孔子の亡きを瞰ひて、孔子に蒸豚を饋る。孔子も亦其の亡きを瞰ひて、往きて之を拝せり。是の時に当り、陽貨先んぜり。豈見ざるを得んや。曾子曰く、『肩を脅かし諂ひ笑ふは、夏畦よりも病る』と。子路曰く、『未だ同じからずして言ふ。其の色を観るに、赧赧然たり。由の知る所に非ざるなり』と。是に由りて之を観れば、則ち君子の養ふ所、知る可きのみ」と。

〔現代語訳〕

公孫丑が問う、「先生はさっぱり諸侯に面会を求められないのは、どういうわけですか」

孟子、答えて言う、「昔は臣下とならなければ、こちらから諸侯に面会することはなかった。だから、段干木は魏の文侯がわざわざ面会に来たときもかき根を乗り越えて避け、泄柳は魯の繆公が来訪されたのに門を閉じて内に入れなかった。しかし、これは両方ともあまり極端なことで、わざわざ訪ねて来たら会ってもよいのだ。また昔、陽貨が孔子に会いたいと思ったが、呼びつけては無礼な振る舞いと思われても困る。そこで、大夫が士に賜り物をしたとき、士が不在のため家で受けることができないと、士は大夫の門までお礼に出なければならないという礼があるのを利用して、わざと孔子の不在を見澄まして蒸豚を贈った。孔子も会いたくないから、陽貨の不在をねらって出かけてお礼をいった。この場合は陽貨が先に来訪しているのだから、孔子も訪問しないわけにいかぬ。さて曾子は『肩をすぼめておせじ笑いをするのは、真夏の野良仕事よりも疲れる』と言い、子路は『同意見でもないのに調子を合わせている人の顔色を見ると、さすがに恥ずかしいところがあるとみえて赤い顔をしているが、こういう人間は私の関知しないところだ』と言った。このことばでみると、君子が養うところのものは（すなわち浩然の気であることが）おのずからわかるというものだ」

59 戴盈之曰く、「什一にして、関市の征を去るは、今茲は未だ能はず。請ふ之を軽くし、以て来年を待ち、然る後に已めん。何如」と。孟子曰く、「今、人日に其の鄰の雞を攘む者有らんに、或ひと之に告げて曰く、『是れ君子の道に非ず』と。曰く、『請ふ之を損して、月に一雞を攘み、以て来年を待ち、然る後に已めん』と。如し其の義に非ざるを知らば、斯に速やかに已めんのみ。何ぞ来年を待たんや」と。

［現代語訳］

宋の大夫、戴盈之が言う、「租税を十分の一だけにして、そのほかの関所や市場の税を廃止することは、今年急に実行するわけにもいきません。今年は軽減しておいて、来年からさっぱりとやめることにしたいのですが、どうでしょう」孟子が答える、「ここに毎日、隣から入り込んで来る鶏を盗み取りする人があるとします。だれかその人に『それは君子の行為ではありません』と忠告すると、『では少し減らして毎月一羽ずつ盗むことにして、来年になったらよすことにしましょう』といったらどうでしょう。正しくないと知ったら、すぐさまやめるまでで、来年を待つことはありますまい」

60 公都子曰く、「外人 皆夫子 弁を好むと称す。敢て問ふ、何ぞや」と。孟子曰く、「予豈弁を好まんや。予已むを得ざればなり。天下の生は久し。一治一乱す。堯の時に当り、水逆行し、中国に氾濫す。蛇龍之に居り、民定まる所 無し。下なる者は巣を為り、上なる者は営窟を為る。書に曰く、『洚水 余を警む』と。洚水とは洪水なり。禹をして之を治めしむ。禹 地を掘りて之を海に注ぎ、蛇龍を駆りて之を菹に放つ。水 地中由り行く。江・淮・河・漢、是なり。険阻既に遠ざかり、鳥獣の人を害する者消ゆ。然る後、人 平土を得て之に居れり。

［現代語訳］

門人の公都子が言う、「世間の人はみな、先生は議論好きだと申しております。失礼ながらどうしてでございましょうか」 孟子が答える、「私はけっして議論が好きなのではないが、どうも今の時勢ではしかたがないのだ。いったい、この世に人間が生じて久しいことだが、その間、治まったり乱れたりしている。すなわち、昔の堯のときには、水路がふさがって川が逆流し、国じゅうに氾濫して蛇や龍の類がはびこり、人間が定住することができず、低地におる者は木の上に鳥のように巣を作って住み、高台におる者はがけに穴を並べて掘ってそこに住むというありさまであった。『書経』に『洚水が私に警告を与えた』とあるのはそのことだが、この洚水とは洪水のことである（以上一乱）。

さて、これではならぬというので、禹に命じてこの洪水を治めさせた。禹は土地を掘ってあふれている水を海に流し込み、のさばっていた蛇龍を草の生えた沢地に追い払い、川はきちんと切り通しを流れるようになった。今の長江・淮水・黄河・漢水などの川がすなわちそれである。かくて水の危険もなくなると、人に害をする鳥獣も消滅して、そこでやっと、人民は平地に住むことができるようになった（以上一治）。

堯舜既に没し、聖人の道衰ふ。暴君代る作り、宮室を壊りて以て汙池と為し、民安息する所無し。田を棄てて以て園囿と為し、民をして衣食するを得ざらしむ。邪説暴行又作る。園囿・汙池・沛沢多くして、禽獣至る。紂の身に及んで、天下又大いに乱る。周公、武王を相けて、紂を誅し、奄を伐ち、三年其の君を討ず。飛廉を海隅に駆りて、之を戮す。国を滅ぼす者五十。虎・豹・犀・象を駆りて、之を遠ざく。天下大いに悦ぶ。書に曰く、『丕いに顕かなるかな文王の謨。丕いに承げるかな武王の烈。我が後人を佑啓して、咸正を以てし欠くること無からしむ』と。

〔現代語訳〕

堯・舜が没してしまうと、聖人の道が衰え、暴君が次々と現れた。そして、民家を取り壊して魚を飼う沼や池を作ったので、人民は安らかに生活することができなくなり、田畑をつぶして君主の花園や猟場・牧場のたぐいとしたので、人民は衣食を得ることさえ困難になり、誤った議論や乱暴な行動が発生した。そして、花園・猟場・沼・池・やぶ・沢などばかり増えて、禽獣もはびこるようになり、殷の紂王のころになると、天下は再び大いに乱れた(以上一乱)。

そこで周公は兄の武王を助けて紂王を誅伐し、さらにその同盟国の奄を討って三年めにその君を滅ぼし、また紂王の寵臣だった飛廉を辺境に追い払って殺し、敵対した国五十を滅ぼし、虎・豹・犀・象などの猛獣を遠くに追い払ったので、天下の人民は大いに喜んだのである。『書経』に『大いに明らかなるものかな、文王の計画は。大いに継承せるものかな、武王の功業は。われわれ、のちの子孫を助け導いて、われわれをしてなんの欠陥なく正道を行わしめた』と言っている（以上一治）。

世衰へ道微にして、邪説暴行有作る。臣にして其の君を弑する者之れ有り。子にして其の父を弑する者之れ有り。孔子懼れて春秋を作る。春秋は天子の事なり。是の故に孔子曰く、『我を知る者は、其れ惟春秋か。我を罪する者も、其れ惟春秋か』と。

［現代語訳］

ところが、周王朝の世もしだいに衰えて、先王の道も衰微して行われなくなり、曲がった議論や乱暴な行為が、またもや生じてきた。すなわち臣でありながらその君を弑する者もあれば、子でありながらその父を弑する者もあるという始末である（以上一乱）。

そこで孔子は、この世の行く末を深く憂えて『春秋』を書かれた。『春秋』という書は、人々を倫理的に批判し賞罰を加えているので、そのようなことは、元来、天子のなすべきことである。ゆえに孔子は、『私の真の志を知ってもらうのは、ただこの《春秋》のみだろう。また私を越権なりとして非難する者あらば、やはりこの《春秋》のみであろう』と言われた（以上一治）。

聖王作らず、諸侯放恣なり。処士横議し、楊朱・墨翟の言、天下に盈つ。天下の言、楊に帰せざれば則ち墨に帰す。楊氏は我が為にす。是れ君を無みするなり。墨氏は兼愛す。是れ父を無みするなり。父を無みし君を無みするは、是れ禽獣なり。公明儀曰く、『庖に肥肉有り。廏に肥馬有り。民に飢色有り。野に餓莩有り。此れ獣を率ゐて人を食ましむるなり』と。楊墨の道息まざれば、孔子の道著れず。是れ邪説民を誣ひ、仁義を充塞すればなり。仁義充塞すれば、則ち獣を率ゐて人を食ましむ。人将に相食まんとす。吾此が為に懼れて、先聖の道を閑り、楊墨を距ぎ淫辞を放ち、邪説の者作るを得ざらしむ。其の心に作れば、其の事に害あり。其の事に作れば、其の政に害あり。聖人復た起るも、吾が言を易へじ。

［現代語訳］

孔子ののち、聖王が現れず、王室は衰え諸侯は天子をないがしろにしてかってに僭越な行為をし、民間の学者はかってな無責任な言論を弄し、中でも楊朱や墨翟などの説が天下にあふれて、天下の言論は楊朱か墨翟かどちらかに賛成するというありさまである。さて、楊氏の議論は、自分のことだけを考える極端な個人主義で、つまり君主を無視するものである。墨氏の論は、無差別の博愛であるから、つまり自分の父を無視して他人の父と同様に扱おうとするものである。このように父を無視し君を無視するのは、それこそ禽獣の行いである。昔の魯の賢人公明儀は言っている。『人君の台所には太った肉があり、馬屋には肥えた馬がいる。一方、人民には飢えに苦しむ様子がみえ、郊外には餓死者が転がっている。これでは獣を引き連れて人間を食わせているのと同じことだ』いまや楊・墨の説が衰滅しなければ、正しい孔子の道は世に明らかにならないのである。それはつまり、邪説が人民を欺き惑わし、仁義の道をふさいでしまうからである。仁義の道がふさがると、獣を引き連れて人間を食わせるようなことになるし、さらに人々が互いに食い合うようなあさましいことにもなりかねない。私はそれが心配だから、昔の聖人の道を護持して、楊・墨の説を退け、でたらめな言辞を追放して、邪曲の論説をなす者が現れることのできぬようにしているのだ。もし、かかる邪曲の説が人の心に起こってくると、必ずその人の仕事の上に弊害があり、その仕事に弊害が生ずると、その政治全体に弊害があるのである（ゆえに非常に重要な問題なのだ）。私のこの考えは、昔の聖人が再びこの世に出現されたとしても、けっして反対なさるまい。

昔者、禹洪水を抑めて、天下平らかなり。周公、夷狄を兼ね、猛獣を駆りて、百姓寧し。孔子春秋を成して、乱臣・賊子懼る。詩に云ふ、『戎狄は是れ膺ち、荊舒は是れ懲らす。則ち我に敢て承ること莫し』と。父を無みし君を無みするは、是れ周公の膺つ所なり。我も亦人心を正し邪説を息め、詖行を距ぎ淫辞を放ち、以て三聖者に承がんと欲す。豈弁を好まんや。予已むを得ざればなり。能く言ひて楊墨を距ぐ者は、聖人の徒なり」と。

[現代語訳]

上に述べたとおり、昔は禹が洪水を治めたので天下が平穏になり、周公が夷狄を征服し猛獣を駆逐したので、人民は安らかになった。孔子は『春秋』を作ったので、乱臣賊子が自分の非を恥じ恐れるに至った。『詩経』に『天子の命に従わぬ西や北のえびすどもをば討ち平らげ、南の荆や舒をば懲らしめた。かくて、わが周に刃向かおうとする者がなくなった』とあるが、人倫に反して父を無視し君を無視する蛮族どもは、周公が討ち懲らしめられたものである。私も人心を正し邪説を抑え、偏った行いを排し、でたらめな言辞を追放して、かの禹・周公・孔子の三聖人の志を継承しようと思う。何も議論が好きというのではないが、黙っていられないのだ。私ばかりではない。だれでも正しい言論で楊墨の邪説を排する者は聖人の仲間である」

61匡章曰く、「陳仲子は、豈誠の廉士ならずや。於陵に居り、三日食はず。耳聞ゆる無く、目見ゆる無きなり。井上に李有り。螬、実を食ふ者半ばに過ぎたり。匍匐して往き、将りて之を食ふ。三咽して、然る後に耳聞ゆる有り、目見ゆる有り」と。孟子曰く、「斉国の士に於て、吾必ず仲子を以て巨擘と為さん。然りと雖も、仲子悪んぞ能く廉ならん。仲子の操を充てば、則ち蚓にして後可なる者なり。夫れ蚓は、上、槁壌を食ひ、下、黄泉を飲む。仲子居る所の室は、伯夷の築ける所か、抑亦盗跖の築ける所か。食ふ所の粟は、伯夷の樹ゑし所か、抑亦盗跖の樹ゑし所か。是れ未だ知る可からざるなり」と。

［現代語訳］

斉の人、匡章が言う、「我が国の陳仲子こそは、ほんとうの廉潔の士ではありませんか。彼は（名家の出でありながら）わざわざ於陵に住み、あるときは困窮して三日も食物がなく、耳も聞こえず、目も見えぬほどになりました。それでも本家の世話にならず、井戸のそばに虫が半分以上も食った李の実を見つけ、歩けないので腹ばって行ってそれを拾って食べ、三口ばかりものみこんでやっと耳も聞こえ、目も見えるようになったことがありました」孟子が答えて言う、「いかにも斉の士人の中では私も仲子が一等の人物と思う。しかし、仲子はどうして廉潔といえようか。仲子流の節操を突きつめていくと、蚯蚓でなくては生きていけぬことになる。蚯蚓なら乾いた土を食い、地中の水を飲むだけなのだからな。（けれども人間はそうはいかない。家も食物も必要だが）いったい、仲子の住んでいる家は、伯夷のような潔白な人が作ったものか、それとも大どろぼうの跖のような者が作ったものか。また、平素食べている穀物は、伯夷のような人が作ったものか、それとも大どろぼうの跖のような人間が作ったものか、そういうことはまったくわからないではないか」

曰く、「是れ何ぞ傷まんや。彼は身履を織り、妻は纑を辟み、以て之に易ふるなり」と。曰く、「仲子は斉の世家なり。兄の戴が蓋の禄万鍾あり。兄の禄を以て、不義の禄と為して、食はざるなり。兄の室を以て、不義の室と為して、居らざるなり、兄を辟け母を離れて、於陵に処る。他日、帰れば則ち其の兄に生鵝を饋る者有り。己頻顣して曰く、『悪んぞ是の鶃鶃の者を用ふるを為さんや』と。他日、其の母是の鵝を殺すや、之に与へて之を食はしむ。其の兄外自り至りて曰く、『是れ鶃鶃の肉なり』と。出でて之を哇く。母を以てすれば則ち食はず、妻を以てすれば則ち之を食ふ。兄の室を以てすれば則ち居らず、於陵を以てすれば則ち之に居る。是れ尚ほ能く其の類を充すと為さんや。仲子の若き者は、蚓にして後、其の操を充す者なり」と。

[現代語訳]

匡「それは別に差し支えありますまい。彼自身は屨を織り、妻は麻を紡いで、その品物で必要品と交換しているのですから、（自分の労働で得た品物のもとまで詮議することはないでしょう）」　孟「それなら聞くが、仲子の家は斉の譜代の家柄であって、兄の戴は蓋において万鍾の禄をはんでいる。ところが兄の禄を不義の禄であるとして、自分はそれを食わず、兄の家を不義の家として住まず、兄を避け、母を離れて、於陵に住んでいるわけだ。ある日家に帰ってみると、兄に生きた鵝鳥を贈り物にした人があった。仲子は一人顔をしかめて、『あんなガアガア鳥なんぞ何になる』と言った。その後、母親がこの鵝鳥を絞めて仲子に食わせた。そこへ兄が外出から帰って来て、『それはガアガア鳥の肉だよ』と言ったので、仲子は急いで外に出て吐き出してしまったということだ。母の料理だと詮議立てをして食べず、平素妻の料理は平気で食べている。また、兄の家となると不義の家としてそこに住まず、於陵の家はだれが作ったかもかまわずに住む。それでも彼の主義を十分に徹底させているといえようか。仲子のような者は、蚯蚓（みみず）にならなければ、主義を徹底させることはできないのだ」

原文

52 陳代曰、不レ見二諸侯一、宜若レ小然。今、一見レ之、大則以王、小則以霸。且志曰、枉レ尺而直レ尋。宜若レ可レ爲也。孟子曰、昔、齊景公田。招二虞人一以レ旌。不レ至。將レ殺レ之。志士不レ忘レ在二溝壑一。勇士不レ忘レ喪二其元一。孔子奚取焉。取下非二其招一不上レ往也。如下不レ待二其招一而往上、何哉。且夫枉レ尺而直レ尋者、以レ利言也。如以レ利、則枉レ尋直レ尺而利、亦可レ爲與。

昔者、趙簡子使下王良與二嬖奚一乘上。終日而不レ獲二一禽一。嬖奚反命曰、天下之賤工也。或以告二王良一。良曰、請復レ之。强而後可。一朝而獲二十禽一。嬖奚反命曰、天下之良工也。簡子曰、我使レ掌二與レ女乘一。謂二王良一。良不レ可曰、吾爲レ之範二我馳驅一、終日不レ獲レ一。爲レ之詭遇、一朝而獲レ十。詩云、不レ失二其馳一、舍レ矢如レ破。我不レ貫下與二小人一乘上。請辭。御者且羞下與二射者一比上。比而得二禽獸一、雖レ若二丘陵一、弗レ爲也。如レ枉レ道而從レ彼、何也。且子過矣。枉レ己者、未レ有二能直レ人者一也。

53 景春曰、公孫衍張儀、豈不二誠大丈夫一哉。一怒而諸侯懼、安居而天下熄。孟子曰、是焉得レ爲二大丈夫一乎。子未レ學レ禮乎。丈夫之冠也、父命レ之。女子之嫁也、母命レ之。往送二之門一、戒レ之

曰、往之二女家一、必敬必戒、無レ違二夫子一。以レ順爲レ正者、妾婦之道也。居二天下之廣居一、立二天下之正位一、行二天下之大道一。得レ志與レ民由レ之、不レ得レ志獨行二其道一。富貴不レ能レ淫、貧賤不レ能レ移、威武不レ能レ屈。此之謂二大丈夫一。

54 周霄問曰、古之君子仕乎。孟子曰、仕。傳曰、孔子、三月無レ君、則皇皇如也。出レ疆必載レ質。公明儀曰、古之人、三月無レ君則弔。

三月無レ君則弔、不二以急一乎。曰、士之失レ位也、猶三諸侯之失二國家一也。禮曰、諸侯耕助、以供二粢盛一、夫人蠶繅、以爲二衣服一。犧牲不レ成、粢盛不レ潔、衣服不レ備、不二敢以祭一。惟士無レ田、則亦不レ祭。牲殺器皿衣服不レ備、不二敢以祭一、則不二敢以宴一。亦不レ足レ弔乎。出レ疆必載レ質、何也。曰、士之仕也、猶二農夫之耕一也。農夫豈爲レ出レ疆、舍二其耒耜一哉。

曰、晉國亦仕國也。未三嘗聞二仕如レ此其急一。仕如レ此其急也、君子之難レ仕、何也。曰、丈夫生而願二爲レ之有一レ室、女子生而願二爲レ之有一レ家。父母之心、人皆有レ之。不レ待二父母之命、媒妁之言一、鑽二穴隙一相窺、踰レ牆相從、則父母國人皆賤レ之。古之人未二嘗不一レ欲レ仕也。又惡レ不レ由二其道一。不レ由二其道一而往者與、鑽二穴隙一之類也。

55 彭更問曰、後車數十乘、從者數百人、以傳二食於諸侯一。不二以泰一乎。孟子曰、非二其道一、則一簞食不レ可レ受二於人一。如其道、則舜受二堯之天下一、不二以爲一レ泰。子以爲レ泰乎。曰、否。士無レ事而食、不可也。曰、子不レ通レ功易レ事、以レ羨補一レ不レ足、則農有二餘粟一、女有二餘布一。子如通レ之、則梓匠輪輿、皆得二食於子一。於レ此有レ人焉。入則孝、出則悌、守二先王之道一、以待二後之學者一。而不レ得二食於子一、子何尊二梓匠輪輿一、而輕下爲二仁義一者上哉。

曰、梓匠輪輿、其志將二以求一レ食也。君子爲レ道也、其志亦將二以求一レ食與。曰、子何以二其志一爲哉。其有レ功二於子一、可レ食而食レ之矣。且子食レ志乎。食レ功乎。曰、食レ志。曰、有二人於此一。毀レ瓦畫レ墁、其志將二以求一レ食也、則子食レ之乎。曰、否。曰、然則子非レ食レ志也。食レ功也。

56 萬章問曰、宋小國也。今、將レ行二王政一。齊楚惡而伐レ之、則如レ之何。孟子曰、湯居レ亳、與レ葛爲レ鄰。葛伯放而不レ祀。湯使二人問一レ之曰、何爲不レ祀。曰、無三以供二犧牲一也。湯使三人遺二之牛羊一。葛伯食レ之、又不二以祀一。湯又使二人問一レ之曰、何爲不レ祀。曰、無三以供二粢盛一也。湯使二亳衆往爲一レ之耕、老弱饋レ食。葛伯率二其民一、要下其有二酒食黍稻一者上奪レ之、不レ授者殺レ之。有二童子一、以二黍肉一餉。殺而奪レ之。書曰、葛伯仇レ餉。此之謂也。爲三其殺二是童子一、而征レ之。四海之內皆曰、非レ富二天下一也。爲二匹夫匹婦一復レ讐也。

湯始征、自レ葛載。十一征而無レ敵二於天下一。東面而征、西夷怨、南面而征、北狄怨。曰、奚爲後レ我。民之望レ之、若二大旱之望一レ雨也。歸レ市者弗レ止。芸者不レ變。誅二其君一、弔二其民一。如二時雨降一。民大悅。書曰、徯二我后一。后來其無レ罰。

有レ攸レ不レ惟レ臣。東征綏二厥士女一。匪二厥玄黃一、紹二我周王一見レ休、惟臣二附于大邑周一。其君子實二玄黃于匪一、以迎二其君子一、其小人簞食壺漿、以迎二其小人一。救二民於水火之中一、取二其殘一而已矣。太誓曰、我武惟揚、侵二于之疆一。則取二于殘一、殺伐用張。于レ湯有レ光。不レ行二王政一云レ爾。苟行二王政一、四海之內、皆擧レ首而望レ之、欲二以爲一レ君。齊楚雖レ大、何畏焉。

57 孟子謂二戴不勝一曰、子欲二子之王之善一與。我明告レ子。有四楚二大三夫於此一、欲二其子之齊語一也、則使二齊人傅一レ諸。使二楚人傅一レ諸。曰、使二齊人傅一レ之。曰、一齊人傅レ之、衆楚人咻レ之、雖三日撻而求二其齊一也不レ可レ得矣。引而置二之荘嶽之閒一數年、雖三日撻而求二其楚一、亦不レ可レ得矣。子謂二薛居州善士一也、使三之居二於王所一。在二於王所一者、長幼卑尊、皆薛居州也、王誰與爲二不善一。在二王所一者、長幼卑尊、皆非二薛居州一也、王誰與爲レ善。一薛居州、獨如二宋王一何。

58 公孫丑問曰、不レ見二諸侯一何義。孟子曰、古者不レ爲レ臣不レ見。段干木踰レ垣而辟レ之、泄柳閉レ門而不レ內。是皆已甚。迫斯可二以見一矣。陽貨欲レ見二孔子一、而惡レ無レ禮。大夫有レ賜二於士一、不レ得レ受二於其家一、則往拜二其門一。陽貨矙二孔子之亡一也、而饋二孔子蒸豚一。孔子亦矙二其亡一也、而往拜レ之。當二是時一、陽貨先。豈得レ不レ見。曾子曰、脅レ肩諂笑、病二于夏畦一。子路曰、未レ同而言。觀二其色一、赧赧然。非二由之所一レ知也。由レ是觀レ之、則君子之所レ養可レ知已矣。

59 戴盈之曰、什一、去二關市之征一、今茲未レ能。請輕レ之、以待二來年一、然後已。何如。孟子曰、今、有下人日攘二其鄰之雞一者上、或告レ之曰、是非二君子之道一。曰、請損レ之、月攘二一雞一、以待二來年一、然後已。如知二其非一レ義、斯速已矣。何待二來年一。

60 公都子曰、外人皆稱二夫子好一レ辯。敢問何也。孟子曰、予豈好レ辯哉。予不レ得レ已也。天下之生、久矣。一治一亂。當二堯之時一、水逆行、氾二濫於中國一。蛇龍居レ之、民無レ所レ定。下者爲レ巢、上者爲二營窟一。書曰、洚水警レ余。洚水者洪水也。使二禹治一レ之。禹掘レ地而注二之海一、驅二蛇龍一而放二之菹一。水由二地中一行。江淮河漢、是也。險阻既遠、鳥獸之害レ人者消。然後人得二平土一而居レ之。

堯舜既沒、聖人之道衰。暴君代作、壞二宮室一以爲二汙池一、民無レ所二安息一。棄レ田以爲二園囿一、使二民不一レ得二衣食一。邪說暴行又作。園囿汙池沛澤多、而禽獸至。及二紂之身一、天下又大亂。周公相二武王、誅レ紂伐レ奄、三年討二其君一。驅二飛廉於海隅一、而戮レ之。滅レ國者五十。驅二虎豹犀象一而遠レ之。天下大悅。書曰、丕顯哉文王謨。丕承哉武王烈。佑二啓我後人一、咸以レ正無レ缺。

世衰道微、邪說暴行有作。臣弒二其君一者有レ之。子弒二其父一者有レ之。孔子懼作二春秋一。春秋、天子之事也。是故孔子曰、知レ我者、其惟春秋乎。罪レ我者、其惟春秋乎。

聖王不レ作、諸侯放恣。處士橫議、楊朱墨翟之言、盈二天下一。天下之言、不レ歸レ楊則歸レ墨。楊氏爲レ我。是無レ君也。墨氏兼愛。是無レ父也。無レ父無レ君、是禽獸也。公明儀曰、庖有二肥肉一。廐有二肥馬一。民有二飢色一。野有二餓莩一。此率レ獸而食レ人也。楊墨之道不レ息、孔子之道不レ著。是邪說誣レ民、充二塞仁義一也。仁義充塞、則率レ獸食レ人。人將二相食一。吾爲レ此懼、閑二先聖之道一、距二楊墨一、放二淫辭一、邪說者不レ得レ作。作二於其心一、害二於其事一。作二於其事一、害二於其政一。聖人復起、不レ易二吾言一矣。

昔者、禹抑二洪水一、而天下平。周公兼二夷狄一、驅二猛獸一、而百姓寧。孔子成二春秋一、而亂臣賊子懼。詩云、戎狄是膺、荊舒是懲。則莫二我敢承一。無レ父無レ君、是周公所レ膺也。我亦欲下正二人心一、息二邪說一、距二詖行一、放二淫辭一、以承中三聖者上。豈好レ辯哉。予不レ得レ已也。能言距二楊墨一者、聖人之徒也。

61 匡章曰、陳仲子、豈不二誠廉士一哉。居二於陵一、三日不レ食。耳無レ聞、目無レ見也。井上有レ李。螬食レ實者過レ半矣。匍匐往、將レ食レ之。三咽、然後耳有レ聞、目有レ見。孟子曰、於二齊國之士一、吾必以二仲子一爲二巨擘一焉。雖レ然、仲子惡能廉。充二仲子之操一、則蚓而後可者也。夫蚓、上食二槁壤一、下飮二黃泉一。仲子所レ居之室、伯夷之所レ築與、抑亦盜跖之所レ築與。所レ食之粟、伯夷之所レ樹與、抑亦盜跖之所レ樹與。是未レ可レ知也。曰、是何傷哉。彼身織レ屨、妻辟レ纑、以易レ之也。曰、仲子、齊之世家也。兄戴蓋祿萬鍾。以二兄之祿一、爲二不義之祿一、而不レ食也。以二兄之室一、爲二不義之室一、而不レ居也。辟レ兄離レ母、處二於於陵一。他日、歸則有下饋二其兄生鵝一者上。己頻顣曰、惡用二是鶃鶃者一爲哉。他日、其母殺二是鵝一也、與レ之食レ之。其兄自レ外至曰、是鶃鶃之肉也。出而哇レ之。以レ母則不レ食、以レ妻則食レ之。以二兄之室一則弗レ居、以二於陵一則居レ之。是尚爲三能充二其類一也乎。若二仲子一者、蚓而後充二其操一者也。

離婁章句　上

62 孟子曰く、「離婁の明、公輸子の巧も、規矩を以てせざれば、方員を成すこと能はず。師曠の聡も、六律を以てせざれば、五音を正すこと能はず。堯舜の道も、仁政を以てせざれば、天下を平治すること能はず。今、仁心仁聞有りて、而も民其の沢を被らず、後世に法る可からざる者は、先王の道を行はざればなり。故に曰く、『徒善は以て政を為すに足らず。徒法は以て自ら行はるること能はず』と。詩に云ふ、『愆らず忘れず、旧章に率ひ由る』と。先王の法に遵ひて過つ者は、未だ之れ有らざるなり。

［現代語訳］

孟子が言う、「いにしえの離婁のごとき眼力、公輸班のごとき巧みさがあっても、コンパスや定規を使わずには、四角形や円形を作ることはできぬ。師曠のごとき耳のよい人でも、六律の調子笛を使わずには、五音の音階を正しくすることはできぬ。同様に堯舜のごとき道を得た人でも、仁政を施さなかったら天下を平らかに治めることはできぬ。ところで、今、天下の諸侯で仁の心あり、また仁者の評判のある人がありながら、人民はその恩沢を被らず、また後世に範を垂れることのできないのは、つまり先王の道を行なわないからである。だから、『実効を伴わぬ善心ばかりでは、政治をするに足らず、形ばかりの制度では、実効があがらない』と言うのである。『詩経』にも『誤らずまた忘れずにもっぱら先王の古い典法に従う』と言っているとおり、先王の道に従って事を誤る者は、いまだかつてないのである。

聖人既に目の力を竭(つく)し、之に継ぐに規矩準縄(きくじゅんじょう)を以てす。以て方員平直(ほうゑんへいちょく)を為すこと、用ふるに勝(た)ふ可からず。既に耳の力を竭し、之に継ぐに六律(りくりつ)を以てす。五音を正すこと、用ふるに勝ふ可からず。既に心思を竭し、之に継ぐに人に忍(しの)びざるの政を以てす。而(しか)うして仁天下を覆(おほ)ふ。故に曰く、『高きを為すには必ず丘陵(きうりょう)に因(よ)り、下(ひく)きを為すには必ず川沢(せんたく)に因る』と。政を為すに先王の道に因(よ)らずんば、智と謂(い)ふ可けんや。

[現代語訳]
　いにしえの聖人は十分自分の眼力を尽くしたうえで、さらにコンパス・定規・水準器・墨なわなどを用いることにしたので、四角・円形・平面・直線を自由に作ることができて窮することがない。また、耳の力を十分に尽くしたうえで、さらに六律の笛を用いるので、五音を正すことは自由自在で少しも困ることはない。同様に十分に心の思いを尽くしたうえで、さらに人に忍びざるの政を行うので、その仁心は天下をあまねく覆うことができるのであ

る。だから、『高いものを作るには必ず小高い丘陵を利用するがよいし、低い所を作るには必ず低い川や沢地を利用するがよい』と言っているので、政をなすのに先王の道によらないのは知者といえない。

是を以て惟仁者のみ宜しく高位に在るべし。不仁にして高位に在るは、是れ其の悪を衆に播するなり。上に道揆無く、下に法守無く、朝は道を信ぜず、工は度を信ぜず、君子は義を犯し、小人は刑を犯して、国の存する所の者は幸ひなり。故に曰く、『城郭完からず、兵甲多からざるは、国の災ひに非ざるなり。田野辟けず、貨財聚まらざるは、国の害に非ざるなり』と。上礼無く、下学無ければ、賊民興り、喪ぶること日無けん。詩に曰く、『天の方に蹶さんとする、然く泄泄すること無かれ』と。泄泄とは猶ほ沓沓のごときなり。君に事へて義無く、進退礼無く、言へば則ち先王の道を非る者は、猶ほ沓沓のごときなり。故に曰く、『難きを君に責むる、之を恭と謂ふ。善を陳べ邪を閉づる、之を敬と謂ふ。吾が君能はずとする、之を賊と謂ふ』と」

[現代語訳]

それだから、仁者のみが人君の高位にあるべきで、不仁でありながら高位にあると、けっきょくその悪事を民衆にまき散らすことになる。すなわち上、人君は道理をもってよろしきを制することなく、下、臣下は法度をもってみずから守ることなく、朝廷の君は道を信ぜず、百官は法度を信ぜず、在上の君子は義に背いた行いをし、小人は刑罰を犯すということになり、かくてなお、国が滅びずにいるとすれば、まったく僥倖(ぎょうこう)といわねばならぬ。ゆえに『内外の城壁が完全でなく、武器甲冑(かっちゅう)が不足であるというのは、必ずしも国の災いではない。田野が開拓されず、貨財がたくさん集まらぬというのは、必ずしも国の害にはならぬ』というのであって、国家の災害は、上の者に礼がなく、下の者に学問がなくて義を知らぬことであり、かくては乱賊の民が蜂起(ほうき)して、いくばくもなく国は滅びてしまうであろう。『詩経』に『天がいまや周室を転覆せんとしている。群臣は泄々然とのんきにかまえ、おざなりを言っていてはならぬ』とあるが、泄々とは今の沓々という意味である。君に仕えて義を無視し、出処進退に礼をわきまえず、口を開けば先王の道を非難するような者は、つまり沓々という者である。ゆえに『困難な仁義の道を君に責め望むのは、これを恭といい、善を陳述して邪悪の道を閉塞するのは、これを敬といい、自分の君はとうていだめだと見限って正道をもって勧めないのは、これを賊という』というのである」

63 孟子曰(いわ)く、「規矩(きく)は方員(ほうゑん)の至(いた)りなり。聖人(せいじん)は人倫(じんりん)の至(いた)りなり。君(きみ)為(た)らんと欲(ほっ)せば君(きみ)の道(みち)を尽(つく)し、臣(しん)為(た)らんと欲(ほっ)せば臣(しん)の道(みち)を尽(つく)す。二者皆堯舜(げうしゅん)に法(のっと)るのみ。舜(しゅん)の堯(げう)に事(つか)ふる所以を以て君に事へざるは、其の君を敬せざる者なり。堯の民を治むる所以を以て民を治めざるは、其の民を賊する者なり。孔子曰く、『道は二つ、仁と不仁とのみ』と。其の民を暴すること甚しければ、則ち身弑せられ国亡ぶ。甚しからざれば、則ち身危ふく国削らる。之を名づけて幽厲と曰ふ。孝子慈孫と雖も、百世改むることと能はざるなり。詩に云ふ、『殷鑒遠からず、夏后の世に在り』と。此の謂なり」

〔現代語訳〕

孟子が言う、「コンパスや定規は、四角や円形の極致である。同様に聖人は人間の倫理の極致である。君たらんと思えば、君としての道を尽くし、臣たらんと思えば、臣としての道を尽くさねばならぬが、その場合、両者ともにいにしえの堯舜を模範としさえすればよい。舜が堯に仕えた道をもって君に仕えないのは、その君を敬さない者というべく、また堯が民を治めた道をもって民を治めないのは、その民をそこなう者である。孔子も言われたように、『人の道は二つ、仁と不仁とのみ』である。人君としてその民を虐げることがはなはだしいと、自分の身は弑され、国は滅びるようなことになる。それほどははなはだしくない場合でも、その身は危険であり、国はしだいに他国に侵略され、そのような君は幽とか厲という諡をつけられる。いったん諡が定まってしまうと、いかなる祖先思いの子孫でも、永久に変改することができないのである。ゆえに、人君たる者はよく心がけねばならぬが、『詩経』にも『殷の君にとっての鑑戒は、遠い昔を考えるまでもなく、近い夏王朝の時代にある』というのは、そのことである」

64孟子曰く、「三代の天下を得るや仁を以てし、其の天下を失ふや不仁を以てす。国の廃興存亡する所以の者も、亦然り。天子不仁なれば、四海を保たず。諸侯不仁なれば、社稷を保たず。卿大夫不仁なれば、宗廟を保たず。士庶人不仁なれば、四体を保たず。今、死亡を悪んで、而も不仁を楽しむは、是れ猶ほ酔ふことを悪んで、而も酒を強ふるがごとし」

[現代語訳]

孟子のことば「夏・殷・周の三代が天下を得たのは、おのおのの始祖がよく仁政を行ったからであり、天下を失うに至ったのは、その末帝がいずれも不仁であったからだ。天下ばかりでなく、諸侯の国家が興廃・存亡する原因も同じである。ゆえに、もし天子が不仁であると、天下四海を保持することができず、諸侯が不仁だと、その国家のシンボルたる社稷を保全することができず、卿や大夫が不仁だと、先祖代々の霊廟を保全することができず、士や庶人が不仁だと、自分一個の身体の安全が保てないことになる。死んだり滅びたりするのをいといながら、しかも不仁を楽しんで行うとすれば、これはあたかも酔うのをいといながら無理して酒を飲むようなもので、矛盾もはなはだしい」

65 孟子曰く、「人を愛して親しまずんば、其の仁に反れ。人を治めて治まらずんば、其の智に反れ。人を礼して答へずんば、其の敬に反れ。行うて得ざる者有れば、皆諸を己に反求す。其の身正しければ天下之に帰す。詩に云ふ、『永く言に命に配し、自ら多福を求む』と」

[現代語訳]

孟子のことば「人を愛しても相手が親しんでこない場合には、こちらの仁愛の心が足らぬのではないかと反省せよ。人を治めてもうまくいかぬときは、自分の知恵が足らぬためではないかと反省せよ。人を礼遇しても報いられぬときは、自分の敬意が足らぬのではないかと反省せよ。およそ自分が行ったことで相手の行動が期待外れだったときは、すべて自分の身に反省して原因を考えるがよい。自分の身が真に正しければ、天下は必ず帰服するものである。『詩経』にも『長い間、天命に従って行動し、みずから多大の幸福を求めた』と言っている」

66 孟子曰く、「人恒の言有り。皆曰く、『天下国家』と。天下の本は国に在り。国の本は家に在り。家の本は身に在り」

[現代語訳]

孟子のことば「世の論客は口癖のように、だれでも『天下国家』と言う。しかし、その天下のもとは国にあり、国のもとは家にあり、家のもとは身にあるのだ。一身を治めずして天下国家を論ずるのは無意味である」

67孟子曰く、「政を為すは難からず。罪を巨室に得ざれ。巨室の慕ふ所は、一国之を慕ふ。一国の慕ふ所は、天下之を慕ふ。故に沛然として徳教 四海に溢る」

[現代語訳]

孟子のことば「政をなすのは、さほど困難なことではない。自分の身を慎んで、譜代の重臣から恨み怒りを受けないようにすればよい。重臣たちが敬慕する者は、一国の者もそれを敬慕し、一国が敬慕する者は、天下が敬慕する。ゆえに、自然、その徳による教化は、沛然として天下に満ちあふれるようになるのである」

68孟子曰く、「天下に道有れば、小徳は大徳に役せられ、小賢は大賢に役せらる。天下に道無ければ、小は大に役せられ、弱は強に役せらる。斯の二つの者は天なり。天に順ふ者は存し、天に逆らふ者は亡ぶ。斉の景公曰く、『既に令すること能はず、又命を受けざるは、是れ物を絶つなり』と。涕出でて呉に女はせり。今や小国、大国を師として、命を受くることを恥づ。是れ猶ほ弟子にして命を先師に受くるを恥づるがごときなり。如し之を恥ぢなば、文王を師とするに若くは莫し。文王を師とせば、大国は五年、小国は七年にして、必ず政を天下に為さん。

［現代語訳］

孟子が言う、「天下に正しい道理が行われていれば、道徳が標準となるから、徳の小なる者は徳の大なる者に使役され、小賢は大賢に使役される。が、天下に道が行われないときは、力が標準となるから、小国は大国に使役され、弱国は強国に使役される。この二つのことは天すなわち自然の道理である。ゆえに、この道理に従う者は存立するが、これに逆らう者は滅亡するのである。昔、斉の景公は呉の国から娘を嫁にくれと要求されたとき、『自分が相手に命令する力がない以上、その命令を受けないのは、国交を絶って危険を招くというものだ』と言って、涙ながらに呉の国へ嫁にやったという。つまり、天に従ったのである。ところがいまや、小国は大国の悪いことは学びながら、大国の命令を受けることを恥じてきらうのは、あたかも弟子でありながら、先生から命令を受けるのを恥と思うようなものだ。もし恥だと思ったら、大国の悪いことを学ばず、周の文王を師として仁義の道を学ぶがよい。文王に学ぶならば、大国ならば五年、小国でも七年もすれば、必ず天下に政を行う王者となるであろう。

詩に云ふ、『商の孫子、其の麗億のみならず。上帝既に命じて、侯れ周に服せしむ。侯れ周に服せしむ、天命は常靡し。殷士膚敏なるも、京に祼将す』と。孔子曰く、

『仁には衆を為す可からず』と。夫れ国君仁を好めば天下に敵無し。今や天下に敵無からんを欲して、而も仁を以てせず。是れ猶ほ熱を執りて而も以て濯せざるがごとし。詩に云ふ、『誰か能く熱を執るに、逝に以て濯せざらん』と」

[現代語訳]

『詩経』に『殷の子孫はその数、十万を下らないが、紂王の暴政のために天帝は彼らをして周に服せしめた。かく周に服せしめたというのは、天命には常なく、徳によって去来するからだ。周に天命が下った以上は、風采の優れた明敏なる殷の士大夫も、みな周の都へ来て祭礼を手伝い、周の臣たる務めを果たしている』とある。孔子は『仁ある者には、だれも敵することができぬ』と言われた。いったい、国君が仁を好めば天下に敵する者はない。いまや諸侯は天下に敵する者のないことを願いながら、しかも仁政を行わないのは、あたかも熱い思いをしても水浴びをしないようなもので、はなはだ対策を誤っている。『詩経』にも『だれでも熱い思いをして、水浴びをせぬ者があろうか』と言っているではないか」

69孟子曰く、「不仁者は与に言ふ可けんや。其の危ふきを安しとし、其の菑を利とし、其の亡ぶる所以の者を楽しむ。不仁にして与に言ふ可くんば、則ち何の国を亡ぼし家を敗ることか之れ有らん。孺子有り、歌うて曰く、『滄浪の水清まば、以て我が纓を濯ふ可し。滄浪の水濁らば、以て我が足を濯ふ可し』と。孔子曰く、『小子之を聴け。清まば斯に纓を濯ひ、濁らば斯に足を濯ふ。自ら之を取るなり』と。夫れ人必ず自ら侮りて、然る後人之を侮る。家必ず自ら毀りて、而る後人之を毀る。国必ず自ら伐ちて、而る後人之を伐つ。太甲に曰く、『天の作せる孽は猶ほ違く可し。自ら作せる孽は活く可からず』と。此れの謂なり」

〔現代語訳〕

孟子が言う、「不仁者はいっしょに話し合うことはとてもできない。彼らはその危険を危険と知らずにかえって安全と思い、その災禍を災禍と知らずにかえって利便と思い、自分の滅びる原因を楽しんでいるのだ。もし不仁者が私どもといっしょに話し合うことさえできれば、その危険災禍を知ることができるから、国を滅ぼし家を破るようなことは、けっしてないのに。子供が『滄浪の水が澄んだら、私の冠のひもを洗いましょう。滄浪の水が濁ったら、私の足を洗いましょう』と歌っているのを聞かれた孔子が『おまえたち、あれをお聴き。同じ川の水でも、澄めば冠のひもを洗うといい、濁れば足を洗うという。みな自分から招くことだ』と戒められた。およそ人の世のことも同様で、人は自分で自分を侮って身を持ち崩すから、他人がその人を侮るのであり、一家でもよく互いに和親せず、自分でまず我が家を破滅させるようなことをするから、他人がその家を破滅させるのであり、一国ではその政治よろしきを得ずして国内が乱れるのは、つまりみずから我が国を討つもので、さればこそ他国がその国を討つようになるのである。『書経』の太甲篇に『天の与えた災いは、なんとか避けることもできるが、自分で招いた災いは逃れることはできぬ』とあるのは、このことである」

70孟子曰く、「桀紂の天下を失ふや、其の民を失へばなり。其の民を失ふ者は、其の心を失へばなり。天下を得るに道有り。其の民を得れば斯に天下を得。其の民を得るに道有り。其の心を得れば斯に民を得。其の心を得るに道有り。欲する所は之を与へ之を聚め、悪む所は施す勿きのみ。

[現代語訳]

　孟子が言う、「いにしえの桀王や紂王が天下を失ったのは、民を失ったからであり、民を失ったのは、民の心を失ったからである。されば天下を得るにはおのずから道があるわけで、その民を得ればすなわち天下を得る。その民を得るには道があり、その心を得ればすなわち民を得る。その心を得るには道があり、民の欲し望むものは、これを与え、これを集めてやり、憎みきらうことは行わぬようにするだけのことである。

民の仁に帰するや、猶ほ水の下きに就き、獣の壙に走るがごときなり。故に淵の為に魚を敺る者は、獺なり。叢の為に爵を敺る者は、鸇なり。湯・武の為に民を敺る者は桀と紂となり。今、天下の君、仁を好む者有れば、則ち諸侯皆之が為に敺らん。王たること無からんと欲すと雖も、得可からざるのみ。今の王たらんと欲する者は、猶ほ七年の病に三年の艾を求むるがごときなり。苟も畜へざるを為さば、終身得ず。苟も仁に志さずんば、終身憂辱して、以て死亡に陥らん。詩に云ふ、『其れ何ぞ能く淑からん。載ち胥及に溺る』と。此の謂なり」

者は、猶ほ七年の病に三年の艾を求むるがごときなり。

[現代語訳]

民が仁政に帰服することは、あたかも水が低きに流れ、獣が広野を走り回るごとく、きわめて自然の勢いである。ところで魚は元来ふちに集まるものだが、ことさらに魚をふちへ追いやるものは獺である。また、元来、草むらへ集まる雀をことさらに草むらへ追い込むのは隼である。同様にわざわざ湯王・武王のほうへ民を追い立てるのが、桀や紂の暴政である。いまや天下の諸侯で仁政を好む者があれば、他の諸侯はみなそのほうへ民を追い立てることになるだろう。そうなっては、たとい王者となりたくないと思ってもできないことだ。ところが、今の王者となりたがっている諸侯は、七年も患っている病人が、三年たった艾を求めるようなもので、急に求めても得られるものではない。艾は用意して蓄えなかったら、一生かかっても得られはせぬ。それと同様、今にしてもし仁政に志さなかったら、王者どころか、一生涯、憂え辱められて、ついには身は死し国は滅びるはめとなるだろう。『詩経』に『今の行いはどうしてよいといえようか。互いに引き連れて禍乱に沈溺しようとしている』とあるのは、このことをいったものである」

71孟子曰く、「自暴者は、与に言ふ有る可からざるなり。自棄者は、与に為す有る可からざるなり。言、礼義を非る、之を自暴と謂ふ。吾が身仁に居り義に由ること能はざる、之を自棄と謂ふ。仁は人の安宅なり。義は人の正路なり。安宅を曠しうして居らず。正路を舎てて由らず。哀しいかな」

［現代語訳］

孟子のことば「自暴する者はいっしょに話し合うことができぬし、自棄する者とは、いっしょに仕事をすることができぬ。口を開けば礼義をそしるような者を、自暴といい、自分は仁義によって行動することができぬと決めてかかる者を、自棄というのである。およそ仁は人々にとって最も安全な居どころであり、義は人の正しい道であるのに、その安全な居どころを捨てておらず、正しい道を捨ててそれによらぬとは、まことに情けないことである」

72孟子曰く、「道は爾きに在り。而るに諸を遠きに求む。事は易きに在り。而るに諸を難きに求む。人人其の親を親とし、其の長を長とせば、天下平らかなり」

［現代語訳］

孟子のことば「人の道はきわめて手近な所にあるのに、人はわざわざこれを遠い所に求めようとする。また、人のなすべきことはきわめて容易なことであるのに、わざわざ困難なことを求めようとする。はなはだ心得違いのことである。実は人々がみなその親を親として親しみ、その長者を長者として尊敬すれば、天下が平らかに治まるのであって、これほど簡単なことはないのだ」

73孟子曰く、「下位に居て、上に獲られずんば、民得て治む可からざるなり。上に獲らるるに道有り。友に信ぜられずんば上に獲られず。友に信ぜらるるに道有り。親に事へて悦ばれずんば、友に信ぜられず。親に悦ばるるに道有り。身に反して誠ならずんば、親に悦ばれず。身を誠にするに道有り。善に明らかならずんば、其の身に誠ならず。是の故に誠は、天の道なり。誠を思ふは、人の道なり。至誠にして動かざる者は未だ之れ有らざるなり。誠ならずして、未だ能く動かす者有らざるなり」

[現代語訳]

孟子のことば「臣下として君主に信任されないようでは、とうてい人民を治めることはできぬ。君主に信任されるには方法がある。すなわち、友人に信頼されぬようでは君主に信任はされない。さて、友人に信頼されるには方法がある。自分の親に仕えて親の心を喜ばせられぬようでは、友人に信頼はされぬ。親に喜ばれるには方法があり、それは自分の身に反省して誠がないようでは親に喜ばれない。さて、身を誠にするにはやはり方法があり、それは、善を明らかにわきまえなければ、身を誠にすることができぬ。かくのごとく誠が天下万事の根本であるがゆえに、誠こそは天の道であり、誠ならんと思い、努力するのが人の道なのである。およそ至誠にして感動せぬ者はないし、誠ならずしてよく人を感動せしむる者もないのである」

74孟子曰く、「伯夷は紂を辟けて、北海の浜に居る。文王作興すと聞き、曰く、『盍ぞ帰せざるや。吾聞く、西伯は善く老を養ふ者なり』と。太公は紂を辟けて、東海の浜に居る。文王作興すと聞き、曰く、『盍ぞ帰せざるや。吾聞く、西伯は善く老を養ふ者なり』と。二老者は天下の大老なり。而して之に帰す。是れ天下の父 之に帰するなり。天下の父 之に帰せば、其の子焉にか往かん。諸侯にして文王の 政 を行ふ者有らば、七年の内必ず 政 を天下に為さん」

〔現代語訳〕

孟子のことば「伯夷は殷の紂王の暴政を避けて、北海のほとりに隠れ住んでいたが、王政を行う文王が興ったと聞いて、『さあ、身を寄せよう。西伯文王はよく老人を優遇されるかたという話だ』と言った。また、太公望も紂王を避けて東海のほとりに隠れていたが、文王が興ったと聞いて、『さあ、身を寄せよう。西伯文王はよく老人を優遇されるかたという話だ』と言った。伯夷と太公望の二老人は天下の仰いで長老とする人たちであるが、この二老人が西伯に帰服したということは、つまり天下の父が帰服したことになる。天下の父が西伯に帰服した以上、その子供は他のどこに行くことがあろうか。今の諸侯の中にも、文王のごとき政を行う者があったら、七年もたたぬうちに必ず政を天下に行う王者となるだろう」

75孟子曰く、「求や季氏の宰と為り、能く其の徳を改めしむる無く、而も粟を賦すること他日に倍せり。孔子曰く、『求は我が徒に非ざるなり。小子鼓を鳴らして之を攻めて可なり』と。此に由りて之を観れば、君仁政を行はずして之を富ますは、皆孔子に棄てらるる者なり。況んや之が為に強戦し、地を争ひて以て戦ひ、人を殺して野に盈て、城を争ひて以て戦ひ、人を殺して城に盈つるに於てをや。此れ所謂土地を率ゐて人の肉を食ましむるなり。罪、死に容れず。故に善く戦ふ者は上刑に服し、諸侯を連ぬる者は之に次ぎ、草萊を辟き、土地に任ずる者は、之に次ぐ」

［現代語訳］

孟子のことば「孔子の門人の冉求は季孫氏の家老となって、その君、季孫氏の悪徳を改めることができぬばかりか、人民からの租税を今までの倍にもした。それで孔子は、『求はわれわれの仲間ではない。諸君は大いに彼の非を声明して責めてもよいぞ』と言われた。これでみると、君主が仁政を行わないのに、臣下がいさめもしないで逆にその欲心を助長して富まそうとするのは、みな孔子に見捨てられる連中である。いわんや君主の欲心のために強引な戦争をして、土地の争奪によって野に満ちるほど人を死なせ、城を争って城いっぱいも人を死なせるようなのは、つまり土地のために人肉を食わせるようなもの、その罪は死んでも償い切れぬ。ゆえに、戦争が上手な連中は極刑に処すべく、諸侯に同盟を結ばせて攻伐せしめる者は、その罪それに次ぎ、荒野を開墾して人民に過重な耕作の負担をかける者は、その罪またそれに次ぐというべきである。仁政・道徳こそ努むべきものである」

76孟子曰く、「人に存する者は、眸子より良きは莫し。眸子は其の悪を掩ふこと能はず。胸中正しければ、則ち眸子瞭かなり。胸中正しからざれば、則ち眸子眊し。其の言を聴きて、其の眸子を観れば、人焉んぞ廋さんや」

［現代語訳］

孟子のことば「人の心の中にある善悪は、その眼のひとみに最も率直に現れるものである。ひとみはその心の悪を覆い隠すことができない。胸の中が正しければ、ひとみは明るく澄んでいるが、胸の中が正しくないと、ひとみは暗く曇ってしまう。ゆえに、人のことばをよく聞いたうえで、そのひとみをよく観察すれば、だれだって心の中を隠しおおせることができようか」

77孟子曰く、「恭者は人を侮らず。倹者は人より奪はず。人を侮り奪ふの君は、惟順はざらんことを恐る。悪んぞ恭倹と為すを得ん。恭倹は、豈声音笑貌を以て為す可けんや」

［現代語訳］

孟子のことば「万事に恭敬の人は他人を侮らず、身に慎み深い人は他人から物を奪い取ることをせぬ。人を侮り、人から奪うような君は、ひたすら他人が自分の意欲に従順でないことを恐れ、時にうわべを繕うが、けっして真の恭倹をなすことはできぬ。恭倹というものは、心の問題であって、うわべのことばつきや笑顔で決められるものでない」

78 淳于髡曰く、「男女授受するに親しくせざるは、礼か」と。孟子曰く、「礼なり」と。曰く、「嫂溺るれば、則ち之を援くるに手を以てするか」と。曰く、「嫂溺るるに援けざるは、是れ豺狼なり。男女授受するに親しくせざるは、礼なり。嫂溺れ、之を援くるに手を以てする者は、権なり」と。曰く、「今天下溺る。夫子の援けざるは、何ぞや」と。曰く、「天下溺るれば、之を援くるに道を以てす。嫂溺るれば、之を援くるに手を以てす。子 手にて天下を援けんと欲するか」と。

［現代語訳］

斉の淳于髡が問うた、「男女が物をやり取りするのに、直接手渡ししないのは、礼の定めですか」孟子が答える、「いかにも礼です」「では兄嫁が水におぼれそうになっているときに、手を取って助け上げますか」「兄嫁がおぼれそうになっているのに、助けもせず見殺しにするのは、山犬・狼のごとき残酷きわまる行為です。いったい、男女が物をやり取りするのに直接手渡しはしない、というのは、もちろん、男女交際上の礼の常道です。しかし、物事には本末軽重があって、兄嫁がおぼれそうなときに手を取って助け上げるというのは、道理にかなった臨機の処置として当然です」「それならいまや天下が乱れ民の苦しむこと、いわばおぼれかかったも同然ですのに、ほかならぬあなたが常道にとらわれずに救いの手を差し伸べることをなさらないのはどういうわけですか」「いや、天下がおぼれかかったときは、これを助けるのに仁義の正道をもってするのであり、兄嫁が水におぼれそうなときは、手を取って助け上げるのです。救いかたにもそれぞれ異なる点があるのに、きみは天下を救うのにも兄嫁を救うときと同様、常道を捨ててかかれというのですか。天下を救うには正しい道をもってするほか方法はないのです」

79公孫丑曰く、「君子の子を教へざるは何ぞや」と。孟子曰く、「勢ひ行はれざればなり。教ふる者は必ず正を以てす。正を以てして行はれざれば、之に継ぐに怒りを以てす。之に継ぐに怒りを以てすれば、則ち反って夷ふ。『夫子我に教ふるに正を以てするも、夫子未だ正に出でざるなり』と。則ち是れ父子相夷ふなり。父子相夷へば、則ち悪し。古は子を易へて之を教ふ。父子の間は善を責めず。善を責むれば則ち離る。離るれば則ち不祥焉より大なるは莫し」と。

［現代語訳］

公孫丑が言う、「いにしえの君子はみずから直接に子供を教育しない、ということですが、どういうわけですか」孟子が答える、「それは自然の成り行きとして実行できないからだ。教えるのには必ず正しい道理をもってするので、それがよくいけば問題はないが、もし教えに従わないと、怒ってしかりつけるということになる。そうなると元来、子供を善導しようとして始めたことが、反対に子供をそこなうことになる。子供のほうも『お父様は私に正しい道理をお教えになるけれど、御自分はさっぱりだ』と考える。これではつまり父子互いにそこない合うというものだ。父子が互いにそこなうのはよくない。だから昔は子を取り替えて教えたのである。父子の間柄では善を責めるものではない。善を責めると恩愛の自然の情が離反してしまい、父子が離反するのは、最も不祥なことなのだ」

80孟子曰く、「事ふること孰れか大なりと為す。親に事ふるを大なりと為す。守ること孰れか大なりと為す。身を守るを大なりと為す。其の身を失はずして、能く其の親に事ふる者は、吾之を聞けり。其の身を失ひて、能く其の親に事ふる者は、吾未だ之を聞かざるなり。孰れか事ふると為さざらん。親に事ふるは、事ふるの本なり。孰れか守ると為さざらん。身を守るは、守るの本なり。

［現代語訳］

孟子が言う、「人に仕えるということの中で、何が最もたいせつであるかといえば、親に仕えるのがたいせつだ。守るものでは何がたいせつかといえば、自分の身を正しく守って不義に陥らぬのがたいせつだ。自分の身の正しさを失わずに、よくその親に仕えたということは聞いているが、自分の身の正しさを失いながら、その親によく仕えたというのは、聞いたこともない。仕えるといってもいろいろあるが、親に仕えるのが、仕えるということの根本である。また、守ることにもいろいろあるが、自身の正しさを守るのが、守ることの根本である。

曾子、曾晳を養ふに、必ず酒肉有り。将に徹せんとすれば、必ず与ふる所を請ふ。『余り有りや』と問へば、必ず『有り』と曰ふ。曾晳死す。曾元、曾子を養ふに、必ず酒肉有り。将に徹せんとするも、与ふる所を請はず。『余り有りや』と問へば、『亡し。将に以て復び進めんとするなり』と曰ふ。此れ所謂口体を養ふ者なり。曾子の若きは、則ち志を養ふと謂ふ可きなり。親に事ふること、曾子の若き者は可なり」

[現代語訳]

昔、曾子がその父曾晳に孝養を尽くしたときは、食ぜんに必ず酒と肉を供え、おぜんを下げるときは、必ず残りをだれにやりましょうかと尋ね、また『余分がまだあるか』と問われれば、たといなくても必ず『ございます』と答えた。ところが曾晳が亡くなったあと、曾子の子の曾元が曾子に孝養を尽くすにあたって、食ぜんには必ず酒と肉とを供えたが、おぜんを下げるときに、残りをだれにやりましょうかと問うたことがなく、『余分があるか』と問うと『もうございませんが、お望みならもっと作りましょう』と答えた。こういうのは、いわば口腹の欲を満足させるというものである。曾子のようなのは、精神的に満足させるということができる。親に仕えるには、曾子のようにするのがよいのだ」

81 孟子曰く、「人は与に適むるに足らざるなり。政は間するに足らざるなり。惟大人のみ能く君の心の非を格すことを為す。君仁なれば仁ならざること莫く、君義なれば義ならざること莫く、君正しければ正しからざること莫し。一たび君を正しくして、而して国定まる」

〔現代語訳〕

孟子のことば「高位にある人間がつまらぬ人間だとて、その人間を攻撃するには及ばない。政治が悪いとて、その政策を非難するにも及ばない。それらはすべて末のことだから。ただ大徳の人にしてはじめて君主の心構えの過誤を正すことができるのであって、それが根本である。君が仁であれば、一国みな仁に化さぬはなく、君が義であれば、一国みな義に帰さぬはなく、君が正しければ、一国みな正しからざるはない。かくのごとく、いったん君を正しさえすれば、国全体が正しく安定するのである」

82 孟子曰く、「虞らざるの誉れ有り。全きを求むるの毀有り」

［現代語訳］

孟子「自分がまったく予期しなかった名誉を得ることもあり、正しい行いをして完全を期しているのに、かえって非難を受けることがある」

83 孟子曰く、「人の其の言を易くするは、責め無きのみ」

［現代語訳］

孟子「人が軽々しく物を言うのは、責任感がないからだ」

84 孟子曰く、「人の患は、好んで人の師と為るに在り」

［現代語訳］

孟子「人の通弊とするところは、好き好んで人の師となろうとすることだ」

85 楽正子、子敖に従ひて斉に之く。楽正子、孟子に見ゆ。孟子曰く、「子も亦来りて我を見るか」と。曰く、「先生何為れぞ此の言を出すや」と。曰く、「子来ること幾日ぞ」と。曰く、「昔者なり」と。曰く、「昔者ならば、則ち我が此の言を出すも、亦宜ならずや」と。曰く、「舎館未だ定まらざればなり」と。曰く、「子之を聞けりや。舎館定まりて、然る後に長者に見ゆることを求むるか」と。曰く、「克罪有り」と。

［現代語訳］

孟子の門人の魯の楽正子が、魯に使いに来た斉の寵臣、王驩に随従して斉に行った。そして、楽正子は斉にいた孟子にお目にかかった。すると孟子は「おまえでもやっぱり私に会いに来るか」と言った。そこで「先生はどうしてそんなことを仰せられるのですか」「おまえは斉に来て何日になるか」「先日です」「先日来たのなら、私がそういってももっともではないか」「でも宿舎が決まりませんでしたので」「おまえは知っていると思うが、宿舎が決まってから、そのあとで長上にお目にかかりに行くものかね」「私がまちがっておりました」

86孟子楽正子に謂ひて曰く、「子の子敖に従つて来るは、徒に餔啜するなり。我意はざりき、子古の道を学んで、而も以て餔啜せんとは」と。

［現代語訳］

孟子は楽正子に言った、「ほかならぬおまえが王驩についてやって来たのは、ただ道中の飲食の費用という便宜のためだろうが、しかしおまえもいにしえの聖人の道を学んでいながら、従う人物を選びもせず飲食のためにそれを利用しようとは、私は思わなかったぞ」

87孟子曰く、「不孝に三有り。後無きを大なりと為す。舜の告げずして娶るは、後無きが為なり。君子は以て猶ほ告ぐるがごとしと為す」

［現代語訳］

孟子のことば「人の子として不孝には主なものが三種あるが、中でも跡継ぎの子供がないというのがいちばん大きい不孝だ。舜が親に話をせずにかってに妻を迎えたのは礼に外れたことだが、もし話をすれば反対されて妻を迎えることができず、したがって跡継ぎの子供が得られないからである。ゆえに有識者は、舜の場合は親に話をしたと同然だというのだ」

88孟子曰く、「仁の実は、親に事ふること是なり。義の実は、兄に従ふこと是なり。智の実は、斯の二者を知つて去らざること是なり。礼の実は、斯の二者を節文すること是なり。楽の実は、斯の二者を楽しむ。楽しめば則ち生ず。生ずれば則ち悪んぞ已む可けんや。悪んぞ已む可けんやとならば、則ち足の之を蹈み、手の之を舞ふを知らず」

［現代語訳］

孟子のことば「仁の実際の内容は親に仕える、すなわち孝ということであるし、義の実際の内容は兄に従う、すなわち弟ということである。さて知の実際の内容は、この孝弟という二つのたいせつなことを知って、しばしもこの道から離れないことであり、礼の実際の内容は、この孝弟二つの道を、節度にかない外貌をよく調えるようにすることである。音楽の実際の内容は、この孝弟二つの道を楽しむにある。かくのごとく孝弟を盛り込んだ音楽を楽しむならば、自然に孝弟を行おうとする気持ちがわき出して来、心の底からその気が生ずれば、とうてい止めようにも止められなくなる。止められぬとなれば、音楽に合わせて思わず手拍子足拍子で踊り出すがごとくに、その行いも自然孝弟の道にかない、楽しい極みになるのである」

89孟子曰く、「天下大いに悦んで将に己に帰せんとす。天下悦んで己に帰するを視ること、猶ほ草芥のごときは、惟舜を然りと為す。親に得られずんば、以て人と為す可からず。親に順はれずんば、以て子と為す可からず。舜、親に事ふるの道を尽して、瞽瞍予を厎せり。瞽瞍予を厎して天下化せり。瞽瞍予を厎して天下の父子為る者定まれり。此を之れ大孝と謂ふ」

〔現代語訳〕

孟子のことば「天下の民が大いに喜んで自分に帰服しようとすれば、人情としてだれしも喜ぶところだが、その天下の民が大いに喜んで自分に帰服しようとするのをみても、草やあくたのようになんとも思わぬのは、ただ舜だけである。それというのも、親に気に入られないようでは一人前の人間といえず、親に自分の行いを認めてもらえないようでは、人の子とはいえないからだ。ゆえに、舜は親に仕える道を尽くしたので、さすががんこの父瞽瞍も心から喜び満足するに至った。この瞽瞍が喜び満足したので、天下の父子たるものみな感化されたのである。かくのごとく瞽瞍が喜び満足するに至って、天下の父子たる道が確立した。これこそ自分一身にとどまらず、天下を感化した大孝というものである」

原文

62孟子曰、離婁之明、公輸子之巧、不レ以二規矩一、不レ能レ成二方員一。師曠之聰、不レ以二六律一、不レ能レ正二五音一。堯舜之道、不レ以二仁政一、不レ能三平二治天下一。今、有二仁心仁聞一、而民不レ被二其澤一、不レ可レ法二於後世一者、不レ行二先王之道一也。故曰、徒善不レ足二以爲一レ政。徒法不レ能二以自行一。詩云、不レ愆不レ忘、率二由舊章一。遵二先王之法一而過者、未二之有一也。

聖人既竭二目力一焉、繼レ之以二規矩準繩一。以爲二方員平直一、不レ可レ勝レ用也。既竭二耳力一焉、繼レ之以二六律一。正二五音一、不レ可レ勝レ用也。既竭二心思一焉、繼レ之以二不レ忍レ人之政一。而仁覆二天下一矣。故曰、爲レ高必因二丘陵一、爲レ下必因二川澤一。爲レ政不レ因二先王之道一、可レ謂レ智乎。

是以惟仁者宜レ在二高位一。不仁而在二高位一、是播二其惡於衆一也。上無二道揆一也、下無二法守一也、朝不レ信レ道、工不レ信レ度、君子犯レ義、小人犯レ刑、國之所レ存者幸也。故曰、城郭不レ完、兵甲不レ多、非二國之災一也。田野不レ辟、貨財不レ聚、非二國之害一也。上無レ禮、下無レ學、賊民興、喪無レ日矣。詩曰、天之方蹶、無二然泄泄一。泄泄猶二沓沓一也。事レ君無レ義、進退無レ禮、言則非二先王之道一者、猶二沓沓一也。故曰、責二難於君一、謂二之恭一。陳レ善閉レ邪、謂二之敬一。吾君不レ能、謂二之賊㆒。

63 孟子曰、規矩、方員之至也。聖人、人倫之至也。欲㆑為㆑君盡㆓君道㆒、欲㆑為㆑臣盡㆓臣道㆒。二者皆法㆓堯舜㆒而已矣。不㆘以㆔舜之所㆓以事㆑堯事㆖㆑君、不㆑敬㆓其君㆒者也。不㆘以㆔堯之所㆓以治㆖㆑民、賊㆓其民㆒者也。孔子曰、道二、仁與㆓不仁㆒而已矣。暴㆓其民㆒甚、則身弑國亡。不㆑甚、則身危國削。名㆑之曰㆓幽厲㆒。雖㆓孝子慈孫㆒、百世不㆑能㆑改也。詩云、殷鑒不㆑遠、在㆓夏后之世㆒。此之謂也。

64 孟子曰、三代之得㆓天下㆒也以㆑仁、其失㆓天下㆒也以㆓不仁㆒。國之所㆓以廢興存亡㆒者亦然。天子不仁、不㆑保㆓四海㆒。諸侯不仁、不㆑保㆓社稷㆒。卿大夫不仁、不㆑保㆓宗廟㆒。士庶人不仁、不㆑保㆓四體㆒。今、惡㆓死亡㆒而樂㆓不仁㆒、是猶㆘惡㆑醉而強㆖㆑酒。

65 孟子曰、愛㆑人不㆑親、反㆓其仁㆒。治㆑人不㆑治、反㆓其智㆒。禮㆑人不㆑答、反㆓其敬㆒。行有㆘不㆑得者㆖、皆反㆓求諸己㆒。其身正、而天下歸㆑之。詩云、永言配㆑命、自求㆓多福㆒。

66 孟子曰、人有㆓恆言㆒。皆曰、天下國家。天下之本在㆑國。國之本在㆑家。家之本在㆑身。

67 孟子曰、為㆑政不㆑難。不㆑得㆓罪於巨室㆒。巨室之所㆑慕、一國慕㆑之。一國之所㆑慕、天下慕㆑之。故沛然、德教溢㆓乎四海㆒。

68 孟子曰、天下有㆑道、小德役㆓大德㆒、小賢役㆓大賢㆒。天下無㆑道、小役㆑大、弱役㆑強。斯二者天也。順㆑天者存、逆㆑天者亡。齊景公曰、既不㆑能㆑令、又不㆑受㆑命、是絕㆑物也。涕出而女㆓於吳㆒。今也、小國師㆓大國㆒、而恥㆑受㆑命焉。是猶㆘弟子而恥㆖㆑受㆓命於先師㆒也。如恥㆑之、莫㆑若㆑師㆓文王㆒。師㆓文王㆒、大國五年、小國七年、必為㆓政於天下㆒矣。

詩云、商之孫子、其麗不レ億。上帝既命、侯于レ周服。侯服二于周一、天命靡レ常。殷士膚敏、祼二將于京一。孔子曰、仁不レ可レ爲レ衆也。夫國君好レ仁、天下無レ敵。今也、欲レ無レ敵二於天下一、而不レ以レ仁。是猶三執レ熱而不二以濯一也。詩云、誰能執レ熱、逝不二以濯一。

69 孟子曰、不仁者可二與言一哉。安二其危一、而利二其菑一、樂下其所二以亡一者上。不仁而可二與言一、則何亡レ國敗レ家之有。有二孺子一、歌曰、滄浪之水淸兮、可三以濯二我纓一。滄浪之水濁兮、可三以濯二我足一。孔子曰、小子聽レ之。淸斯濯レ纓、濁斯濯レ足矣。自取レ之也。夫、人必自侮、然後人侮レ之。家必自毀、而後人毀レ之。國必自伐、而後人伐レ之。太甲曰、天作孽、猶可レ違。自作孽、不レ可レ活。此之謂也。

70 孟子曰、桀紂之失二天下一也、失二其民一也。失二其民一者、失二其心一也。得二天下一有レ道。得二其民一、斯得二天下一矣。得二其民一有レ道。得二其心一、斯得レ民矣。得二其心一有レ道。所レ欲與レ之聚レ之、所レ惡勿レ施爾也。民之歸レ仁也、猶二水之就レ下、獸之走一レ壙也。故爲レ淵敺レ魚者、獺也。爲レ叢敺レ爵者、鸇也。爲二湯武一敺レ民者、桀與レ紂也。今、天下之君、有二好レ仁者一、則諸侯皆爲レ之敺矣。雖レ欲レ無レ王、不レ可レ得已。今之欲レ王者、猶三七年之病、求二三年之艾一也。苟爲レ不レ畜、終身不レ得。苟不レ志二於仁一、終身憂辱、以陷二於死亡一。詩云、其何能淑。載胥及溺。此之謂也。

71 孟子曰、自暴者、不レ可二與有一レ言也。自棄者、不レ可二與有一レ爲也。言非二禮義一、謂二之自暴一也。吾身不レ能下居レ仁由上レ義、謂二之自棄一也。仁、人之安宅也。義、人之正路也。曠二安宅一而弗レ居。舍二正路一而不レ由。哀哉。

72孟子曰、道在レ爾。而求二諸遠一。事在レ易。而求二諸難一。人人親二其親一、長二其長一、而天下平。

73孟子曰、居二下位一、而不レ獲二於上一、民不レ可二得而治一也。獲二於上一有レ道。不レ信二於友一、弗レ獲二於上一矣。信二於友一有レ道。事レ親弗レ悅、弗レ信二於友一矣。悅レ親有レ道。反レ身不レ誠、不レ悅二於親一矣。誠レ身有レ道。不レ明二乎善一、不レ誠二其身一矣。是故誠者、天之道也。思レ誠者、人之道也。至誠而不レ動者、未二之有一也。不レ誠、未レ有二能動者一也。

74孟子曰、伯夷辟レ紂、居二北海之濱一。聞二文王作興一、曰、盍レ歸乎來。吾聞、西伯善養レ老者。太公辟レ紂、居二東海之濱一。聞二文王作興一、曰、盍レ歸乎來。吾聞、西伯善養レ老者。二老者、天下之大老也。而歸レ之。是天下之父歸レ之也。天下之父歸レ之、其子焉往。諸侯有下行二文王之政一者上、七年之內、必爲二政於天下一矣。

75孟子曰、求也爲二季氏宰一、無三能改二於其德一、而賦レ粟倍二他日一。孔子曰、求非二我徒一也。小子鳴レ鼓而攻レ之、可也。由レ此觀レ之、君不レ行二仁政一而富レ之、皆棄二於孔子一者也。況於二爲レ之强戰、爭レ地以戰、殺レ人盈レ野、爭レ城以戰、殺レ人盈一レ城。此所謂率二土地一而食二人肉一。罪不レ容二於死一。故善戰者服二上刑一、連二諸侯一者次レ之、辟二草萊一任二土地一者次レ之。

76孟子曰、存二乎人一者、莫レ良二於眸子一。眸子不レ能レ掩二其惡一。胸中正、則眸子瞭焉。胸中不レ正、則眸子眊焉。聽二其言一也、觀二其眸子一、人焉廋哉。

77孟子曰、恭者不レ侮レ人。儉者不レ奪レ人。侮二奪人一之君、惟恐レ不レ順焉。惡得レ爲二恭儉一。恭儉、豈可下以二聲音笑貌一爲上哉。

78淳于髡曰、男女授受不レ親、禮與。孟子曰、禮也。曰、嫂溺、則援レ之以レ手乎。曰、嫂溺不レ援、是豺狼也。男女授受不レ親、禮也。嫂溺、援レ之以レ手者、權也。曰、今、天下溺矣。夫子之不レ援、何也。曰、天下溺、援レ之以レ道。嫂溺、援レ之以レ手。子欲三手援二天下一乎。

79 公孫丑曰、君子之不レ教レ子、何也。孟子曰、勢不レ行也。教者必以レ正。以レ正不レ行、繼レ之以レ怒。繼レ之以レ怒、則反夷矣。夫子教レ我以レ正、夫子未レ出二於正一也。則是父子相夷也。父子相夷、則惡矣。古者、易レ子而教レ之。父子之間不レ責レ善。責レ善則離。離則不祥莫レ大レ焉。

80 孟子曰、事孰爲レ大。事レ親爲レ大。守孰爲レ大。守レ身爲レ大。不レ失二其身一、而能事二其親一者、吾聞レ之矣。失二其身一、而能事二其親一者、吾未二之聞一也。孰不レ爲レ事。事レ親、事之本也。孰不レ爲レ守。守レ身、守之本也。

曾子養二曾晳一、必有二酒肉一。將レ徹、必請レ所レ與。問レ有レ餘、必曰レ有。曾晳死。曾元養二曾子一、必有二酒肉一。將レ徹、不レ請レ所レ與。問レ有レ餘、曰下亡矣。將二以復進一也上。此所謂養二口體一者也。若二曾子一、則可レ謂レ養レ志也。事レ親、若二曾子一者可也。

81 孟子曰、人不レ足二與適一也。政不レ足レ閒也。惟大人爲三能格二君心之非一。君仁莫レ不レ仁、君義莫レ不レ義、君正莫レ不レ正。一正レ君、而國定矣。

82 孟子曰、有二不レ虞之譽一。有二求レ全之毀一。

83 孟子曰、人之易二其言一也、無レ責耳矣。

84 孟子曰、人之患、在三好爲二人師一。

85 樂正子從二於子敖一之レ齊。樂正子見二孟子一。孟子曰、子亦來見レ我乎。曰、先生何爲出二此言一也。曰、子來幾日矣。曰、昔者。曰、昔者、則我出二此言一也、不二亦宜一乎。曰、舍館未レ定。曰、子

聞レ之也。舍館定、然後求レ見二長者一乎。曰、克有レ罪。

86孟子謂二樂正子一曰、子之從二於子敖一來、徒餔啜也。我不レ意、子學二古之道一、而以餔啜也。

87孟子曰、不孝有レ三。無レ後爲レ大。舜不レ告而娶、爲レ無レ後也。君子以爲レ猶レ告也。

88孟子曰、仁之實、事レ親是也。義之實、從レ兄是也。智之實、知二斯二者一弗レ去是也。禮之實、節二文斯二者一是也。樂之實、樂二斯二者一。樂則生矣。生則惡可レ已也。惡可レ已、則不レ知二足之蹈レ之、手之舞一レ之。

89孟子曰、天下大悅、而將レ歸レ己。視二天下悅而歸一レ己、猶二草芥一也、惟舜爲レ然。不レ得二乎親一、不レ可二以爲一レ人。不レ順二乎親一、不レ可二以爲一レ子。舜盡二事レ親之道一、而瞽瞍厎レ豫。瞽瞍厎レ豫、而天下化。瞽瞍厎レ豫、而天下之爲二父子一者定。此之謂二大孝一。

離婁章句　下

90孟子曰く、「舜は諸馮に生れ、負夏に遷り、鳴条に卒る。東夷の人なり。文王は岐周に生れ、畢郢に卒る。西夷の人なり。地の相去るや千有余里。世の相後るるや千有余歳。志を得て中国に行ふは符節を合するが若し。先聖・後聖、其の揆一なり」

[現代語訳]

孟子のことば「舜は東方の諸馮に生まれ、負夏に移り住み、鳴条で生涯を終わったので、東の片田舎の人である。文王は西の岐周に生まれて、畢郢で生涯を終わったので、西の片田舎の人である。この両聖人は、生まれた土地は千余里も離れており、時代は千余年も隔たっている。しかし、志を得ては天下の中央に立って道を行ったという点は、この両聖人は割符を合わせたようにまったく一致しており、先の聖人舜ものちの聖人文王も、その考えや行いはまったく同一なのである」

91子産、鄭国の政を聴き、其の乗輿を以て、人を溱洧に済せり。孟子曰く、「恵なれども政を為すを知らず。歳の十一月には徒杠成り、十二月には輿梁成らば、民未だ渉るを病まざるなり。君子其の政を平らかにせば、行きて人を辟けしむるも可なり。焉んぞ人人にして之を済すを得ん。故に政を為す者は、人毎にして之を悦ばさんとせば、日も亦足らず」と。

［現代語訳］

昔、鄭の名臣、子産が鄭国の政治を預かっていたとき、寒い冬に人民が川を徒渉しているのを見て哀れと思い、自分の乗用車で溱水・洧水などの川の渡しをしてやったという話がある。孟子はこれを評して言う、「まことに民に恵を垂れたことにはちがいないが、ほんとうの政治のしかたを知らぬ。川の渡し場なら、農閑期に入った十一月にはまず歩いて渡る仮橋を造り、十二月に車の通れる橋を完成するというようにすれば、人民は川を徒渉する苦労はなくなるものだ。為政者たる者はその政治を公平周到にすれば、通行の際に人民を人払いしたとて、尊卑の分として行き過ぎではない。とても一人一人車に乗せて川を渡してやれるものではない。だから、政治をする者は大局に心がけるべきであって、一人一人について満足させようとしたら、幾日かかっても追いつかないぞ」

92孟子　斉の宣王に告げて曰く、「君の臣を視ること手足の如くなれば、則ち臣の君を視ること腹心の如し。君の臣を視ること犬馬の如くなれば、則ち臣の君を視ること国人の如し。君の臣を視ること土芥の如くなれば、則ち臣の君を視ること寇讐の如し」

と。

〔現代語訳〕

孟子が斉の宣王に向かって言った、「君主が臣下を自分の手足のごとくいたわり扱うと、臣下は君主を自分の腹や心のごとくたいせつに思います。君主が臣下を飼い犬や馬のごとくに考えて礼敬の心がなければ、臣下も恩義を感ぜず君主を路傍の人のように思います。また、君主が臣下を土やあくた同然に扱えば、臣下も君主を仇や讐のように憎みみるものです」

王曰く、「礼に旧君の為に服する有りと。何如なれば斯ち為に服す可き」と。曰く、「諫行はれ言聴かれ、膏沢民に下る。故有りて去れば、則ち君、人をして之を導いて疆を出でしめ、又其の往く所に先んず。去つて三年反らず。然る後に其の田里を収む。此を之れ三有礼と謂ふ。此の如くなれば則ち之が為に服す。

〔現代語訳〕

宣王は礼の定めについて質問した、「礼によると、もと仕えていた君が亡くなられた場合に、今は君臣の関係がなくても喪に服するという定めがある。先生のお話だと、現在の君臣でもなかなか情誼が乏しいことが多いようだが、どうすれば旧主のためにまで喪に服するようになるだろうか」孟子「ここに一人の臣があり、諫言がよく聴き入れられ、君の恩沢が民に行き渡っていたが、たまたま事情があってその国を去るとなると、君は人をつけてその臣を無事に国境まで送り、またあらかじめその者の行く先へ賢良な者であることを知らせ、なお三年間は再び帰って来ることを待っていて、三年たってはじめてその田地や住居を回収する、というのを三有礼と申しますが、臣を礼遇することかくのごとくであれば、臣のほうでも旧君のために喪に服するというわけであります。

今や臣と為りて、諫は則ち行はれず。言は則ち聴かれず。膏沢は民に下らず。故有りて去れば、則ち君之を搏執し、又之を其の往く所に極め、去るの日遂に其の田里を収む。此を之れ寇讎と謂ふ。寇讎には何の服か之れ有らん」と。

〔現代語訳〕

ところが今のありさまは、臣下となっても、いさめは用いられず、進言は聴かれず、君の恩沢は人民に及びません。また、事情があって国を立ち去ろうとすると、君はこれを引き捕らえようとし、やっと国を逃げ出しても行くさきざきまで追いかけて苦しめ、そんなありさまだから国を去ると即日、すぐさまその田地住居を取り上げてしまう、こういうのを仇讐と申しますが、仇讐に対してはどうして喪に服することがありましょうか」

93 孟子曰く、「罪無くして士を殺さば、則ち大夫以て去る可し。罪無くして民を戮せば、則ち士以て徙る可し」

[現代語訳]

孟子のことば「君たる者がもし罪もないのにその士を殺すようなことがあったら、やがて大夫にも危険の及ぶことを思って、大夫は国を立ち去るがよい。また、罪もないのに人民を殺すようなことがあったら、やがては士にも及ぶことを思って、士は他の国へ移り住むがよい」

94孟子曰く、「君仁なれば仁ならざること莫く、君義なれば義ならざること莫し」

[現代語訳]

孟子のことば「君が仁であれば、一国みな仁に化せぬはなく、君が義であれば、一国みな義に帰さぬことはない」

95孟子曰く、「非礼の礼、非義の義は、大人為さず」

[現代語訳]

孟子のことば「一見礼に似て実は真の礼でないこと、一見義に似て実は真の義でないことは大人物はせぬものだ」

96 孟子曰く、「中や不中を養ひ、才や不才を養ふ。故に人、賢父兄有るを楽しむなり。如し中や不中を棄て、才や不才を棄てなば、則ち賢不肖の相去ること、其の間寸を以てすること能はず」

[現代語訳]

孟子のことば「中和の徳ある者が徳なき者を教養し、才能ある者が才能なき者を教養するのが道である。さればこそ人は才徳優れた賢父兄があることを楽しみとし、不徳不才の者も進歩するのである。もし、徳ある者が不徳の者を見捨て、才能ある者が不才の者を見捨てて教養せぬならば、賢者と不肖者との間は、一寸二寸どころでない非常な懸隔ができてしまう」

97 孟子曰く、「人為さざる有り、而る後以て為す有る可し」

[現代語訳]

孟子のことば「人は不義をなさぬという決心があって、はじめて大事業をなしうるのである」

98 孟子曰く、「人の不善を言はば、当に後患を如何すべき」

[現代語訳]

孟子のことば「他人の不善を言いたてると、恨みを買ってあとのたたりをどうしようもない」

99 孟子曰く、「仲尼は已甚しきを為さざる者なり」

[現代語訳]
孟子のことば「孔子は極端なことをなさらぬかたであった」

100 孟子曰く、「大人なる者は、言必ずしも信ならず、行ひ必ずしも果ならず。惟義の在る所のままなり」

[現代語訳]
孟子のことば「言は信にし、行は果たすというのが美徳ではあるが、大徳の人は、言ったことを必ずしも実行するとはかぎらない。ただ、事のよろしきに合する義という標準に照らして行動するのである」

101 孟子曰く、「大人なる者は、其の赤子の心を失はざる者なり」

[現代語訳]
孟子のことば「大徳の人は、その嬰児のごとき純真の心をいつまでも失わぬものである」

102 孟子曰く、「生を養ふは、以て大事に当つるに足らず。惟死を送るは、以て大事に当つ可し」

[現代語訳]

孟子のことば「人の子として親の生存中、もとより孝養を尽くすべきであるが、これは平常の道徳であって、大事とするには足らぬ。ただ、親の死に際して葬儀を行うのは人生の大変であって、孝子の最も心すべきところ、大事となさねばならぬ」

103 孟子曰く、「君子の深く之に造るに道を以てするは、其の之を自得せんことを欲すればなり。之を自得すれば、則ち之に居ること安し。之に居ること安ければ則ち之に資ること深し。之に資ること深ければ、則ち之を左右に取りて其の原に逢ふ。故に君子は其の之を自得せんことを欲するなり」

[現代語訳]

孟子のことば「君子たる者が、道に深く達するためにしかるべき方法順序を必要とするのは、道を自分に十分会得しようと思うからである。道を自得すればその上に立つことときわめて安定でぐらつかない。かく安定すればその会得した道を尽きぬよりどころとすることができる。尽きぬよりどころがあれば、左右前後、その行動は手当たりしだいに、どこでもその根源である道に当てはまるということになる。かくのごとくその妙効があるがゆえに、君子は道を自得しようと思うのである」

104 孟子曰く、「博く学んで詳かに之を説くは、将に以て反つて約を説かんとすればなり」

〔現代語訳〕

孟子のことば「広く文献などを学んで、事細かに説明するのは、広くつまびらかをてらうのではなく、それとあべこべに、要領を説いてわからせようとするためである」

105 孟子曰く、「善を以て人を服する者は、未だ能く人を服する者有らざるなり。善を以て人を養ひて、然る後能く天下を服す。天下心服せずして王たる者は、未だ之れ有らざるなり」

〔現代語訳〕

孟子のことば「人を服させようとして善を行ったのでは、ほんとうに人を服させることはできない。善を行って自然に人を感化教養すれば、はじめて天下をも服せしめることができる。天下が心服せずして王となることは、そのためしがない」

106孟子曰く、「言に実の不祥無し。不祥の実は、賢を蔽ふ者之に当る」

[現代語訳]

孟子のことば「世人がよく不祥の言というが、実際に不祥不吉の言というものはない。実際に不祥なことというのは、賢者の道を覆い妨げることがそれにほかならない」

107徐子曰く、「仲尼亟〻水を称して曰く、『水なるかな水なるかな』と。何をか水に取れるや」と。孟子曰く、「原泉混混として昼夜を舎かず。科に盈ちて而る後に進み、四海に放る。本有る者は是の如し。是を之れ取れるのみ。苟も本無しと為さば、七八月の間、雨集まりて、溝澮皆盈つるも、其の涸るるや、立ちて待つ可きなり。故に声聞 情に過ぐるは、君子之を恥づ」と。

[現代語訳]

孟子の門人徐子が「孔子はしばしば水をたたえて『水なるかな、水なるかな』と言われましたが、水にどういうとりえがあってのことでしょうか」と尋ねた。孟子が答えて言う、「水源のある泉はこんこんと昼夜間断なく流れ出で、行くさきざきにくぼ地があればそれを満たしてから先に進んで行き、ついには四海にも至るものである。本源のあるものはすべてかくのごとくであって、かれて尽きることがない。ほかならぬこの点をこそとりえとされたのである。もしも本源がなかったら、六、七月のころに雨が降りたまって、たんぼの大小のみぞがいっぱいになるようなもので、雨がやめば水がかれてしまうのはみるみるうちのことだ。だから、名声が本質の実情以上であるのは、水源のない水と同様、けっして長続きするものではなく、君子はそれを恥とするのである」

108孟子曰く、「人の禽獣に異なる所以の者は幾ど希なり。庶民は之を去り、君子は之を存す。舜は庶物を明らかにし、人倫を察す。仁義に由りて行ふ、仁義を行ふに非ざるなり」

［現代語訳］

孟子のことば「人間が禽獣と相違する点は、きわめてわずかである。それはほかならぬ仁義の有無であるが、庶民はこの仁義を捨て去り、君子はこれを保存するところに、君子と小人の差が生ずる。さて、舜は世の中の物事の道理に明らかであり、人倫を心得ていて、行うことはすべて心に深く根ざしている仁義から自然に発動したのであり、仁義を借り物として行ったのではなかったのである」

109孟子曰く、「禹は旨酒を悪んで善言を好む。湯は中を執り、賢を立つること方無し。文王は民を視ること傷つけるが如く、道を望むこと未だ之を見ざるが而し。武王は邇きに泄れず、遠きを忘れず。周公は三王を兼ね、以て四事を施さんことを思ふ。

其の合せざる者有れば、仰いで之を思ひ、夜以て日に継ぐ。幸ひにして之を得れば、坐して以て旦を待つ」

[現代語訳]

孟子が言う、「禹王は人の甘しとする酒を亡国の基として憎み、善言を興国の基として好んだ。湯王は中正の道を堅持して、賢者を登用するに際してはいっさいこだわりがなかった。文王は民を見ること病み傷ついた者をいたわるごとく、また正しき道を望むこといまだ見ざるものを慕うごとくであった。武王は親近の者とて慣れて礼を失することなく、疎遠の者とて忘れて顧みないことがなかった。周公はこの三代の王の行った四事を合わせ行おうと考えたが、もし今日の時代に適合しないことがあると、天を仰いで思案を凝らし、夜でも考え続けて、さいわいによい考えが浮かぶと、ただちに実行しようとそのまま寝もせずに夜の明けるのを待ちかねたのである」

110孟子曰く、「王者の迹熄んで詩亡ぶ。詩亡んで、然る後春秋作る。晋の乗、楚の檮杌、魯の春秋は一なり。其の事は則ち斉桓・晋文。其の文は則ち史。孔子曰く、『其の義は則ち丘窃かに之を取れり』と」

[現代語訳]

孟子のことば「王者の活動が衰退して、本来の詩が滅び、王者をたたえる歌声も起こらず、世の正しい道理が伝わらなくなったので、これを正そうとして『春秋』が作られた。晋では『乗』、楚では『檮杌』、魯では『春秋』というが、いずれも歴史の記録であることは同一である。さて、『春秋』はその事実は主として斉の桓公、晋の文公などの覇者の事業であり、記録の文章は史官の記したものであるが、孔子がそれによって正しい人倫の道を示そうとして筆を加えたもので、孔子みずから『その人の世の道理は、私が個人的に事実の中からくみ取ったのだ』と言っておられる」

111孟子曰く、「君子の沢は、五世にして斬え、小人の沢も、五世にして斬ゆ。予未だ孔子の徒為るを得ざるなり。予私かに諸を人に淑くするなり」

〔現代語訳〕

孟子のことば「徳の高い君子でも、普通の人間でも、その余沢は五代もたてば絶えてしまうものだ。私は生まれることが遅くて、孔子の直接のお弟子にはなれなかったが、孔子の遺沢を保っている人から、学んで身を修めることができた」

112孟子曰く、「以て取る可く、以て取る無かる可し。取れば廉を傷つく。以て与ふ可く、以て与ふる無かる可し。与ふれば恵を傷つく。以て死す可く、以て死する無かる可し。死すれば勇を傷つく」

［現代語訳］

孟子のことば「取ってもよく、取らなくてもよい、というときは、取ると廉潔の徳をそこなう。与えてもよく、与えなくてもよい、というときは、与えるとかえって真の恵の徳をそこなう。死んでもよく、死ななくてもよい、というときは、死ぬとかえって勇の徳をそこなう」

113 逢蒙、射を羿に学ぶ。羿の道を尽して、思へらく、天下惟羿のみ己に愈れりと為すと。是に於て羿を殺せり。孟子曰く、「是れ亦羿も罪有り」と。公明儀曰く、「宜ど罪無きが若し」と。曰く、「薄しと云ふのみ。悪んぞ罪無きを得ん」と。

［現代語訳］

昔、逢蒙という男が、弓術を名人の羿に習ったが、ついに羿の技術をすっかり会得して、さて、これで自分に勝る者は天下広しといえども羿一人だ、羿さえ殺せば、と考えて羿を殺したという話がある。孟子はこれについて「羿にもおちどがあります」と評した。すると公明儀は「羿にはおちどがないように思う」と言ったので、孟子「軽いというだけのことで、おちどが全然ないとはいえますまい」とその理由を説明した。

「鄭人、子濯孺子をして衛を侵さしむ。衛、庾公之斯をして之を追はしむ。子濯孺子曰く、『今日、我が疾作る。以て弓を執る可からず。吾死なんかな』と。其の僕に問うて曰く、『我を追ふ者は誰ぞや』と。其の僕曰く、『庾公之斯なり』と。曰く『我生きん』と。其の僕曰く、『庾公之斯は、衛の射を善くする者なり。夫子曰く、吾生きんと。何の謂ぞや』と。曰く、『庾公之斯は、射を尹公之他に学ぶ。尹公之他は、射を我に学ぶ。夫の尹公之他は、端人なり。其の友を取ること、必ず端ならん』と。庾公之斯至る。曰く、『夫子何為れぞ弓を執らざる』と。曰く、『今日、我が疾作る。以て弓を執る可からず』と。曰く、『小人は射を尹公之他に学ぶ。尹公之他は、射を夫子に学ぶ。我 夫子の道を以て、反つて夫子を害するに忍びず。然りと雖も、今日の事は、君の事なり。我敢て廃せず』と。矢を抽き輪に叩き、其の金を去り、乗矢を発して而る後に反れり」と。

〔現代語訳〕

「かつて鄭の国が子濯孺子という人を大将として衛の国に侵入させ、衛では庾公斯に追い払わせました。その際、子濯孺子は『今日はあいにくと病気が起こって、弓を取ることができぬから、やられるだろうよ』と言い、戦車の御者に『追手はだれか』と尋ねました。御者は『庾公斯であります』と言うと、『それで助かった』と言うので、御者が不思議に思い『追手の庾公斯は衛でも聞こえた弓の名手ですのに、あなたが助かったと仰せられるのは、なぜでございます』と尋ねた。そこで『庾公斯は弓を尹公他に学んだが、尹公他は私の弟子だ。あの尹公他は心の正しい人物だから、その選んだ友人・弟子もきっと心の正しい人物だろう』と言っているところに、庾公斯が追いついて『あなたはどうして弓をお取りになりませんか』と言う。『今日はあいにく病気が起こって弓を取れません』と答えると、庾公斯『私は尹公他に弓を習いましたが、尹公他はあなたにお習いしたので、つまり弟子筋に当たりますゆえ、あなたの弓術によってあなたを害するに忍びません。しかしながら今日のことは我が君の公事でありますから、務めを怠るわけにはまいりません』と言い、矢を引き抜き、車輪に打ちつけて矢じりを取り、礼式どおり四本の矢を発して引き上げたということであります。つまり逢蒙のような弟子を採ったのは、羿にも責任があるというわけです」

114 孟子曰く、「西子も不潔を蒙らば、則ち人皆鼻を掩ひて之を過ぎん。悪人有りと雖も、斎戒沐浴すれば、則ち以て上帝を祀る可し」

[現代語訳]

孟子のことば「いにしえの美人西施でも不浄な物をひっかぶっていたら、人はみな鼻をつまんでそばを通り過ぎるだろう。醜悪な人でも斎戒沐浴して心身を清めれば、天帝のお祭りに奉仕することができる」

115 孟子曰く、「天下の性を言ふや、則ち故のみ。故なる者は、利を以て本と為す。智に悪む所の者は、其の鑿するが為なり。如し智者にして禹の水を行るが若くならば、則ち智に悪むこと無し。禹の水を行るや、其の事無き所に行る。如し智者も亦其の事無き所に行らば、則ち智も亦大なり。天の高きや、星辰の遠きや、苟も其の故を求むれば、千歳の日至も、坐して致す可きなり」

[現代語訳]

孟子のことば「天下において人の性を論ずるには、過去の経験的事実だけが基礎である。しかし、その過去の事実については、無理をせずに利導して帰納することがたいせつである。とかく智が忌まれるのは、むやみに小智を弄して穿鑿立てをするからだ。もし智者が禹の水を疎通したように物を考えるならば、智には忌むべき点はない。禹が水を疎通したときは、無理をせず自然の勢いに従って水を導いたのである。智者も自然の道理に従って無理をせぬように智を働かせれば、智の徳もはなはだ大きいものだ。天のように高い所、星のように遠い所でも、もしその過去の事実を追究してそれを基礎として計算すれば、千年後の冬至の日でも居ながらにして知ることができるものである」

116 公行子、子の喪有り。右師往きて弔す。門に入るや、進みて右師と言ふ者有り。右師の位に就きて、右師と言ふ者有り。孟子 右師と言はず。右師悦ばずして曰く、「諸君子皆驩と言ふに、孟子独り驩と言はず。是れ驩を簡にするなり」と。孟子之を聞きて曰く、「礼に、『朝廷には位を歴て相与に言はず。階を踰えて相揖せず』と。我礼を行はんと欲するに、子敖は我を以て簡なりと為す。亦異ならずや」と。

［現代語訳］

斉の大夫、公行子のところで長男の葬儀があったとき、右師の王驩が弔問に行った。門を入ると、さっそく進み出て来て王驩に話しかける者があり、席に着くと、わざわざやって来てごきげんを伺うというありさまであった。孟子はいっこう王驩にことばをかけようとしないので、王驩はおもしろからず、「諸君はみな私に話しかけられたのに、孟子だけがあいさつもされないのは、私を軽んぜられるというものだ」と言った。孟子はこのことを聞いて言う、「礼によると、朝廷では他人の席を隔てて話をせず、階段を隔てて礼をせぬものだ。朝廷ではないが、喪は大礼だから、私は礼式どおりを行おうと思うのに、子敖が私を失礼だというのはおかしいではないか」

117 孟子曰く、「君子の人に異なる所以の者は、其の心を存するを以てなり。君子は仁を以て心を存し、礼を以て心を存す。仁者は人を愛し、礼有る者は人を敬す。人を愛する者は、人恒に之を愛し、人を敬する者は、人恒に之を敬す。

［現代語訳］

孟子が言う、「有徳の君子が凡人と異なる点は本心を存して失わぬところにある。君子は常に仁を修めて心を存し、礼を修めて心を存する。そして仁者は人を愛し、礼ある者は人を敬するが、人を愛する者は、他人も常にその人を愛するし、人を敬する者は、他人も常にその人を敬するものである。

此に人有り。其の我を待つに横逆を以てすれば、則ち君子必ず自ら反するなり。『我必ず不仁ならん。必ず無礼ならん。此の物奚ぞ宜しく至るべけんや』と。其の自ら反して仁なり。自ら反して礼有り。其の横逆　由ほ是のごとくなるや、君子必ず自ら反するなり。『我必ず不忠ならん』と。自ら反して忠なり。其の横逆　由ほ是のごとくなるや、君子曰く、『此れ亦妄人なるのみ。此の如くんば、則ち禽獣と奚ぞ択ばんや。禽獣に於て又何ぞ難ぜん』と。

［現代語訳］

今、一人の人があって、その人が自分に対して無理非道をしむけたとすると、君子たる者は必ずまず自分で反省する。『私がきっと不仁なのだろう。必ず無礼なのだろう。さもなければ、こんな無理非道をしむけられるはずがない』かくて反省してみて、仁であり、礼を失っておらぬのに、依然として無理非道がやまないと、君子はまた自分で反省する。『自分はきっと誠意が足りないのだろう』さて、反省してみて誠実を尽くしているのに、依然として無理非道がやまないと、君子は『この男はわからずやなのだ。こんな人間は禽獣とどこが違うのか。禽獣同然の者には、別に相手にして非難してもしかたがない』と考える。

是の故に、君子には終身の憂ひ有るも、一朝の患無きなり。乃ち憂ふる所の若きは則ち之れ有り。『舜も人なり。我も亦人なり。舜は法を天下に為し、後世に伝ふ可し。我は由ほ未だ郷人為るを免れざるなり』是は則ち憂ふ可きなり。之を憂へば如何にせん。舜の如くせんのみ。夫の君子の若きは、患とする所は則ち亡し。仁に非ざれば為す無きなり。礼に非ざれば行ふ無きなり。一朝の患有るが如きは、則ち君子は患とせず」

[現代語訳]

それであるから、君子には一生涯を通じての憂いはあるが、突然ふりかかる患いなどというものはない。その君子が一生涯の憂いとすることというのは、『舜も人なら自分も人である。ところが舜は天下に模範を示して後世までも伝わるようになったのに、自分は依然として一個の凡人たるを免れない』ということで、このことこそ真に憂うべきことである。さて、これを憂えるならどうすればよいか。舜のごとき行いをするだけのことだ。だから、かの君子には、ほかの心配はないのだ。君子は仁にあらざればなさず、礼にあらざれば行わないのであって、かりに突然ふりかかる患難などがあっても、そんなことを患いとは思わないのである」

118 禹・稷は平世に当りて、三たび其の門を過ぐれども入らず。孔子之を賢とす。顔子は乱世に当りて、陋巷に居り、一箪の食、一瓢の飲。人は其の憂ひに堪へざるも、顔子は其の楽しみを改めず。孔子之を賢とす。孟子曰く、「禹・稷・顔回は道を同じくす。禹は天下に溺るる者有れば、由ほ己之を溺らすがごとしと思へり。稷は天下に飢うる者有れば、由ほ己之を飢ゑしむるがごとしと思へり。是を以て是の如く其れ急なり。禹・稷・顔子は、地を易ふれば則ち皆然り。今、同室の人闘ふ者有りとせんに、之を救ふに、被髪纓冠して之を救ふと雖も、可なり。郷鄰闘ふ者有りとせんに、被髪纓冠して往きて之を救はば、則ち惑ひなり。戸を閉づと雖も、可なり」と。

［現代語訳］

昔、禹や稷は上に名君がある太平の世ではあったが、自己の職務に忙しく、たびたび自分の家の門前を通り過ぎたが、家に入って休む暇もなかった。孔子はこのことを賢とされた。孔子の門人の顔回は乱世に際会し、狭い裏道住まいで、わずか一わんの飯、一ぴょうの飲み物という暮らし、凡人ではとても苦労に耐えられぬところを、顔回は相変わらず聖人の道を楽しんでいた。孔子はこのことを賢とされた。孟子はこのことを評して言う、「禹・稷・顔回は一見行動が異なるようだが、実は同じ道を踏むものだ。そもそも禹はその職責上、天下に一人でもおぼれる者があれば、自分がおぼれさせたも同然と思い、稷は職責上、天下に一人でも飢える者があれば、自分が飢えしめたも同然と思った。それだから、あのように急務として努力したのである。禹・稷と顔回とは、その地位職責を取り替えれば、みな同じことをしたであろう。たとえば同室の人が殴り合いを始めたら、乱れ髪に冠のひもを結びながらにでも仲裁するのがよい。が、もし村の中で殴り合いが始まったとき、やはり乱髪に冠のひももろくに結ばずに飛んで行って仲裁したら、筋が違う。そういうときはしかるべき責任者のあることだから、自分は戸を閉じて引きこもっていてよいのである」

119 公都子曰く、「匡章は通国皆不孝と称す。夫子之と遊び、又従つて之を礼貌す。敢て問ふ何ぞや」と。孟子曰く、「世俗の所謂不孝なる者五あり。其の四支を惰り、父母の養ひを顧みざるは、一の不孝なり。博奕し、好んで酒を飲み、父母の養ひを顧みざるは、二の不孝なり。貨財を好み、妻子に私して、父母の養ひを顧みざるは、三の不孝なり。耳目の欲を従にし、以て父母の戮を為すは、四の不孝なり。勇を好みて闘佷し、以て父母を危ふくするは、五の不孝なり。章子は是に一有るか。

［現代語訳］

孟子の門人、公都子が問うた、「斉の匡章は国じゅうの者がみな不孝と評判している男ですのに、先生は彼と交際されるばかりでなく、たいそう敬意を表しておられるのは、いったいどういうわけでございますか」 孟子は答える、「世間でいう不孝には五とおりある。第一に、身体を怠けて父母の孝養をかまわないもの、第二に、勝負事、かけ事をしたり、酒ばかり飲んで父母の孝養をかまわないもの、第三に、金もうけが好きで妻子にばかり手厚くして、父母の孝養をかまわないもの、第四に、耳目の欲に任せて事を起こし、父母にまで恥をかかせるもの、第五には、血気の勇にはやってけんか口論をして、父母に危うい目をみせるものがそれだが、匡章にはこの中の一つでもあるのか。

夫の章子は、子父善を責めて、相遇はざるなり。善を責むるは、朋友の道なり。父子善を責むるは、恩を賊ふの大なる者なり。夫の章子は、豈夫妻子母の属有るを欲せざらんや。罪を父に得て、近づくことを得ざるが為に、妻を出し子を屛けて、終身養はれず。其の心を設くるや以為へらく、是の若くならずんば、是れ則ち罪の大なる者なりと。是れ則ち章子のみ」と。

[現代語訳]

あの匡章は、親子で善を責めて意見が合わず、とうとう家を出たものだ。もちろん、善を責め合うのは、朋友の間の道であって、親子で善を責めるのは、最も親子恩愛の情をそこなうものであるから、よくないことなのだ。けれども不孝とは違う。あの匡章だって、なにも夫婦親子のだんらんを欲しないはずはないが、父の勘気を受けて父の傍らで孝養が尽くせないので、自分も妻を出し、子を寄せつけずに、一生涯妻子の奉養を受けないこととした。彼の決心は、こうでもしなければ、自分の罪はいっそう大きいものになると考えたからである。匡章という男はそういう男なのだ」

120 曾子、武城に居る。越の寇有り。或ひと曰く、「寇至る。盍ぞ諸を去らざるや」と。曰く、「人を我が室に寓し、其の薪木を毀傷すること無かれ」と。寇退けば則ち曰く、「我が牆屋を修めよ。我将に反らんとす」と。寇退き、曾子反れり。左右曰く、「先生を待つこと、此の如く其れ忠にして且つ敬なり。寇至れば則ち先づ去りて、以て民の望みを為し、寇退けば則ち反る。不可なるに殆し」と。沈猶行曰く、「是れ汝の知る所に非ざるなり。昔、沈猶 負芻の 禍 有り。先生に従ふ者七十人。未だ与ること有らず」と。

［現代語訳］

昔、曾子が武城にいたとき、越の軍隊が侵入して来た。そこで「敵がやって来ます。さあ立ちのきましょう」と勧める者があった。曾子は、るす番に「この家に人を入れたり、草木を痛めることのないように」と言いつけて去った。敵が退去すると、さっそく「へいや家を修理してくれ、帰るから」と言いつけた。敵がいなくなると、曾子は帰って来た。側近の者たちは「武城ではうちの先生をあんなに忠実に敬意をもって待遇しているのに、敵が来ると一戦にも及ばず、まっ先に人民の先に立って逃げ出し、敵が去るとさっそく帰って来るとは、あまりよろしくないようだ」とうわさした。すると門人の沈猶行は「それは君たちにはわからないことだ。昔、私の家に負芻という者が襲って来たとき、先生は家にいられたが、従者七十人ともども掛かり合われなかった」と言った。

子思衛に居る。斉の寇有り。或ひと曰く、「寇至る。盍ぞ諸を去らざるや」と。子思曰く、「如し伋去らば、君誰と与にか守らん」と。

〔現代語訳〕

さて、子思が衛の国に仕えていたとき、斉から攻め込んで来たことがあった。ある者が「敵が攻めて来ました。さあ、立ちのきましょう」と言ったところ、子思は「私がここを逃げ出したら、我が君はだれを味方に国を守られるぞ」と言って承知しなかった。

孟子曰く、「曾子・子思、道を同じくす。曾子は師なり、父兄なり。子思は臣なり、微なり。曾子・子思、地を易ふれば則ち皆然り」と。

〔現代語訳〕

孟子がこの二人の先賢の態度について評した、「曾子も子思も、一見行動が反対だが、実は道を同じくするものである。曾子は師であり父兄という地位であるが、子思は臣下であり身分も低い者であった。その地位境遇が違うと、責任も違うのである。曾子と子思がもし反対の立場にあったら、やはりそれ相当の行為をしたにちがいない」

121 儲子曰く、「王、人をして夫子を瞯はしむ。果して以て人に異なる有るか」と。孟子曰く、「何を以て人に異ならんや。堯・舜も人と同じきのみ」と。

[現代語訳]

斉の儲子が「王様は人をやって先生の御様子をそっと透き見させたとのことですが、先生には、はたして常人と異なった御様子でもおありなのですか」と問うた。孟子は答える、「なんで普通の人と変わったところがありましょうか。私ばかりではない、いにしえの聖人堯・舜でも、常人と同じことです」

122 斉人、一妻一妾にして、室に処る者有り。其の良人出づれば、則ち必ず酒肉に饜きて、而る後に反る。其の妻与に飲食する所の者を問へば、則ち尽く富貴なり。其の妻其の妾に告げて曰く、「良人出づれば、則ち必ず酒肉に饜きて、而る後に反る。其の与に飲食する者を問へば、尽く富貴なり。而も未だ嘗て顕者の来ること有らず。吾将に良人の之く所を瞯はんとす」と。蚤に起き、施めに良人の之く所に従ふ。国中を偏くするも、与に立つて談ずる者無し。卒に東郭墦間の祭る者に之きて、其の余りを乞ふ。足らざれば、又顧みて他に之く。此れ其の饜足を為すの道なり。

[現代語訳]

斉の人で、妻と妾を一人持って、家でぶらぶらしている者があった。この夫が外出すると、必ず酒や肉のごちそうに満腹して帰って来る。妻がだれといっしょに食事をなさったかと尋ねると、相手はみな富貴の人ばかりである。そこで妻は妾に向かって「だんな様はお出かけになると、きっと酒や肉に満腹してお帰りになる。ごいっしょに食事をなさったかたを伺うと、みな富貴なかたばかり。でもそんなごりっぱなかたは、一度だって家へいらしたことはありません。どうも変だから、私がひとつだんな様のあとをつけてみましょう」と言って、翌朝は早く起きて夫の行く先を見え隠れにつけて行った。すると、町じゅう歩き回っても、立ち話する人もない。とうとう東の郊外にある墓場で墓前祭をしている者のところへ行ってお供物の残余をねだり、足りないとまたながめ回して別の墓前祭をしている者のところへ行く。これが夫の満腹する方法であった。

其の妻帰り、其の妾に告げて曰く、「良人なる者は、仰ぎ望みて身を終ふる所なり。今此の若し」と。其の妾と与に、其の良人を訕りて、中庭に相泣く。而るに良人は未だ之を知らざるなり。施施として外従り来り、其の妻妾に驕れり。君子由り之を観れば、則ち人の富貴利達を求むる所以の者、其の妻妾羞ぢず、而も相泣かざる者、幾んど希(まれ)なり。

[現代語訳]

妻は家に帰って来て妾に話をし、「だんな様というものは一生涯(いっしょうがい)、尊敬してお仕えするはずのものだのに、うちのだんな様はこんなことをなさる」と言って、妾とともに夫を恨みそしって中庭で泣いていた。ところが夫はそうとは知らず、意気揚々と帰って来て、例のごとく妻や妾に自慢した、という話があるが、孟子はこれを評して言う、「君子の目から見れば、人が富貴利達を求めるやりかたというものは、この斉人の話と似たようなもので、妻妾が知ったら恥じて泣かぬ者は、ほとんどあるまい」

原文

90 孟子曰、舜生二於諸馮一、遷二於負夏一、卒二於鳴條一。東夷之人也。文王生二於岐周一、卒二於畢郢一。西夷之人也。地之相去也、千有餘里。世之相後也、千有餘歳。得レ志行二乎中國一、若レ合二符節一。先聖後聖、其揆一也。

91 子産聽二鄭國之政一、以二其乘輿一、濟二人於溱洧一。孟子曰、惠而不レ知レ爲レ政。歳十一月徒杠成、十二月輿梁成、民未レ病レ渉也。君子平二其政一、行辟レ人可也。焉得二人人而濟一レ之。故爲レ政者、毎レ人而悅レ之、日亦不レ足矣。

92 孟子告二齊宣王一曰、君之視レ臣如二手足一、則臣視レ君如二腹心一。君之視レ臣如二犬馬一、則臣視レ君如㆓國人㆒。君之視㆑臣如㆓土芥㆒、則臣視㆑君如㆓寇讎㆒。
王曰、禮、爲㆓舊君㆒有㆑服。何如斯可㆓爲服㆒矣。曰、諫行言聽、膏澤下㆓於民㆒。有㆑故而去、則君使㆓人導㆑之出㆒㆑疆、又先㆓於其所㆒㆑往。去三年不㆑反。然後收㆓其田里㆒。此之謂㆓三有禮㆒焉。如㆑此則爲㆑之服矣。
今也爲㆑臣、諫則不㆑行。言則不㆑聽。膏澤不㆑下㆓於民㆒。有㆑故而去、則君搏㆓執之㆒、又極㆓之於其所㆒㆑往、去之日、遂收㆓其田里㆒。此之謂㆓寇讎㆒。寇讎何服之有。

93 孟子曰、無㆑罪而殺㆑士、則大夫可㆓以去㆒。無㆑罪而戮㆑民、則士可㆓以徙㆒。

94 孟子曰、君仁莫㆑不㆑仁、君義莫㆑不㆑義。

95 孟子曰、非禮之禮、非義之義、大人弗㆑爲。

96 孟子曰、中也養㆓不中㆒、才也養㆓不才㆒。故人樂㆑有㆓賢父兄㆒也。如中也棄㆓不中㆒、才也棄㆓不才㆒、則賢不肖之相去、其閒不㆑能㆑以㆑寸。

97 孟子曰、人有㆑不㆑爲也、而後可㆓以有㆒㆑爲。

98 孟子曰、言㆓人之不善㆒、當㆘如㆓後患㆒何㆖。

99 孟子曰、仲尼不㆑爲㆓已甚㆒者。

100 孟子曰、大人者、言不㆓必信㆒、行不㆓必果㆒。惟義所㆑在。

101 孟子曰、大人者、不㆑失㆓其赤子之心㆒者也。

102 孟子曰、養㆑生者、不㆑足㆔以當㆓大事㆒。惟送㆑死、可㆔以當㆓大事㆒。

103 孟子曰、君子深造㆑之以㆑道、欲㆔其自㆓得之㆒也。自㆓得之㆒、則居㆑之安。居㆑之安、則資㆑之深。

資レ之深、則取二之左右一、逢二其原一。故君子欲三其自二得之一也。

104 孟子曰、博學而詳說レ之、將二以反說一レ約也。

105 孟子曰、以レ善服レ人者、未レ有二能服レ人者一也。以レ善養レ人、然後能服二天下一。天下不二心服一而王者、未二之有一也。

106 孟子曰、言無二實不祥一。不祥之實、蔽レ賢者當レ之。

107 徐子曰、仲尼亟稱二於水一曰、水哉水哉。何取二於水一也。孟子曰、原泉混混、不レ舍二晝夜一。盈レ科而後進、放二乎四海一。有レ本者如レ是。是之取爾。苟爲レ無レ本、七八月之間、雨集、溝澮皆盈、其涸也、可二立而待一也。故聲聞過レ情、君子恥レ之。

108 孟子曰、人之所三以異二於禽獸一者幾希。庶民去レ之、君子存レ之。舜明二於庶物一、察二於人倫一。由二仁義一行、非レ行二仁義一也。

109 孟子曰、禹惡二旨酒一、而好二善言一。湯執レ中、立レ賢無レ方。文王視レ民如レ傷、望レ道而未二之見一。武王不レ泄レ邇、不レ忘レ遠。周公思下兼二三王一、以施中四事上。其有二不レ合者一、仰而思レ之、夜以繼レ日。幸而得レ之、坐以待レ旦。

110 孟子曰、王者之迹熄、而詩亡。詩亡、然後春秋作。晉之乘楚之檮杌魯之春秋、一也。其事則齊桓晉文。其文則史。孔子曰、其義則丘竊取レ之矣。

111 孟子曰、君子之澤、五世而斬、小人之澤、五世而斬。予未レ得レ爲二孔子徒一也。予私淑二諸人一也。

112 孟子曰、可二以取一、可二以無一レ取。取傷レ廉。可二以與一、可二以無一レ與。與傷レ惠。可二以死一、可二以無一レ死。死傷レ勇。
113 逢蒙學二射於羿一。盡二羿之道一、思、天下惟羿爲レ愈レ己。於レ是殺レ羿。孟子曰、是亦羿有レ罪焉。公明儀曰、宜若レ無レ罪焉。曰、薄乎云爾。惡得レ無レ罪。
鄭人使二子濯孺子侵一レ衛。衛使二庾公之斯追一レ之。子濯孺子曰、今日、我疾作。不レ可二以執一レ弓。吾死矣夫。問二其僕一曰、追レ我者誰也。其僕曰、庾公之斯也。曰、我生矣。其僕曰、庾公之斯、衛之善レ射者也。夫子曰、吾生。何謂也。曰、庾公之斯、學二射於尹公之他一。尹公之他、學二射於我一。夫尹公之他、端人也。其取レ友必端矣。庾公之斯至。曰、夫子何爲不レ執レ弓。曰、今日、我疾作。不レ可二以執一レ弓。曰、小人學二射於尹公之他一。尹公之他、學二射於夫子一。我不レ忍下以二夫子之道一反害中夫子上。雖レ然、今日之事、君事也。我不二敢廢一。抽レ矢叩レ輪、去二其金一、發二乘矢一而後反。
114 孟子曰、西子蒙二不潔一、則人皆掩レ鼻而過レ之。雖レ有二惡人一、齋戒沐浴、則可三以祀二上帝一。
115 孟子曰、天下之言レ性也、則故而已矣。故者、以レ利爲レ本。所レ惡二於智一者、爲二其鑿一也。如智者若二禹之行一レ水也、則無レ惡二於智一矣。禹之行レ水也、行二其所一レ無レ事也。如智者亦行二其所一レ無レ事、則智亦大矣。天之高也、星辰之遠也、苟求二其故一、千歲之日至、可二坐而致一也。
116 公行子、有二子之喪一。右師往弔。入レ門、有下進而與二右師一言者上。有下就二右師之位一而與二右師一言者上。孟子不下與二右師一言上。右師不レ悅曰、諸君子皆與レ驩言、孟子獨不二與レ驩言一。是簡レ驩也。孟子聞レ之曰、禮、朝廷不二歷レ位而相與言一。不二踰レ階而相揖一也。我欲レ行レ禮、子敖以レ我爲レ簡。不二亦異一乎。
117 孟子曰、君子所三以異二於人一者、以二其存一レ心也。君子以レ仁存レ心、以レ禮存レ心。仁者愛レ人、有レ禮者敬レ人。愛レ人者、人恆愛レ之、敬レ人者、人恆敬レ之。

有レ人二於此一。其待レ我以二横逆一、則君子必自反也。我必不仁也。必無禮也。此物奚宜レ至哉。其自反而仁矣。自反而有レ禮矣。其横逆由レ是也、君子必自反也。我必不忠。自反而忠矣。其横逆由レ是也、君子曰、此亦妄人也已矣。如レ此則與二禽獸一奚擇哉。於二禽獸一又何難焉。

是故、君子有二終身之憂一、無二一朝之患一也。乃若レ所レ憂則有レ之。舜人也。我亦人也。舜爲二法於天下一、可レ傳二於後世一。我由未レ免レ爲二鄕人一也。是則可レ憂也。憂レ之如何。如レ舜而已矣。若二夫君子一所レ患則亡矣。非レ仁無レ爲也。非レ禮無レ行也。如レ有二一朝之患一、則君子不レ患矣。

118 禹稷當二平世一、三過二其門一而不レ入。孔子賢レ之。顏子當二亂世一、居二於陋巷一、一簞食、一瓢飮。人不レ堪二其憂一、顏子不レ改二其樂一。孔子賢レ之。孟子曰、禹稷顏回同レ道。禹思下天下有二溺者一、由中己溺上レ之也。稷思下天下有二飢者一、由中己飢上レ之也。是以如レ是其急也。禹稷顏子、易レ地則皆然。今、有二同室之人鬭者一、救レ之、雖二被髮纓冠而救一レ之、可也。鄕鄰有二鬭者一、被髮纓冠而往救レ之、則惑也。雖レ閉レ戶、可也。

119 公都子曰、匡章、通國皆稱二不孝一焉。夫子與レ之遊、又從而禮二貌之一。敢問何也。孟子曰、世俗所謂不孝者五。惰二其四支一、不レ顧二父母之養一、一不孝也。博奕、好飮レ酒、不レ顧二父母之養一、二不孝也。好二貨財一、私二妻子一、不レ顧二父母之養一、三不孝也。從二耳目之欲一、以爲二父母戮一、四不孝也。好レ勇鬭很、以危二父母一、五不孝也。章子有レ一二於是一乎。夫章子、子父責レ善、而不二相遇一也。責レ善、朋友之道也。父子責レ善、賊レ恩之大者。夫章子、豈不レ欲レ有二夫妻子母之屬一哉。爲下得二罪於父一、不上レ得レ近、出レ妻屏レ子、終身不レ養焉。其設レ心

以爲、不レ若レ是、是則罪之大者。是則章子已矣。

120 曾子居二武城一。有二越寇一。或曰、寇至。盍レ去レ諸。曰、無下寓二人於我室一、毀中傷其薪木上。寇退則曰、修二我牆屋一。我將レ反。寇退、曾子反。左右曰、待二先生一、如レ此其忠且敬也。寇至則先去、以爲二民望一。寇退則反。殆二於不可一。沈猶行曰、是非二汝所一レ知也。昔、沈猶有二負芻之禍一。從二先生一者七十人。未レ有レ與焉。

子思居二於衛一。有二齊寇一。或曰、寇至。盍レ去レ諸。子思曰、如伋去、君誰與守。

孟子曰、曾子子思、同レ道。曾子師也、父兄也。子思臣也、微也。曾子子思、易レ地則皆然。

121 儲子曰、王使三人瞯二夫子一。果有三以異二於人一乎。孟子曰、何以異二於人一哉。堯舜與レ人同耳。

122 齊人有二一妻一妾、而處レ室者一。其良人出、則必饜二酒肉一、而後反。其妻問下所二與飲食一者上、則盡富貴也。其妻告二其妾一曰、良人出、則必饜二酒肉一、而後反。問二其與飲食者一、盡富貴也。而未三嘗有二顯者來一。吾將レ瞯二良人之所一レ之也。蚤起、施從二良人之所一レ之。徧二國中一、無二與立談者一。卒之二東郭墦閒之祭者一、乞二其餘一。不レ足又顧而之レ他。此其爲二饜足一之道也。

其妻歸、告二其妾一曰、良人者、所二仰望而終一レ身也。今若レ此。與二其妾一、訕二其良人一、而相二泣於中庭一。而良人未二之知一也。施施從レ外來、驕二其妻妾一。由二君子一觀レ之、則人之所三以求二富貴利達一者、其妻妾不レ羞也。而不二相泣一者、幾希矣。

万章章句　上

123 万章問うて曰く、「『舜、田に往き、旻天に号泣す』と。何為れぞ其れ号泣するや」と。孟子曰く、「怨慕すればなり」と。万章曰く、「『父母之を愛すれば、喜んで忘れず。父母之を悪めば、労して怨みず』と。然らば則ち舜は怨みたるか」と。曰く、「長息、公明高に問うて曰く、『舜の田に往くは、則ち吾既に命を聞くことを得たり。旻天に父母に号泣するは、則ち吾知らざるなり』と。公明高曰く、『是れ爾の知る所に非ざるなり』と。夫の公明高は、孝子の心を以て、是の若く恝ならずと為す。『我は力を竭して田を耕し、子為るの職に共するのみ。父母の我を愛せざるは、我に於て何ぞや』と。

〔現代語訳〕

万章が問う、「舜は田に出かけると、天に向かって訴えて泣いた、ということですが、どうして泣き叫んだのでしょうか」孟子が答える、「それは父母を怨慕したのだ」万章「父母が自分を愛してくだされば、うれしく思って長く忘れず、もし父母が自分を憎むようなことがあれば、自分の至らぬことを心配して、恨み心を抱かない、というのが孝子の心と聞いていますが、お話によると、舜は親を恨んだのでしょうか」「昔、長息という者がその師、公明高に『舜が田に出て働いたわけは、先生のお教えでよくわかりましたが、天に向かい、父母に対して泣きながら訴えたというのは、私にはわかりませんが』と問うたところ、公明高は『おまえにはわかりっこないよ』と言ったということだ。そもそも公明高の考えでは、孝子の心というものは、そんな冷淡なものではない、つまり、自分は精いっぱい田を耕して、子としての職分を尽くすまでのことだ、父母が私を愛してくれなくたって、かまうものか、などという無関心なものではない、というのだろう。

帝、其の子九男二女をして、百官・牛羊・倉廩を備へ、以て舜に畎畝の中に事へしむ。天下の士、之に就く者多し。帝将に天下を胥ゐて、之を遷さんとす。父母に順はれざるが為に、窮人の帰する所無きが如し。天下の士 之を悦ぶは、人の欲する所なり。而も以て憂ひを解くに足らず。好色は人の欲する所なり。帝の二女を妻とすれども、而も以て憂ひを解くに足らず。富は人の欲する所なり。富 天下を有てども、而も以て憂ひを解くに足らず。貴きは人の欲する所なり。貴きこと天子と為れども、而も以て憂ひを解くに足らず。人 之を悦び、好色・富貴あるも、以て憂ひを解くに足る者無し。惟父母に順はるれば、以て憂ひを解く可し。人少ければ則ち父母を慕ひ、好色を知れば則ち少艾を慕ひ、妻子有れば則ち妻子を慕ひ、仕ふれば則ち君を慕ひ、君に得ざれば則ち熱中す。大孝は終身父母を慕ふ。五十にして慕ふ者は、予大舜に於て之を見る」と。

〔現代語訳〕

帝堯は自分の子供、男の子九人と女の子二人をはじめ、もろもろの役人、多くの牛羊、倉庫などを備えて、田野にいる舜に仕えしめた。すると天下の有識者も舜につき従う者が多くなった。そこで帝堯は今度は天下を挙げて舜に譲ろうとした。ところが、舜はそれを喜ぶどころか、父母に気に入られないばかりに、まるで窮迫した人が身の寄せ所がないような状態であった。およそ、天下の有識者が心服することは、だれでも望むところであるのに、舜にとっては、心の憂いを晴らすに足りない。また、美人はだれでも妻としたいものであるが、舜は帝王の二人の美しい娘を妻としながら、心の憂いを晴らすに足りない。また、富はだれでも欲するものであるが、舜は天下という富を保有しても、なお心の憂いを晴らすに足りない。また、貴はだれでも欲するものであるが、舜は天子という貴を得ても、なお心の憂いを晴らすに足りないのであった。つまり、天下の人が心服することも美人も富も貴も、すべて舜の心の憂いを晴らすに足るものではなく、ただ父母の気に入られるということだけが、憂いを晴らす道であった。

人は幼少の時は父母を慕うが、美人が目につくようになると、若くて美しい乙女を慕い、妻子ができると、妻子を愛し、仕官すれば、主君を慕い、主君の気に入られないと、なんとか気に入られようと心に焦って熱中するものである。ところが大孝の人は、一生涯、父母を慕うのであり、五十になってもなお父母を慕う実例は、私は偉大なる舜においてはじめて見ることである」

124 万章問うて曰く、「詩に云ふ、『妻を娶るには之を如何せん。必ず父母に告ぐ』と。斯の言を信ぜば、宜しく舜の如くなること莫かるべし。舜の告げずして娶るは、何ぞや」と。孟子曰く、「告ぐれば則ち娶ることを得ず。男女室に居るは、人の大倫なり。如し告ぐれば則ち人の大倫を廃し、以て父母を懟みん。是を以て告げざるなり」と。万章曰く、「舜の告げずして娶るは、則ち吾既に命を聞くことを得たり。帝の舜に妻はして告げざるは、何ぞや」と。曰く、「帝も亦告ぐれば則ち妻はすことを得ざるを知ればなり」と。

[現代語訳]

万章が問う、「『詩経』に『妻を迎えるにはどうするか。必ず父母に告げて許しを得るのだ』とあります。このことばによれば、舜のようにしてはならないはずですが、舜ともあろう人が、父母にも告げずにかってに結婚したのは、どういうわけですか」孟子が答える、「舜は憎まれているので、もし父母に告げたら、結婚できないに決まっている。が、男女が結婚していっしょに暮らす、というのは、人としての大きな道徳なのだ。だからもし父母に告げれば、いつまでも結婚できずに、けっきょく人としての大倫に背き、自然、父母を恨むということにもなろう。それではよろしくないから、告げずにめとったのだ」万章「舜が告げずにめとったわけは、お話を伺ってよくわかりました。が、それでは帝堯が自分の娘を舜の嫁にしようとするのに、舜の父母に告げなかったのは、なぜでしょうか」「帝堯も話をすると嫁にやれないことがわかっていたからだ」

万章曰く、「父母舜をして廩を完めしめ、階を捐つ。瞽瞍廩を焚く。井を浚へしむ。出づ。従つて之を揜ふ。象曰く、『都君を蓋することを謨るは、咸我が績なり。牛羊は父母、倉廩は父母。干戈は朕、琴は朕、弤は朕、二嫂は朕が棲を治めしめん』と。象往きて舜の宮に入る。舜牀に在りて琴ひけり。象曰く、『鬱陶として君を思ふのみ』と。忸怩たり。舜曰く、『惟れ茲の臣庶、汝其れ予に于て治めよ』と。識らず、舜は象の将に己を殺さんとするを知らざるか」と。曰く、「奚ぞ知らざらんや。象憂ふれば亦憂へ、象喜べば亦喜ぶのみ」と。

[現代語訳]

万章が言う、「あるとき、舜の父母は舜に穀倉を修繕させ、屋根に上るのを見澄まして、はしごを引いてしまい、父の瞽瞍は倉に火をつけて焼き殺そうとしたり、それが失敗したとなると、こんどは井戸さらえを命じました。舜は危険を悟って巧みに逃げ出しましたが、そうとは知らずあとから井戸にふたをして、これでよしと思い、弟の象は『大将をやっつける計略は、みな私の手柄だ。牛や羊はおやじさまとおふくろさま、米倉もあげましょう。盾や矛はおれ、琴もおれ、飾り弓もおれだ。姉さん二人はおれの女房にして世話をさせよう』と言いながら、舜の住居に乗り込んでみると、なんと、舜は寝台で琴を弾いています。驚いた象は殊勝らしく『兄さんのことが気に掛かってしかたがありませんでした』と言い繕ったが、さすがに気がとがめてもじもじしています。舜は平素寄りつきもせぬ弟が来たので、むしろ喜んで、『どうだ、この家臣どもをおまえもひとつ私のところで監督してくれたら』と言ったということです。いったい、舜は象が自分を殺そうとしたことを知らないのでしょうか」孟子「知らぬはずがあるものか。ただ兄弟の情として、象が憂えれば舜も憂え、象が喜べば舜も喜ぶというわけだ」

曰く、「然らば則ち舜は偽りて喜べる者か」と。曰く、「否。昔者、生魚を鄭の子産に饋るもの有り。子産 校人をして之を池に畜はしむ。校人之を烹る。反命して曰く、『始め之を舎てば、圉圉焉たり。少くすれば則ち洋洋焉たり。攸然として逝けり』と。子産曰く、『其の所を得たるかな。其の所を得たるかな』と。校人出でて曰く、『孰か子産を智なりと謂ふ。予既に烹て之を食へり。曰く、〈其の所を得たるかな。其の所を得たるかな〉と』故に君子は欺くに其の方を以てす可し。罔ふるに其の道に非ざるを以てし難し。彼、兄を愛するの道を以て来る。故に誠に信じて之を喜ぶなり。奚ぞ偽らんや」と。

[現代語訳]

万章「それなら舜は喜んだふりをしたのでしょうか」「いや、そうでない。昔、鄭の子産に生きた魚を贈った人があった。子産は係の者に命じて池に放して飼うことにした。ところがこの係の者はその魚を煮て食べてしまい、子産には『池に放したばかりのときは、おどおどしていましたが、しばらくすると、伸び伸びしてきて、すうっと深みへ泳いで行ってしまいました』と澄まして報告した。子産は真に受けて『魚も所を得てよかった、よかった』と言った。係の者は退出して言うことに『子産を智者だなんて何いってるのか。私はちゃんと煮て食べてしまったのに、魚も所を得てよかった、よかっただとさ』この話のように、君子は道理にかなった方法ですれば、欺くこともできるものだが、道理に外れたことでごまかそうとしても、そうはいかぬものだ。象の場合は、兄を愛する態度でやって来たから、舜も本当に信じて喜んだのである。なんで偽ったりするものか」

125 万章問うて曰く、「象は日に舜を殺すを以て事と為す。立って天子と為れば、則ち之を放するは何ぞや」と。孟子曰く、「之を封ずるなり。或ひと曰く、放すと」万章曰く、「舜は共工を幽州に流し、驩兜を崇山に放し、三苗を三危に殺し、鯀を羽山に殛す。四罪して天下咸服せり。不仁を誅すればなり。象は至つて不仁なり。之を有庳に封ず。有庳の人、奚の罪かある。仁人は固より是の如きか。他人に在りては則ち之を誅し、弟に在りては則ち之を封ずるは」と。曰く、「仁人の弟に於けるや、怒りを蔵さず、怨みを宿めず。之を親愛するのみ。之を親しんでは其の貴からんことを欲し、之を愛しては其の富まんことを欲す。之を有庳に封ずるは、之を富貴にするなり。身天子為り、弟匹夫為らば、之を親愛すと謂ふ可けんや」と。

[現代語訳]

万章が問う、「舜の弟の象はいつも舜を殺そうとかかっていましたのに、舜は天子の位につくと、この弟を殺しもせずただ追放しただけなのは、どうしたわけでしょうか」 孟子が答える、「いや象を諸侯に封じたのだ。一説に追放したのだともいうが」 万章はますます意外に思い、「舜は天子となるや、賞罰を明らかにして、共工を北のかた幽州に流し、驩兜を南のかた崇山に追放し、三苗の民を西のかた三危に閉じ込め、鯀を東のかた羽山に幽閉し、かく四凶の者を処罰したので、天下の民がみなその政治に服したということですが、これはつまり不仁の者を処罰したからです。象はいたって不仁ですのに、有庳の国に封ずるとは、有庳の人になんの罪があってそんな君をいただかねばならぬのでしょうか。仁者たる者、なんだって他人に対しては処罰するが、弟に対しては逆に諸侯に封ずるなどという、こんな不公平なことをしたのでしょうか」 孟子「仁者が弟に対する態度は、怒りを隠さず、また恨みを根に持つことはなく、親愛するのみである。親しみ愛すれば、その者が貴く、かつ富むことを望むものであるが、象を有庳に封じたのは、つまり富貴にしようとしたからである。自分が天子でありながら、弟が一介の平民というのでは、親愛するといえようか」

「敢て問ふ、『或ひと曰く、放す』とは、何の謂ぞや」と。曰く、「象は其の国を為むること有るを得ず。天子、吏をして其の国を治めて、其の貢税を納れしむ。故に之を放すと謂ふ。豈彼の民を暴することを得んや。然りと雖も、常常にして之を見んことを欲す。故に源源として来る。『貢に及ばず、政を以て有庳に接す』とは、此を之れ謂ふなり」と。

〔現代語訳〕

「しいてお尋ねいたしますが、一説に追放したのだともいうのは、どういうわけでございましょうか」「象は不徳の者ゆえ、その国を直接治めさせるわけにはゆかぬから、天子舜は役人を遣わして国を治め、租税を徴収させた。だから追放したともいうのだ。これはいかにも不体裁のようだが、まさか象のかってにさせて、かの人民を痛めさせるわけにはゆかぬではないか。そうはしても、兄弟の情として平素しばしば会いたいと思ったから、象も絶えず都に出て来たのである。古書に『朝貢の時期を待たずに、政事にかこつけては有庳の君に接見された』というのは、まったくこれをいったものである」

126 咸丘蒙問うて曰く、「語に云ふ、『盛徳の士は、君も得て臣とせず。父も得て子とせず。舜 南面して立つや、堯 諸侯を帥ゐて、北面して之に朝す。瞽瞍も亦北面して之に朝す。舜、瞽瞍を見て、其の容 蹙める有り。孔子曰く、〈斯の時に於てや、天下殆いかな。岌岌乎たり〉と』識らず。此の語誠に然るか」と。孟子曰く、「否。此れ君子の言に非ず。斉東野人の語なり。堯 老して舜 摂するなり。堯典に曰く、『二十有八載、放勲乃ち徂落す。百姓 考妣を喪するが如し。三年、四海 八音を遏密す』と。孔子曰く、『天に二日無く、民に二王無し』と。舜 既に天子為り。又天下の諸侯を帥ゐて、以て堯の三年の喪を為さば、是れ二天子なり」と。

［現代語訳］

咸丘蒙が問う、「古語に『徳の優れて高い人は、君主も臣下にすることができず、父も子供として扱うことができぬ。されば、舜が南面して君主の位につくや、今までの帝たる堯は諸侯を率いて北面の臣礼をもって朝し、父の瞽瞍もまた北面の臣礼をもって朝した。舜は臣礼をとる父の瞽瞍の姿を見て、恐縮して落ち着かぬ様子であった。孔子はこのことを評して、〈このときばかりは、天下の人倫も岌々乎として危険であった〉と言われた』とありますが、この話はほんとうのことでしょうかしら」孟子が答える、「いや、これは君子のことばではなく、斉の東辺の道理のわからぬ田舎者の話だ。堯は隠居して舜が摂政となったので、堯の生前、舜が天子になったのではない。そのことは『書経』の堯典に『舜が摂政となって二十八年、帝堯はついに崩御せられた。百官はあたかも父母の喪に服するがごとく三年の喪に服し、三年間というもの、天下の人民は音楽を停止して謹慎した』とあることでもわかる。孔子も『天に二つの日はなく、民に二人の王はない』と言われたが、舜がすでに天子になっていて、天下の諸侯を率いて堯のために三年の喪に服したとすれば、つまり二人の天子がいたことになってしまう」

咸丘蒙曰く、「舜の堯を臣とせざるは、則ち吾既に命を聞くことを得たり。詩に云ふ、『普天の下、王土に非ざるは莫く、率土の浜、王臣に非ざるは莫し』と。而して舜既に天子と為る。敢て問ふ、瞽瞍の臣に非ざるは如何」と。曰く、「是の詩や、是を之れ謂ふに非ざるなり。王事に労して、父母を養ふことを得ざるなり。曰く、『此れ王事に非ざること莫し。我独り賢労す』と。故に詩を説く者は、文を以て辞を害せず。辞を以て志を害せず。意を以て志を逆ふ。是れ之を得たりと為す。如し辞のみを以てせば、雲漢の詩に曰く、『周余の黎民、孑遺有ること靡し』と。斯の言を信ぜば、是れ周に遺民無きなり。孝子の至りは、親を尊ぶより大なるは莫し。親を尊ぶの至りは、天下を以て養ふより大なるは莫し。天子の父為るは、尊ぶの至りなり。天下を以て養ふは、養ふの至りなり。詩に曰く、『永く言に孝を思ふ。孝を思へば維れ則たり』と。此を之れ謂ふなり。書に曰く、『載を祗みて瞽瞍に見え、夔夔として斉栗す。瞽瞍も亦允とし若へり』と。是を父得て子とせずと為す」と。

[現代語訳]

咸丘蒙が言う、「舜が堯を臣下としなかったことは、お話を承ってわかりました。ところで『詩経』には『あまねく天下は、王の領土にあらざるはなく、続くかぎりの土地の果てまでも、その民は王の臣下にあらざるはなし』とありますのに、舜は天子となった以上、瞽瞍だけが臣下でないとは、いったいどうしたことでしょうか」孟子「その詩はそういう意味なのではない。時の王臣が王事に苦労させられて、父母を養うことができないことを嘆じたもので、つまり、自分たちの仕事はみな王事でないものはないのに、同じ王臣の他の者は楽をして、自分たちばかりが苦労する、とこぼしたのだ。それでもわかるように、詩を説く者は、一つの文字にかかわって一句のことばの意味を誤ることがないように、一句のことにかかわって全体の詩の意味を誤ることがないように、自分の気持をもって、作者の心のあるところをくみ取る、というようにしてこそ、詩がわかるといえるのだ。もし、ことばだけで解すると、大雅 雲漢の詩に『周の乱後に生き残りの民衆は、一人もなくなった』とあるから、このことばを信ずると、周には生き残りの人民はないことになる。そんなことはあるはずがないのだ。

さて、孝子の極致は、親を尊ぶより大なるはなく、親を尊ぶことの極致は、天下の富をもって親に孝養を尽くすより大なるはない。されば、瞽瞍が天子の父となったのは、尊の極致であるし、舜が天下をもって瞽瞍に孝養したのは、孝養の極致である。『詩経』に『長く孝を尽くすことを思う。孝を思うならば、それが自然と天下の則となる』とあるのは、この舜のことをいったものである。また、『書経』にも『舜は平生、慎んで子供としての務めを果たし、父の瞽瞍の前に出ては、十分に恐れ慎んだので、瞽瞍もついに舜の誠心に感じてすなおになった』とあるが、かかることこそ、父も子供として扱うことができぬというものである」

127万章曰く、「『堯は天下を以て舜に与ふ』と。諸有りや」と。孟子曰く、「否。天子は天下を以て人に与ふること能はず」と。「然らば則ち舜の天下を有つや、孰か之を与へたる」と。曰く、「天之を与ふ」と。「天の之を与ふるは、諄諄然として之を命ずるか」と。曰く、「否。天言はず。行ひと事とを以て、之を示すのみ」と。曰く、「行ひと事とを以て之を示すとは、之を如何」と。曰く、「天子は能く人を天に薦むれども、天をして之に天下を与へしむること能はず。諸侯は能く人を天子に薦むれども、天子をして之に諸侯を与へしむること能はず。大夫は能く人を諸侯に薦むれども、諸侯をして之に大夫を与へしむること能はず。昔者、堯、舜を天に薦めて、天之を受く。之を民に暴して、民之を受く。故に曰く、『天言はず。行ひと事とを以て、之を示すのみ』と」

［現代語訳］

万章が問う、「堯は天下をば舜に与えたというのは、ほんとうでしょうか」孟子が答える、「いや、天子でもかってに天下を人に与えることはできないのだ」「そうしますと、舜が天下を得たのは、だれが与えたのでしょうか」「天が与えたのだ」「天が与えるというのは、天が諄々と話をして御命令になったのですか」「いやいや、天はなんとも言われぬ。舜の行為とそれに応じた事柄とで、その意味をお示しになるだけだ」「行為と事柄とで、天意をお示しになるとは、どういうことでしょうか」「いったい、天子は後継者として優れた人物を天に対して推薦することはできるが、天をしてこの者に天下を与えさせることはできない。諸侯は人物を天子に推薦することはできるが、天子をしてこの者に諸侯の位を与えさせることはできない。また、大夫は人物を諸侯に推薦することはできるが、諸侯をしてこの者に大夫の位を与えさせることはできないのだ。そういうわけで、昔、堯は舜を天に推薦したところ、天はこれを受納されたし、さらに人民の前に明らかにしたところ、人民もこれを了承した。これで事が決まったのである。だから、天はなにも言わないで、行為と事柄とで天意を示すだけだ、というのだ」

曰く、「敢て問ふ、之を天に薦めて、天 之を受け、之を民に暴して、民 之を受くとは、如何」と。曰く、「之をして祭を主らしめて、百神 之を享く。是れ天 之を受くるなり。之をして事を主らしめて、事治まり、百姓 之に安んず。是れ民 之を受くるなり。天 之を与へ、人 之を与ふ。故に曰く、『天子は天下を以て人に与ふること能はず』と。舜は堯に相たること二十有八載。人の能く為す所に非ざるなり。天なり。堯崩じ、三年の喪畢りて、舜、堯の子を南河の南に避く。天下の諸侯、朝覲する者、堯の子に之かずして、舜に之く。訟獄する者、堯の子に之かずして、舜に之く。謳歌する者、堯の子を謳歌せずして、舜を謳歌す。故に曰く、『天なり』と。夫れ然る後、中国に之き、天子の位を践めり。而し堯の宮に居り、堯の子に逼らば、是れ簒ふなり。天の与ふるに非ざるなり。泰誓に曰く、『天の視るは我が民の視るに自り、天の聴くは我が民の聴くに自る』と。此を之れ謂ふなり」

［現代語訳］

「たってお尋ねいたしますが、天に推薦したら天が受け、人民の前に明らかにしたら人民が了承したとは、どういうことでございますか」「舜に天地山川の祭りをやらせたところ、神々はこれを受け入れられて、天地風雨に異変がなかった。つまり、天が舜を承認された証拠だ。舜に政治をやらせてみると、よく治まって人民は平安に暮らしている。つまり、人民が承認した証拠だ。かくのごとく天下は天が与え、人民が与えたのである。ゆえに、天子でもかってに天下をば人に与えることはできぬというのだ。

そもそも、舜は堯の宰相たること二十八年という長い間であった。これはとうてい人間の力だけでできることではないので、まさに天意である。さて、堯が崩御して三年の喪が済むと、舜は堯の子、丹朱に遠慮して遠く南河の南のほうへ退いた。ところが、天下の諸侯の朝覲する者は、堯の子には行かずに舜のほうへ来る。訴訟のある者は、堯の子には行かずに舜のほうへ来る。また、徳をたたえる者は、堯の子をたたえずして舜の徳をたたえるというありさまであった。だから、これは天意だというのだ。ことここに至って、舜もついに中央に戻って正式に天子の位についたのである。これがもし堯の崩じたのち、そのまま、堯の御殿に入り込み、堯の子を無理に押しのけるようなことをしたら、それは天子の位を奪ったというもので、天が与えたとはいえぬ。『書経』の泰誓篇に『天が見るのは、我が民が見るのによって見、天が聴くのは、我が民が聴くのによって聴く』とあるのは、このことをいったものである」

128万章問うて曰く、「人言へること有り。『禹に至りて徳衰へ、賢に伝へずして、子に伝ふ』と。諸有りや」と。孟子曰く、「否。然らざるなり。天、賢に与ふれば、則ち賢に与へ、天、子に与ふれば、則ち子に与ふ。昔者、舜、禹を天に薦むること、十有七年。舜崩じ、三年の喪畢りて、禹、舜の子を陽城に避く。天下の民之に従ふこと、堯崩ずるの後、堯の子に従はずして、舜に従ふが若し。禹、益を天に薦むること、七年。禹崩じ、三年の喪畢りて、益、禹の子を箕山の陰に避く。朝覲・訟獄する者、益に之かずして、啓に之く。曰く、『吾が君の子なり』と。謳歌する者、益を謳歌せずして、啓を謳歌す。曰く、『吾が君の子なり』と。

〔現代語訳〕

万章が問うて言う、「禹に至って徳義が衰え、賢者に位を譲らずに、自分の子に伝えるようになった、という話がありますが、ほんとうでしょうか」孟子答えて、「いや、そんなことはない。天下を伝えるのは、天意であって、天が賢者に与えれば賢者に伝えられ、天が子に与えれば子に伝えられるのだ。昔、舜は天帝に禹を推薦すること十七年で、舜が崩じ三年の喪が済むと、禹は舜の子商均に遠慮して陽城に引退した。ところが、天下の民は禹のところへ集まること、あたかも堯が崩じたのち、天下の民が堯の子に従わずして舜に従ったのと同様であった。さて禹も晩年、天帝に対して重臣の益を推薦すること七年であったが、禹が崩じて三年の喪が済むと、益は禹の子啓に遠慮して箕山の北麓に引退した。すると朝覲したり訴訟したりする者は、益のところへは行かずに、みな啓のところへ出かけて行き、口々に『我が君のお子様だもの』と言う。徳をたたえて歌う者どもも、益の徳を歌わずに、啓の徳をたたえて、『我が君のお子様だもの』と言ったのである。

丹朱は不肖、舜の子も亦不肖なり。舜の堯に相たり、禹の舜に相たるや、年を歴ること多く、沢を民に施すこと久し。啓、賢にして、能く敬んで禹の道を承け継ぐ。益の禹に相たるや、年を歴ること少く、沢を民に施すこと未だ久しからず。舜・禹・益、相去ること久遠に、其の子の賢不肖なる、皆天なり。人の能く為す所に非ざるなり。之を為すこと莫くして為る者は、天なり。之を致すこと莫くして至る者は、命なり。匹夫にして天下を有つ者は、徳必ず舜・禹の若くにして、又天子の之を薦むる者有り。故に仲尼は天下を有たず。世を継いで、以て天下を有つもの、天の廃する所は、必ず桀・紂の若き者なり。故に益・伊尹・周公は、天下を有たず。

［現代語訳］

さて、堯の子の丹朱は不肖の子であり、舜の子の商均も不肖の子であった。一方、舜は堯の宰相として、禹は舜の宰相として、いずれも長い年月を経過し、民に恩沢を施すことも久しいものであった。ところが、禹の子の啓は賢明で、よく慎んで禹の政道を継承しており、益が禹の宰相となってから、いくらも年月がたたず、したがって、恩沢を民に施すことも久しくはなかったのである。かように、舜・禹と益とは宰相としての年数に非常に差があり、また、天子の子の賢・不肖の差があったことは、みな天命である。すなわち、人力ではなしえぬことである。つまり、人力でなさなくても自然にそうなるのは天であり、人力で招き寄せなくてもやって来るのは命である。

いったい、一介の平民でありながら天下を保つ天子となる者は、その徳は必ず舜や禹のごとく高く、かつ天子が推薦したという条件がなければならない。ゆえに孔子は、その徳は舜・禹にも劣らなかったが、天子の推薦がなかったので、天下を保つに至らなかったのである。また、親のあとを継いで天子となる者にあっては、天命すでに定まっているので、桀や紂のごとき暴逆の君でなければ、容易に天が見捨てることはない。だから益・伊尹・周公などは天子になれなかったのである。

伊尹は湯に相として、以て天下に王たらしむ。湯崩じ、太丁未だ立たず。外丙は二年。仲壬は四年。太甲、湯の典刑を顚覆す。伊尹之を桐に放すること三年なり。太甲過ちを悔い、自ら怨み自ら艾めて、桐に於いて仁に処り義に遷ること三年、以て伊尹の己に訓ふるを聴くや、亳に復帰す。周公の天下を有たざるは、猶ほ益の夏に於ける、伊尹の殷に於けるがごときなり。孔子曰く、『唐・虞は禅り、夏后・殷・周は継ぐ。其の義は一なり』と」

[現代語訳]

伊尹は湯の宰相となって、天下に王たらしめたが、湯が崩ずると、その子の太丁は位につく前に没したので、その弟の外丙が立ち、わずか二年で没すると、またその弟の仲壬が立ち、これも四年にして没したので、太丁の子の太甲が位についた。彼は湯王の定めた常法をぶち壊してかってなことをするので、伊尹は太甲を桐という所に追放して反省せしむること三年であった。そこで太甲も過ちを悔い、自分の悪事を恨みに思ってみずから修養に努め、桐にあって仁に努め義に志すこと三年、伊尹の教戒を聴き入れたので、再び都の亳に帰って位につくことになった。ゆえに、伊尹はみずから王にはならなかったのである。周公が天子となって天下を保有しなかったのも、ちょうど、益の夏における場合、伊尹の殷における場合と同様である。孔子が『唐堯と虞舜は賢者に譲り、夏・殷・周は子孫が継承したが、いずれも天意によるので、私欲を交えたのでないという道理のうえからは、同じことである』と言われたとおりである」

129 万章問うて曰く、「人言へること有り。『伊尹は割烹を以て湯に要む』と。諸有りや」と。孟子曰く、「否。然らず。伊尹は有莘の野に耕して、堯舜の道を楽しむ。其の義に非ざるや、其の道に非ざるや、之を禄するに天下を以てするも、顧みざるなり。繋馬千駟も、視ざるなり。其の義に非ざるや、其の道に非ざるや、一介も以て人に与へず。一介も以て諸を人より取らず。

[現代語訳]

万章が問う、「伊尹は料理人となって湯王に取り入ったという話がありますが、ほんとうでしょうか」孟子が答える、「いや、そんなことはない。伊尹は初め有莘国の田野で耕作をしながら、堯舜の道を楽しんでいた。そして、義に外れたこと、道に外れたことであったら、俸禄として天下を与えるといっても顧みもせず、飼い馬四千頭の富を与えるといっても、見向きもしなかった。また、義に外れたこと、道に外れたことであったら、わらしべ一本でも人に与えず、人からも取ろうとしなかった。それほど清廉な人物であった。

湯、人をして幣を以て之を聘せしむ。囂囂然として曰く、『我何ぞ湯の聘幣を以て為さんや。我豈畎畝の中に処り、是に由りて以て堯舜の道を楽しむに若かんや』と。湯三たび往きて之を聘せしむ。既にして幡然として改めて曰く、『我畎畝の中に処り、是に由りて以て堯舜の道を楽しまんよりは、吾豈是の君をして堯舜の君為らしむるに若かんや。吾豈是の民をして堯舜の民為らしむるに若かんや。吾豈吾が身に於て親しく之を見るに若かんや。天の此の民を生ずるや、先知をして後知を覚さしめ、先覚をして後覚を覚さしむ。予は天民の先覚者なり。予将に斯の道を以て斯の民を覚さんとす。予之を覚すに非ずして誰ぞや』と。天下の民、匹夫匹婦も堯舜の沢を被らざる者有るを思ふこと、己推して之を溝中に内るるが若し。其の自ら任ずるに天下の重きを以てすること此の如し。故に湯に就きて之を説くに、夏を伐ち民を救ふことを以てす。

［現代語訳］

湯王は使いをやって礼物を備えて伊尹（いいん）を招聘せしめた。ところが、伊尹は欲がないから遠慮なく『湯王の招聘の礼物などはなんになる。わしは畑の中で暮らし、堯舜の仁義の道を楽しむほうがよほどいい』と言い放った。湯王はなおも招こうと思って三度も使いをやって招聘させたので、伊尹もついに翻然として志を改めて考えた。『畑の中で堯舜の道を楽しんでいるより、この君、湯王を堯舜のごとき名君にするほうがよさそうだし、今の人民を堯舜の人民のように楽しませるほうがよさそうだ。わしも自分の目で直接、堯舜時代のごとき世の中を見たほうがいい。いったい、天が人民を生ずるにあたっては、先に物事を知った者に、まだ知らぬ者を教えさせ、先に目覚めた者に、まだ目覚めぬ者を呼び起こさせるはずのものだ。わしは天の生じた人間の中での先覚者だ。ひとつ堯舜の道をもって、この人民を指導してやろう。わしがやらなくてだれがやれるか』つまり伊尹は、天下の人民、名もなき者一人でも、堯舜の恩沢を被らぬ者があったら、あたかも自分がその人間をみぞの中へ突き落としでもするかのごとくに考えたのであって、かくのごとく天下という重大なものを自分一人で背負って立つ気になった。だから、湯王のところへ行って、暴逆なる夏の桀王（けつおう）を討ち、天下万民の苦しみを救うべきことを説いたのである。

吾未だ己を枉げて人を正す者を聞かざるなり。況や己を辱めて、以て天下を正す者をや。聖人の行ひは同じからざるなり。或ひは遠ざかり或ひは近づき、或ひは去り或ひは去らず。其の身を潔くするに帰するのみ。吾其の堯舜の道を以て湯に要むるを聞く。未だ割烹を以てするを聞かざるなり。伊訓に曰く、『天誅 攻むることを造すは、牧宮 自りす。朕は亳自り載む』と」

[現代語訳]

私は自分が曲がっていて、人を正すということは聞いたことがない。まして、自分を辱めておきながら、一人の人どころか天下を正そうなどとは、なおさらのことだ。聖人の行動は必ずしも同じではなく、あるいは隠退し、あるいは仕えて君に近づき、あるいは去って仕えず、あるいは去らずに踏みとどまる、というわけだが、要するに自分の一身を潔くすることに帰着する。私は伊尹は自分から湯に求めて仕えたのではないと思うが、かりに求めたとしても、それは堯舜の道をもって求めたのであって、料理番になって取り入ったなどとは聞いたことがない。『書経』の伊訓篇にも『天誅をなすのは攻伐を受けるごとき悪事をなすからで、それは牧宮に住む桀王がみずから招いたことである。私（伊尹）が湯王を助ける仕事は、その都の亳から始めた』と言っているとおりである」

130 万章 問うて曰く、「或ひと謂ふ、『孔子 衛に於ては癰疽を主とし、斉に於ては侍人瘠環を主とす』と。諸有りや」と。孟子曰く、「否。然らざるなり。事を好む者之を為すなり。衛に於ては顔讐由を主とせり。弥子の妻は子路の妻と兄弟なり。弥子、子路に謂ひて曰く、『孔子我を主とせば、衛の卿得可きなり』と。子路以て告ぐ。孔子曰く、『命有り』と。孔子は進むに礼を以てし、退くに義を以てす。得ると得ざるとは、命有りと曰ふ。而るに癰疽と侍人瘠環とを主とせば、是れ義無く命無きなり。

[現代語訳]

万章が問う、「孔子は衛の国では殿様お気に入りの腫物医者の家に寄寓し、斉の国では殿様お気に入りの宦官瘠環の家に寄寓されたという人がありますが、ほんとうでしょうか」

孟子が答える、「いや、そんなことはない。ゴシップ屋の作り話だ。孔子は衛では賢大夫の顔讐由の家に寄寓されたのだ。ところで、当時、殿様第一のお気に入りの弥子瑕の妻は、孔子の門人子路の妻と姉妹であったから、弥子瑕は子路に向かって『孔子が私の所へ寄寓されれば、衛の卿にしてあげます』と言った。子路はこのことを孔子に話すと、孔子は『そういうことは天命があるから』と言って断られた。かくのごとく、孔子は進むにも退くにも、礼義にかなった道によられたのであって、地位を得るか得ないかは天命があると言われた。しかるに、腫物医者や宦官の瘠環の家に寄寓して、任官の手づるを得ようとされたとしたら、それこそ礼義もなければ天命もないというものだ。

孔子、魯・衛に悦ばれず。宋の桓<ruby>司馬<rt>しば</rt></ruby>が将に要して之を殺さんとするに遭ひ、<ruby>微服<rt>びふく</rt></ruby>して宋を過ぐ。是の時孔子、<ruby>陀<rt>やく</rt></ruby>に当れり。<ruby>司城貞子<rt>しじょうていし</rt></ruby>が、<ruby>陳侯周<rt>ちんこうしゅう</rt></ruby>の臣と<ruby>為<rt>な</rt></ruby>れるを主とせり。吾聞く、『<ruby>近臣<rt>きんしん</rt></ruby>を<ruby>観<rt>み</rt></ruby>るには、其の主と為る所を以てし、<ruby>遠臣<rt>えんしん</rt></ruby>を観るには、其の主とする所を以てす』と。若し孔子にして<ruby>癰疽<rt>ようそ</rt></ruby>と侍人<ruby>瘠環<rt>せきくわん</rt></ruby>とを主とせば、何を以て孔子と<ruby>為<rt>な</rt></ruby>さんや」と。

【現代語訳】

孔子は魯および衛において意見が用いられず歓迎されないので、宋に行かれたが、宋でも司馬の桓魋が待ち伏せをして殺そうとするという危難に会われた。そこで、微賤な者に変装して宋を通過されたが、このときはまったく孔子も災厄にぶつかったものである。そのようなときでも陳侯の周という人の臣下となっていた司城貞子の家を選んで身を寄せられた。私の聞くところでは、朝廷に仕える王の近臣の人物を見るには、彼が宿主となって寄寓させておく人間を見る。遠方から仕官して来た者を見抜くには、彼が身を寄せている人間を見る、ということだ。もし、孔子が腫物医者や宦官の瘠環という寵臣を頼られたとしたら、どこに孔子としての価値があろうか」

131 <ruby>万章<rt>ばんしゃう</rt></ruby>問うて曰く、「<ruby>或<rt>ある</rt></ruby>ひと曰く、『<ruby>百里奚<rt>ひゃくりけい</rt></ruby>は<ruby>自<rt>みづか</rt></ruby>ら秦の<ruby>牲<rt>せい</rt></ruby>を<ruby>養<rt>やしな</rt></ruby>ふ者に五羊の<ruby>皮<rt>かは</rt></ruby>に<ruby>鬻<rt>ひさ</rt></ruby>ぎ、牛を<ruby>食<rt>やしな</rt></ruby>ひて以て秦の<ruby>繆公<rt>ぼくこう</rt></ruby>に<ruby>要<rt>もと</rt></ruby>む』と。<ruby>信<rt>しん</rt></ruby>なるか」と。孟子曰く、「否。<ruby>然<rt>しか</rt></ruby>らず。

事を好む者、之を為すなり。百里奚は虞の人なり。晋人 垂棘の璧と、屈産の乗とを以て、道を虞に仮り、以て虢を伐つ。宮之奇は諫め、百里奚は諫めず。虞公の諫む可からざるを知りて、去りて秦に之く。年已に七十なり。曾ち牛を食ふを以て、秦の繆公に干むるの汙為るを知らざるや、智と謂ふ可けんや。諫む可からずして諫めざるは、不智と謂ふ可けんや。虞公の将に亡びんとするを知りて、先づ之を去るは、不智と謂ふ可からざるなり。時に秦に挙げられ、繆公の与に行ふ有る可きを知るや、之に相たるは、不智と謂ふ可けんや。秦に相として其の君を天下に顕し、後世に伝ふ可きは、不賢にして之を能くせんや。自ら鬻ぎて以て其の君を成すは、郷党の自ら好する者も為さず。而るを賢者にして之を為すと謂はんや」と。

[現代語訳]

万章が問う、「虞の賢人、百里奚は自分で秦の牧場主に羊の皮五枚で身を売り、そこで牛飼いをしながら秦の繆公に仕官の機を求めたのだ、という人がありますが、ほんとうですか」孟子が答える、「いや、そうでない。それはゴシップ屋の作り事だ。そもそも、百里奚は虞国の人であるが、晋の国から名産の垂棘の美玉と屈産の名馬を贈り物として、隣国の虢国を討つために虞の国内を通過したいと申し込んできたことがあった。そのとき、やはり虞の賢人の宮之奇は殿様をいさめてそれを断らせようとしたが、百里奚はいさめなかった。それは虞の殿様をいさめて思いとどまらせることはできぬと知っていたから、見切りをつけて国を去って秦に行ったが、年はすでに七十歳であった。それだのに牛飼いになって秦の繆公に仕官を求めるのはみっともないことだとわからないようでは、智ある者とはいえようか。いさめてもむだであるからいさめないのは、不智といえようか。虞公がやがて滅びることを知って、事前に国を去ったのは、不智とはいえないことだ。秦に登用されると、繆公こそともに事を行うことができる人物と知って、この君を助けたのは、不智といえようか。秦の宰相となって、その君を天下に有名にし、後世にまでも伝わるようにしたのは、不賢者でできることだろうか。自分で身を売ってその君の仕事を成さしめるなどは、村里の名を惜しむ者でもしないことだのに、天下の賢者がそれをするというのか」

原文

123 萬章問曰、舜往二于田一、號二‐泣于旻天一。何爲其號泣也。孟子曰、怨慕也。萬章曰、父母愛レ之、喜而不レ忘。父母惡レ之、勞而不レ怨。然則舜怨乎。曰、長息問二於公明高一曰、舜往二于田一、則吾既得レ聞レ命矣。號二‐泣于旻天于父母一、則吾不レ知也。公明高曰、是非二爾所一レ知也。夫公明高、以二孝子之心一、爲レ不二若レ是恝一。我竭レ力耕レ田、共二爲レ子職一而已矣。父母之不二我愛一、於レ我何哉。帝使三其子九男二女、百官牛羊倉廩備、以事二舜於畎畝之中一。天下之士、多二就レ之者一。帝將下胥二天下一而遷上レ之焉。爲レ不レ順二於父母一、如二窮人無一レ所レ歸。天下之士悅レ之、人之所レ欲也。而不レ足二以解一レ憂。好色人之所レ欲。妻二帝之二女一、而不レ足二以解一レ憂。富人之所レ欲。富有二天下一、而不レ足二以解一レ憂。貴人之所レ欲。貴爲二天子一、而不レ足二以解一レ憂。人悅レ之、好色富貴、無下足二

以解一レ憂者上。惟順二於父母一、可二以解一レ憂。人少則慕二父母一、知二好色一則慕二少艾一、有二妻子一則慕二妻子一、仕則慕レ君、不レ得二於君一則熱中。大孝、終身慕二父母一。五十而慕者、予於二大舜一見レ之矣。

124 萬章問曰、詩云、娶レ妻如レ之何。必告二父母一。信二斯言一也、宜レ莫レ如レ舜。舜之不レ告而娶、何也。孟子曰、告則不レ得レ娶。男女居レ室、人之大倫也。如告則廢二人之大倫一、以懟二父母一。是以不レ告也。萬章曰、舜之不レ告而娶、則吾既得レ聞レ命矣。帝之妻レ舜而不レ告、何也。曰、帝亦知二告焉則不一レ得レ妻也。

萬章曰、父母使二舜完一レ廩、捐レ階。瞽瞍焚レ廩。使レ浚レ井。出。從而揜レ之。象曰、謨レ蓋二都君一、咸我績。牛羊父母、倉廩父母。干戈朕、琴朕、弤朕、二嫂使レ治二朕棲一。象往入二舜宮一。舜在レ牀琴。象曰、鬱陶思レ君爾。忸怩。舜曰、惟茲臣庶、汝其于レ予治。不レ識、舜不レ知二象之將一レ殺レ己與。曰、奚而不レ知也。象憂亦憂、象喜亦喜。

曰、然則舜僞喜者與。曰、否。昔者、有レ饋二生魚於鄭子產一。子產使三校人畜二之池一。校人烹レ之。反命曰、始舍レ之、圉圉焉。少則洋洋焉。攸然而逝。子產曰、得二其所一哉。得二其所一哉。校人出曰、孰謂二子產智一。予既烹而食レ之。曰、得二其所一哉。得二其所一哉。故君子可三欺以二其方一。難二罔以一レ非二其道一。彼以二愛レ兄之道一來。故誠信而喜レ之。奚僞焉。

125 萬章問曰、象日以レ殺レ舜爲レ事。立爲二天子一、則放レ之何也。孟子曰、封レ之也。或曰、放焉。萬章曰、舜流二共工于幽州一、放二驩兜于崇山一、殺二三苗于三危一、殛二鯀于羽山一。四罪而天下咸服。誅二不仁一也。象至不仁。封二之有庳一。有庳之人、奚罪焉。仁人固如レ是乎。在二他人一則誅レ之、在レ弟

則封レ之。曰、仁人之於レ弟也、不レ藏レ怒焉、不レ宿レ怨焉。親二愛之一而已矣。親レ之欲二其貴一也、愛レ之欲二其富一也。封二之有庳一、富二貴之一也。身爲二天子一、弟爲二匹夫一、可レ謂レ親二愛之一乎。敢問、或曰放者、何謂也。曰、象不レ得レ有レ爲二於其國一。天子使下吏治二其國一、而納中其貢稅上焉。故謂二之放一。豈得レ暴二彼民一哉。雖レ然、欲二常常而見一レ之。故源源而來。不レ及レ貢、以レ政接二于有庳一、此之謂也。

126 咸丘蒙問曰、語云、盛德之士、君不二得而臣一。父不二得而子一。舜南面而立、堯帥二諸侯一北面而朝レ之。瞽瞍亦北面而朝レ之。舜見二瞽瞍一、其容有レ蹙。孔子曰、於二斯時一也、天下殆哉。岌岌乎。不レ識、此語誠然乎哉。孟子曰、否。此非二君子之言一。齊東野人之語也。堯老而舜攝也。堯典曰、二十有八載、放勳乃徂落。百姓如レ喪二考妣一。三年、四海遏二密八音一。孔子曰、天無二二日一、民無二二王一。舜既爲二天子一矣。又帥二天下諸侯一、以爲二堯三年喪一、是二天子矣。

咸丘蒙曰、舜之不レ臣レ堯、則吾既得レ聞レ命矣。詩云、普天之下、莫レ非二王土一、率土之濱、莫レ非二王臣一。而舜既爲二天子一矣。敢問、瞽瞍之非レ臣、如何。曰、是詩也、非二是之謂一也。勞二於王事一、而不レ得レ養二父母一也。曰、此莫レ非二王事一。我獨賢勞也。故說レ詩者、不二以レ文害一レ辭。不二以レ辭害一レ志。以レ意逆レ志。是爲レ得レ之。如以二辭而已一矣、雲漢之詩曰、周餘黎民、靡レ有二孑遺一。信二斯言一也、是周無二遺民一也。孝子之至、莫レ大二乎尊一レ親。尊レ親之至、莫レ大下乎以二天下一養上。爲二天子父一、尊之至也。以二天下一養、養之至也。詩曰、永言孝思。孝思維則。此之謂也。書曰、祗レ載見二瞽瞍一、夔夔齊栗。瞽瞍亦允若。是爲三父不二得而子一也。

127 萬章曰、堯以二天下一與レ舜。有レ諸。孟子曰、否。天子不レ能下以二天下一與上レ人。然則舜有二天下一

也、孰與レ之。曰、天與レ之。天與レ之者、諄諄然命レ之乎。曰、否。天不レ言。以二行與一レ事、示レ之而已矣。曰、以二行與一レ事示レ之者、如レ之何。曰、天子能薦二人於天一、不レ能レ使三天與二之天下一。諸侯能薦二人於天子一、不レ能レ使三天子與二之諸侯一。大夫能薦二人於諸侯一、不レ能レ使三諸侯與二之大夫一。昔者、堯薦二舜於天一、而天受レ之。暴二之於民一、而民受レ之。故曰、天不レ言。以二行與一レ事、示レ之而已矣。

曰、敢問、薦二之於天一、而天受レ之、暴二之於民一、而民受レ之、如何。曰、使二之主一レ祭、而百神享レ之。是天受レ之。使二之主一レ事、而事治、百姓安レ之。是民受レ之也。天與レ之、人與レ之。故曰、天子不レ能下以二天下一與上レ人。舜相レ堯二十有八載。非三人之所二能爲一也。天也。堯崩、三年之喪畢、舜避二堯之子於南河之南一。天下諸侯朝覲者、不レ之二堯之子一、而之レ舜。訟獄者、不レ之二堯之子一、而之レ舜。謳歌者、不三謳二歌堯之子一、而謳二歌舜一。故曰、天也。夫然後之二中國一、踐二天子位一焉。而居二堯之宮一、逼二堯之子一、是簒也。非二天與一也。泰誓曰、天視自二我民視一、天聽自二我民聽一。此之謂也。

128
萬章問曰、人有レ言。至二於禹一而德衰、不レ傳二於賢一、而傳二於子一、有レ諸。孟子曰、否。不レ然也。天與レ賢、則與レ賢、天與レ子、則與レ子。昔者、舜薦二禹於天一、十有七年。舜崩、三年之喪畢、禹避二舜之子於陽城一。天下之民從レ之、若下堯崩之後、不レ從二堯之子一、而從上レ舜也。禹薦二益於天一、七年。禹崩、三年之喪畢、益避二禹之子於箕山之陰一。朝覲訟獄者、不レ之レ益、而之レ啓。曰、吾君之子也。謳歌者、不三謳二歌益一、而謳二歌啓一。曰、吾君之子也。丹朱之不肖、舜之子亦不肖。舜之相レ堯、禹之相レ舜也、歷レ年多、施二澤於民一久。啓賢、能敬承㆓繼禹之道㆒。益之相㆑禹也、歷㆑年少、施㆓澤於民㆒未㆑久。舜禹益、相去久遠、其子之賢不肖、皆天也。非㆔人之所㆓能爲㆒也。莫㆓之爲㆒而爲者、天也。莫㆓之致㆒而至者、命也。匹夫而有㆓天下㆒者、德必若㆓舜禹㆒、而又有㆓天子薦㆑之者㆒。故仲尼不㆑有㆓天下㆒。繼㆑世以有㆓天下㆒、天之所㆑廢、必若㆓桀紂㆒者也。故益伊尹周公、不㆑有㆓天下㆒。

伊尹相㆑湯、以王㆓於天下㆒。湯崩、太丁未㆑立。外丙二年。仲壬四年。太甲顚㆓覆湯之典刑㆒。伊尹放㆓之於桐㆒三年。太甲悔㆑過、自怨自艾、於㆑桐處㆑仁遷㆑義三年、以聽㆓伊尹之訓㆑己也、復㆓歸于亳㆒。周公之不㆑有㆓天下㆒、猶㆓益之於㆑夏、伊尹之於㆒㆑殷也。孔子曰、唐虞禪、夏后殷周繼。其義一也。

129
萬章問曰、人有㆑言。伊尹以㆓割烹㆒要㆑湯。有㆑諸。孟子曰、否。不㆑然。伊尹耕㆓於有莘之野㆒、而樂㆓堯舜之道㆒焉。非㆓其義㆒也、非㆓其道㆒也、祿㆑之以㆓天下㆒、弗㆑顧也。繫馬千駟、弗㆑視也。非㆓其義㆒也、非㆓其道㆒也、一介不㆓以與㆒㆑人。一介不㆔以取㆓諸人㆒。湯使㆓人以㆑幣聘㆒㆑之。囂囂然曰、我何以㆓湯之聘幣㆒爲哉。我豈若㆘處㆓畎畝之中㆒、由㆑是以樂㆗堯舜之道㆖哉。湯三使㆓往聘㆒㆑之。既而幡然改曰、與㆘我處㆓畎畝之中㆒、由㆑是以樂㆗堯舜之道㆖、吾豈若㆑使㆔是君爲㆓堯舜之君㆒哉。吾豈若㆑使㆔是民爲㆓堯舜之民㆒哉。吾豈若㆘於㆓吾身㆒親見㆖㆑之哉。天之生㆓此民㆒也、使㆔先知覺㆓後知㆒、使㆔先覺覺㆓後覺㆒也。予天民之先覺者也。予將㆘以㆓斯道㆒覺㆗斯民㆖也。非㆓予覺㆒㆑之而誰也。思㆘天下之民、匹夫匹婦、有㆗不㆑被㆓堯舜之澤㆒者㆖、若㆔己推而內㆓之溝中㆒。其自任以㆓天下之重㆒如㆑此。故就㆑湯而說㆑之、以㆓伐㆑夏救㆒㆑民。吾未㆑聞㆓枉㆑己而正㆑人者㆒也。況辱㆑己以正㆓天下㆒者乎。聖人之行不㆑同也。或遠或近、或去

或不レ去。歸レ潔二其身一而已矣。吾聞下其以二堯舜之道一要上レ湯。未レ聞レ以二割烹一也。伊訓曰、天誅造レ攻、自二牧宮一。朕載レ自レ亳。

130 萬章問曰、或謂、孔子於レ衞主二癰疽一、於レ齊主二侍人瘠環一。有レ諸乎。孟子曰、否。不レ然也。好レ事者爲レ之也。於レ衞主二顏讐由一。彌子之妻、與二子路之妻一、兄弟也。彌子謂二子路一曰、孔子主レ我、衞卿可レ得也。子路以告。孔子曰、有レ命。孔子進以レ禮、退以レ義。得レ之不レ得、曰レ有レ命。而主三癰疽與二侍人瘠環一、是無レ義無レ命也。孔子不レ悅二於魯衞一。遭三宋桓司馬、將二要而殺一レ之、微服而過レ宋。是時孔子當レ阨。主三司城貞子、爲二陳侯周臣一。吾聞、觀二近臣一、以二其所一レ爲レ主、觀二遠臣一、以二其所一レ主。若孔子主三癰疽與二侍人瘠環一、何以爲二孔子一。

131 萬章問曰、或曰、百里奚自鬻二於秦養レ牲者五羊之皮一、食レ牛以要二秦繆公一。信乎。孟子曰、否。不レ然。好レ事者爲レ之也。百里奚、虞人也。晉人以三垂棘之璧、與二屈產之乘一、假二道於虞一、以伐レ虢。宮之奇諫、百里奚不レ諫。知二虞公之不一レ可レ諫、而去之レ秦。年已七十矣。曾不レ知下以レ食レ牛、干二秦繆公一之爲上レ汙也、可レ謂レ智乎。不レ可レ諫而不レ諫、可レ謂二不智一乎。知二虞公之將一レ亡、而先去レ之、不レ可レ謂二不智一也。時擧二於秦一、知三繆公之可二與有一レ行也、而相レ之。可レ謂二不智一乎。相レ秦而顯二其君於天下一、可レ傳二於後世一、不賢而能レ之乎。自鬻以成二其君一、鄉黨自好者不レ爲。而謂二賢者爲一レ之乎。

132 孟子曰く、「伯夷は目に悪色を視ず。耳に悪声を聴かず。其の君に非ざれば事へず。其の民に非ざれば使はず。治まれば則ち進み、乱るれば則ち退く。横政の出づる所、横民の止まる所、居るに忍びざるなり。郷人と処るを思ふこと、朝衣朝冠を以て、塗炭に坐するが如し。紂の時に当り、北海の浜に居り、以て天下の清むを待てり。故に伯夷の風を聞く者は、頑夫も廉に、懦夫も志を立つる有り。

[現代語訳]

孟子が言う、「伯夷は目に不正な色を見ない。耳に不正な声を聴かない。こうした厳格清廉な人物であったから、仕えるべき理想的な主君でなければ仕えることをせず、治めるべき理想的な人民でなければ治めることをしなかった。世が治まれば進んで仕え、世が乱れると退いて隠れてしまった。また、横暴な政治をする朝廷や、横暴な人民のいる所には、とうていいることはできなかった。伯夷が礼儀をわきまえぬ村里の人々といっしょにいる苦痛は、ちょうど朝廷に出るときに着用する衣服や冠をまとって、泥や炭の汚れた中にすわっているようであった。殷の紂王が乱暴をして世が混乱しているときには、これを避けて北方の海辺に隠れて、天下の太平となるのを待っていた。こんなわけだから、後世になって伯夷の様子を聞いた者は、どんな頑冥で貪欲な者も、感化されて廉潔な人となり、柔弱で意志の強固でない者も、また感化されて志をたてるようになるのである。

伊尹は曰く、『何れに事ふるとして君に非ざらん。何れを使ふとして民に非ざらん』と。治まるも亦進み、乱るるも亦進む。曰く、『天の斯の民を生ずるや、先知をして後知を覚さしめ、先覚をして後覚を覚さしむ。予は天民の先覚者なり。予将に此の道を以て此の民を覚まさんとす』と。天下の民、匹夫匹婦も堯舜の沢を与被せざる者有るを思ふこと、己推して之を溝中に内るるが若し。其の自ら任ずるに天下の重きを以てすればなり。

[現代語訳]

伊尹が言う、『どんな君でも仕えて差し支えない。仕える君で自分の主君でない者はない。どんな人民でも治めて差し支えない。治める人民で自分の人民でない者はない』と。こういう気性であるから、国が治まれば進んで仕え、乱れても進んで君に仕え、民を治める責任を尽くそうとするのであった。そうして言うには、『いったい、天が人民を生ずるにあたっては、先に物事を知った者に、まだ知らぬ者を教えさせ、先に目覚めた者に、まだ目覚めぬ者を呼び起こさせるはずのものだ。わしは天の生じた人間の中での先覚者だ。ひとつこの堯舜の道をもって、この人民を指導してやろう。わしがやらなくてだれがやれるか』つまり伊尹は、天下の人民、名もなき者一人でも、堯舜の恩沢を被らぬ者があったら、あたかも自分がその人間をみぞの中へ突き落としでもするかのごとくに考えたのであって、それは天下という重大なものを自分一人で背負って立つ気だからである。

柳下恵は、汙君を羞ぢず。小官を辞せず。進んで賢を隠さず、必ず其の道を以てす。遺佚せられて怨みず、阨窮して憫へず、郷人と処り、由由然として去るに忍びざるなり。『爾は爾為り、我は我為り。我が側に袒裼裸裎すと雖も、爾焉んぞ能く我を浼さんや』と。故に柳下恵の風を聞く者は、鄙夫も寛に、薄夫も敦し。

〔現代語訳〕

柳下恵はいかにくだらない人君に仕えることも、少しも恥と思わず、いかに微賤な官でも辞退せず、自分の行うべきことを尽くし、進んで官に仕えるときは自分の賢才を隠さず、なすべきことを尽くし、たとい人から振り捨てられても少しも恨みと思わず、困窮しても心配もせず、村里の野人とともにいても満足して、その者どもと離れるに忍びないありさまである。そして『おまえはおまえ、わしはわしだ。もしもおまえがわしのそばで、肌を脱いだり、裸になったとしても、おまえがどうしてわしを汚すことができようか』と考える。こんな気分の広い人であったから、柳下恵の風を聞く者は、いかに心が卑しく度量の狭い人でも、これに感化されて寛大な者になり、軽薄な男でもこれに感化されて親切な者となるのである。

孔子の斉を去るや、淅を接して行く。魯を去るや、曰く、『遅遅として吾行く』と。父母の国を去るの道なり。以て速やかなる可くんば速やかに、以て久しかる可くんば久しうし、以て処る可くんば処り、以て仕ふ可くんば仕ふるは、孔子なり」

[現代語訳]

孔子が斉の国を立ち去られたときは、炊くために水につけてあった米の水を切って、さっさと出発されたが、魯の国を去られたときは、『行く足は重い』と言われた。これはまさに父母の国を立ち去る態度である。かくのごとく速やかなるべきときは速やかに、ゆっくりすべきときはゆっくり、仕えず引きこもっているべきときは引きこもり、仕えるべきときは仕える、すべて時のよろしきに従うのが孔子である」

孟子曰く、「伯夷は、聖の清なる者なり。伊尹は、聖の任なる者なり。柳下恵は、聖の和なる者なり。孔子は、聖の時なる者なり。孔子を之れ集めて大成すと謂ふ。

[現代語訳]

さて、孟子は語を改めて言う、「四人とも聖人というべき人だが、伯夷は清廉潔白な点に優れ、伊尹は責任感に優れ、柳下恵は調和の心に優れていて、それぞれ一局に偏する傾きがあるが、孔子は三聖人の徳を兼ね有して、常に時のよろしきに従って行動する、聖の時なる者というものである。ゆえに、孔子をば集めて大成せる者というのである。

『集めて大成す』とは、金声して玉之を振するなり。金声すとは、条理を始むるなり。玉之を振すとは、条理を終ふるなり。条理を始むるは、智の事なり。条理を終ふるは、聖の事なり。智は譬へば則ち巧なり。聖は譬へば則ち力なり。由ほ百歩の外に射るがごとし。其の至るは爾の力なり。其の中るは爾の力に非ざるなり」と。

[現代語訳]

集めて大成するというのは、音楽を奏するのに、まず鐘を鳴らして始め、終わりに玉器を打って締めくくりをすることである。鐘を鳴らすのは、乱れぬ調和を演奏し始めるものであり、玉器を打つのは、合奏を終わるものである。合奏を始めるのは智のことであり、合奏を終わるのは聖のことというべきである。

また、弓術にたとえると、智は技巧であり、聖は力量である。かりに百歩離れて射た場合に、矢が的まで届くのは、力であるが、的に当たるのは、力だけではだめで、技巧が必要なのだ。すなわち、弓を射て的に当てるのも力と巧、すなわち聖と智を兼ね備えなければならぬ」

133 北宮錡問うて曰く、「周室爵禄を班するや、之を如何」と。孟子曰く、「其の詳は聞くを得可からざるなり。諸侯其の己を害するを悪みて、皆其の籍を去れり。然り而うして軻や、嘗て其の略を聞けり。

［現代語訳］

北宮錡が問うた、「周の王室の爵位・俸禄を与える定めはどうなっておりましたか」孟子が答える、「詳しいことは聞き知ることができません。諸侯が互いに争っていて、周の制度があると自分たちの仕事のじゃまになるところから、みなでその記録類を破棄してしまったからです。しかしながら、私は昔その大略を聞いたことがあります。

天子一位、公一位、侯一位、伯一位、子・男同じく一位、凡そ五等なり。君一位、卿一位、大夫一位、上士一位、中士一位、下士一位、凡そ六等なり。

［現代語訳］

まず天子が一階級、次は公が一階級、侯が一階級、伯が一階級、子・男が一階級でおよそ五等である。また、天子と諸侯の国では、君が一階級、卿が一階級、大夫が一階級、上士が一階級、中士が一階級、下士が一階級で、およそ六等である。

天子の制は、地方千里、公・侯は皆方百里、伯は七十里、子・男は五十里、凡そ四等なり。五十里なること能はずして、天子に達せず、諸侯に附くを、附庸と曰ふ。天子の卿は、地を受くること侯に視へ、大夫は地を受くること伯に視へ、元士は地を受くること子・男に視ふ。

[現代語訳]

禄をわける方法は、天子の土地は畿内で千里四方あり、公と侯はみな百里四方、伯は七十里四方、子・男は五十里四方で、およそ四等である。五十里に足りない小国で、直接朝廷へ参覲してその姓名を天子に進達することのできないもので、ある大諸侯によって取り次いでもらう国を附庸という。

天子の卿は畿内で土地を受けてその歳入を俸禄とするのであるが、それは侯の百里四方に準じ、大夫は同様にして伯の七十里四方に準じ、上士はまた同様に子と男の国の五十里四方に準ずるのである。

大国は、地方百里。君は卿の禄を十にし、卿の禄は大夫を四にし、大夫は上士に倍し、上士は中士に倍し、中士は下士に倍し、下士は庶人の官に在る者と禄を同じくす。禄は以て其の耕に代ふるに足るなり。

[現代語訳]

公・侯の大国では、その土地は百里四方で、主君は卿の禄の十倍となり、卿の禄は大夫の四倍となり、大夫は上士の倍、上士は中士の倍、下士は平民で役人になっている者と俸禄が同じで、その禄は自分が耕す百畝の収入の代わりの分である。

次国は、地方七十里。君は卿の禄を十にし、卿の禄は大夫を三にし、大夫は上士に倍し、上士は中士に倍し、中士は下士に倍し、下士は庶人の官に在る者と禄を同じくす。禄は以て其の耕に代ふるに足るなり。

[現代語訳]

大国に次ぐ国、すなわち伯爵の国にあっては、方七十里で、君は卿の禄の十倍、卿の禄は大夫の三倍、大夫の禄は上士の二倍、上士の禄は中士の倍、中士の禄は下士の倍、下士は平民で役人となっている者と、俸禄が同一であって、その俸禄は耕作して取る収穫と同一にしてある。

小国は、地方五十里。君は卿の禄を十にし、卿の禄は大夫を二にし、大夫は上士に倍し、上士は中士に倍し、中士は下士に倍し、下士は庶人の官に在る者と禄を同じくす。禄は以て其の耕に代ふるに足るなり。

［現代語訳］

さらに小国すなわち、子爵・男爵の国にあっては、方五十里で、君は卿の禄の十倍、卿の禄は大夫の二倍、大夫は上士の倍、上士は中士の倍、中士は下士の倍、下士は平民で役人となっている者と俸禄が同一であって、その俸禄は耕作して取る収穫と同一にしてある。

耕す者の獲る所は、一夫百畝なり。百畝の糞、上農夫は九人を食ひ、上の次は八人を食ひ、中は七人を食ひ、中の次は六人を食ひ、下は五人を食ふ。庶人の官に在る者は、其の禄、是を以て差と為す」と。

［現代語訳］

農夫の収穫は、一人で百畝を受けるのであるが、稲を培養して勤労する度合いによって、上中下の区別ができる。そのうちで上農夫は、勤労の多い代わり収穫も多く、一家九人を養うことができ、上の次の農夫は八人を養い、中農夫は七人を養い、中の次の農夫は六人を養い、下農夫は五人を養うことができるので、すべて五等の等級がある。平民で小役人となっている者の俸禄は、その職務の繁忙と閑散によって、この五等を標準として等級を定めるのである」と。

134 万章問うて曰く、「敢て友を問ふ」と。孟子曰く、「長を挟まず、貴を挟まず、兄弟を挟まず、而して友たり。友なる者は、其の徳を友とするなり。以て挟むこと有る可からざるなり。孟献子は、百乗の家なり。友五人有り。楽正裘・牧仲、其の三人は則ち予之を忘れたり。献子の此の五人の者と友たるや、献子の家を無しとする者なり。此の五人の者も、亦献子の家を有りとせば、則ち之と友たらず。

[現代語訳]

万章が問うて言う、「朋友と交わる心得をぜひともお聞かせください」孟子が答える、「自分の年長なること、身分の高いこと、りっぱな兄弟があることなどをかさに着ないで友となるがよい。友人というものは、その人の人格を友とするもので、かさに着たり、鼻にかけたりすることがあってはならぬ。

昔、魯の賢人、孟献子は兵車百乗を有する大夫の家柄であったが、五人の友人があった。楽正裘と牧仲とあとの三人の名は忘れたが、献子がこの五人を友としたのは、自分の家柄を忘れ、五人のほうも献子の家柄を眼中に置かなかったからで、もし五人が献子の家柄を眼中に置くようなら、献子は彼らと友人にはならなかったろう。

惟百乗の家のみ然りと為すに非ざるなり。小国の君と雖も、亦之有り。費の恵公曰く、『吾、子思に於ては、則ち之を師とす。吾、顔般に於ては、則ち之を友とす。王順・長息は、則ち我に事ふる者なり』と。惟小国の君のみ然りと為すに非ざるなり。

大国の君と雖も、亦之有り。晋の平公の亥唐に於けるや、入れと云へば則ち入り、坐せと云へば則ち坐し、食へと云へば則ち食ふ。疏食・菜羹と雖も、未だ嘗て飽かずんばあらず。蓋し敢て飽かずんばあらざるなり。然れども此に終はるのみ。与に天位を共にせざるなり。与に天職を治めざるなり。与に天禄を食まざるなり。士の賢を尊ぶ者なり。王公の賢を尊ぶに非ざるなり。

［現代語訳］

百乗の大夫だけでなく、小国の君でも同様な例がある。すなわち費の恵公が『私は子思に対しては先生と思い、顔般は友と思う、王順と長息は私の家来だ』と言っているのがそれだ。いや、小国の君ばかりではない、大国の君でも同様な例がある。晋の平公が亥唐に対する態度は、亥唐がお入りくださいと言えば入り、おすわりくださいと言えばすわり、召し上がれといえば食べ、その食物が玄米飯と野菜汁のようなそまつなものでも、必ず満腹するまで食べた。これは亥唐の勧めだから、つとめて満腹するまで食べたのだろう。それは賢者を友とする態度として一応はけっこうだが、それだけにとどまって、さらに進んで亥唐を登用して天の与えた位を共有し、天の与えた職を分担し、天の与えた禄を分与するというところまで至らなかったのは残念だ。これでは士などが賢者を尊ぶやりかたであって、王公といわれる者が賢者を尊ぶやりかたではない。

舜尚して帝に見ゆ。帝、甥を弐室に館し、亦舜を饗し、迭に賓主と為る。是れ天子にして匹夫を友とするなり。下を用つて上を敬する、之を貴を貴ぶと謂ふ。上を用つて下を敬する、之を賢を尊ぶと謂ふ。貴を貴び賢を尊ぶ、其の義一なり」と。

[現代語訳]

舜は帝堯の王女をめとって、帝にお目にかかった。帝堯は婿の舜をその宿している離宮に訪問し、また舜を招いて饗宴を催され、堯と舜は相互に賓客となったり、主人役となって、礼を尽くされた。これはつまり天子でありながら、その賢を尊んでは一介の平民を友とされたものである。さて、身分の下の者が上の者を敬することを、貴を貴ぶといい、上の者が下の者を敬するのを、賢を尊ぶというのだが、この貴を貴ぶのも、賢を尊ぶのも、その尊ぶべきことがあるから尊ぶのであって、その道理は同じことである」

135 万章問うて曰く、「敢て問ふ、交際は何の心ぞや」と。孟子曰く、「恭なり」と。曰く、「之を卻くべきに、之を卻くるを不恭と為すは、何ぞや」と。曰く、「尊者之を賜ふに、其の之を取る所の者、義か不義かと曰ひて、而る後に之を受く。是を以て不恭と為す。故に卻けざるなり」と。曰く、「請ふ辞を以て之を卻くること無く、心を以て之を卻け、其の諸を民に取るの不義なるを曰ひて、而して他辞を以て受くること無きは、不可ならんか」と。曰く、「其の交はるや道を以てし、其の接するや礼を

以て せば、斯ち孔子も之を受けたり」と。

［現代語訳］

万章が問う、「あえてお尋ねいたしますが、人との交際には、どういう心がけが大事でしょうか」孟子が答える、「恭敬ということだ」「では、先方の贈り物は辞退すべきであるときに、辞退しても不恭だというのはどうしてですか」「尊貴のかたが賜り物をされたとき、尊者がその品物を手に入れた方法が義にかなっているかどうかを考えて、義にかなっていれば受け取る、というのは、尊者の行動に疑いを抱くことであるから、不恭である。だから、辞退せずにそのまま受け取るのだ」「では、理由を口に出して言わず、心の中で尊者が無理に人民から搾り取ったものと考えて拒絶することとし、他の理由を述べて受けないことにしたら、いけませんか」「尊者が道にかなった交際をし、礼にかなった交際をされるなら、辞退する理由はない。孔子でさえすなおに贈り物を受けられたのだから」

万章曰く、「今、人を国門の外に禦する者有りとせん。其の交はるや道を以てし、其の餽るや礼を以てせば、斯ち禦を受く可きか」と。曰く、「不可なり。康誥に曰く、『人を貨に殺越し、閔として死を畏れざる、凡民譈まざること罔し』と。是れ教ふるを待たずして誅する者なり。殷は夏に受け、周は殷に受け、辞せざる所なり。今に於て烈と為す。之を如何ぞ、其れ之を受けん」と。

[現代語訳]

万章「今かりに、町の郊外で強盗をした男があったとして、その男が交際は道にかない、贈り物が礼にかなっていたら、その強奪した品物でも受けてよろしいでしょうか」「それはいけない。『書経』の康誥篇にも『貨財を得るために人を切り倒し、平気な顔で死罪を恐れぬような悪漢は、万人これを憎まぬ者はない』とあるが、かかる悪人は教戒しても見込みがないから、即座に死刑に処すべきものである。これは夏から殷に、殷から周にと受け伝えて、議論の余地がなく、今でも明白な定めとなっていることだ。かかる明白な罪悪の品をどうして受けられようか」

曰く、「今の諸侯は、之を民に取るや、猶ほ禦のごときなり。苟も其の礼際を善くせば、斯ち君子も之を受くとは、敢て問ふ何の説ぞや」と。曰く、「子以為へらく、『王者作る有らば、将に今の諸侯を比して之を誅せんとするか。其れ之を教へ、改めずして而る後に之を誅せんか』と。夫れ其の有に非ずして之を取る者は盗なりと謂ふは、類を充て義の尽るに至るなり。孔子の魯に仕ふるや、魯人猟較すれば、孔子も亦猟較せり。猟較すら猶ほ可なり。而るを況んや其の賜を受くるをや」と。

[現代語訳]

「今の諸侯が人民から取り立てることは、強盗と同じようなものです。しかるに、かりにも交際の礼儀を備えて贈り物をすれば、君子（暗に孟子を指す）でもそれを受け取られるとは、一体全体どういうわけでございますか」「では、きみはどう思うか聞きたいが、今、王者が興起したとして、今の諸侯を片端から処刑するだろうか、それとも教戒を加えてみて、改悛しないときにはじめて処刑するだろうか。どっちだろう。いったい、自分の物でないのに取るのは盗みだというのは、同類のものを全部ひっくるめて、道理を極端にまで及ぼしたものである。理屈はそうだが、実際はいろいろ事情が異なることを知らぬものだ。孔子が魯に仕えられたとき、魯の人が猟較をすると、孔子もやはり猟較された。猟較のようなよくないことでも、長い習慣は尊重して黙認されるのだから、まして諸侯の贈り物を受けるくらいのことは差し支えないのだ」

曰く、「然らば則ち孔子の仕ふるや、道を事とするに非ざるか」と。曰く、「道を事とするなり」と。「道を事とせば、奚ぞ猟較するや」と。曰く、「孔子は、先づ祭器を簿正し、四方の食を以て簿正に供せしめず」と。曰く、「奚ぞ去らざるや」と。曰く、「之が兆を為すなり。兆以て行ふに足る。而るに行はれず。而して後去る。是を以て未だ嘗て三年を終ふるまで淹る所有らざるなり。孔子には見行可の仕へ有り。際可の仕へ有り。公養の仕へ有り。季桓子に於ては、見行可の仕へなり。衛の霊公に於ては、際可の仕へなり。衛の孝公に於ては、公養の仕へなり」と。

［現代語訳］

「そうしますと、孔子が君に仕えたのは、道を行うためではなかったのですか」「いや、道を行うためである」「道を行うためなら、どうして猟較などをされたのです」「孔子はその根本を正すことによって、自然に改められることを望み、まず帳簿を作って祭器を正し、四方の遠方に産する珍奇の食物を、定めの祭器には供えないことにした。そのようにして自然に供物を争う猟較などの弊風を改めようとしたのである」「そんなことをするより、道が行われないなら、なぜさっさと去らないのですか」「孔子は道を行う端緒を試みられたのだ。ところが、端緒は十分に行えたのだが、道そのものは行われないから、そこで去られたのである。孔子の出処進退はそのようであったから、だめとなれば、まる三年も未練がましくとどまっていることはなかった。孔子には、道の行えることを見て仕える見行可の仕え、君主が礼をもって遇されるから仕える際可の仕え、君主が賢者を養う礼をもって遇されるから仕える公養の仕え、という三つの場合がある。すなわち魯の季桓子の場合は見行可の仕えであり、衛の霊公の場合は際可の仕えであり、衛の孝公の場合は公養の仕えなのである」

136 孟子曰く、「仕ふるは貧の為に非ざるなり。而れども時有りてか貧の為にす。妻を娶るは養ひの為に非ざるなり。而れども時有りてか養ひの為にす。貧の為にする者は、尊を辞して卑に居り、富を辞して貧に居る。尊を辞して卑に居り、富を辞して貧に居るには、悪にか宜しき。抱関撃柝なり。孔子嘗て委吏と為る。曰く、『会計当るのみ』と。嘗て乗田と為る。曰く、『牛羊茁として壮長するのみ』と。位卑しくして言高きは、罪なり。人の本朝に立ちて、道行はれざるは、恥なり」

[現代語訳]

孟子が言う、「君に仕えるのは、本来、道を行うためであって、貧乏だから生活費を得るために仕えるのではない。しかし、時によっては生活のためということもある。それはちょうど、妻を迎えるのは、本来、子孫を得て祖先の祭りを絶やさぬためであって、生活上の雑用をしてもらうためではないが、時によっては、生活上の都合からのこともあるようなものだ。しかし生活のために仕えるなら、道を行うためではないのだから、尊い位を辞退して卑しい官に甘んじ、富める禄を辞退して、貧しい禄で甘んずるがよい。尊い位を辞して卑しい位に甘んじ、富める禄を辞して貧しい禄で甘んずるには、どんな職務が適当かというと、門番や夜警の役ぐらいがよい。昔、孔子も生活のために仕えて、倉番になられたことがあったが、『出納が正しく行われ、計算が合っただけのことだ』と言われた。また、牧畜の官になられたことがあったが、『牛や羊がまるまるとよく太っただけのことだ』と言われた。これはつまり己の職分だけを十分に果たされたのである。位が卑しいのにいたずらに高言を吐くのは、僭越というものである。また、中央政府の地位を得ながら、正しい道が行われないのは、責任を果たさぬもので、恥ずべきことである」

137 万章曰く、「士の諸侯に託せざるは、何ぞや」と。孟子曰く、「敢てせざるなり。諸侯国を失ひて、而る後諸侯に託するは、礼なり。士の諸侯に託するは、礼に非ざればなり」と。万章曰く、「君之に粟を餽れば、則ち之を受けんか」と。曰く、「之を受けん」と。「之を受くるは何の義ぞや」と。曰く、「君の氓に於けるや、固より之を周ふべければなり」と。曰く、「之を周へば則ち受け、之を賜へば則ち受けざるは、何ぞや」と。曰く、「敢てせざるなり」と。曰く、「敢て問ふ、其の敢てせざるは、何ぞや」と。曰く、「抱関撃柝の者は、皆常の職有りて、以て上に食む。常の職無くして上より賜る者は、以て不恭と為せばなり」と。

[現代語訳]

万章が言う、「士たる者は諸侯に寄食するものでないというのは、なぜでしょうか」　孟子「そうするわけにゆかぬのだ。諸侯は国を失って出奔したときに、他の諸侯に寄食するのは、対等の身分だから、礼にかなうのだが、士では身分が違うから、諸侯に寄食するというのは、礼に外れたことなのだ」　万章「では、もしその国の主君が哀れと思って穀物を贈与されたら、それを受けますか」「受ける」「受けるのはどういうわけでしょう」「いったい、国君は他国からの流民に対して、当然、救済するはずのものだから」「では救済ならば受け、俸禄として賜ると受けないのはなぜですか」「受けるわけにゆかぬのだ」「押してお尋ねいたしますが、その受けるわけにゆかぬとは、なぜでしょうか」「門番や夜回りなどの下役でも、みな一定の職務があって、君主から禄を受けているのだ。一定の職務もないのに、お上から禄を賜るのは、不謹慎というものだ」

曰く、「君之を餽れば則ち之を受くと。識らず、常に継ぐ可きか」と。曰く、「繆公の子思に於けるや、亟〻問うて、亟〻鼎肉を餽れり。子思悦ばず。卒りに於てや、使者を摽きて、諸を大門の外に出し、北面し、稽首再拝して受けず。曰く、『今にして後、君の犬馬もて伋を畜ひたるを知る』と。蓋し是自り台餽ること無きなり。賢を悦びて挙ぐる能はず、又養ふ能はずんば、賢を悦ぶと謂ふ可けんや」と。

［現代語訳］

「国君が贈与されたら受けるとのことですが、あとからあとから引き続いて贈られても、受けてよろしいのでしょうかしら」「それについては話がある。昔、魯の繆公は子思に対して、しばしば使者をやって安否を尋ね、またしばしばかなえ入りの煮た肉を贈られた。君命で贈られるのだから、子思はその度ごとにいちいち拝して受けねばならず、ありがた迷惑に思っていた(つまり、いちいち君命をもってせずに贈ればよいのである)。そして、ある日、とうとう使者を差し招いて、大門の外に出てもらい、北面し、稽首し再拝して、その贈り物を辞退し、『今になってやっと、殿様は私を犬や馬扱いに養っておられたことがわかりました』と言った。それ以来、繆公も自分の非を悟り、下役を遣わして贈り物をするのをやめたことだろう。賢者を好んでも挙げ用いることもできず、また正しい道をもって養うことができなくては、真に賢者を好むといえようか」

曰く、「敢て問ふ、国君 君子を養はんと欲せば、如何にせば斯ち養ふと謂ふ可き」と。曰く、「君命を以て之を将ひ、再拝稽首して受く。其の後は廩人 粟を継ぎ、庖人肉を継ぐ。君命を以て之を将はず。子思以爲へらく、『鼎肉 己をして僕僕爾として亟〻拝せしむ。君子を養ふの道に非ざるなり』と。堯の舜に於けるや、其の子九男をして之に事へ、二女をして焉に女し、百官・牛羊・倉廩備へ、以て舜を畎畝の中に養はしむ。後、挙げて諸を上位に加ふ。故に曰く、『王公の賢を尊ぶ者なり』と」

［現代語訳］

「押してお尋ねいたしますが、国君が君子を養おうと思ったら、どうすれば真に養うと申せましょうか」「最初は君命をもって贈り物を届け、こちらは再拝稽首してお受けをする。その後、二度めからは、倉番は穀物が切れないように、料理番は肉の切れないように届けて来るが、君命として行わないのだ。子思の考えでは、いちいち君命だといわれるものだから、煮た肉のおかげで、何度もぺこぺこと頭を下げさせられる、これは君子を養う道ではない、と思ったのだ。昔、堯は舜に対して、自分の九人の息子を仕えさせ、二人の娘を嫁にやり、百官・牛羊・倉庫などを整え、そうして、舜を郷里の田野の中に養わしめ、その賢者なることを見極めたうえで登用して摂政という上位につけた。これこそ真に模範とすべき態度であるから、これが王公たる者の賢者を尊ぶ道であるというのである」

138 万章曰く、「敢て問ふ、諸侯に見えざるは、何の義ぞや」と。孟子曰く、「国に在るを市井の臣と曰ひ、野に在るを草莽の臣と曰ふ。皆庶人を謂ふ。庶人は質を伝へて臣と為らざれば、敢て諸侯に見えざるは、礼なり」と。万章曰く、「庶人は之を召して役せしむれば、則ち往きて役す。君之を見んと欲して之を召せば、則ち往きて之に見えざるは、何ぞや」と。曰く、「往きて役するは義なり。往きて見ゆるは不義なり。且つ君の之を見んと欲するは、何の為ぞや」と。曰く、「其の多聞なるが為なり。其の賢なるが為なり」と。曰く、「其の多聞なるが為ならば、則ち天子も師を召さず。而るを況んや諸侯をや。其の賢なるが為ならば、則ち吾未だ賢を見んと欲して之を召すを聞かざるなり。

[現代語訳]

万章が問う、「あえてお尋ねいたしますが、先生が諸侯に謁見なさらぬのは、どういうわけでありますか」孟子「君に仕えずして町に住む者を市井の臣といい、郊外に住む者を草莽の臣というのだが、臣とはいってもいずれも庶人のことだ。庶人は礼物を奉って臣下とならぬ以上、諸侯に謁見しようとせぬのが礼なのである」　万章「庶人は国君が召集して労役を課すると、出かけて行って仕事をするものですが、君がわざわざ会いたいと思ってお召しになると、謁見に出ないというのは、どうしてでしょうか」「庶人は召集があれば労役に出るのが義務だが、謁見に出るのは義務ではないのだ。かつまた、国君が会いたいと思われるのは、なんのためなのだろうか」「その人が物知りだからであり、賢者だからであります」「物知りだからというなら、その人を師としようとするのだろうが、それならば、天子でさえ師を呼びつけぬものを、諸侯ならばなおさらのことだ。賢者だからというなら、私はまだ賢者に会いたいとて呼びつけた話を聞いたことがない。

繆公、亟〻子思を見る。曰く、『古、千乗の国、以て士を友とすること、何如』と。子思悦ばずして曰く、『古の人言へること有り。曰く、〈之に事ふと云はんか〉と。豈之を友とすと云ふと曰はんや』と。子思の悦ばざるは、豈曰はずや、『位を以てすれば、則ち子は君なり。我は臣なり。何ぞ敢て君と友たらん。徳を以てすれば、則ち子は我に事ふる者なり。奚ぞ以て我と友たる可けんや』と。千乗の君、之と友たらんことを求むるも、得可からざるなり。而るを況んや召す可けんや。

[現代語訳]

魯の繆公はたびたび子思に会われたが、あるとき、『昔、千乗の大国の君でありながら、一介の士を友として交わったというが、どう思うか』と問われた（思うに自分も子思を友とすることを暗に得意としたのである）。すると子思は、公が身分をかさに着ることをおもしろからず思って、『古人のことばに、賢者ならば士にも師事するということは申しておりますが、どうして友人扱いにするなどと申しましょうや』と言った。子思がおもしろからず思ったのは、つまり地位からいえば貴下は君で私は臣です、どうして君主と友達になろうなどと思いましょうや、しかし徳からいえば貴下は私に師事するもので、どうして私と友達になれましょうか、とでもいう腹であろうか。賢者は千乗の国君が友人になろうとしてもなれないものを、呼びつけることなどできようか。

斉の景公田す。虞人を招くに旌を以てす。至らず。将に之を殺さんとす。『志士は溝壑に在るを忘れず。勇士は其の元を喪ふを忘れず』と。孔子奚をか取れる。其の招きに非ざれば、往かざるを取れるなり」と。曰く、「敢て問ふ、虞人を招くには何を以てするか」と。曰く、「皮冠を以てす。庶人は旃を以てし、士は旂を以てし、大夫は旌を以てす。大夫の招きを以て、虞人を招けば、虞人死すとも敢て往かず。士の招きを以て、庶人を招けば、庶人豈敢て往かんや。況んや不賢人の招きを以て、賢人を招くをや。賢人を見んと欲して、而も其の道を以てせざるは、猶ほ其の入ることを欲して、而も之が門を閉づるがごときなり。夫れ義は路なり。礼は門なり。惟君子は能く是の路に由り、是の門を出入す。詩に云ふ、『周道は底の如く、其の直きこと矢の如し。君子の履む所、小人の視る所』と」万章曰く、「孔子は君命じて召せば、駕するを俟たずして行けり。然らば則ち孔子は非なるか」と。曰く、「孔子は仕ふるに当りて官職有り。而して其の官を以て之を召せばなり」と。

［現代語訳］

昔、斉の景公が猟をされたとき、旌という旗で、猟場の役人である虞人を差し招いたところ、その役人がそばに来なかったので、公は怒って殺そうとされた。孔子はこの話を聞いて、志士は道のためには谷間にしかばねをさらすことも覚悟の前だし、勇士は戦いにのぞんでは首級を失うことを覚悟しているが、この虞人もまさに同じことだ、とほめられた。孔子はどういう点を取り上げたのかといえば、その招きかたが正しくなければ、死を賭しても応じない、という正義の心を取り上げられたものである」万章「では伺いますが、虞人を招くには、何を用いますか」「皮冠を用いるのだ。招くには、庶人には飾りのない旃という赤旗を用い、士には鈴をつけた旂という龍の旗を用い、大夫には羽毛をつけた旌という旗を用いるのが礼である。だから大夫を招く旗で虞人を招いたら、虞人は死んでも行こうとせぬし、士を招く旗で庶人を招いたら、庶人は行こうとするものか。これら身分の卑しい者すらそうであるとすれば、まして不賢者を招く方法で賢者を招いたのでは、なおさらのことだ。賢者に会いたいと思いながら、正しい道をもってしないのは、あたかも人の入って来ることを願いながら、入り口の門を締めるようなものだ。いったい、義は道のようなものであり、礼は門のようなものであるが、君子だけがこの道を通り、この門を出入りすることができるのだ。『詩経』にも『周の道は砥石のごとく平らかに、矢のごとくまっすぐである。君子がこの道を踏み、小人はそれを仰ぎ見る』といっている」万章「でも孔子は、君の御命令でお召しがあると、車に馬をつけるのもそこそこに出かけられた、ということですが、してみると、孔子はまちがっていられますか」「いや、孔子は当時、君に仕えて官職があったので、その役目上のことで召されたからである。仕えぬ者はそれとは違うのだ」

139 孟子万章に謂ひて曰く、「一郷の善士は、斯に一郷の善士を友とす。一国の善士は、斯に一国の善士を友とす。天下の善士は、斯に天下の善士を友とす。天下の善士を友とするを以て、未だ足らずと為すや、又古の人を尚論す。其の詩を頌し、其の書を読むも、其の人を知らずして可ならんや。是を以て其の世を論ず。是れ尚友なり」と。

［現代語訳］

孟子が万章に話して聞かせた。「一郷での優れた人物は、同じ一郷内の優れた人物を友とし、一国での善士は同じ一国内の善士を友とし、天下の善士は、天下の善士を友とするものだ。天下の善士を友としてもなお満足しないときは、さらに昔にさかのぼって、いにしえの善士を論評して友とする。いったい、古人の詩を吟唱し、その書を読んでも、その人物を知らないでよかろうか。だからその古人の時代を論究して、その環境・行状を知らねばならぬ。これがすなわち尚友というものである」

140 斉の宣王 卿を問ふ。孟子曰く、「王何の卿を之れ問ふや」と。王曰く、「卿同じからざるか」と。曰く、「同じからず。貴戚の卿有り、異姓の卿有り」と。王曰く、「貴戚の卿を請ひ問ふ」と。曰く、「君、大過有れば、則ち諫む。之を反覆して聴かざれば、則ち位を易ふ」と。王 勃然として色を変ず。曰く、「王異むこと勿れ。王、臣に問ふ。臣敢て正を以て対へずんばあらず」と。王、色定まり、然る後 異姓の卿を請ひ問ふ。曰く、「君 過ち有れば、則ち諫め、之を反覆して聴かざれば則ち去る」と。

[現代語訳]

斉の宣王が卿の責任について尋ねた。孟子「王よ、どういう卿のことをお尋ねですか」王「卿はみな同じなのではありませんか」孟子「同じではありません。王と同姓の卿もあり、異姓の卿もあります」王「では同姓の卿についてお尋ねします」孟子「同姓の卿は、君に国家の安否にかかわるような重大な過失があったときはおいさめ申し、くり返しいさめても聴き入れられないと、その君を廃して別に一族の中の賢者を君に立てます」これを聞いた王は、驚き、恐れ、怒り、さっと顔色を変えた。孟子「王よ、変にお思いなされますな。王がわざわざのお尋ねでございますから、あえて正理正道をばお答え申したしだいであります」王もやっと顔色を取りもどして、こんどは異姓の卿を尋ねられたので、孟子「異姓の卿は、君に過失があったときは、いさめますが、くり返しいさめても聴かれぬときは身を引いて立ち去ります」

原文

132 孟子曰、伯夷目不レ視二惡色一。耳不レ聽二惡聲一。非二其君一不レ事。非二其民一不レ使。治則進、亂則退。橫政之所レ出、橫民之所レ止、不レ忍レ居也。思下與二鄕人一處上、如下以二朝衣朝冠一、坐中於塗炭上也。當二紂之時一、居二北海之濱一、以待二天下之淸一也。故聞二伯夷之風一者、頑夫廉、懦夫有レ立レ志。

伊尹曰、何事非レ君。何使非レ民。治亦進、亂亦進。曰、天之生二斯民一也、使三先知覺二後知一、使三先覺覺二後覺一。予天民之先覺者也。予將下以二此道一覺中此民上也。思下天下之民、匹夫匹婦、有中不三與二被堯舜之澤一者上、若三己推而內二之溝中一。其自任以二天下之重一也。

柳下惠不レ羞二汙君一。不レ辭二小官一。進不レ隱レ賢、必以二其道一。遺佚而不レ怨、阨窮而不レ憫。與二鄕人一處、由由然不レ忍レ去也。爾爲レ爾、我爲レ我。雖四袒二裼裸三裎於我側一、爾焉能浼レ我哉。故聞二柳下惠之風一者、鄙夫寬、薄夫敦。

孔子之去レ齊、接レ淅而行。去レ魯、曰、遲遲吾行也。去二父母國一之道也。可二以速一而速、可二以久一而久、可二以處一而處、可二以仕一而仕、孔子也。

孟子曰、伯夷、聖之清者也。伊尹、聖之任者也。柳下惠、聖之和者也。孔子、聖之時者也。孔子之謂集大成。

集大成也者、金聲而玉振之也。金聲也者、始條理也。玉振之也者、終條理也。始條理者、智之事也。終條理者、聖之事也。智譬則巧也。聖譬則力也。由射於百步之外也。其至爾力也。其中非爾力也。

133 北宮錡問曰、周室班爵祿也、如之何。孟子曰、其詳不可得聞也。諸侯惡其害己也、而皆去其籍。然而軻也嘗聞其略也。

天子一位、公一位、侯一位、伯一位、子男同一位、凡五等也。君一位、卿一位、大夫一位、上士一位、中士一位、下士一位、凡六等。

天子之制、地方千里、公侯皆方百里、伯七十里、子男五十里、凡四等。不能五十里、不達於天子、附於諸侯、曰附庸。天子之卿、受地視侯、大夫受地視伯、元士受地視子男。

大國、地方百里。君十卿祿、卿祿四大夫、大夫倍上士、上士倍中士、中士倍下士、下士與庶人在官者同祿。祿足以代其耕也。

次國、地方七十里。君十卿祿、卿祿三大夫、大夫倍上士、上士倍中士、中士倍下士、下士與庶人在官者同祿。祿足以代其耕也。

小國、地方五十里。君十卿祿、卿祿二大夫、大夫倍上士、上士倍中士、中士倍下士、下士與庶人在官者同祿。祿足以代其耕也。

耕者之所獲、一夫百畝。百畝之糞、上農夫食九人、上次食八人、中食七人、中次食六人、

下食二五人一。庶人在レ官者、其祿以レ是爲レ差。

134 萬章問曰、敢問レ友。孟子曰、不レ挾レ長、不レ挾レ貴、不レ挾二兄弟一而友。友也者、友二其德一也。不レ可二以有レ挾也。孟獻子、百乘之家也。有二友五人一焉。樂正裘牧仲、其三人則予忘レ之矣。獻子之與二此五人一者友也、無二獻子之家一者也。此五人者、亦有二獻子之家一、則不二與レ之友一矣。非二惟百乘之家爲レ然也。雖二小國之君一亦有レ之。費惠公曰、吾於二子思一、則師レ之矣。吾於二顏般一、則友レ之矣。王順長息、則事レ我者也。非二惟小國之君爲レ然也。雖二大國之君一亦有レ之。晉平公之於二亥唐一也、入云則入、坐云則坐、食云則食。雖二疏食菜羹一、未二嘗不レ飽。蓋不二敢不レ飽也。然終二於此一而已矣。弗三與共二天位一也。弗三與治二天職一也。弗三與食二天祿一也。士之尊レ賢者也。非二王公之尊レ賢也。舜尙見レ帝。帝館二甥于貳室一、亦饗レ舜、迭爲二賓主一。是天子而友二匹夫一也。用レ下敬レ上、謂二之貴レ貴。用レ上敬レ下、謂二之尊レ賢。貴レ貴尊レ賢、其義一也。

135 萬章問曰、敢問、交際何心也。孟子曰、恭也。曰、卻レ之、卻レ之爲二不恭一、何哉。曰、尊者賜レ之、曰二其所レ取レ之者、義乎不義乎一、而後受レ之。以レ是爲二不恭一。故弗レ卻也。曰、請無二以レ辭卻レ之、以レ心卻レ之、曰下其取二諸民一之不義也上、而以二他辭一無レ受、不可乎。曰、其交也以レ道、其接也以レ禮、斯孔子受レ之矣。

萬章曰、今、有下禦二人於國門之外一者上。其交也以レ道、其餽也以レ禮、斯可レ受レ禦與。曰、不可。康誥曰、殺二越人于貨一、閔不レ畏レ死、凡民罔レ不レ譈。是不レ待レ教而誅者也。殷受レ夏、周受レ殷、所レ不レ辭也。於レ今爲レ烈。如レ之何其受レ之。

曰、今之諸侯、取二之於民一也、猶レ禦也。苟善二其禮際一矣、斯君子受レ之、敢問何說也。曰、子以爲、有二王者作一、將下比二今之諸侯一而誅上レ之乎。其敎レ之、不レ改而後誅レ之乎。夫謂下非二其有一而取レ之者盜也上、充レ類至二義之盡一也。孔子之仕二於魯一也、魯人獵較、孔子亦獵較。獵較猶可。而況受二其賜一乎。

曰、然則孔子之仕也、非レ事レ道與。曰、事レ道也。事レ道、奚獵較也。曰、孔子先簿二正祭器一、不下以二四方之食一供中簿正上。曰、奚不レ去也。曰、爲二之兆一也。兆足二以行一矣。而不レ行。而後去。是以未二嘗有レ所下終二三年一淹上也。孔子有二見行可之仕一。有二際可之仕一。有二公養之仕一。於二季桓子一、見行可之仕也。於二衞靈公一、際可之仕也。於二衞孝公一、公養之仕也。

136 孟子曰、仕非レ爲レ貧也。而有レ時乎爲レ貧。娶レ妻非レ爲レ養也。而有レ時乎爲レ養。爲レ貧者、辭レ尊居レ卑、辭レ富居レ貧。辭レ尊居レ卑、辭レ富居レ貧、惡乎宜乎。抱關擊柝。孔子嘗爲二委吏一矣。曰、會計當而已矣。嘗爲二乘田一矣。曰、牛羊茁壯長而已矣。位卑而言高、罪也。立二乎人之本朝一、而道不レ行、恥也。

137 萬章曰、士之不レ託二諸侯一、何也。孟子曰、不レ敢也。諸侯失レ國、而後託二於諸侯一、禮也。士之託二於諸侯一、非レ禮也。萬章曰、君餽二之粟一、則受レ之乎。曰、受レ之。受レ之何義也。曰、君之於レ氓也、固周レ之。曰、周レ之則受、賜レ之則不レ受、何也。曰、不レ敢也。曰、敢問、其不レ敢、何也。曰、抱關擊柝者、皆有二常職一、以食二於上一。無二常職一而賜二於上一者、以爲二不恭一也。曰、君餽レ之則受レ之。不レ識、可二常繼一乎。曰、繆公之於二子思一也、亟問、亟餽二鼎肉一。子思不レ悅。於レ卒也、摽二使者一、出二諸大門之外一、北面、稽首再拜而不レ受。曰、今而後、知二君之犬馬畜レ

伋。蓋自レ是臺無レ餽也。悅レ賢不レ能レ舉、又不レ能レ養也、可レ謂レ悅レ賢乎。曰、敢問、國君欲レ養二君子一、如何斯可レ謂レ養矣。曰、以二君命一將レ之、再拜稽首而受。其後廩人繼レ粟、庖人繼肉。不下以二君命一將上レ之。子思以爲、鼎肉使二己僕僕爾亟拜一也。非下養二君子一之道上也。堯之於レ舜也、使三其子九男事レ之、二女女レ焉、百官牛羊倉廩備、以養二舜於畎畝之中一。後、舉而加二諸上位一。故曰、王公之尊レ賢者也。

138 萬章曰、敢問、不レ見二諸侯一、何義也。孟子曰、在レ國曰二市井之臣一、在レ野曰二草莽之臣一。皆謂二庶人一。庶人不二傳レ質爲一レ臣、不三敢見二於諸侯一、禮也。萬章曰、庶人召レ之役、則往役。君欲レ見レ之召レ之、則不二往見一レ之、何也。曰、往役、義也。往見、不義也。且君之欲レ見レ之也、何爲也哉。曰、爲二其多聞一也。爲二其賢一也。曰、爲二其多聞一也、則天子不レ召レ師。而況諸侯乎。爲二其賢一也、則吾未レ聞二欲レ見レ賢而召一レ之也。

繆公亟見二於子思一。曰、古、千乘之國、以友レ士、何如。子思不レ悅曰、古之人有レ言。曰、事レ之云乎。豈曰二友レ之云一乎。子思之不レ悅也、豈不レ曰、以レ位、則子君也。我臣也。何敢與レ君友也。以レ德、則子事レ我者也。奚可二以與一レ我友。千乘之君、求二與レ之友一、而不レ可レ得也。而況可レ召與。

齊景公田。招二虞人一以レ旌。不レ至。將レ殺レ之。志士不レ忘レ在二溝壑一。勇士不レ忘レ喪二其元一。孔子奚取焉。取下非二其招一不上レ往也。曰、敢問、招二虞人一何以。曰、以二皮冠一。庶人以レ旃、士以レ旂、大夫以レ旌。以二大夫之招一、招二虞人一、虞人死不二敢往一。以二士之招一、招二庶人一、庶人豈敢往哉。況乎以二不賢人之招一、招二賢人一乎。欲レ見二賢人一、而不レ以二其道一、猶下欲二其入一而閉中之門上也。夫義

路也。禮門也。惟君子能由二是路一、出二入是門一也。詩云、周道如レ底、其直如レ矢。君子所レ履、小
人所レ視。萬章曰、孔子、君命召、不レ俟レ駕而行。然則孔子非與。曰、孔子當レ仕有二官職一。而以二
其官一召レ之也。

139 孟子謂二萬章一曰、一鄕之善士、斯友二一鄕之善士一。一國之善士、斯友二一國之善士一。天下之善
士、斯友二天下之善士一。以レ友二天下之善士一、爲レ未レ足、又尚二論古之人一。頌二其詩一、讀二其書一、不レ
知二其人一可乎。是以論二其世一也。是尙友也。

140 齊宣王問レ卿。孟子曰、王、何卿之問也。王曰、卿不レ同乎。曰、不レ同。有二貴戚之卿一、有二異姓之
卿一。王曰、請二問貴戚之卿一。曰、君有二大過一則諫。反二覆之一而不レ聽、則易レ位。王勃然變二乎色一。
曰、王、勿レ異也。王問レ臣。臣不三敢不二以レ正對一。王色定、然後請二問異姓之卿一。曰、君有レ過、則
諫、反二覆之一而不レ聽、則去。

告子章句　上

141 告子曰く、「性は猶ほ杞柳のごときなり。義は猶ほ桮棬のごときなり。人の性を以て仁義を為すは、猶ほ杞柳を以て桮棬を為るがごとし」と。孟子曰く、「子は能く杞柳の性に順つて、以て桮棬を為るか。将た杞柳を戕賊して、而る後以て桮棬を為るか。如し将た杞柳を戕賊して、以て桮棬を為らば、則ち亦将た人を戕賊して、以て仁義を為すか。天下の人を率ゐて、仁義に禍する者は、必ず子の言なるかな」と。

［現代語訳］

告子は言う、「人の本性は楊柳のようなものであり、仁義の道は曲げ木細工のようなものである。人の本性で仁義を行うのは、ちょうど、楊柳で曲げ物を作るようなものであって、後天的な努力を加えてはじめて可能なのである」孟子はこれを反駁して言う、「君の考えでは、よく楊柳の本性に順応するから曲げ物が作れるのか、それとも楊柳の本性に逆らい害してはじめて曲げ物が作れるのか。私はもちろん、本性に順応するのだと思うが、それとももし楊柳をそこなって曲げ物を作るのだとすると、人間もやはり本性をそこなって仁義を行うと考えるのか。まちがった論を説いて、天下の人を指導し、仁義の道に災いを与えるというのは、きっと君のような言論のことであろうよ」

142告子曰く、「性は猶ほ湍水のごときなり。諸を東方に決すれば、則ち東流し、諸を西方に決すれば、則ち西流す。人性の善不善を分つこと無きは、猶ほ水の東西を分つこと無きがごときなり」と。孟子曰く、「水は信に東西を分つこと無きも、上下を分つこと無からんや。人性の善なるは、猶ほ水の下きに就くがごときなり。人、善ならざること有る無く、水、下らざること有る無し。今夫れ水は、搏ちて之を躍らせば、顙を過ごさしむ可く、激して之を行れば、山に在らしむ可し。是れ豈水の性ならんや。其の勢則ち然るなり。人にして不善を為さしむ可きは、其の性も亦猶ほ是のごとければなり」と。

[現代語訳]

告子は言う、「人の本性はうずまく水のようなものである。うずまいている水は方角が定まらぬから、東方に切って落とせば東に流れ、西方に切って落とせば西に流れる。人の本性に元来、善不善の区別がないのは、水に東流西流の区別がないのと同じである」孟子はこれを反駁して言う、「水にはなるほど、東流西流の区別はないが、上下の区別がないことがあろうか。人の本性が善であることは、水が低い下のほうに流れるようなものである。人の本性は善ならざるものはなく、水は低きに流れないものはない。が、かりに今、その水でも手でたたいて跳ねかせば、人の額を跳び越させることもできるし、流れをせきとめて逆流させれば、山の上に登らせることもできる。しかし、それがどうして水の本性だといえようか。外からの勢力がしからしめているのだ。人間も不善をなすことがあるのは、その本性がやはりこの水と同様、外界の勢力に激発されるからである」

143 告子曰く、「生を之れ性と謂ふ」と。孟子曰く、「生を之れ性と謂ふは、猶ほ白を之れ白と謂ふがごときか」と。曰く、「然り」と。羽の白きを白しとするは、猶ほ雪の白きを白しとするがごとく、雪の白きを白しとするは、猶ほ玉の白きを白しとするがごときか」と。曰く、「然り」と。「然らば則ち犬の性は、猶ほ牛の性のごとく、牛の性は猶ほ人の性のごときか」と。

[現代語訳]

告子が言う、「持って生まれたままのものが性というものだ」孟子「生まれたままが性というものだとは、白いものが白いというのと同じであるか」「そうだ」「では羽の白いのを白いといっても、雪の白いのを白いといっても同じであり、雪の白いのを白いといっても、玉の白いのを白いといっても同じである、ということか」「そうだ」「それでは犬の性は牛の性と同じであり、牛の性は人の性と同じである、ということなのか」

144 告子曰く、「食色は性なり。仁は内なり、外に非ざるなり。義は外なり、内に非ざるなり」と。孟子曰く、「何を以て仁は内、義は外と謂ふや」と。曰く、「彼長じて我之を長とす。我に長有るに非ざるなり。猶ほ彼白くして我之を白しとするがごとく、其の白きに外に従ふ。故に之を外と謂ふなり」と。曰く、「馬の白きを白しとするは、以て人の白きを白しとするに異なること無し。識らず、馬の長を長とするは、以て人の長を長とするに異なること無きか。且つ謂へ、長ずる者義か、之を長とする者義か」と。曰く、「吾が弟は則ち之を愛し、秦人の弟は則ち愛せざるなり。是れ我を以て悦を為す者なり。故に之を内と謂ふ。楚人の長を長とし、亦吾の長を長とす。是れ長を以て悦を為す者なり。故に之を外と謂ふなり」と。曰く、「秦人の炙を耆むは、以て吾が炙を耆むに異なること無し。夫れ物は則ち亦然る者有るなり。然らば則ち炙を耆むも、亦外とする有るか」と。

〔現代語訳〕

告子が言う、「食い気と色気は人の本性である。愛に基づく仁の徳は人の心の中に内在するもので、外界にあるのではない。しかし、正邪を判断する義の徳は、自分以外にあるもので、心の中に存するものではない」孟子が言う、「なぜ、仁は内で義は外だというのか」「たとえば長者を敬するのは義だが、彼が長者だから彼を長として敬するのであって、自分が長者なわけではない。それはちょうど、彼が白いから彼を白いというようなもので、つまり自分以外のものの白いという条件によるわけである。だから外だというのである」「いかにも馬が白いのを白いというのは、人が白いのを白いというのと、違いはない。しかし、馬の老いたのを老いたるものとしていたわるのは、人の老いたのを老いたりとして敬するのと、はたして違いがないものだろうか。さらに考えてもみたまえ、いったい、長じていることが義なのか、それとも長者として敬することが義なのか」「自分の弟は愛するが、疎遠な秦人の弟には愛情がない。これは自分の内心から発する気持ちで心に満足を覚えるのだ。だから内だという。さて疎遠な楚人の長者を長者として敬し、自分の長者も長者として敬する。これは長者という外的な条件で心に満足を覚えるのだ。だから外だという」「では、秦人の焼き肉でも、自分の家の焼き肉でも、美味と思うのに変わりはないのだが、いったい、物事はみなこの焼き肉と同様の道理があるものだ。きみは長者は外的条件だから外だというが、そうなると、焼き肉を美味と思うのも、焼き肉は外のものだから、やはり外だとしてよいのか。食い気と色気は本性だという考えと矛盾するが」

145孟季子、公都子に問うて曰く、「何を以て義は内と謂ふや」と。曰く、「吾が敬を行ふ。故に之を内と謂ふなり」と。「郷人、伯兄より長ずること一歳ならば、則ち誰をか敬せん」と。曰く、「兄を敬せん」と。「酌まば則ち誰をか先にせん」と。曰く、

「先づ郷人に酌まん」と。「敬する所は此に在り。長ずる所は彼に在り。果して外に在り。内由りするに非ざるなり」と。公都子答ふること能はず。以て孟子に告ぐ。

[現代語訳]

孟季子が孟子の門人、公都子に問うた、「どういうわけで義は心の内にあるというのか」公都子「自分の心にある敬意を実行するのが義であるから、義は内にあるというのだ」「では、村人で君の長兄より一歳年長の人があったら、どちらを敬するのか」「兄のほうを敬する」「では村の宴会で酒をおしゃくするときはどちらを先にするか」「そのときは年長者の村人のほうに先におしゃくをする」「平素、敬するのは兄さんのほうで、年長という点で敬意を表するのは村人だとすると、同じ敬意でも相手によって違うわけで、やっぱり外的条件にあり、心の内からではない」公都子はこれに返事ができず、孟子に告げて教えを請うた。

孟子曰く、「『叔父を敬せんか。弟を敬せんか』ととへ。彼将に曰はんとす、『叔父を敬す』と。曰へ、『弟尸為らば、則ち誰をか敬せん』と。彼将に曰はんとす、『弟を敬す』と。子曰へ、『悪にか在る其の叔父を敬するや』と。彼将に曰はんとす、『位に在るの故なり』と。子亦曰へ、『位に在るの故ならば、庸の敬は兄に在り、斯須の敬は郷人に在り』と」季子之を聞きて曰く、「叔父を敬すべければ則ち敬し、弟を敬すべければ則ち敬す。果して外に在り。内由りするに非ざるなり」と。公都子曰く、「冬日(とうじつ)は則(すなは)ち湯(ゆ)を飲(の)み、夏日(かじつ)は則(すなは)ち水(みづ)を飲(の)む。然(しか)らば則(すなは)ち飲食(いんしょく)も亦(また)外(そと)に在(あ)るか」と。

[現代語訳]

孟子はそれを聞いて言う、「まず彼に向かって『おじさんを敬するか、弟を敬するか』と聞いてみよ。彼は『おじさんを敬する』と言うだろう。次に『弟がかたしろになったときはどっちを敬するか』と言え。彼は『弟を敬する』と言うだろう。そこでおまえは『おじさんを敬するという話はどこへいきましたか』と言え。彼は『それはかたしろという地位にいるからだ』と言うだろう。そしたらおまえも『かたしろの地位にいるからだと言うなら、さっきの兄と村人の場合も同様で、平常の尊敬は兄にあり、臨時の尊敬は年長の村人にあるというわけで、時と場合を考えてやはり自分の心の内から敬意を行うのである』と言ったらよい」公都子はその旨を話したので、季子は「おじさんを敬すべきときは、おじさんを敬し、弟を敬すべきときは、弟を敬する、と言うなら、やっぱり外部事情によることであって、心の内から出るとはいえない」とがんばった。こんどは公都子も「冬には湯を飲み、夏には水を飲む。これは自分の心で適当に決めるのだが、外部事情によることだ。外部によるのがみな外だというなら、飲食も外にあって心の内からの要求でないのか。それでは食と色は性なりの論と矛盾するではないか」とやり込めた。

146 公都子曰く、「告子曰く、『性は善も無く、不善も無きなり』と。或ひとは曰く、『性は以て善を為す可く、以て不善を為す可し。是の故に文武興れば、則ち民善を好み、幽厲興れば、則ち民暴を好む』と。或ひとは曰く、『性善なる有り。性不善なる有り。是の故に堯を以て君と為して、象有り。瞽瞍を以て父と為して、舜有り。紂を以て兄の子と為し、且つ以て君と為して、微子啓・王子比干有り』と。今、性は善なりと曰ふ。然らば則ち彼は皆非なるか」と。

［現代語訳］

公都子が言う、「告子は、『人の性には善もなく不善もない』と言い、別に『性は善をなすこともでき、不善をなすこともできるものだ。だから、文王・武王のごとき聖君が出ると、人民はその感化で善を好むようになるし、幽王・厲王のごとき暴君が出ると、人民はまたその感化で暴を好むようになる』と言う人もあり、また『人は生まれつき善なる者もあれば、不善な者もある。だから、堯を君にいただきながら象のような悪人もいるし、逆に瞽瞍のようなわからずやの父に舜のような聖人も生まれる。また、紂のごとき無道の者が身内の兄の子であり、かつ君主であるのに、微子啓や王子比干のごとき賢者も出るのだ』と言う人もあります。先生は性は善だと仰せられますからには、前の諸説はみな、誤りでありましょうか」

孟子曰く、「乃ち其の情の若きは、則ち以て善を為す可し。乃ち所謂善なり。夫の不善を為すが若きは、才の罪に非ざるなり。惻隠の心は、人皆之有り。羞悪の心は、人皆之有り。恭敬の心は、人皆之有り。是非の心は、人皆之有り。惻隠の心は、仁なり。羞悪の心は、義なり。恭敬の心は、礼なり。是非の心は、智なり。仁義礼智は、外由り我を鑠するに非ざるなり。我之を固有するなり。思はざるのみ。故に曰く、『求むれば則ち之を得、舎つれば則ち之を失ふ。或ひは相倍蓰して、算無き者は、其の才を尽すこと能はざる者なり』と。詩に曰く、『天の蒸民を生ずる、物有れば則有り。民は夷を秉る、是の懿徳を好む』と。孔子曰く、『此の詩を為る者は、其れ道を知れるか』と。故に物有れば必ず則有り。民は夷を秉る、故に是の懿徳を好む」と。

[現代語訳]

孟子が説明して言う、「人間の本質はといえば、善をなすはずである。それが私のいう性善の証拠である。ところが、不善をなすことがあるのは、物欲に覆われて私心がその本性をそこなうからであって、性の能力である才の責任ではない。もう少し説明を加えると、人間はだれでも惻隠、すなわち人の不幸を哀れむ心、羞悪、すなわち不正不義を恥じ憎む心、恭敬、すなわち慎み敬う心、是非、すなわち是非を判断する心、を持っている。その惻隠の心は仁の徳の発露であり、羞悪の心は義の徳の発露であり、恭敬の心は礼の徳の発露であり、是非の心は智の徳の発露である。つまり、仁義礼智の徳は、めっきのように外から我が心を飾りたてるものではなく、自分が元来心に有するものなのである。世人はそれを考えないまでだ。ゆえに、私が言うように、心の徳はみずから求めれば得られるが、ほっておけば失ってしまうもので、いったい、善悪、賢愚の差が二倍にも五倍にもなり、計算もできぬほどになるというのは、みずから求めずに、固有の才を十分に発揮することができないからなのである。この意見は私一個の考えではない。『詩経』にも『天が万民を生ずるや、事物があれば必ずそこに正しい法則がある。ゆえに、人民はみな常善の道を執持していて、この美徳を好むのである』とあるし、孔子もこの詩を評して『この詩を作った人こそは、人の道を心得ているわい』と言われた。つまり、事物があれば、必ずそこに法則があるものであり、人民たる者、みな、常善の徳を固持しているからこそ、この美徳を好むのである。つまり、性は善であることは疑いがないのだ」

147 孟子曰く、「富歳には子弟頼多く、凶歳には子弟暴多し。天の才を降すこと、爾く殊なるに非ざるなり。其の、其の心を陥溺する所以の者然るなり。今、夫れ麰麦、種を播して之を耰す。其の地同じく、之を樹うる時又同じ。浡然として生じ、日至の時に至りて皆熟す。同じからざる有りと雖も、則ち地に肥磽有り、雨露の養ひ、人事の斉しからざればなり。故に凡そ類を同じうする者は、挙相似たり。何ぞ独り人に至りて、之を疑はん。聖人も我と類を同じうする者なり。故に龍子曰く、『足を知らずして屨を為るも、我其の蕢為らざるを知る』と。屨の相似たるは、天下の足同じければなり。

［現代語訳］

孟子が言う、「豊年には若者たちに怠け者が多く、凶年には乱暴者が多いが、これは、別に天が人に才性を賦与するしかたがそのように異なるからではない。ただ、豊年と凶年それぞれに彼らの心を誘惑するものがあって、しからしめるのである。かりに大麦にたとえると、種をまいて土をかけたとして、その土地も同じ、種まきも同じだと、やがてむくむくと芽を出し、夏至のころになるとみな成熟するだろう。ところで、必ずしも出来高が同じではないとしても、それは土地に肥えたのとやせたのとの差があり、雨水や手入れのぐあいが同じでないからである。けっして種子そのものに相違があったのではない。

このように、すべて同類のものは、みな似ているものである。なにも人間だけについて、本性の同じことを疑うことがあろうか。聖人もわれわれと同類なのである。ゆえに、いにしえの賢人、龍子は『人の足の寸法を知らずにくつを作っても、それがもっこではないことはわかる』と言ったが、つまりくつが似たり寄ったりであるのは、天下の人の足がだいたい同じだからである。

口の味に於ける、同じく耆むこと有るなり。易牙は先づ我が口の耆む所を得たる者なり。如し口の味に於けるや、其の性人と殊なること、犬馬の我と類を同じうせざるが若くならしめば、則ち天下何ぞ耆むこと、皆易牙の味に於けるに従はんや。味に至りては、天下易牙に期す。是れ天下の口相似たればなり。惟耳も亦然り。声に至りては、天下師曠に期す。是れ天下の耳相似たればなり。惟目も亦然り。子都に至りては、天下其の姣を知らざる莫きなり。子都の姣を知らざる者は、目無き者なり。故に曰く、『口の味に於けるや、同じく耆むこと有り。耳の声に於けるや、同じく聴くこと有り。目の色に於けるや、同じく美とすること有り。心に至りて、独り同じく然りとする所無からんや』と。心の同じく然りとする所の者は何ぞや。謂はく、理なり、義なり。聖人は先づ我が心の同じく然りとする所を得たるのみ。故に理義の我が心を悦ばすは、猶ほ芻豢の我が口を悦ばすがごとし」

〔現代語訳〕

口と味との関係も同様で、人はだいたい、嗜好は同じなものである。いにしえの名料理人、易牙は人に先んじてわれわれの口でうまいとする味を心得た人であった。もし口の味わいかたが、易牙の好みと他人と異なること、犬馬と人間と類を異にするほどであったならば、天下の好みは、どうして易牙の味の好みに一致するだろうか。ところが実際は、味ということでは、天下すべて易牙に期待するというのは、つまり天下の人の口がだいたい似ているからである。耳でもやはりそうだ。音楽では天下すべていにしえの楽人、師曠に期待するのは、つまり天下の人の耳がだいたい似ているからである。目でもやはりそうだ。子都という人については、天下すべて彼が美しいことを知らぬ者はない。子都の美しさを知らぬ者は、目のない人である。

かようなわけで、私は思うのだが、口が味に対しては、嗜好が同じであり、耳が音楽に対しては、同じく聴きほれることがあり、目が色（美人）に対しては、同じく美なりとすることがあるのだから、人の心だけが、皆で同じく承認するものがないというはずがあろうか。では、人の心が共通に承認することは何かというと、それは理であり、義である。そして、聖人は他人に先んじてわれわれの心の共通に承認することを心得た人なのだ。だから、理と義がわれわれの心を満足させることは、牛羊や犬豕のうまい肉がわれわれの口を満足させるのと同様なのである」

148 孟子曰く、「牛山の木、嘗て美なりき。其の大国に郊たるを以て、斧斤之を伐る。以て美と為す可けんや。是れ其の日夜の息する所、雨露の潤す所、萌蘖の生無きに非ず。牛羊又従って之を牧す。是を以て彼の若く濯濯たるなり。人其の濯濯たるを見て、以て未だ嘗て材有らずと為す。此れ豈山の性ならんや。

［現代語訳］

孟子が言う、「斉の牛山の木々は、昔は美しく茂っていたが、大都会の郊外にあるために、大ぜいの人がおのやまさかりで伐採してしまい、美しいとはいえなくなった。それはつまり、木の根や種子はあるから、昼夜となく生長する力、雨や露の潤いによって、芽生えやひこばえが生じないこともないが、それを片端から牛や羊を放牧して食わせてしまうので、あんなに草木のないはげ山になってしまったのだ。人は今のはげ山を見て、あの山には昔から木を生やす力がないのだと思うだろうが、それがなんで山の本性なものか。

人に存する者と雖も、豈仁義の心無からんや。其の、其の良心を放する所以の者、亦猶ほ斧斤の木に於けるがごときなり。旦旦にして之を伐らば、以て美と為す可けんや。其の日夜の息する所、平旦の気あるも、其の好悪、人と相近きもの幾ど希なるは、則ち其の旦昼の為す所、有之を梏亡すればなり。之を梏して反覆すれば、則ち其の夜気以て存するに足らず。夜気以て存するに足らざれば、則ち其の禽獣を違ること遠からず。人其の禽獣のごときを見て、以て未だ嘗て才有らずと為す者は、是れ豈人の情ならんや。

[現代語訳]

人に存する本性でも同様で、どうして仁義の心がないはずがあろうか。ただ人が固有の良心を放ち失うわけは、やはり、おのやまさかりで木を切るのと同様なのである。毎日毎日、木を切るように、良心を切ったら、りっぱな良心があるといえようか。人間にも夜となく昼となく生長する平旦の気、すなわち夜明けの清明な気分があるのだが、真に善を好み悪を憎む心が、ほんとうの人間らしさに近づくことがきわめて少ないのは、人が昼間に行うことが、やはりこの気を拘束し消亡させるからである。拘束をくり返していれば、夜気、すなわち夜だけの生長による清明の気は存することができなくなる。夜気が存することができなくなっては、禽獣とあまり違わない。この禽獣同様になった人のありさまをみて、その人はもともと仁義を行う能力がないのだと考えるのは誤りで、こんなのはどうして人間の本性の実情であろうか。

故に苟も其の養ひを得れば、物として長ぜざること無く、苟も其の養ひを失へば、物として消せざること無し。孔子曰く、『操れば則ち存し、舍つれば則ち亡す。出入 時無く、其の郷を知る莫しとは、惟れ心の謂か』と」

〔現代語訳〕

ゆえに、養育さえしてやれば、何物でも生長せぬことはなく、養いを失っては、何物も消亡せぬことはないのである。孔子も『取り守れば存するが、放置すればなくなる。出入りには決まったときがなく、その居場所もわからない。ということばがあるが、まさに人の良心をいったものであろうか』と言われたのは、まことにそのとおりである」

149孟子曰く、「王の不智を或むこと無かれ。天下生じ易きの物有りと雖も、一日之を暴め、十日之を寒さば、未だ能く生ずる者有らざるなり。吾見ゆること亦罕なり。吾退きて之を寒す者至る。吾萌すこと有るを如何せんや。今、夫れ奕の数為る、小数なれども、心を専らにし志を致さざれば、則ち得ざるなり。奕秋は、通国の奕を善くする者なり。奕秋をして二人に奕を誨へしむるに、其の一人は心を専らにし志を致し、惟奕秋に之を聴くことを為す。一人は之を聴くと雖も、一心には以為へらく、鴻鵠将に至らんとする有りと。弓繳を援きて之を射んことを思はば、之と倶に学ぶと雖も、之に若かず。是れ其の智の若かざるが為か。曰く、然るには非ざるなり」

[現代語訳]

孟子が言う、「斉王が賢明でないことを不思議がることはない。どんなに生育しやすい物があっても、一日だけ暖めて、十日間冷やしたならば、生育できるものではない。ところで、私が王様にお目にかかるのはたまのことだが、せっかく暖めた私が退下すると、すぐ冷やす者どもがやって来るのでは、王様の心に良心が兆しても、私にはどうにもならぬではないか。たとえば、囲碁などというものは、つまらぬ遊びごとの技ではあるが、専心、志を打ち込んでやらないと、上達はしないものだ。碁打ちの秋という男は、国一番の碁の上手であるが、かりにこの秋が二人の弟子を教えたとする。一人は専心、志を打ち込んで、ひたすら秋の教えを聴いているが、もう一人は、教えを聴いてはいるものの、腹の中では、もう白鳥が来るだろうと考え、いぐるみで射落としてやろうと思ったりしていたら、いっしょに学んでも、もう一人にはとうてい及ばない。それは知恵が及ばないためか、といえば、けっしてそうではない。専心志を打ち込まないからである」

150 孟子曰く、「魚は我が欲する所なり。熊掌も亦我が欲する所なり。二者兼ぬるを得可からずんば、魚を舍てて熊掌を取る者なり。生も亦我が欲する所なり。義も亦我が欲する所なり。二者兼ぬるを得可からずんば、生を舍てて義を取る者なり。生も亦我が欲する所なれども、欲する所 生より甚だしき者有り。故に苟も得るを為さざるなり。死も亦我が悪む所なれども、悪む所 死より甚だしき者有り。故に患も辟けざる所 有るなり。

[現代語訳]

孟子が言う、「魚は美味だから欲しい。熊の手のひらも欲しい。しかし、この両方を得ることができないとしたら、私は魚をやめていっそう美味なる熊の手のひらを取る。さて、生も欲することであり、義も欲することであるが、この両方を得ることができないなら、私は生を捨てて義を取る。というのは、生も自分の欲することだが、生よりも以上に欲すること(すなわち義)があるから、それを捨ててまで生を得ようとはしないのである。また、死はもちろん、きらうことであるが、その死よりもいっそうきらうこと（すなわち不義）があるから、死という患難もあえて避けようとしないのである。

如し人の欲する所をして、生より甚しきもの莫からしめば、則ち凡そ以て生を得可き者は、何ぞ用ひざらんや。人の悪む所をして、死より甚しき者莫からしめば、則ち凡そ以て患を辟く可き者は、何ぞ為さざらんや。是に由れば則ち生くるも、而も用ひざること有るなり。是に由れば則ち以て患を辟く可きも、而も為さざること有るなり。是の故に、欲する所、生より甚しき者有り。悪む所、死より甚しき者有り。独り賢者のみ是の心有るに非ざるなり。人皆之有り。賢者は能く喪ふこと勿きのみ。

［現代語訳］

もしも人の欲するものが、生命より大事なものはないなら、およそ生きてゆけるためには、どんな方法でも用いるだろう。また、もし人の憎むものが、死よりはなはだしいものはないなら、およそ死の憂いを回避できるためには、なんでもするだろう。ところが、人はこうすれば生きられるというときでも、そうしないことがあるし、こうすれば憂いを避けられるというときでも、そうしないことがある。これは欲するところが生命以上のものがあり、憎むところが死以上のものがあるからなのだ。そして、かかる心は、賢者ばかりが持っているのではなくて、人はだれでも持っているのだ。ただ、賢者はこの心を常に失わないまでのことである。

一簞の食、一豆の羹も、之を得れば則ち生き、得ざれば則ち死す。嘑爾として之を与ふれば、道を行くの人も受けず。蹴爾として之を与ふれば、乞人も屑しとせざるなり。万鍾は則ち礼義を弁ぜずして之を受く。万鍾我に於て何をか加へん。宮室の美・妻妾の奉・識る所の窮乏者の我に得るが為か。郷には身の死するが為にして受けず。今は宮室の美の為にして之を為す。郷には身の死するが為にして受けず。今は妻妾の奉の為にして之を為す。郷には身の死するが為にして受けず。今は識る所の窮乏者の我に得るが為にして之を為す。是れ亦以て已む可からざるか。此を之れ其の本心を失ふと謂ふ」

〔現代語訳〕

たとい一杯の飯、一わんの吸い物でも、それを得れば餓死を免れ、得られねば死ぬという場合、もしおいこらとばかりに与えたら、路上の平民でも受けないだろうし、足げにするようにして与えたら、こじきでも受けるのを潔しとはせぬものだ。ところが、万鍾もの大禄になると、礼義にかなうか否かを顧みずに飛びつく。しかし、万鍾もの大禄、まさか独りで食べられもせず、自分にとってなんの足しになるのだ。それを受けるのは、住宅をりっぱにしようとか、妻やめかけを豊かに養おうとか、知り合いの困窮者に施しをしようというためだろうか。前には自分の身が死ぬというときでも、非礼の食は受けないのに、今は住宅をりっぱにするために、不義を行い、前には自分の身が死ぬというときでも、非礼の食は受けないのに、今は妻妾を養うために不義を行い、前には自分の身が死ぬというときでも、非礼の食は受けないのに、今は知り合いの困窮者に施しをしようとて不義を行う、こういうことがはたしてやむをえないことだろうか。本末転倒もはなはだしいことで、これこそ人の本来の良心を失ったものというのだ」

151 孟子曰く、「仁は人の心なり。義は人の路なり。其の路を舍てて由らず。其の心を放して求むるを知らず。哀しいかな。人、雞犬の放すること有れば、則ち之を求むるを知る。心を放すること有りて、求むるを知らず。学問の道は他無し。其の放心を求むるのみ」

[現代語訳]

　孟子のことば「仁は人の本心であり、義は人の正路である。しかるにその正路を捨ててそれによらず、その本心を放失しても探し求めようとしないのは、まことに嘆かわしい。人は自分の飼っている鶏や犬が逃げ出すと、それを探すことは知っているが、かんじんの本心を放失しても、探すことを知らないのだ。学問の道は、ほかでもない、自分の放失した本心を探求するだけのことである」

152孟子曰く、「今、無名の指、屈して信びざる有り。疾痛して事に害あるに非ざるなり。如し能く之を信ばす者有らば、則ち秦楚の路をも遠しとせず。指の人に若かざるが為なり。指の人に若かざるは、則ち之を悪むことを知る。心の人に若かざるは、則ち悪むことを知らず。此を之れ類を知らずと謂ふなり」

［現代語訳］

孟子のことば「今かりに、薬指が曲がっていて伸びないとする。別に不便だということもなく、痛んで仕事ができぬというわけでもないが、もし指を伸ばしてくれる人があったら、秦や楚のような遠い国でも、ものともせずに出かけて行く。それは指一本でも人並みでないからだ。指が人並みでないと、それを苦にすることは知っていても、心が人並みでないのは、苦にすることを知らない、というのは、これこそ物の比較を知らぬというものだ」

153孟子曰く、「拱把の桐梓も、人苟も之を生ぜんと欲せば、皆之を養ふ所以の者を知る。身に至りては、之を養ふ所以の者を知らず。豈身を愛すること桐梓に若かざらんや。思はざるの甚しきなり」

［現代語訳］

孟子のことば「両手か片手でつかむくらいの若い桐や梓の木でも、これを生育しようと思えば、だれでも培養する方法を知っている。ところが、自分の身のこととなると、その養いかたを知らない。なにも自分の身を愛することが、桐や梓に及ばぬわけはないのだが、つまり事の軽重を考えないことが、はなはだしいからだ」

154 孟子曰く、「人の身に於けるや、愛する所を兼ぬ。愛する所を兼ぬれば、則ち養ふ所を兼ぬ。尺寸の膚も愛せざること無ければ、則ち尺寸の膚も養はざること無きなり。其の善不善を考ふる所以の者は、豈他有らんや。己に於て之を取るのみ。体に貴賤有り、小大有り。小を以て大を害すること無く、賤を以て貴を害すること無かれ。其の小を養ふ者は小人為り。其の大を養ふ者は大人為り。

[現代語訳]

孟子が言う、「人は自分の身については、どんな部分でも愛さぬ所はない。愛さぬ所はないとなれば、養わぬ所はない。すなわち、一尺や一寸ほどの肌膚でも愛さぬことがないから、一尺か一寸ほどの肌膚でも養わぬことはないわけである。ところで、その養いかたの善悪を考えるには、ほかに方法があるわけではない、ただ自分自身に責任があるだけである。

さて、人の身体には尊い部分と、比較的卑しい部分とがあり、小さなつまらぬ部分とたいせつな部分とがある。だから小を養うために大を害したり、賤のために貴を害したりしてはならぬ。小なるものを養う者は小人となり、大なるものを養う者が大人となるのだ。

今、場師有り。其の梧檟を舍てて、其の樲棘を養はば、則ち賤場師と為さん。其の一指を養ひ、而も其の肩背を失ひて知らざれば、則ち狼疾人と為さん。飲食の人は、則ち人之を賤む。其の小を養ひて以て大を失ふが為なり。飲食の人も失ふこと有る無ければ、則ち口腹豈適尺寸の膚の為のみならんや」

[現代語訳]

今、かりに植木屋が桐や梓の良木を見捨てておいて、酸棘やいばらの雑木を育てたら、へぼな植木屋だと言われるだろう。また、指一本を治療するにかかって、肩や背を害なって気がつかないならば、やぶ医者と言われるだろう。つまり、飲食に心を奪われる人は、だれでもけいべつするが、それは口腹という小を養って志という大を失うからである。しかし、飲食を重んずる人でも、大なる志の方面を失うことがなければ、小なる口腹の養いといっても、一尺や一寸の肌膚の養いどころでなく、ずっと大事なことなのだ」

155公都子問うて曰く、「鈞しく是れ人なり。或ひは大人と為り、或ひは小人と為るは、何ぞや」と。孟子曰く、「其の大体に従へば大人と為り、其の小体に従へば小人と為る」と。曰く、「鈞しく是れ人なり。或ひは其の大体に従ひ、或ひは其の小体に従ふは、何ぞや」と。曰く、「耳目の官は、思はずして物に蔽はる。物、物に交はれば、則ち之を引くのみ。心の官は則ち思ふ。思へば則ち之を得るも、思はざれば則ち得ざるなり。此れ天の我に与ふる所の者、先づ其の大なる者を立つれば、則ち其の小なる者奪ふこと能はざるなり。此れ大人為るのみ」と。

［現代語訳］

公都子が問う、「同じく人間であるのに、大人物となったり、小人物となったりするのは、なぜでしょうか」孟子「大体すなわち良心に従えば大人となり、小体すなわち耳目の欲に従えば小人となるのだ」「同じく人間であるのに、あるいは大体に従い、あるいは小体に従うのは、なぜでしょうか」「耳や目の官能は、みずから思うことがないから、外物に覆われる。そして、外物が次から次へと間断なくやって来ると、耳目を邪道に引きつけてしまうのだ。ところが、心という職能は思うことであるから、よく思えば、道理は会得できるし、思わなければ、道理を会得できずに大体を失ってしまうのだ。この耳目も心も、すべて天が我に与えたものであるから、まずその大なるものすなわち心を、しっかり打ち立てれば、その小なるものすなわち耳目の欲が、大なる心を奪うことはできないのだ。これがつまり大人物なのだ」

156孟子曰く、「天爵なる者有り。人爵なる者有り。仁義忠信、善を楽しみて倦まざるは、此れ天爵なり。公卿大夫は、此れ人爵なり。古の人は、其の天爵を修めて、人爵之に従へり。今の人は、其の天爵を修めて、以て人爵を要む。既に人爵を得て、其の天爵を棄つるは、則ち惑ひの甚しき者なり。終に亦必ず亡せんのみ」

［現代語訳］

孟子のことば「この世に貴ばれるものには、天爵というものと、人爵というものとがある。仁義忠信の四徳を備え、この四徳という善事を楽しんで飽きることがないのは、これが天から授かった天爵である。公卿大夫という世俗の身分はつまり人爵である。いにしえの賢者は、自分に与えられている天爵を修得することを努め、その結果、自然、人爵が伴ったのである。ところが、今の人たちが天爵を修得するのは、それによって人爵を得ようとするためで、そもそもまちがっているが、人爵を得てしまうと天爵のほうは捨てて省みないというのでは、はなはだしく惑える者である。それでは、けっきょく、せっかく得た人爵までも失ってしまうのである」

157 孟子曰く、「貴きを欲するは人の同じき心なり。人人己に貴き者有り、思はざるのみ。人の貴くする所の者は良貴に非ざるなり。趙孟の貴くする所は、趙孟能く之を賤しくす。詩に云ふ、『既に酔ふに酒を以てし、既に飽くに徳を以てす』と。仁義に飽くを言ふなり。人の膏粱の味を願はざる所以なり。令聞広誉身に施く。人の文繡を願はざる所以なり」

〔現代語訳〕

孟子のことば「貴いことを欲するのは、だれでも心は同じであるが、実は人間、だれでも自分自身に貴いもの、すなわち天爵を持っているのであって、それに気がつかぬだけだ。世俗の貴いものは、人が貴くするものであって、それは本来の貴さではない。たとえば、晋の権力者、趙孟が与えた貴さは、また趙孟がこれを卑しくすることもできるのだ。『詩経』に『酒は酔うほど十分いただきましたし、徳は飽きるほどです』とあるが、それは仁義の徳に飽きたることをいったのである。そうなれば、他人の肥肉や美穀を味わいたいとは思わない。また、身に加わる評判もよく、名誉も高いから、他人の美しい着物などは欲しいと思わないのである」

158 孟子曰く、「仁の不仁に勝つは、猶ほ水の火に勝つがごとし。今の仁を為す者は、猶ほ一杯の水を以て、一車薪の火を救ふがごときなり。熄まずんば、則ち之を水は火に勝たずと謂ふ。此れ又不仁に与するの甚しき者なり。亦終に必ず亡せんのみ」

〔現代語訳〕

孟子のことば「仁が不仁に打ち勝つのは、水が火に打ち勝つようなものである。ところが、今の仁を行う人は、わずかの仁で大なる不仁に打ち勝とうとするもので、ちょうどさかずき一杯の水で車一台の薪の火を消そうとするようなものである。そして、火が消えないからとて、水は火に打ち勝てないと言う。これでは、やはり不仁に味方することがはなはだしい。ついにはせっかくのわずかばかりの仁すらも失ってしまうだろう」

159 孟子曰く、「五穀は種の美なる者なり。苟も熟せずと為さば、荑稗に如かず。夫れ仁も亦之を熟するに在るのみ」

〔現代語訳〕

孟子のことば「五穀は種子の中の上等なものであるが、もし成熟しなければ、下等なひえの類にも及ばない。仁の徳も同様で、その価値はよく熟したところにあるのである」

160 孟子曰く、「羿の人に射を教ふるには、必ず彀に志す。学者も亦必ず彀に志す。大匠、人に誨ふるには、必ず規矩を以てす。学者も亦必ず規矩を以てす」

〔現代語訳〕

孟子のことば「弓の名人の羿が人に射を教えるにあたっては、必ず弓を引き絞るころあいというものを眼目とした。聖人の道を学ぶ者も、その標準を眼目としなければならぬ。大工の棟梁が人に教えるには、必ずコンパスと定規を使う。道を学ぶ者も、やはり規矩に相当する仁義をもって法式としなければならぬ」

原文

141 告子曰、性猶二杞柳一也。義猶二桮棬一也。以二人性一爲二仁義一、猶下以二杞柳一爲中桮棬上。孟子曰、子能順二杞柳之性一、而以爲二桮棬一乎。將戕二賊杞柳一、而後以爲二桮棬一也。如將戕二賊杞柳一、而以爲二桮棬一、則亦將戕二賊人一、以爲二仁義一與。率二天下之人一、而禍二仁義一者、必子之言夫。

142 告子曰、性猶二湍水一也。決二諸東方一、則東流、決二諸西方一、則西流。人性之無レ分二於善不善一也、猶二水之無一レ分二於東西一也。孟子曰、水信無レ分二於東西一、無レ分二於上下一乎。人性之善也、猶二水之就一レ下也。人無レ有レ不レ善、水無レ有レ不レ下。今夫水、搏而躍レ之、可レ使レ過レ顙、激而行レ之、可レ使レ在レ山。是豈水之性哉。其勢則然也。人之可レ使レ爲二不善一、其性亦猶レ是也。

143 告子曰、生之謂レ性。孟子曰、生之謂レ性也、猶二白之謂一レ白與。曰、然。白二羽之白一也、猶レ白二雪之白一、白二雪之白一、猶レ白二玉之白一與。曰、然。然則犬之性、猶二牛之性一、牛之性、猶二人之性一與。

144 告子曰、食色、性也。仁、內也、非レ外也。義、外也、非レ內也。孟子曰、何以謂二仁內義外一也。曰、彼長而我長レ之。非レ有レ長二於我一也。猶二彼白而我白一レ之、從二其白於外一也。故謂二之外一也。曰、〔異於〕白二馬之白一也、無四以異三於白二人之白一也。不レ識、長二馬之長一也、無四以異三於長二人之長一與。且謂、長者義乎、長レ之者義乎。曰、吾弟則愛レ之、秦人之弟則不レ愛也。是以レ我爲レ悅者也。故謂二之內一。長二楚人之長一、亦長二吾之長一。是以レ長爲レ悅者也。故謂二之外一也。曰、耆二秦人之炙一、無四以異三於耆二吾炙一。夫、物則亦有二然者一也。然則耆レ炙、亦有レ外與。

145 孟季子問二公都子一曰、何以謂二義內一也。曰、行二吾敬一。故謂二之內一也。鄉人長二於伯兄一一歲、則誰敬。曰、敬レ兄。酌則誰先。曰、先酌二鄉人一。所レ敬在レ此。所レ長在レ彼。果在レ外。非レ由レ內也。公都子不レ能レ答。以告二孟子一。
孟子曰、敬二叔父一乎。敬レ弟乎。彼將レ曰、敬二叔父一。曰、弟爲レ尸、則誰敬。彼將レ曰、敬レ弟。子曰、惡在、其敬二叔父一也。彼將レ曰、在レ位故也。子亦曰、在レ位故也、庸敬在レ兄、斯須之敬在二鄕人一。季子聞レ之曰、敬二叔父一則敬、敬レ弟則敬。果在レ外。非レ由レ內也。公都子曰、冬日則飮レ湯、夏日則飮レ水。然則飮食亦在レ外也。

146
公都子曰、告子曰、性無レ善、無二不善一也。或曰、性可二以爲レ善、可三以爲二不善一。是故文武興、則民好レ善、幽厲興、則民好レ暴。或曰、有二性善一、有二性不善一。是故以レ堯爲レ君、而有レ象。以二瞽瞍一爲レ父、而有レ舜。以レ紂爲二兄之子一、且以爲レ君、而有二微子啓王子比干一。今、曰二性善一。然則彼皆非與。
孟子曰、乃若二其情一、則可二以爲レ善矣。乃所謂善也。若三夫爲二不善一、非二才之罪一也。惻隱之心、人皆有レ之。羞惡之心、人皆有レ之。恭敬之心、人皆有レ之。是非之心、人皆有レ之。惻隱之心、仁也。羞惡之心、義也。恭敬之心、禮也。是非之心、智也。仁義禮智、非二由レ外鑠レ我也。我固二有之一也。弗レ思耳矣。故曰、求則得レ之、舍則失レ之。或相倍蓰、而無レ算者、不レ能レ盡二其才一者也。詩曰、天生二蒸民一、有レ物有レ則。民之秉レ夷、好二是懿德一。孔子曰、爲二此詩一者、其知レ道乎。故有レ物必有レ則。民之秉レ夷也、故好二是懿德一。

147
孟子曰、富歲、子弟多レ賴、凶歲、子弟多レ暴。非二天之降レ才爾殊一也。其所三以陷二溺其心一者然也。今、夫麰麥、播レ種而耰レ之。其地同、樹レ之時又同。浡然而生、至二於日至之時一、皆熟矣。雖レ有レ不レ同、則地有二肥磽一、雨露之養、人事之不レ齊也。故凡同レ類者、舉相似也。何獨至二於人一、而疑㆑之。聖人與㆑我同㆑類者。故龍子曰、不㆑知㆑足而爲㆑屨、我知㆓其不㆒㆑爲㆑蕢也。屨之相似、天下之足同也。口之於㆑味、有㆓同耆㆒也。易牙先得㆓我口之所㆒㆑耆者也。如使㆔口之於㆑味也、其性與㆑人殊、若㆓犬馬之與㆑我、不㆒㆑同㆑類也、則天下何耆皆從㆓易牙之於㆒㆑味也。至㆓於味㆒、天下期㆓於易牙㆒。是天下之口相似也。惟耳亦然。至㆓於聲㆒、天下期㆓於師曠㆒。是天下之耳相似也。惟目亦然。至㆓於子都㆒、天下莫㆑不㆑知㆓其姣㆒也。不㆑知㆓子都之姣㆒者、無㆑目者也。故曰、口之於㆑味也、有㆓同耆㆒焉。耳之於㆑聲也、有㆓同聽㆒焉。目之於㆑色也、有㆓同美㆒焉。至㆓於心㆒、獨無㆑所㆓同然㆒乎。心之所㆓同然㆒者、何也。謂、理也、義也。聖人先得㆔我心之所㆓同然㆒耳。故理義之悅㆓我心㆒、猶㆔芻豢之悅㆓我口㆒。

148
孟子曰、牛山之木、嘗美矣。以㆔其郊㆓於大國㆒也、斧斤伐㆑之。可㆓以爲㆒㆑美乎。是其日夜之所㆑息、雨露之所㆑潤、非㆑無㆓萌蘖之生㆒焉。牛羊又從而牧㆑之。是以若㆑彼濯濯也。人見㆓其濯濯㆒也、以爲㆑未㆓嘗有㆒㆑材焉。此豈山之性也哉。雖㆘存㆓乎人㆒者㆖、豈無㆓仁義之心㆒哉。其所㆔以放㆓其良心㆒者、亦猶㆓斧斤之於㆒㆑木也。旦旦而伐㆑之、可㆓以爲㆒㆑美乎。其日夜之所㆑息、平旦之氣、其好惡與㆑人相近也者幾希、則其旦晝之所㆑爲、有梏㆓亡之㆒矣。梏㆑之反覆、則其夜氣不㆑足㆓以存㆒。夜氣不㆑足㆓以存㆒、則其違㆓禽獸㆒不㆑遠矣。人見㆓其禽獸㆒也、而以爲㆑未㆓嘗有㆒㆑才焉者、是豈人之情也哉。故苟得㆓其養㆒、無㆓物不㆒㆑長、苟失㆓其養㆒、無㆓物不㆒㆑消。孔子曰、操則存、舍則亡。出入無㆑時、莫㆑知㆓其鄉㆒、惟心之謂與。

149 孟子曰、無レ或二乎王之不智一也。雖レ有二天下易レ生之物一也、一日暴レ之、十日寒レ之、未レ有二能生者一也。吾見亦罕矣。吾退而寒レ之者至矣。吾如レ有レ萌焉何哉。今、夫奕之爲レ數、小數也、不二專レ心致一レ志、則不レ得也。奕秋、通國之善レ奕者也。使三奕秋誨二二人奕一、其一人專レ心致レ志、惟奕秋之爲レ聽。一人雖レ聽レ之、一心以爲、有二鴻鵠將一レ至。思下援二弓繳一而射上レ之、雖二與レ之俱學一、弗レ若レ之矣。爲二是其智弗一レ若與。曰、非レ然也。

150 孟子曰、魚我所レ欲也。熊掌亦我所レ欲也。二者不レ可レ得レ兼、舍レ魚而取二熊掌一者也。生亦我所レ欲也。義亦我所レ欲也。二者不レ可レ得レ兼、舍レ生而取レ義者也。生亦我所レ欲、所レ欲有下甚二於生一者上。故不レ爲二苟得一也。死亦我所レ惡、所レ惡有下甚二於死一者上。故患有レ所レ不レ辟也。如使二人之所レ欲、莫一レ甚二於生一、則凡可二以得一レ生者、何不レ用也。使下人之所レ惡、莫中甚二於死一者上、則凡可二以辟一レ患者、何不レ爲也。由レ是則生、而有レ不レ用也。由レ是則可二以辟一レ患、而有レ不レ爲也。是故所レ欲有下甚二於生一者上。所レ惡有下甚二於死一者上。非三獨賢者有二是心一也。人皆有レ之。賢者能勿レ喪耳。

一簞食、一豆羹、得レ之則生、弗レ得則死。嘑爾而與レ之、行レ道之人弗レ受。蹴爾而與レ之、乞人不レ屑也。萬鍾則不レ辨二禮義一而受レ之。萬鍾於レ我何加焉。爲二宮室之美、妻妾之奉、所レ識窮乏者得一レ我與。鄉、爲二身死一而不レ受。今、爲二宮室之美一爲レ之。鄉、爲二身死一而不レ受。今、爲二妻妾之奉一爲レ之。鄉、爲二身死一而不レ受。今、爲二所レ識窮乏者得一レ我爲レ之。是亦不レ可二以已一乎。此之謂レ失二其本心一。

151 孟子曰、仁、人心也。義、人路也。舍二其路一而弗レ由。放二其心一而不レ知レ求。哀哉。人有二雞犬

放一、則知レ求レ之。有レ放レ心、而不レ知レ求。學問之道無レ他。求二其放心一而已矣。

152 孟子曰、今、有二無名之指、屈而不一レ信。非二疾痛害一レ事也。如有二能信レ之者一、則不レ遠二秦楚之路一。爲二指之不一レ若レ人也。指不レ若レ人、則知レ惡レ之。心不レ若レ人、則不レ知レ惡。此之謂レ不レ知レ類也。

153 孟子曰、拱把之桐梓、人苟欲レ生レ之、皆知下所二以養一レ之者上。至二於身一、而不レ知下所二以養一レ之者上。豈愛レ身不レ若二桐梓一哉。弗レ思甚也。

154 孟子曰、人之於レ身也、兼レ所レ愛。兼レ所レ愛、則兼レ所レ養也。無二尺寸之膚不一レ愛焉、則無二尺寸之膚不一レ養也。所三以考二其善不善一者、豈有レ他哉。於レ己取レ之而已矣。體有二貴賤一、有二小大一。無二以レ小害一レ大、無二以レ賤害一レ貴。養二其小一者、爲二小人一。養二其大一者、爲二大人一。今、有二場師一。舍二其梧檟一、養二其樲棘一、則爲二賤場師一焉。養二其一指一、而失二其肩背一、而不レ知也、則爲二狼疾人一也。飲食之人、則人賤レ之矣。爲二其養レ小以失一レ大也。飲食之人、無レ有レ失也、則口腹豈適爲二尺寸之膚一哉。

155 公都子問曰、鈞是人也。或爲二大人一、或爲二小人一、何也。孟子曰、從二其大體一爲二大人一、從二其小體一爲二小人一。曰、鈞是人也。或從二其大體一、或從二其小體一、何也。曰、耳目之官、不レ思而蔽二於物一。物交レ物、則引レ之而已矣。心之官則思。思則得レ之、不レ思則不レ得也。此天之所レ與レ我者、先立二乎其大者一、則其小者不レ能レ奪也。此爲二大人一而已矣。

156 孟子曰、有二天爵者一、有二人爵者一。仁義忠信、樂レ善不レ倦、此天爵也。公卿大夫、此人爵也。古之人、修二其天爵一、而人爵從レ之。今之人、修二其天爵一、以要二人爵一。既得二人爵一、而棄二其天爵一、則惑之甚者也。終亦必亡而已矣。

157 孟子曰、欲レ貴者、人之同心也。人人有下貴二於己一者上、弗レ思耳矣。人之所レ貴者、非二良貴一也。趙孟之所レ貴、趙孟能賤レ之。詩云、既醉以レ酒、既飽以レ德。言レ飽二乎仁義一也。所三以不一レ願二人之膏粱之味一也。令聞廣譽施二於身一。所三以不一レ願二人之文繡一也。

158 孟子曰、仁之勝二不仁一也、猶二水之勝一レ火。今之爲レ仁者、猶下以二一杯水一、救中一車薪之火上也。不レ熄、則謂二之水不一レ勝レ火。此又與二於不仁一之甚者也。亦終必亡而已矣。

159 孟子曰、五穀者、種之美者也。苟爲レ不レ熟、不レ如二荑稗一。夫仁亦在二乎熟一レ之而已矣。

160 孟子曰、羿之敎二人射一、必志二於彀一。學者亦必志二於彀一。大匠誨レ人、必以二規矩一。學者亦必以二規矩一。

告子章句　下

161任人、屋廬子に問ふ有り。曰く、「礼と食と孰れか重き」と。曰く、「礼重し」と。「色と礼と孰れか重き」と。曰く、「礼重し」と。曰く、「礼を以て食すれば則ち飢ゑて死し、礼を以てせずして食すれば則ち食を得。必ず礼を以てせんか。親迎すれば則ち妻を得ず、親迎せざれば則ち妻を得。必ず親迎せんか」と。屋廬子対ふること能はず。明日鄒に之き、以て孟子に告ぐ。

［現代語訳］

任の人が孟子の弟子の屋廬子に問うた、「礼儀と食い気とは、どちらが重要ですか」「それは礼が重いのです」「では色気と礼儀とは、どちらが重要ですか」「それも礼のほうが重いのです」「では、礼を守って食べようとすれば、食を得ずして飢え死にするが、礼にかまわず食べれば、食物が得られる、というときでも、必ず礼を守りますか。また、婚礼を正式に行って親迎の礼をしようとすれば、妻を迎えることができず、妻を迎えることができないが、親迎などをしなければ、妻を迎えられる、というときでも、必ず親迎をしますか」屋廬は返事ができず、翌日、鄒まで出かけて、孟子にこのことを話した。

孟子曰く、「是に答ふるに於てや何か有らん。其の本を揣らずして其の末を斉しうせば、方寸の木も、岑楼より高からしむ可し。金は羽より重しとは、豈一鉤金と一輿羽との謂を謂はんや。食の重き者と礼の軽き者とを取りて之を比せば、奚ぞ翅に食重きのみならん。色の重き者と礼の軽き者とを取りて之を比せば、奚ぞ翅に色重きのみならん。往きて之に応へて曰へ、『兄の臂を紾らして之が食を奪へば則ち食を得るも、紾らさざれば則ち食を得ず。則ち将に之を紾らさんとするか。東家の牆を踰えて其の処子を摟けば則ち妻を得るも、摟かざれば則ち妻を得ず。則ち将に之を摟かんとするか』と」

［現代語訳］

孟子が言う、「それに答えることなど、なんでもない。物を比較するのに、その根基を考えないで、その先端ばかりを並べたら、一寸四方の木切れでも、小山よりも高くすることができるのだ。ふつう、金属は羽より重いというのは、なにも帯金一つと車一台の羽とのことをいうのではあるまい。それと同様、食に関する重大な場合と礼に関する軽いものとを取り上げて比較すれば、食のほうが重いことは問題にならないし、色気の重大な問題と礼の軽い問題とを取り上げて比較すれば、色気が重要なことは問題にならないではないか。ひとつ行ってこう答えてやれ、『兄の腕をねじ上げて、その持っている食物を奪えば、食物が手に入るが、ねじ上げないと、食物を得られない、としたら、兄の腕をねじ上げようとするか。また東隣のかき根を乗り越えて、その家の処女を引っ張って来れば、妻を得られるが、引っ張って来ないと、妻を得られない、としたら、引っ張りに行くか』」

162 曹交問うて曰く、「『人皆以て堯舜為る可し』と。諸有りや」と。孟子曰く、「然り」と。「交聞く、文王は十尺、湯は九尺と。今、交は九尺四寸、以て長し。粟を食ふのみ。如何せば則ち可ならん」と。曰く、「奚ぞ是に有らんや。亦之を為さんのみ。此に人有り。力、一匹雛に勝ふること能はずとせば、則ち力無き人と為さん。今、百鈞を挙ぐと曰はば、則ち力有る人と為さん。然らば則ち烏獲の任を挙ぐれば、是れ亦烏獲為るのみ。夫れ人豈勝へざるを以て患へと為さんや。為さざるのみ。

[現代語訳]

曹交が問うた、「人はだれでも堯や舜のようになれる、ということですが、ほんとうですか」孟子「そのとおりです」曹交「昔の周の文王は身長が十尺、殷の湯王は九尺あったということですが、私も九尺四寸あまりもありながら、さっぱり無能でごくつぶし同然ですが、どうしたらよろしいでしょうか」「堯や舜となるのは、身長などということは問題でありません。ただ、道を行うだけのことです。今ある人が、家鴨のひな一羽持ち上げる力がないとしたら、それは力のない人だといわれましょうし、百鈞の重さを上げられるといえば、力のある人とするでしょう。してみると昔の力士、烏獲の持ち上げるほどの荷物を持ち上げたとしたら、その人も烏獲同様にほかなりません。ですから、なにも人はできないことを心配することはないので、問題は努力をしないことにあるのです」

徐行して長者に後る。之を弟と謂ふ。疾行して長者に先だつ、之を不弟と謂ふ。夫れ徐行は、豈人の能はざる所ならんや。為さざる所なり。堯舜の道は、孝弟のみ。子、堯の服を服し、堯の言を誦し、堯の行ひを行はば、是れ堯のみ。子、桀の服を服し、桀の言を誦し、桀の行ひを行はば、是れ桀のみ」と。曰く、「交、鄒君に見ゆることを得て、以て館を仮る可し。願はくは留つて業を門に受けん」と。曰く、「夫れ道は大路の若く然り。豈知り難からんや。人求めざるを病むのみ。子帰りて之を求めば、余師有らん」と。

［現代語訳］

孟子は続けて、「ゆっくり歩いて目上の人のあとに従うのを弟の徳といい、さっさと歩いて目上の人を置いてきぼりにするのを不弟といいます。ところで、ゆっくり歩くのは、なんで人のできないことでありましょうか。できないのではなく、それはしないのです。堯・舜の道とて、つまりは孝弟にすぎません。あなたが堯の服、すなわち礼にかなった正しい服装をし、堯の言、すなわち正しい仁義のことばを口にし、堯の行すなわち孝弟の正しい行いをするならば、それで堯にほかなりません。これに反してあなたが桀のごとき非礼の服装をし、不仁不義のことばを口にし、暴虐な行いをしたら、つまり桀にほかならないのです」「私は鄒の君にお目にかかったら、宿舎を拝借できましょうから、しばらく滞在して、先生のおそばで直接お教えを受けたく存じます」「いや、人の道は大道のようなものですから、なんでわかりにくいことがありましょうか。人はみずから道を求めようとしないことを心配しさえすればよろしい。あなたも帰国なさって本気で道を求められたならば、いくらでも師とすべき人があるでしょう。ここにとどまるには及びません」

163 公孫丑問うて曰く、「高子曰く、『小弁は小人の詩なり』と」 孟子曰く、「何を以てか之を言ふ」と。曰く、「怨みたればなり」と。曰く、「固なるかな高叟の詩を為むるや。此に人有り。越人 弓を関きて之を射んとせば、則ち己 談笑して之を道はん。他無し、之を疏ずればなり。其の兄 弓を関きて之を射んとせば、則ち己 涕泣を垂れて之を道はん。他無し、之を戚めばなり。小弁の怨めるは、親を親しめばなり。親を親しむは仁なり。固なるかな高叟の詩を為むるや」と。曰く、「凱風は何を以てか怨みざる」と。曰く、「凱風は、親の過ち小なる者なり。小弁は、親の過ち大なる者なり。親の過ち大にして怨みざるは、是れ愈〻疏ずるなり。親の過ち小にして怨むは、是れ磯す可からざるなり。愈〻疏ずるは不孝なり。磯す可からざるも亦不孝なり。孔子(し)曰(いは)く、『舜(しゅん)は其(そ)れ至孝(しかう)なり。五十(ごじふ)にして慕(した)ふ』と」

［現代語訳］

公孫丑が問うた、「高子は『詩経』の小弁の篇は小人の詩だ、と申しますが」孟子「なぜそういうのだろうか」「親を恨んでいるからです」「高老人の詩の学びかたもずいぶん偏狭だね。たとえばここに人がいるとして、その人に向かい、見知らぬ遠い越の国の人が弓を引いて射ようとしたら、自分は笑顔をしながら平気でおやめなさいというだろう。それはほかでもない、その越の人が疎遠な人だからだ。ところがもし、自分の兄が弓を引いて人を射ようとしたら、涙を流して真剣になって制止するだろう。それはほかでもない、兄が罪を犯すのを看過できぬ骨肉の情からである。それと同様、かの小弁の詩が親を恨んでいるのは、親の過失を心から情けなく思うからで、つまり親を心から親しむからだ。この親を親しむ心は仁なのだ。高老人の詩の学問も底が知れるなあ」「では凱風の詩はなぜ、親を恨まないのですか」「凱風のほうは、親の過失の小さいもので、小弁は親の過失の大なるものなのだ。親の過ちが大きいのに平気で恨みもしないのは、いっそう親を疎遠に思うものであり、親の過ちが小さいことだのにすぐ親を恨むのは、荒だてるというものだ。疎遠に思うのはもちろん不孝だが、荒だてるのも不孝だ。孔子も言われたように、舜こそは、至孝の人で、五十になっても親を慕ったものだ」

164 宋牼将に楚に之かんとす。孟子 石丘に遇ふ。曰く、「先生将に何くに之かんとする」と。曰く、「吾 秦・楚兵を構ふと聞く。我将に楚王に見えて、説いて之を罷めしめんとす。楚王悦ばずんば、我将に秦王に見えて、説いて之を罷めしめんとす。二王のうち我将に遇ふ所 有らんとす」と。曰く、「軻や請ふ、其の詳を問ふこと無く、願はくは其の指を聞かん。之を説くこと将に何如せんとする」と。曰く、「我将に其の不利を言はんとす」と。

[現代語訳]

平和論者の宋牼が楚の国へ遊説に行こうとして、途中、孟子と石丘で出会った。孟子「先生はどちらへお出かけですか」宋「秦と楚とが戦いを始めるという話だから、楚王に謁見して戦いをやめるように説得するつもりです。楚王が賛成しないなら、秦王に謁見して戦いをやめるように説得しようと思います。二王のうちどちらかは、私と意見が一致するだろうと思います」「では詳しいことはお尋ねいたしませんが、どうかその要点をお聞かせください。どういうふうに説得なさるおつもりですか」「私は戦争は不利だというつもりです」

曰く、「先生の志は則ち大なり。先生の号は則ち不可なり。先生 利を以て秦・楚の王に説かんに、秦・楚の王 利を悦び、以て三軍の師を罷めば、是れ三軍の士、罷むるを楽しんで利を悦ばん。人の臣為る者、利を懐いて以て其の君に事へ、人の子為る者、利を懐いて以て其の父に事へ、人の弟為る者、利を懐いて以て其の兄に事へば、是れ君臣・父子・兄弟、終に仁義を去り、利を懐いて以て相接するなり。然り而うして亡びざる者は、未だ之れ有らざるなり。

[現代語訳]

そこで孟子が意見を述べた、「先生のお志は、まことにりっぱでありますが、先生の利をスローガンとされるのは、よろしくありません。先生が利益をもって秦や楚の王を説得し、王も利を喜んで自国の大軍を引き上げたら、全軍の将士も停戦を楽しみ利を喜ぶことになりましょう。かくて人の臣たる者が、利害を考えて主君に仕え、人の子たる者が、利害を考えて父に仕え、人の弟たる者が利害を考えて兄に仕えるようになると、つまり君臣、父子、兄弟の間は、仁義の心を捨てて、利害を考えて相接するようになってしまいます。そうなっては国が滅びずには済みません。

先生 仁義を以て秦・楚の王に説かんに、秦・楚の王 仁義を悦び、而うして三軍の師を罷めば、是れ三軍の士、罷むるを楽しんで仁義を悦ばん。人の臣為る者、仁義を懐いて以て其の君に事へ、人の子為る者、仁義を懐いて以て其の父に事へ、人の 弟 為る者、仁義を懐いて以て其の兄に事へば、是れ君臣・父子・兄弟、利を去り仁義を懐いて、以て相接するなり。然り而うして王たらざる者は、未だ之れ有らざるなり。何ぞ必ずしも利と曰はん」と。

[現代語訳]

　先生が仁義をもって秦や楚の王に説得し、王も仁義を喜んで自国の大軍を引き上げたら、全軍の将士も停戦を楽しみ仁義を喜ぶことになりましょう。かくて人の臣たる者が、仁義を考えて君に仕え、人の子たる者が、仁義を考えて兄に仕えるようになると、つまり君臣、父子、兄弟の間は、利害の心を捨てて、仁義を考えて相接するようになります。そうなっては王とならない者は、昔からその例がないのです。どうして利益不利益を説明する必要がありましょうか」

165孟子鄒に居る。季任、任の処守為り。幣を以て交はる。之を受けて報ぜず。平陸に処る。儲子相為り。幣を以て交はる。之を受けて報ぜず。他日、鄒由り任に之き、季子を見る。平陸由り斉に之き、儲子を見ず。屋廬子喜んで曰く、「連、間を得たり」と。問うて曰く、「夫子任に之きて季子を見、斉に之きて儲子を見ざるは、其の、相為るが為か」と。曰く、「非なり。書に曰く、『享は儀を多くす。儀、物に及ばざるを、不享と曰ふ。惟れ志を享に役せざればなり』と。其の、享を成さざるが為なり」と。屋廬子悦ぶ。或ひと之を問ふ。屋廬子曰く、「季子は鄒に之くことを得ざるも、儲子は平陸に之くことを得たりしなり」と。

［現代語訳］

孟子が故郷の鄒にいたとき、近国の任の国君の弟、季任が任国のるすい役をしていたが、礼物を贈って交際を求めてきた。孟子は礼物を受けたが答礼をしなかった。また、孟子が斉の領内の平陸にいたとき、儲子が斉の宰相であったが、礼物を贈って交際を求めてきた。孟子はやはり礼物を受け取ったが、答礼をしなかった。その後、孟子は鄒から任に出かけたとき、季任を訪問して答礼したが、平陸から斉の都へ行ったときは、儲子を訪問しなかった。弟子の屋廬子は、これで先生に質問する種ができた、と喜んで、「先生は任に行かれたときは、季任を訪問なさったのに、斉に行かれたときは、儲子を訪問なさらぬのは、彼が宰相だから、国君の弟たる季任と差別をなさったのですか」と問うた。孟子は「そうではない。『書経』に『進物には礼儀を手厚くするものだ。礼儀が粗略で礼物に伴わないのを、不享という。それは進物に誠心をこめず、品物さえそろえればよいとするからである』とあるとおり、彼のは享の礼を成さぬからである」と答えた。屋廬子はなるほどと納得した。ところが、十分納得のいかぬ人があって、説明を求めたので、屋廬子は「季任はるすい役であるから、鄒の孟子の所へ出かけるわけにゆかぬ。だから、礼物だけ贈ってもよいのだが、儲子は斉の宰相だから、国内の平陸へ出かけられる立場にある。それを行かぬのは、礼意が十分でないのだ」と言った。

166 淳于髡曰く、「名実を先にする者は人の為にするなり。名実を後にする者は自ら為にするなり。夫子、三卿の中に在りて、名実未だ上下に加はらずして之を去る。仁者は固より此の如きか」と。孟子曰く、「下位に居り、賢を以て不肖に事へざる者は、伯夷なり。五たび湯に就き、五たび桀に就く者は、伊尹なり。汙君を悪まず、小官を辞せざる者は、柳下恵なり。三子者は道を同じうせざるも、其の趨は一なり」と。「一とは何ぞや」と。曰く、「仁なり。君子も亦仁のみ。何ぞ必ずしも同じからん」と。

［現代語訳］

淳于髡が言う、「功名てがらを第一に考える人は、民を救うに志ある者であり、功名てがらを二の次にする人は、自分だけ行いすまそうとする者です。先生は斉の三卿の一人でありながら、功名てがらが上は国君、下は人民に及んでゆかないのに、斉の国を立ち去られることになりましたが、仁者とはいったいそんなものでしょうか」孟子が答える、「実際の行動は時によって変わるものだ。たとえば、民間に隠れていて、賢なる身をもって不肖の者に仕えなかったのは、伯夷である。五たびも湯王についたり桀王についたりして、民を救おうとしたのは、伊尹である。心の汚れた君をも憎まず、卑しい官でも辞退せずに世と調和したのは、柳下恵である。この三人は行きかたは違うが、帰着するところは一つである」「その一つとはなんですか」「仁である。君子たる者も、この三人のように、仁だけが目標なのだ。

必ずしも同じ行動をとることがあろうか」

曰く、「魯の繆公の時、公儀子、政を為し、子柳・子思、臣為り。魯の削らるるや、滋〻甚し。是の若きか、賢者の国に益無きことや」と。曰く、「虞は百里奚を用ひずして亡び、秦の繆公は之を用ひて覇たり。賢を用ひざれば則ち亡ぶ。削らるること何ぞ得可けんや」と。

［現代語訳］

「昔、魯の繆公の時に、学者の公儀子が宰相となり、賢者の子柳・子思という人たちが臣でありましたが、魯の国はどんどん他国から侵略されました。そんなに賢者などは、国の富強に役だたぬものでしょうか」「しかし、虞の国は有能な百里奚を用いなかったので滅び、秦の繆公は彼を用いて覇者となった。かくのごとく賢者を用いなければ、国は滅びてしまうのであって、削られるくらいで済むものか」

曰く、「昔者、王豹淇に処り、而うして河西善く謳ふ。緜駒高唐に処り、而うして斉右善く歌ふ。華周・杞梁の妻、善く其の夫を哭し、而うして国俗を変ず。諸を内に有すれば、必ず諸を外に形す。其の事を為して其の功無き者は、髡未だ嘗て之を覩ざるなり。是の故に賢者無きなり。有らば則ち髡必ず之を識らん」と。曰く、「孔子魯の司寇と為りて、用ひられず。従って祭りしに、燔肉至らず。冕を税がずして行る。乃ち知らざる者は以て肉の為なりと為し、其の知る者は以て礼無きが為なりと為す。乃ち孔子は則ち微罪を以て行らんと欲す。苟も去ることを為すを欲せざるなり。君子の為す所は、衆人固より識らざるなり」と。

［現代語訳］

「昔、歌の上手な衛の王豹が、淇水の辺りにいたので、衛の人たちは歌が上手になったし、斉の緜駒が高唐に住んでいたので、斉の西部の人は歌が上手になりました。また、斉の勇士、華周と杞梁との妻は、夫の戦死を悲しみ哭することが哀痛を極めたので、それに感化されて夫婦の情がこまやかになりました。このように、すべて内にあるものは、必ず外に現れるもので、仕事をしても効果が現れないということは、私はまだ見たことがありません。斉の国にいっこう、事功が現れないところをみると、斉の国には賢者がいないものと思われます。もしいれば、私にも必ずわかるはずです」「しかし、私が斉を出るには、それだけの理由があるのだ。昔、孔子は魯の大官、司寇になられたが、意見が用いられなかった。それで、かねて辞意を抱いておられたが、魯の君がお祭りをなさったとき、孔子もそれに参与したのに、祭りのあと、礼として当然分配さるべきお下がりの焼き肉が分配されなかったので、それをきっかけにして、礼服の冠を脱ぐ暇ももどかしく国を去られた。この孔子の態度を評して、物のわからぬ人は単に祭りの肉が配られなかったからだと思い、いくらかわかった人は礼が行われないからだと思った。しかし、孔子の本心は、かねて去るつもりであったが、祭肉が分配されないことの非礼を自分の責任とし、その軽い罪を理由に去ろうとされたのであって、おもしろくないからとて、むやみに去ろうとはなさらぬのである。かくのごとく君子のなすことは、いろいろ深い事情があるのであって、普通の人間にはとてもわかるものではないのだ」

167 孟子曰く、「五覇は、三王の罪人なり。今の諸侯は、五覇の罪人なり。今の大夫は、今の諸侯の罪人なり。

［現代語訳］

孟子が言う、「春秋時代の五覇は、古代の三王からは罪せらるべき者である。現在の諸侯は、その五覇から罪せらるべき者である。そして、今の大夫は、今の諸侯から罪せらるべき者である。

天子の諸侯に適くを巡狩と曰ひ、諸侯の天子に朝するを述職と曰ふ。春は耕すを省みて足らざるを補ひ、秋は斂むるを省みて給らざるを助く。其の疆に入るに、土地辟け、田野治まり、老を養ひ賢を尊び、俊傑位に在れば、則ち慶有り。慶するに地を以てす。其の疆に入るに、土地荒蕪し、老を遺て賢を失ひ、掊克位に在れば、則ち譲有り。一たび朝せざれば、則ち其の爵を貶し、再び朝せざれば、則ち其の地を削り、三たび朝せざれば、則ち六師之を移す。是の故に天子は討じて伐せず。諸侯は伐して討せず。五覇は諸侯を摟きて以て諸侯を伐する者なり。故に曰く、五覇は三王の罪人なりと。

［現代語訳］

天子が諸侯の領地へ行かれるのを巡狩といい、諸侯が天子の朝廷に参内するのを述職という。これらの定期的な旅行のほかに、春は耕作の状態を視察して、不足の品々を補い、秋は収穫の状態を視察して、人手の足りぬところは助けてやるというようにする。さて、天子が巡狩して、諸侯の領地へ入ってみると、土地はよく開墾され、田野はよく耕作されており、老人を扶養し賢者を尊敬しており、才能優れた者が高位にあるという状態ならば、恩賞を与えるが、恩賞には土地を与える。ところが、その領地に入ってみると、土地は荒れ果て、老人は見捨てられ、賢者は用いられず、税ばかり絞る者が位にあったとすると、罰を与える。また定期的な述職をひとたび怠ると、その爵位を下げ、二度めには領地を削減し、三度めには天子が軍隊を差し向けて諸侯を追放してしまうのである。そういうわけで、天子には懲罰の意味の討ということはあるが、対等の戦いの伐ということはないし、諸侯には伐はあるが、討ということはない。しかるに五覇は、諸侯の身でありながら、諸侯を引っ張り出して、他の諸侯を伐つという討と同じことをやっている。ゆえに、五覇は三王から罪せらるべき者というのである。

五覇は桓公を盛んなりと為す。葵丘の会に、諸侯牲を束ね書を載せて、血を歃らず。初命に曰く、『不孝を誅せよ。樹子を易ふること無かれ。妾を以て妻と為すこと無かれ』と。再命に曰く、『賢を尊び才を育ひ、以て有徳を彰せ』と。三命に曰く、『老を敬ひ幼を慈しみ、賓旅を忘るること無かれ』と。四命に曰く、『士は官を世〻にすること無かれ。官の事は摂せしむること無かれ。士を取ること必ず得よ。専に大夫を殺すこと無かれ』と。五命に曰く、『防を曲ぐること無かれ。糴を遏むること無かれ。封ずること有りて告げざること無かれ』と。曰く、『凡そ我が同盟の人、既に盟ふの後、言に好に帰せん』と。今の諸侯は皆此の五禁を犯せり。故に曰く、今の諸侯は五覇の罪人なりと。

[現代語訳]

五覇の中では、斉の桓公が最も優れているが、彼が主催した葵丘における会議では、諸侯が集まって、犠牲は縛ったままにし、その上に盟約の書を載せただけで、犠牲を殺して血をすするまでもなく、一同で誓約を行った。そのときの誓約は、

第一条　不孝者は誅罰し、一度定めた世嗣は変更せず、妾を本妻に直さぬこと。

第二条　賢者を尊び、英才を育成して、有徳者を表彰すること。

第三条　老人を敬い、幼者を慈しみ、賓客・旅人を粗略にせぬこと。
第四条　士は官職を世襲せしめず、官職を兼任させず、必ずりっぱな人物を採用し、自分かってに大夫を殺さぬこと。
第五条　堤防を曲げて私利を図らず、他国の輸入米を妨止せず、臣下に領地を与えたら必ず報告すること。
というものであった。そして、
すべて我が同盟の人々は、今、盟約をした以上、互いに仲よくすること。
と約束した。ところが、現在の諸侯は、みなこの五ヵ条の禁令を犯している。だから、今の諸侯は、五覇から罪せられる人々だというのである。

君(きみ)の悪(あく)を長(ちやう)ずるは、其(そ)の罪小(つみせう)なり。君(きみ)の悪(あく)を逢(むか)ふるは、其(そ)の罪大(つみだい)なり。今(いま)の大夫(たいふ)は、皆君(みなきみ)の悪(あく)を逢(むか)ふ。故(ゆゑ)に曰(いは)く、今(いま)の大夫(たいふ)は、今(いま)の諸侯(しよこう)の罪人(ざいにん)なり」

[現代語訳]

君の悪事をいさめもせずに増長させるのは、もちろん、臣として罪悪ではあるが、比較的軽い。君の悪心を誘い出すに至っては、その罪、まことに大である。今の大夫はみな君の悪心を引き出している。だから、今の大夫は、今の諸侯にとってすら、罪せらるべき人々なのである」

168 魯、慎子をして将軍為らしめんと欲す。孟子曰く、「民を教へずして之を用ふるは、之を民を殃すと謂ふ。民を殃する者は、堯舜の世に容れられず。一たび戦ひて斉に勝ち、遂に南陽を有つとも、然も且つ不可なり」と。慎子勃然として悦ばずして曰く、「此れ則ち滑釐の識らざる所なり」と。

［現代語訳］

魯が慎子を将軍に任命しようとし、斉と一戦の気構えを示した。孟子はこれを見て「民に仁義の道を教育もせずに、戦いに用いるのは、民をいたずらに苦しめるというものだ。民を苦しめる者は、堯舜の治世なら許されないことだ。たとい一戦を交えてさいわいに斉に勝ち、南陽の地を占領できたとしても、この際、戦うのはよくない」と言った。それを聞いて慎子はむっとしておもしろからず、「そんなことは、この私の関知しないことです」と言った。

曰く、「吾明らかに子に告げん。天子の地は方千里、千里ならざれば以て諸侯を待つに足らず。諸侯の地は方百里、百里ならざれば以て宗廟の典籍を守るに足らず。周公の魯に封ぜらるるや、方百里為り。地足らざるに非ず。而も百里に倹せり。太公の斉に封ぜらるるや、亦方百里為り。地足らざるに非ず、而も百里に倹せり。今、魯は方百里なるもの五あり。子以為へらく、王者作ること有らば、則ち魯は損する所に在るか。益する所に在るかと。徒に諸を彼に取りて以て此に与ふるすら、然も且つ仁者は為さず。況んや人を殺して以て之を求むるに於てをや。君子の君に事ふるや、務めて其の君を引きて、以て道に当り仁に志さしむるのみ」と。

［現代語訳］

孟子「では、はっきり説明しよう。天子の領地は千里四方という定まりであるが、千里ぐらいなければ、その収入で天下の諸侯を待遇するに足りないからだ。また、諸侯の領地は百里四方だが、百里ぐらいないと、その収入で先祖伝来の記録どおりの儀礼を守り行うに足りないからだ。だから、周公が魯に封ぜられたときは、その領地は百里四方だった。そのころは土地は十分にあって、足りないわけではなかったが、百里四方に差し控えたのだ。また、太公望が斉に封ぜられたときも、やはり百里四方だった。土地が足りぬわけではないが、百里四方に差し控えたのだ。ところが、今の魯の国は周公のときよりずっと広くなって、初めの百里四方の五倍もある。今、もし王者が出現して、昔の制度のとおり行おうとしたら、魯の国は土地を減らされるだろうか、それとも増してもらえるほうだろうか、きみはどう思う。戦いもせずにただで彼から取って、別の国に領地を与えるというのでも、道に外れたことは、仁者はせぬものだ。まして、人間を殺してまで領地を取ろうなどとはせぬ。君子が君に仕えるには、つとめてその君を正しい道に当たるように、仁道に志さしめるように、誘わねばならないのだ」

169 孟子曰く、「今の君に事ふる者は曰く、『我能く君の為に土地を辟き、府庫を充す』と。今の所謂良臣は、古の所謂民の賊なり。君、道に郷はず、仁に志さざるに、而も之を富まさんことを求む。是れ桀を富ますなり。『我能く君の為に与国を約し、戦へば必ず克つ』と。今の所謂良臣は、古の所謂民の賊なり。君、道に郷はず、仁に志さざるに、而も之が為に強戦せんことを求む。是れ桀を輔くるなり。今の道に由り、今の俗を変ずること無くば、之に天下を与ふと雖も、一朝も居ること能はざるなり」

［現代語訳］

孟子が言う、「現在、君に仕えている者は、『自分は君のために土地を開墾して租税を取り立て、お倉を充実させることができる』と言いたて、これを良臣というが、そのような現在のいわゆる良臣は、昔は民をそこなう民賊といっていたものだ。君が正しい道に向かわず、仁に志さないのに、こういう不善の君を富ますのは、つまりはいにしえの暴君桀を富ますようなものだからだ。また、『自分は君のために同盟国を獲得し、戦争すれば必ず勝ってみせる』と言いたてるが、かくのごとき現在のいわゆる良臣は、昔のいわゆる民賊である。君が正しい道に向かわず、仁に志さないのに、かかる不善の君のために奮戦しようとするのは、つまりはいにしえの暴君桀を助けるというものだからだ。現在のようなやりかたで、現在の悪風を改めないならば、この君に天下を与えたとしても、一日もその位に安んじていることはできないのである」

170白圭曰く、「吾二十にして一を取らんと欲す。何如」と。孟子曰く、「子の道は、貉の道なり。万室の国、一人陶すれば則ち可ならんか」と。曰く、「不可なり。器用ふるに足らざればなり」と。曰く、「夫れ貉は、五穀生ぜず、惟黍のみ之に生ず。城郭・宮室・宗廟・祭祀の礼無く、諸侯の幣帛・饔飧無く、百官・有司無し。故に二十にして一を取るも足れり。今や中国に居り、人倫を去り、君子無くんば、之を如何してか其れ可ならん。陶にして寡きすら、且つ以て国を為む可からず。況んや君子無きをや。之を堯舜の道より軽くせんと欲する者は、大貉・小貉なり。之を堯舜の道より重くせんと欲する者は、大桀・小桀なり」と。

〔現代語訳〕

　白圭が言う、「私は税金をずっと軽くして、二十分の一の税にしたらよいと思いますが、どうでしょうか」孟子答えて言う、「きみのやりかたは北方蛮族のやりかたである。一万戸もある国で、ただ一人が陶器を焼いていたら、それでよいと思うか」「それはいけません。陶器がまにあいませんから」「あの貉の国は、不毛の地で五穀が生育せず、わずかに黍が取れるだけだ。また、城郭や家屋もなく、宗廟その他の祭祀の礼も行われず、諸侯間の幣帛の礼物や宴会などもなく、大ぜいの役人などもいないから、二十分の一の税でも国費は足りるのである。われわれは天下の中央、文明の地におりながら、人間らしい礼儀を捨て、政治をする役人もやめてしまったら、どうしてそれでいいものだろうか。かりに陶器師が少なくてさえ国を治められぬものを、役人がなければなおさらだ。国家を治めるにはやはり相当の費用が必要なのであって、その費用を堯舜の道たる十分の一より軽減しようとするものは、大なり小なり貉の国というべきだし、十分の一よりも重く取り立てようとするものは、大なり小なり桀のやりかたなのである」

171 白圭曰く、「丹の水を治むるや、禹より愈れり」と。孟子曰く、「子過てり。禹の水を治むるは、水の道なり。是の故に、禹は四海を以て壑と為せり。今、吾子は鄰国を以て壑と為す。水逆行する、之を洚水と謂ふ。洚水とは洪水なり。仁人の悪む所なり。吾子過てり」と。

[現代語訳]

白圭が言う、「私の治水は、昔の禹よりも勝っています」孟子が言う、「それはまちがっています。禹の治水は水路によって自然に導いたのです。だから、禹は四方の海を谷間としてそこへ流し込んだのです。ところが、あなたは隣国を谷間と考えて、そこへ流し込んですましている。いったい、水が逆流するのを洚水といいますが、洚水とは今の洪水のことです。これこそ仁者の最も憎むことであるのに、得意になるとは、まちがいですよ」

172 孟子曰く、「君子は亮ならず。執ることを悪めばなり」

［現代語訳］

　孟子のことば「君子たる者は小信を固執しない。それは一つのことを固執するのを憎むからである」

173 魯、楽正子をして政を為さしめんと欲す。孟子曰く、「吾之を聞き、喜びて寐ねられず」と。公孫丑曰く、「楽正子は強なるか」と。曰く、「否」と。「知慮有るか」と。曰く、「否」と。「聞識多きか」と。曰く、「否」と。「然らば則ち奚為れぞ喜ばしくして寐ねられざる」と。曰く、「其の人と為りや善を好めばなり」と。「善を好めば足るか」と。曰く、「善を好めば天下に優なり。而るを況や魯国をや。夫れ苟も善を好めば、則ち四海の内、皆将に千里を軽しとして来り、之に告ぐるに善を以てせんとす。夫れ苟も善を好まざれば、則ち人将に曰はんとす、『訑訑たり。予既に已に之を知れり』と。訑訑の声音顔色は、人を千里の外に距ぐ。士千里の外に止まらば、則ち讒諂面諛の人至らん。讒諂面諛の人と居らば、国治まらんことを欲するも得可けんや」と。

［現代語訳］

魯の国で、孟子の弟子の楽正子を用いて政治をさせようとした。孟子が「その話を聞いて、私はうれしくて夜も眠られぬくらいだ」と言った。相弟子の公孫丑はその喜びかたをいささか不思議に思って問うた、「楽正子は強毅果断な人物ですか」「いや、別に」「では、知慮が深いでしょうか」「いや」「では、識見が広いでしょうか」「いや、そうでもない」「それではいったい、うれしくて眠れぬとはどういうわけでございますか」「彼の人物が善を好む男だからだ」「善を好むぐらいのことで、国が治められましょうか」「善を好めば、天下を治めるにも十分余りがある。魯の一国ぐらいは言うまでもない。いったい、為政者が善を好みさえすれば、天下の者はみな千里の道も物ともせずに集まって来て、善道を告げるだろう。ところが、もし善を好まぬ人間だったら、世間では『あの男は独善的で、自分はなんでもわかっているつもりだ』と言うだろう。つまり、独善的なことばや顔つきが、人を千里以上の遠方に遠ざけるのだ。かくて賢者が千里以上の遠方にとどまって近づかないとなると、やって来るのは讒言者やへつらい者ばかりで、こういう連中といっしょにいるようでは、国は治まろうにも治めることはできないではないか」

174 陳子曰く、「古の君子は、何如なれば則ち仕ふる」と。孟子曰く、「就く所三、去る所三。之を迎ふるに敬を致して、以て礼有り、言、将に其の言を行はんとすれば、則ち之に就く。礼貌未だ衰へざるも、言行はれざれば、則ち之を去る。其の次は、未だ其の言を行はずと雖も、之を迎ふるに敬を致して、以て礼有れば、則ち之に就く。礼貌衰ふれば、則ち之を去る。其の下は、朝に食はず、夕に食はず、飢餓して門戸を出づること能はず。君 之を聞きて曰く、『吾、大にしては其の道を行ふこと能はず、又其の言に従ふこと能はざるなり。我が土地に飢餓せしむるは、吾 之を恥づ』と。之を周はば亦受く可きなり。死を免るるのみ」と。

［現代語訳］

門人の陳子が問う、「いにしえの君子は、どういう場合に仕えたのでしょうか」孟子答えて言う、「仕える場合が三つ、去る場合が三つある。まず国君が敬意を尽くし礼を整え、そのことばの様子では自分の意見が用いられそうな場合に仕える。この場合は、君主の自分に対する気持ちや態度が最初と変わらなくても、自分の意見が用いられなければ去る。それに次ぐ場合として、自分の意見はただちに行われるわけではないが、国君が敬意を尽くし礼を整えて迎え入れるならば仕える。この場合は、君主の気持ちや態度で最初の熱がさめたようなら去る。その下の場合として、朝夕の食事もなく、飢餓のため、門外へ出ることもできぬという困窮の際、国君がそのことを聞かれて、『自分は、大にしては彼の説く道を行うこともできず、そのうえ、彼の意見に従うこともできぬ誤りを犯したが、我が領内において彼を飢えさせては、我が恥辱である』とて、救済されるならば、それも受けてよいが、しかしそれは餓死を免れるだけのことで、多くを受けてはならぬ」

175 孟子曰く、「舜は畎畝の中より発り、傅説は版築の間より挙げられ、膠鬲は魚塩の中より挙げられ、管夷吾は士より挙げられ、孫叔敖は海より挙げられ、百里奚は市より挙げらる。故に天の将に大任を是の人に降さんとするや、必ず先づ其の心志を苦しめ、其の筋骨を労せしめ、其の体膚を餓ゑしめ、其の身を空乏にし、行ふこと其の為さんとする所に払乱せしむ。心を動かし性を忍ばせ、其の能くせざる所を曾益せしむる所以なり。人恒に過ちて、然る後に能く改め、心に困み、慮に衡はつて、而る後に作り、色に徴れ、声に発して、而る後に喩る。入りては則ち法家払士無く、出でては則ち敵国外患無き者は、国恒に亡ぶ。然る後に、憂患に生じて、安楽に死することを知るなり」

［現代語訳］

孟子が言う、「舜は田野の間から天子にまでなり、傅説は土木工事人夫から取り立てられ、膠鬲は魚や塩の商売人から取り立てられ、管仲は獄吏の手に渡っていたのを取り立てられ、孫叔敖は海辺から取り立てられ、百里奚は市井の間から取り立てられた。

古人にかくのごとき実例があるによれば、天がある人に大任を負わせようとするときは、必ずまずその人間の精神を苦しませ、その筋骨を疲れさせ、その肉体を飢えしめ、その生活を窮乏させ、その行動が所期に反するようにさせる。これは、その人間の心を感奮させ、本性をじっと持ちこたえさせて、今までできなかったこともできるように、鍛練するためである。一般に人は、過失をしてはじめて改め、心に苦しみ思慮に余ってはじめて発奮し、煩悶苦痛が顔色音声に現れるほどになってやっと心に悟るものである。国家においても同様で、内には法度を守る譜代の臣、輔弼の賢臣がなく、外には対抗する国、外国からの圧力がないというような国は、安逸に慣れて滅びるのが常である。こうしてみると、憂患があってこそ生き抜き、安楽にふけると死亡することがわかる」

176孟子曰く、「教へも亦術多し。予之が教誨を屑しとせざる者も、是れ亦之を教誨するのみ」

[現代語訳]

孟子のことば「教育するにも方法はいろいろある。私が教え諭すことを潔しとせずして拒絶するようなのも、それに反省させるためであって、つまりは教えているにほかならない」

原文

161 任人有レ問二屋廬子一。曰、禮與レ食孰重。曰、禮重。色與レ禮孰重。曰、禮重。曰、以レ禮食則飢而死、不レ以レ禮食則得レ食。必以レ禮乎。親迎則不レ得レ妻、不二親迎一則得レ妻。必親迎乎。屋廬子不レ能レ對。明日之レ鄒、以告二孟子一。

孟子曰、於レ答レ是也何有。不レ揣二其本一、而齊二其末一、方寸之木、可レ使レ高二於岑樓一。金重二於羽一者、豈謂下一鉤金與二一輿羽一之謂上哉。取三食之重者與二禮之輕者一而比レ之、奚翅食重。取三色之重者與二禮之輕者一而比レ之、奚翅色重。往應レ之曰、紾二兄之臂一而奪二之食一則得レ食、不レ紾則不レ得レ食。則將レ紾レ之乎。踰二東家牆一而摟二其處子一則得レ妻、不レ摟則不レ得レ妻。則將レ摟レ之乎。

162 曹交問曰、人皆可三以爲二堯舜一。有レ諸。孟子曰、然。交聞、文王十尺、湯九尺。今、交九尺四寸以長。食レ粟而已。如何則可。曰、奚有二於是一。亦爲レ之而已矣。有レ人二於此一。力不レ能レ勝二一匹雛一、則爲二無レ力人一矣。今、曰レ擧二百鈞一、則爲二有レ力人一矣。然則擧二烏獲之任一、是亦爲二烏獲一而已矣。夫人豈以レ不レ勝爲レ患哉。弗レ爲耳。

徐行後二長者一、謂二之弟一。疾行先二長者一、謂二之不弟一。夫徐行者、豈人所レ不レ能哉。所レ不レ爲也。堯舜之道、孝弟而已矣。子服二堯之服一、誦二堯之言一、行二堯之行一、是堯而已矣。子服二桀之服一、誦二桀之言一、行二桀之行一、是桀而已矣。曰、交得レ見二於鄒君一、可二以假レ館。願留而受二業於門一。曰、夫道若二大路一然。豈難レ知哉。人病レ不レ求耳。子歸而求レ之、有二餘師一。

163 公孫丑問曰、高子曰、小弁、小人之詩也。孟子曰、何以言レ之。曰、怨。曰、固哉、高叟之爲レ詩

也。有レ人二於此一。越人關レ弓而射レ之、則已談笑而道レ之。無レ他、疏レ之也。其兄關レ弓而射レ之、則己垂二涕泣一而道レ之。無レ他戚レ之也。小弁之怨、親レ親也。親レ親仁也。固矣夫、高叟之爲レ詩也。曰、凱風、何以不レ怨。曰、凱風、親之過小者也。小弁、親之過大者也。親之過大而不レ怨、是愈疏也。親之過小而怨、是不レ可レ磯也。愈疏、不孝也。不レ可レ磯、亦不孝也。孔子曰、舜其至孝矣。五十而慕。

164 宋牼將レ之レ楚。孟子遇二於石丘一。曰、先生將二何之一。曰、吾聞二秦楚構レ兵。我將下見二楚王一、說而罷上レ之。楚王不レ悅、我將下見二秦王一、說而罷上レ之。二王我將レ有レ所レ遇焉。曰、軻也請、無レ問二其詳一、願聞二其指一。說レ之將二何如一。曰、我將レ言二其不利一也。曰、先生之志、則大矣。先生之號、則不可。先生以レ利說二秦楚之王一、秦楚之王、悅二於利一、以罷二三軍之師一、是三軍之士、樂レ罷而悅二於利一也。爲二人臣一者、懷レ利以事二其君一、爲二人子一者、懷レ利以事二其父一、爲二人弟一者、懷レ利以事二其兄一、是君臣父子兄弟、終去二仁義一、懷レ利以相接。然而不レ亡者、未二之有一也。

先生以二仁義一說二秦楚之王一、秦楚之王悅二於仁義一、而罷二三軍之師一、是三軍之士、樂レ罷而悅二於仁義一也。爲二人臣一者、懷二仁義一以事二其君一、爲二人子一者、懷二仁義一以事二其父一、爲二人弟一者、懷二仁義一以事二其兄一、是君臣父子兄弟、去レ利懷二仁義一、以相接也。然而不レ王者、未二之有一也。何必曰レ利。

165 孟子居レ鄒。季任爲二任處守一。以レ幣交。受レ之而不レ報。處二於平陸一。儲子爲レ相。以レ幣交。受レ之而不レ報。他日、由レ鄒之レ任、見二季子一。由二平陸一之レ齊、不レ見二儲子一。屋廬子喜曰、連得レ閒矣。

問曰、夫子之レ任見二季子一、之レ齊不レ見二儲子一、爲二其爲一レ相與。曰、非也。書曰、享多レ儀。儀不レ及レ物、曰二不享一。惟不レ役二志于享一。爲二其不一レ成レ享也。屋廬子悅。或問レ之。屋廬子曰、季子不レ得レ之レ鄒、儲子得レ之二平陸一。

166 淳于髠曰、先二名實一者、爲レ人也。後二名實一者、自爲也。夫子在二三卿之中一、名實未レ加二於上下一而去レ之。仁者固如レ此乎。孟子曰、居二下位一、不三以レ賢事二不肖一者、伯夷也。五就レ湯、五就レ桀者、伊尹也。不レ惡二汙君一、不レ辭二小官一者、柳下惠也。三子者不レ同レ道、其趨一也。一者何也。曰、仁也。君子亦仁而已矣。何必同。

曰、魯繆公之時、公儀子爲レ政、子柳子思爲レ臣。魯之削也、滋甚。若レ是乎、賢者之無レ益二於國一也。曰、虞不レ用二百里奚一而亡、秦繆公用レ之而霸。不レ用レ賢則亡。削何可レ得與。

曰、昔者、王豹處二於淇一、而河西善謳。緜駒處二於高唐一、而齊右善歌。華周杞梁之妻、善哭二其夫一、而變二國俗一。有二諸內一、必形二諸外一。爲二其事一、而無二其功一者、髠未二嘗覩一レ之也。是故無二賢者一也。有則髠必識レ之。曰、孔子爲二魯司寇一、不レ用。從而祭、燔肉不レ至。不レ稅レ冕而行。不レ知者以爲レ爲レ肉也、其知者以爲レ爲レ無レ禮也。乃孔子則欲下以二微罪一行上。不レ欲レ爲二苟去一。君子之所レ爲、衆人固不レ識也。

167 孟子曰、五霸者、三王之罪人也。今之諸侯、五霸之罪人也。今之大夫、今之諸侯之罪人也。天子適二諸侯一曰二巡狩一、諸侯朝二於天子一曰二述職一。春省レ耕而補レ不レ足、秋省レ斂而助レ不レ給。入二其疆一、土地辟、田野治、養レ老尊レ賢、俊傑在レ位、則有レ慶。慶以レ地。入二其疆一、土地荒蕪、遺レ老失レ賢、掊克在レ位、則有レ讓。一不レ朝、則貶二其爵一、再不レ朝、則削二其地一、三不レ朝、則六

師移レ之。是故天子討而不レ伐。諸侯伐而不レ討。五霸者、摟二諸侯一以伐二諸侯一者也。故曰、五霸者、三王之罪人也。

五霸、桓公爲レ盛。葵丘之會、諸侯束レ牲載レ書、而不レ歃レ血。初命曰、誅二不孝一。無レ易二樹子一。無二以レ妾爲一レ妻。再命曰、尊レ賢育レ才、以彰二有德一。三命曰、敬レ老慈レ幼、無レ忘二賓旅一。四命曰、士無レ世レ官。官事無レ攝。取レ士必得。無三專殺二大夫一。五命曰、無レ曲レ防。無レ遏レ糴。無レ有二封而不一レ告。曰、凡我同盟之人、既盟之後、言歸二于好一。今之諸侯、皆犯二此五禁一。故曰今之諸侯、五霸之罪人也。

長二君之惡一、其罪小。逢二君之惡一、其罪大。今之大夫、皆逢二君之惡一。故曰、今之大夫、今之諸侯之罪人也。

168 魯欲レ使三愼子爲二將軍一。孟子曰、不レ教レ民而用レ之、謂二之殃一レ民。殃レ民者、不レ容二於堯舜之世一。一戰勝レ齊、遂有二南陽一、然且不可。愼子勃然不レ悅曰、此則滑釐所レ不レ識也。

曰、吾明告レ子。天子之地、方千里、不二千里一、不レ足三以待二諸侯一。諸侯之地、方百里、不二百里一、不レ足三以守二宗廟之典籍一。周公之封二於魯一、爲二方百里一也。地非レ不レ足、而儉二於百里一。太公之封二於齊一也、亦爲二方百里一也。地非レ不レ足也、而儉二於百里一。今、魯方百里者五。子以爲、有二王者作一、則魯在レ所レ損乎、在レ所レ益乎。徒取二諸彼一以與レ此、然且仁者不レ爲。況於レ殺レ人以求一レ之乎。君子之事レ君也、務引二其君一、以當レ道志二於仁一而已。

169 孟子曰、今之事レ君者曰、我能爲レ君辟二土地一、充二府庫一。今之所謂良臣、古之所謂民賊也。君不レ鄉レ道、不レ志二於仁一、而求レ富レ之。是富レ桀也。我能爲レ君約二與國一、戰必克。今之所謂良臣、古之所謂民賊也。君不レ鄕レ道、不レ志二於仁一、而求二爲レ之强戰一。是輔レ桀也。由二今之道一、無レ變二今之俗一、雖レ與二之天下一、不レ能二一朝居一也。

170 白圭曰、吾欲二二十而取レ一一。何如。孟子曰、子之道、貉道也。萬室之國、一人陶則可乎。曰、不可。器不レ足レ用也。曰、夫貉、五穀不レ生、惟黍生レ之。無二城郭宮室宗廟祭祀之禮一、無二諸侯幣帛饔飧一、無二百官有司一。故二十取レ一而足也。今、居二中國一、去二人倫一、無二君子一、如レ之何其可也。陶以寡、且不レ可二以爲レ國。況無二君子一乎。欲レ輕二之於堯舜之道一者、大貉小貉也。欲レ重二之於堯舜之道一者、大桀小桀也。

171 白圭曰、丹之治レ水也、愈二於禹一。孟子曰、子過矣。禹之治レ水、水之道也。是故、禹以二四海一爲レ壑。今、吾子以二鄰國一爲レ壑。水逆行、謂二之洚水一。洚水者洪水也。仁人之所レ惡也。吾子過矣。

172 孟子曰、君子不レ亮。惡二乎執一。

173 魯欲レ使二樂正子爲一レ政。孟子曰、吾聞レ之、喜而不レ寐。公孫丑曰、樂正子强乎。曰、否。有二知慮一乎。曰、否。多二聞識一乎。曰、否。然則奚爲喜而不レ寐。曰、其爲レ人也好レ善。好レ善足乎。曰、好レ善優二於天下一。而況魯國乎。夫苟好レ善、則四海之內、皆將下輕二千里一而來、告レ之以上レ善。夫苟不レ好レ善、則人將レ曰、訑訑。予既已知レ之矣。訑訑之聲音顏色、距二人於千里之外一。士止二於千里之外一、則讒諂面諛之人至矣。與二讒諂面諛之人一居、國欲レ治可レ得乎。

174 陳子曰、古之君子、何如則仕。孟子曰、所レ就三、所レ去三。迎レ之致レ敬、以有レ禮、言將レ行二其言一也、則就レ之。禮貌未レ衰、言弗レ行也、則去レ之。其次雖レ未レ行二其言一也、迎レ之致レ敬、以有レ禮、則就レ之。禮貌衰、則去レ之。其下、朝不レ食、夕不レ食、飢餓不レ能レ出二門戶一。君聞レ之曰、

吾、大者不レ能レ行二其道一、又不レ能レ從二其言一也。使三飢二餓於我土地一、吾恥レ之。周レ之亦可レ受
也。免レ死而已矣。

175 孟子曰、舜發二於畎畝之中一、傅說擧二於版築之閒一、膠鬲擧二於魚鹽之中一、管夷吾擧二於士一、孫叔
敖擧二於海一、百里奚擧二於市一。故天將レ降二大任於是人一也、必先苦二其心志一、勞二其筋骨一、餓二其
體膚一、空二乏其身一、行拂二亂其所一レ爲。所三以動レ心忍レ性、曾二益其所一レ不レ能。人恆過、然後能
改、困二於心一、衡二於慮一、而後作、徵二於色一、發二於聲一、而後喩。入則無二法家拂士一、出則無二敵國外
患一者、國恆亡。然後知下生二於憂患一、而死中於安樂上也。

176 孟子曰、敎亦多レ術矣。予不レ屑二之敎誨一也者、是亦敎二誨之一而已矣。

尽心章句　上

177 孟子曰く、「其の心を尽す者は、其の性を知るなり。其の性を知れば、則ち天を知る。其の心を存し、其の性を養ふは、天に事ふる所以なり。殀寿弐はず、身を修めて以て之を俟つは、命を立つる所以なり」

［現代語訳］

孟子のことば「自分の持っている惻隠・羞悪・辞譲・是非の四端の心を窮め尽くす者は、人の本性が本来善であることを知るのである。人の性の善なることを知れば、その性を賦与したところの天を知るのである。その四端の心を保存し、その善なる性を養うのが、つまり天に仕える道である。人間には短命も長命もあるが、そんなことは気にかけないで、ひたすら自身を修養して天命の至るのを待つことが、天命を尊重する道である」

178 孟子曰く、「命に非ざる莫きなり。其の正を順受す。是の故に命を知る者は、巖牆の下に立たず。其の道を尽して死する者は、正命なり。桎梏して死する者は、正命に非ざるなり」

【現代語訳】

孟子のことば「人生の吉凶禍福は、みな天命でないものはないが、正しい天命、すなわち正命をすなおに受けるべきだ。それゆえに、天命をほんとうに心得ている者は、危っかしい岩石や壊れかかった土べいの下に立つようなことはしない。自分の尽くすべき道を尽くして死ぬのは、正命であるが、罪を犯して刑罰を受けて死ぬのは、正命ではないのである」

179 孟子曰く、「求むれば則ち之を得、舎つれば則ち之を失ふ。是れ求めて得るに益有るなり。我に在る者を求むればなり。之を求むるに道有り。之を得るに命有り。是れ求めて得るに益無きなり。外に在る者を求むればなり」

【現代語訳】

孟子のことば「求めれば得られるが、捨てておけば失われてしまう、というようなものは、求めることが、それを得るのに役だつ。それは、自分にあるものを求めるからである（つまり仁義礼智などの天爵がそれである）。求めるには相応の筋道があって、みだりに求めることができず、それを得るには天命があって、必ずしも得られるとは限らない、というようなものは、求めたとて得ることにはあまり役だたない。それは、自分以外にあるものを求めるからである（つまり富貴利達などの人爵がそれである）」

180 孟子曰く、「万物皆我に備はる。身に反して誠なれば、楽しみ焉より大なるは莫し。強恕して行ふ、仁を求むること焉より近きは莫し」

[現代語訳]

孟子のことば「万物の道理はみな自分の本性に備わっているはずである。自分の身に反省してみて、真実にその理が実現されているならば、これほど楽しいことはない。また、大いに努力して思いやりの心をもって行動するのは、仁を求めるのに最も近い方法である」

181 孟子曰く、「之を行うて而も著かならず、習うて而も察らかならず、終身之に由りて、而も其の道を知らざる者、衆きなり」

[現代語訳]

孟子のことば「実行していながら、その道理をはっきり知らず、習熟していながら、その道理に通暁せず、一生用いていながら、その道理を知らない、という人が多い」

182 孟子曰く、「人は以て恥づること無かる可からず。恥づること無きを之れ恥づれば、恥無し」

[現代語訳]

孟子のことば「人は羞恥心がなければならぬ。羞恥心がないことを恥ずかしく思うようになれば、恥辱を受けることもなくなるのだ」

183 孟子曰く、「恥の人に於けるや、大なり。機変の巧を為す者は、恥を用ふる所無し。人に若かざることを恥ぢずんば、何ぞ人に若くことか有らん」

〔現代語訳〕

孟子のことば「羞恥心は人にとって重大である。その場逃れの小細工ばかりをやる者は、羞恥心がまるでないのだ。自分の徳が人に及ばないことを恥ずかしいとも思わないなら、どうして人並みになれようか」

184 孟子曰く、「古の賢王は、善を好んで勢ひを忘る。古の賢士、何ぞ独り然らざらんや。其の道を楽しみて人の勢ひを忘る。故に王公も敬を致し礼を尽さずんば、則ち亟〻之を見るを得ず。見ることすら且つ猶ほ亟〻するを得ず、而るを況んや得て之を臣とするをや」

〔現代語訳〕

孟子のことば「いにしえの賢王は、善を好み自分の権勢を忘れて、賢士を遇した。したがって、賢士のほうでも、同様な態度でないはずはなく、道義を楽しんで、相手の権勢のことなどは眼中になかった。ゆえに、王公といえども、賢者に対しては、敬意と礼儀を尽くさなければ、そうたびたびは会うことができなかったのである。会うことさえたびたびはできなかったのであるから、彼を臣下とすることができぬのは、いうまでもなかろう」

185 孟子、宋句践に謂ひて曰く、「子、遊を好むか。吾、子に遊を語げん。人之を知るも亦囂囂たり。人知らざるも亦囂囂たり」と。曰く、「何如なれば斯に以て囂囂たる可き」と。曰く、「徳を尊び義を楽しめば、則ち以て囂囂たる可し。故に士は窮しても義を失はず、達しても道を離れず。窮しても義を失はず、故に士は己を得。達しても道を離れず、故に民は望みを失はず。古の人は、志を得れば、沢民に加はり、志を得ざれば、身を修めて世に見る。窮すれば則ち独り其の身を善くし、達すれば則ち兼ねて天下を善くす」と。

〔現代語訳〕

孟子が宋句践に向かって言う、「あなたは遊説をお好みのようだが、遊説についての心得をお話ししましょう。遊説家は、人が認めてくれても自得無欲の態度でおり、人が認めてくれなくても、やはり、自得無欲の態度でおるのがよいのです」「どうすれば自得無欲になれましょうか」「徳を尊び義を楽しめば、自得無欲になれます。ですから、かかる心がけの士は、困窮しても義を失うことなく、栄達しても道を捨てません。困窮しても義を失わないから、己の本性を全うしうるし、栄達しても道を捨てないから、人民の期待に外れないのです。昔の賢者は、志を得て世に立てば、その恩沢は広く人民に及ぶし、志を得ずして道を天下に行うことのできぬときは、自分を修養して高徳の人として世に知られたのです。かくのごとく、逆境にあっては、独り自分の一身を修め、栄達すれば、広く天下を善に導くということがたいせつなのです」

186 孟子曰く、「文王を待ちて而る後に興る者は、凡民なり。夫の豪傑の士の若きは、文王無しと雖も、猶ほ興る」

〔現代語訳〕

　孟子のことば「文王のごとき聖王の徳化があって、これによってはじめて感奮興起する者は、凡庸の民である。人並み優れた豪傑の士などは、文王のごとき教化がなくても、みずから興起するものである」

187 孟子曰く、「之に附するに韓・魏の家を以てするも、如し其の自ら視ること欿然たらば、則ち人に過ぐること遠し」

〔現代語訳〕

　孟子のことば「韓氏や魏氏のごとき富貴を増し与えられても、自分では富貴などの外物に価値を認めずに、依然としてもの足らぬような気分ならば、はるかに人並み優れた人である」

188 孟子曰く、「佚道を以て民を使へば、労すと雖も怨みず。生道を以て民を殺せば、死すと雖も殺す者を怨みず」

［現代語訳］

孟子のことば「民を安楽ならしめるための仕事で民を働かせるなら、民は苦労をしても恨みと思わない。民の生存を保護するために、害悪を行う人間を殺すなら、死刑にしても、君主を残酷として恨むことはない」

189 孟子曰く、「覇者の民は、驩虞如たり。王者の民は、皞皞如たり。之を殺すも怨みず、之を利するも庸とせず。民日に善に遷りて、而も之を為す者を知らず。夫れ君子の過ぐる所の者は化し、存する所の者は神なり。上下、天地と流を同じうす。豈之を小補すと曰はんや」

［現代語訳］

孟子のことば「覇者は民心を得るために人気取りをやるから、人民はその恩恵が目についてうれしがる。王者はその徳が自然であるから、特に目だつこともないが、人民はのんびりと満足している。そしてやむを得ず民を殺すようなことがあっても、それは民の大なる幸福のためであるから、恨みに思うこともなく、また民に利を与えても、それが自然であるから気がつかず、別に王者の功績として感謝もせぬ。人民は日ごとに善に移りながら、だれのおかげであるかを知らないでいる。いったい、聖王が通り過ぎる所では、みなその徳に感化せられ、とどまり住む所では、その徳化はいっそう神妙である。かくて上は天、下は地とその徳の流行を同じくするほどである。なんで覇者が少しばかりの恩恵を施すのと比較になろうか」

190 孟子曰く、「仁言（じんげん）は仁声（じんせい）の人に入（い）るの深きに如（し）かざるなり。善政（ぜんせい）は善教（ぜんけう）の民（たみ）を得（う）るに如（し）かざるなり。善政は民之（たみこれ）を畏（おそ）れ、善教は民之（たみこれ）を愛（あい）す。善政は民の財（ざい）を得、善教は民（たみ）の心（こころ）を得」

[現代語訳]

孟子のことば「仁厚・仁愛のことばを民にかけるのは、けっこうではあるが、君主に仁徳があって民の評判になるほうが、人の心に深くしみ込むものである。また、法度・禁令がよく整っている善政も悪くはないが、仁義・道徳の教えによって民を導く善教のほうが、民の帰服を得るものである。善政は民が恐れるが、善教は民が愛するのであり、善政は民の財を得て国用にはことかかないが、善教は民の心を得て真に国家の安泰を得ることができる」

191 孟子曰く、「人の学ばずして能くする所の者は、其の良能なり。慮らずして知る所の者は、其の良知なり。孩提の童も、其の親を愛するを知らざる者無し。其の長ずるに及びてや、其の兄を敬するを知らざる無し。親を親しむは仁なり、長を敬するは義なり。他無し、之を天下に達するなり」

[現代語訳]

孟子のことば「人間が学ばずして自然になしうるものは、良能であり、特に思慮をめぐらさずして知りうるものは、良知である。たとえば二、三歳の子供でも、自分の親を愛することを知らぬ者はなく、やや成長すると、自分の兄を敬うことを知らぬ者はない。これがつまり良知・良能である。そして、この親しい身内を親愛することは仁であり、長上を敬うことは義である。たいせつなことは、この親親・敬長の心を天下に推し及ぼすことにほかならないのである」

192 孟子曰く、「舜の深山の中に居るや、木石と居り、鹿豕と遊ぶ。其の、深山の野人に異なる所以の者は、幾ど希なり。其の、一善言を聞き、一善行を見るに及びては、江河を決して沛然たるが若く、之を能く禦むる莫きなり」

[現代語訳]

孟子のことば「舜が初め深山の中にいたころは、木石の間に住み、鹿や豕と遊ぶありさまで、深山にいるほかの野人と別段変わったところもなかった。ところが、彼は一つの善言を聞き、一つの善行を見るに及んで、大河の水をどっと切って落としたごとくに、その善に進み、だれも阻止することができなかった。そこが舜の優れた点である」

193 孟子曰く、「其の為さざる所を為すこと無く、其の欲せざる所を欲すること無し。此の如きのみ」

［現代語訳］

孟子のことば「元来なそうとせぬことをせず、欲しようとせぬことを欲せぬ、君子の道はそれだけのことである」

194 孟子曰く、「人の、徳慧術知有る者は、恒に疢疾に存す。独り孤臣孽子のみ、其の、心を操るや危ふく、其の、患を慮るや深し。故に達す」

［現代語訳］

孟子のことば「人に徳行・知恵・技術・才知の長所があるのは、たいてい、災患の中に置かれるからである。君から疎外される臣や妾腹の子に限って、心持ちが安らかでなく、患難を深く心配して努力するので、自然、事の道理に通ずるようになるのである」

195 孟子曰く、「君に事ふる人なる者有り。是の君に事ふれば、則ち容悦を為す者なり。社稷を安んずる臣なる者有り。社稷を安んずるを以て、悦を為す者なり。天民なる者有り。達して天下に行ふ可くして、而る後に之を行ふ者なり。大人なる者有り。己を正しくして、而して物正しき者なり」

［現代語訳］

孟子のことば「人物には四段階がある。まず単に君に仕えるだけの人物というものがある。その人は自分の君に仕えさえすれば、それで満足するのである。次は国家を安んずる臣というものがある。これは、国家を安んずることをもって満足するのである。その上は天民、すなわち天下の安危を思う民というものがある。これは、しかるべき地位に上って、道を天下に行うことができるとみて、はじめて志を行うのである。最後に大人、すなわち徳の至盛なる人物がある。これは、もっぱら自己を正しくするに努め、自然、ほかの人物も正しく感化してゆくものである」

196 孟子曰く、「君子に三楽有り。而うして天下に王たるは、与り存せず。父母倶に存し、兄弟故無きは、一の楽しみなり。仰いで天に愧ぢず、俯して人に怍ぢざるは、二の楽しみなり。天下の英才を得て、之を教育するは、三の楽しみなり。君子に三楽有り。而うして天下に王たるは、与り存せず」

［現代語訳］

孟子のことば「君子には三つの楽しみがある。が、天下に王となることは、その中に入らない。その三つの楽しみとは、父母がともに健在で、兄弟姉妹にも心配の種がないのが、一つの楽しみである。己の行いが正しく、仰いでは天に対して恥ずかしいことがなく、俯しては人に対しても恥ずかしいことがないのが、二つの楽しみである。天下の秀才を弟子として教育し、りっぱな人物に育て上げることが、三つの楽しみである。君子にはこの三つの楽しみがあるが、天下に王となることは、その中に入らないのである」

197 孟子曰く、「広土衆民は、君子之を欲するも、楽しむ所は存せず。天下に中して立ち、四海の民を定むるは、君子之を楽しむも、性とする所は、存せず。君子の性とする所は、大いに行はると雖も加はらず、窮居すと雖も損せず。分定まるが故なり。君子の性とする所は、仁義礼智、心に根ざす。其の色に生ずるや、睟然として面に見れ、背に盎れ、四体に施き、四体言はずして喩る」

［現代語訳］

孟子のことば「広い土地、多数の人民のある大国は、君子たる者、我が志を行う場所として欲するものであるが、楽しむことは、そこにはない。天下の中央に立って、四海の民を平定することは、君子の楽しむことであるが、本性とすることではない。君子が本性とすることは、我が志が大いに行われたからとて、増加もせず、また困窮しようとも、減少もしない。それは人間として、本分が定まっているからである。その君子が本性とすることというのは、仁義礼智の四徳であって、それは我が心に根ざしている。それがいったん外に現れると、清らかに潤いを持って顔に現れ、背後にまであふれ、あまねく手足にまで行き渡り、何も言わずとも、身体の様子で他人にわかるものである」

198 孟子曰く、「伯夷は紂を辟けて、北海の浜に居る。文王作興すと聞き、曰く、『盍ぞ帰せざるや。吾聞く、西伯は善く老を養ふ者なり』と。太公は紂を辟けて、東海の浜に居る。文王作興すと聞き、曰く、『盍ぞ帰せざるや。吾聞く、西伯は善く老を養ふ者なり』と。天下に善く老を養ふもの有れば、則ち仁人以て己が帰と為す。

〔現代語訳〕

孟子が言う、「伯夷は、殷の紂王の暴政を避けて、北海のほとりに隠れ住んでいたが、王政を行う文王が起こったと聞いて、『さあ、身を寄せよう、西伯文王はよく老人を優遇されるという話だ』と言った。また、太公望も、紂王を避けて東海のほとりに隠れていたが、文王が起こったと聞いて、『さあ、身を寄せよう、西伯文王はよく老人を優遇されるという話だ』と言った。こういうわけだから、今日でも天下によく老人を養う人があれば、仁人はみなその人を自分の身を寄せる所として、四方から集まって来るにちがいない。

五畝の宅、牆下に樹うるに桑を以てし、匹婦之に蚕すれば、則ち老者以て帛を衣るに足る。五母雞、二母彘、其の時を失ふこと無ければ、老者以て肉を失ふこと無きに足る。百畝の田、匹夫之を耕せば、八口の家、以て飢うること無きに足る。所謂西伯善く老を養ふとは、其の田里を制して之に樹畜を教へ、其の妻子を導いて、其の老を養はしむればなり。五十は帛に非ざれば煖かならず。七十は肉に非ざれば飽かず。煖かならず飽かざる、之を凍餒と謂ふ。文王の民には、凍餒の老無しとは、此の謂なり」

[現代語訳]

一軒当たり五畝の宅地のかき根には桑を植え、一人の婦人が養蚕をすれば、老人は絹物を着られる。雌鶏五羽、雌豚二匹を飼って、その繁殖の時期を失わぬようにすれば、老人は肉に不自由することもない。百畝の田地を一人の男が耕作すれば、八人家族ぐらいは飢えることもない。いわゆる、西伯がよく老人を養ったというのは、右のごとく田地や宅地を制定して、桑を植え、鶏や豚を飼うことを教え、妻子を教導して老人を養わせたからである。人間は五十ぐらいになると、絹物でないと体が暖まらないし、七十ぐらいになると、肉でないと満足しない。暖まらず、食べても満足せぬことを、凍える、飢えるというのだが、文王の民には、凍えたり飢えたりする老人はなかったというのは、このことを指すのである」

199孟子曰く、「其の田疇を易めしめ、其の税斂を薄くせば、民富ましむ可きなり。之を食ふに時を以てし、之を用ふるに礼を以てせば、財用ふるに勝ふ可からざるなり。民は水火に非ざれば生活せず。昏暮に人の門戸を叩きて水火を求むるに、与へざる無き者は、至つて足ればなり。聖人の天下を治むるや、菽粟 有ること水火の如くならしむ。菽粟 水火の如くにして、民焉んぞ不仁なる者有らんや」

[現代語訳]

孟子のことば「田畑をよく耕さしめ、租税を軽くしてやれば、民は富ませることができる。また、食べるべき時期の物を食べ、物の消費は礼にかなった身分相応にすれば、物資は使いきれぬくらいになるものだ。いったい、人間は水と火がなければ、生活できぬが、日暮れどきに人の門口をたたいて、そのたいせつな水や火種をもらおうとすれば、だれでも与えぬことがないのは、それが十二分にあり余っているからだ。聖人が天下を治めるには、豆や穀物などの食料を、水や火のごとく豊富ならしめるのである。豆や穀物が水や火のごとく豊富となれば、（人民も自然、礼儀を重んずるようになり）どうして不仁な者などがあろうか」

200孟子曰く、「孔子 東山に登りて魯を小とし、太山に登りて天下を小とす。故に海を観し者には、水を為し難く、聖人の門に遊びし者には、言を為し難し。水を観るに術有り、必ず其の瀾を観る。日月明有り、容光 必ず照らす。流水の物為るや、科に盈たざれば行かず。君子の道に志すや、章を成さざれば達せず」

［現代語訳］

孟子が言う、「孔子は魯の東の山に登ってみて、魯の国を狭いと思い、さらに高い太山に登って四方を見下ろし、天下をも小さいと思われた。つまり、見識が広大になると標準も高くなるのだ。だから、海を見た人々は、たいていの川では驚かないし、聖人の門に学んだ者には、たいていの言論は相手にされない。

さて、水の大小を見分けるには方法があって、必ずその波の立ちかたを見るべきだし、日月の光の明らかなことは、わずかのすきまも照らさぬことがないのでわかる。いったい、流水というものは、途中にあるくぼ地を満たさなければ、先へは流れないのだが、君子が聖人の道に志した場合も、同様で、一段一段、積み重ねていかなければ、目的に達することができないのである」

201孟子曰く、「雞鳴にして起き、孳孳とし善を為す者は、舜の徒なり。雞鳴にして起き、孳孳とし利を為す者は、蹠の徒なり。舜と蹠との分を知らんと欲せば、他無し、利と善との間なり」

［現代語訳］

孟子のことば「一番どりの鳴くとともに起きだして、せっせと怠らず善をなす者は、聖人舜の仲間である。一番どりの鳴くとともに起きだして、せっせと怠らず利益を謀る者は、大盗の跖の仲間である。舜と跖との区別を知ろうとすれば、ほかでもない、ただ利益を謀るか、善事を努めるかの違いである」

202 孟子曰く、「楊子は我が為にするを取る。一毛を抜いて天下を利するも、為さざるなり。墨子は兼愛す。頂を摩して踵に放るも、天下を利するは之を為す。子莫は中を執る。中を執るは之に近しと為すも、中を執りて権すること無ければ、猶ほ一を執るなり。一を執るに悪む所の者は、其の、道を賊ふが為なり。一を挙げて百を廃すればなり」

[現代語訳]

孟子のことば「楊朱は自分のためということだけを主張し、我が一本の毛を抜いたらば天下のためになるとしても、それをしない。墨子は無差別の博愛主義で、たとい頭から足のかかとまで、一身をすり減らしても、天下のためになることならば、するのである。魯の賢人、子莫は中道主義である。中道主義は、聖人の道すなわち中庸に近いとは言えるが、ただ中道ということにとらわれて、臨機応変の処置をとらなかったら、やはり楊朱や墨子と同様に、一事を固執するものである。一事を固執するのを不可とするのは、そのことが道をそこなうからであり、一事だけを取り上げて、他の多くの善道を捨ててしまうからである」

203孟子曰く、「飢ゑたる者は食を甘しとし、渇したる者は飲を甘しとす。是れ未だ飲食の正しきを得ざるなり。飢渇之を害すればなり。豈惟口腹のみ飢渇の害有らんや。人心も亦皆害有り。人能く飢渇の害を以て心の害と為すこと無くんば、則ち人に及ばざるも憂ひと為さず」

[現代語訳]

孟子のことば「飢えている者は、何を食べてもうまいと思い、のどの渇いている者は、何を飲んでもうまいと思うが、これは飲食の正しい味を解したものではない。飢渇がその人の味覚の本性を阻害しているからである。ところで、口や腹ばかりに、飢渇の害があるわけでなく、人の心にまでその害が及ぶのである。もし、飢渇の障害で心までも害することがないような人なら、富貴などは人に及ばなくても、少しも憂いとすることはない」

204孟子曰く、「柳下恵は、三公を以て其の介を易へず」

[現代語訳]

孟子のことば「柳下恵は三公の栄位を得るか失うかによって、その操守を変えるようなことはなかった」

205孟子曰く、「為すこと有る者は、辟へば井を掘るが若し。井を掘ること九軔、而も泉に及ばざれば、猶ほ井を棄つと為すなり」

[現代語訳]

孟子のことば「すべて事をなさんとする者は、必ずやり抜かねばならぬ。たとえば井戸を掘るようなもので、九尋の深さに井戸を掘っても、地下水まで到達せずにやめたら、井戸を捨ててしまったのと同じである」

206孟子曰く、「堯・舜は之を性にするなり。湯・武は之を身にするなり。五覇は之を仮るなり。久しく仮りて帰さずんば、悪んぞ其の、有に非ざるを知らんや」

[現代語訳]

孟子のことば「堯・舜は天性のままに仁義を行っている。湯・武は身を修めて仁義の道を体得したものである。五覇は仁義を借り物にしているのだ。しかし、彼らも久しい間、借りたままで返さずにいれば、借り物ということは、だれもわからなくなってしまうのに」

207公孫丑曰く、「伊尹は曰く、『予、不順に狎れしめず』と。太甲を桐に放せしに、民大いに悦べり。太甲賢となる。又之を反せしに、民大いに悦べり。賢者の人臣為るや、其の君賢ならざれば、則ち固より放す可きか」と。孟子曰く、「伊尹の志有らば、則ち可なり。伊尹の志無くば、則ち簒ふなり」と。

［現代語訳］

公孫丑が問う、「伊尹は『我が君を非道のことに慣れさせたくない』とて、君主の太甲を桐に追放したところ、人民は喜んで賛成し、太甲が反省して賢明になったので、またこれを都へ呼び返したところ、人民はまた大いに喜んだ、ということですが、賢者が人臣となりながら、その君が賢でないからとて、当然追放してよろしいものでしょうか」孟子が答える、「伊尹のような公平無私な心があるならまあよいが、その心がないのなら、それは簒奪というものだ」

208　公孫丑曰く、「詩に曰く、『素餐せず』と。君子の耕さずして食ふは、何ぞや」と。孟子曰く、「君子の是の国に居るや、其の君之を用ふれば、則ち安富尊栄に、其の子弟之に従へば、則ち孝悌忠信なり。素餐せざること、孰れか是より大ならん」と。

［現代語訳］

公孫丑が問う、「『詩経』に『功もないのに禄をはんではならぬ』とありますが、君子たる者が耕作もせずに、君主から手当てをもらって生活しているのは、どういうわけですか」孟子が答える、「君子がその国にいる場合に、その君が彼を用いさえすれば、君は安泰で尊く、国は富み栄えるし、その国の若者が君子に学んだならば、孝悌忠信の徳を修めることになる。してみれば、むだ食いでないことは、これ以上のものがほかにあろうか」

209王子墊問うて曰く、「士は何をか事とする」と。孟子曰く、「志を尚くす」と。曰く、「何をか志を尚くすと謂ふ」と。曰く、「仁義のみ。一無罪を殺すは、仁に非ざるなり。其の有に非ずして之を取るは、義に非ざるなり。居悪にか在る、仁是なり。路悪にか在る、義是なり。仁に居り義に由れば、大人の事、備はる」と。

〔現代語訳〕

斉王の子、墊が問うた、「士人たる者の勤むべきことは何ですか」孟子「志を高尚にすることであります」「志を高尚にするとは、どういうことですか」「仁義を志すだけであります。たとえば、一人の罪なき者を殺すのも、仁ではなく、自分の所有でないのにそれを取るのは、義ではありません。また、身を置くべき所はどこかといえば、仁がそれであり、よるべき道は何かといえば、義がそれであります。常に仁におり、義によって事を行うならば、それで徳の高い大人物の資格は十分であります」

210孟子曰く、「仲子は、不義にして之に斉の国を与ふるも、受けず。人皆之を信ず。是れ箪食・豆羹を舎つるの義なり。人は親戚・君臣・上下を亡するより大なるは莫し。其の小なる者を以て、其の大なる者を信ぜば、奚んぞ可ならんや」

〔現代語訳〕

孟子のことば「陳仲子は廉潔で有名な男だから、不義であったら、斉の国を与えようとしても受けないだろうというわけで、世人は賢者だと信用しているが、国を受けるかどうかは、要するに少しばかりの食物を義のために捨てて取らぬ、という小義小廉なのである。人間にとっては、親戚・君臣・上下の人倫を無視するより大きな不義はないのだ。しかるに、彼はその点がだめである。たとい斉国を受けぬと言い、小廉を認めたからとて、それで人倫の大節までりっぱだと信用してよいものか」

211 桃応問うて曰く、「舜、天子と為り、皐陶、士と為り、瞽瞍、人を殺さば、則ち之を如何せん」と。孟子曰く、「之を執へんのみ」と。「然らば則ち舜は禁ぜざるか」と。曰く、「夫れ舜は悪んぞ得て之を禁ぜん。夫れ之を受くる所有るなり」と。「然らば則ち舜は之を如何せん」と。曰く、「舜は天下を棄つるを視ること、猶ほ敝蹝を棄つるがごときなり。窃かに負うて逃れ、海浜に遵ひて処り、終身訢然として、楽しんで天下を忘れん」と。

〔現代語訳〕

門人の桃応が問うて言う、「舜が天子で、皐陶が裁判官であるときに、舜の父の瞽瞍が人殺しをしたら、どうなるでしょうか」孟子が答える、「皐陶は瞽瞍を捕らえるまでだ」「それでは舜はそれを差し止めませんか」「舜だとてどうしてそれを差し止めることができようか。いったい、刑獄の法は先王以来、伝受するところのものであって、私することはできないのだ」「それでは舜はどうするでしょうか」「舜は天下を放棄することを、破れ草履を捨てるも同然と考え、天子の位を捨てて、ひそかに父を負うて逃れ、天下の果てなる海辺に隠れ、一生喜んで父に仕えて楽しみ、天下のことなどは忘れてしまうことだろう」

212 孟子 范より斉に之き、斉王の子を望見し、喟然として歎じて曰く、「居は気を移し、養は体を移す。大なるかな居や。夫れ尽く人の子に非ざるか」と。孟子曰く、「王子の宮室・車馬・衣服は、多く人と同じ。而るに王子の彼の若き者は、其の居之をして然らしむるなり。況んや天下の広居に居る者をや。魯の君 宋に之き垤沢の門に呼ぶ。守る者曰く、『此れ吾が君に非ざるなり。何ぞ其の声の我が君に似たるや』と。此れ他無し、居相似たればなり」と。

［現代語訳］

孟子が斉の一都市の范から首都に行ったとき、斉王の王子をはるかに望み見て、喟然として嘆息し、「地位や環境は気象を変化させ、栄養は肉体を変化させる、というが、なるほど地位・心構えはたいせつなものだ。王子もほかの者も、すべて人の子ではないか。しかるに王子だけは、まるで違う」と言い、また言う。「王子の宮殿・車馬・衣服は、だいたいほかの人々と同じなのに、王子があのように威厳があるのは、その地位や心構えがしからしめるのである。しからば、天下第一の広居である仁義に身を置く者は、必ずや常人と異なるべきは言うまでもないことだ。昔、魯の君が宋に行かれて、その城門で声をかけたとき、番人が『このかたは我が君でもないのに、なんと我が君のお声に似ていることだろう』と言ったそうだが、それはほかでもない、その地位が似ているから、自然すべての様子が似てくるのだ」

213 孟子曰く、「食ひて愛せざるは、之を豕交するなり。愛して敬せざるは、之を獣畜するなり。恭敬なる者は、幣の未だ将はざる者なり。恭敬にして実無ければ、君子虚拘す可からず」

［現代語訳］

孟子のことば「ただ禄を与えておくだけで親愛しないのは、豚として扱うようなものだ。また、愛しても敬意を持たないのは、犬や馬のごとき獣を飼うのと同じである。賢者に対する恭敬の心というものは、幣帛の礼物を進める前に存すべきはずである。幣帛の礼物をもって恭敬であるとして、恭敬の真心がないならば、君子を引き留めておくことはできない」

214 孟子曰く、「形色は、天性なり。惟聖人にして、然る後に以て形を践む可し」

【現代語訳】

孟子のことば「耳目鼻口の形骸や態度容貌などは、天の賦与したものである。そして、凡人はこの形骸の本来の能力を十分に発揮できないが、ただ聖人だけが、形骸に備わる本来の能力を完全に働かせることができるのだ」

215 斉の宣王、喪を短くせんと欲す。公孫丑曰く、「朞の喪を為すは、猶ほ已むに愈れるか」と。孟子曰く、「是れ猶ほ其の兄の臂を紾らすもの或らんに、子之に謂ひて、姑く徐徐にせよと爾云ふがごとし。亦之に孝悌を教へんのみ」と。王子に其の母死する者有り。其の傅之が為に数月の喪を請ふ。公孫丑曰く、「此の若き者は何如ぞや」と。曰く、「是れ之を終へんと欲するも、得可からざるなり。一日を加ふと雖も、已むに愈れり。夫の之を禁ずる莫くして、為さざる者を謂ふなり」と。

【現代語訳】

斉の宣王は、三年の喪は長すぎるからもっと短くしたいと思った。そこで、公孫丑を通して孟子の意見を問わしめた。「一年の喪を行っても、全然喪に服さぬよりはましでしょうか」孟子は答える、「それはちょうど、兄の腕をねじ上げている男があったときに、彼に向かってまあもう少しゆっくりねじ上げたらよかろう、と言うようなものだ。そんなことでなく、孝悌の道を教えて断然やめさせるまでのことだ。三年の喪を短くするという心がけがよくないぞ」

さて、斉の妾腹の王子の中に、生母が死んだ者があり、規則上は喪に服することができぬが、その守り役が王子の心を察して、特に数ヵ月の喪に服することを王に願い出た。そこで公孫丑は「こういう場合はどうでしょうか」と問うた。孟子は答える、「この場合は、母に対する正規の喪を成し遂げたくても、事情が許さないのだから、一日だけでも喪の期間が増せば、それでもやらぬよりましなのだ。前の場合はなんの差し支えもないのに、三年の喪を行おうとしない者のことを言ったのである」

216 孟子曰く、「君子の教ふる所以の者、五あり。時雨の之を化するが如き者有り。徳を成さしむる者有り。財を達せしむる者有り。問に答ふる者有り。私淑艾せしむる者有り。此の五者は、君子の教ふる所以なり」

［現代語訳］

孟子のことば、「君子が人を教える方法は五つある。すなわち、適時に降る雨が自然に草木を化育するごときもの、本人の徳性を完成せしめるもの、本人の才能を十分に達成させるもの、問いに対して答えるもの、間接に教えを垂れてみずから修養させるもの、この五つの方法が、君子が人を教える方法である」

217 公孫丑曰く、「道は則ち高し、美し。宜んど天に登るが若く然り。及ぶ可からざるに似たるなり。何ぞ彼をして、幾及す可くして、日に孳孳為らしめざるや」と。孟子曰く、「大匠は拙工の為に縄墨を改廃せず。羿は拙射の為に其の彀率を変ぜず。君子は引いて発せず、躍如たり。中道にして立つ。能者 之に従ふ」と。

[現代語訳]

公孫丑が言う、「聖人の道は高尚でもあり美しくもありますが、あまり高大すぎてまるで天に上ろうとするようなもので、われわれには及びもつかぬような気がします。ひとつついて行けそうなところにまで調子を下げて、われわれも努力のしがいがあるようにしてはいただけますまいか」孟子「いやいや、大工の棟梁は下手な大工のために、墨なわの法を改廃せず、弓の名人の羿は、下手な射手のために、弓の引きかたの標準を変えることはせぬものだ。それと同様、君子は弓を引き絞って、まだ矢を放たぬときも、いまにも矢が飛び出しそうな勢いが見えるごとくに、人を教えるには、最高の標準である中庸の道に立って人を導くのであって、できる者だけがついて行くのである。力のない者はしかたがないのだ」

218 孟子曰く、「天下 道有れば、道を以て身に殉へ、天下 道無ければ、身を以て道に殉ふ。未だ道を以て人に殉ふ者を聞かざるなり」

[現代語訳]

孟子のことば「天下に道が行われていれば、我が身に道を従えて、世に出て道を行う。天下に道が行われないときは、道に我が身を従えて、自分も退いて独り一身を守るのがよい。治乱ともに道と身とは即しているべきで、道をもって人に従い、我が正しい道を他人の犠牲とすることは聞いたことがない」

219 公都子曰く、「滕更の門に在るや、礼する所に在るが若し。而も答へざるは何ぞや」と。孟子曰く、「貴を挟みて問ひ、賢を挟みて問ひ、長を挟みて問ひ、勲労有るを挟みて問ひ、故を挟みて問ふは、皆答へざる所なり。滕更二つ有り」と。

［現代語訳］

公都子が問うた、「滕君の弟、滕更が先生の門下に学んでおられますが、このかたは相当に礼遇さるべき立場のかたと思われますのに、先生はろくろく御返事もなさらぬのは、どういうわけでございますか」孟子「教えを受ける場合には謙虚でなければならぬ。自分の貴い身分を鼻にかけるとか、自己の賢明を鼻にかけるとか、年長を鼻にかけるとか、功労を恩に着せて鼻にかけるとか、昔なじみを鼻にかけるとかしての質問には、返答はしないはずのものだ。かの滕更はこのうち二つもあるのだよ」

220 孟子曰く、「已む可からざるに於て已むる者は、已めざる所無し。厚くする所の者に於て薄くするものは、薄くせざる所無し。其の進むこと鋭き者は、其の退くこと速やかなり」

［現代語訳］

孟子のことば「やめてはならぬことをやめる者は、なんでもやめる。厚くすべきことを薄くする者は、なんでも薄くする。また、鋭く進む者は、退くことが速やかである」

221 孟子曰く、「君子の物に於けるや、之を愛すれども仁せず。民に於けるや、之を仁すれども親しまず。親を親しみて民を仁し、民を仁して物を愛す」

［現代語訳］

孟子のことば「君子が禽獣草木のごとき物に対しては愛憐の心を抱くけれども、我が心を推し及ぼす仁の心は持たぬ。人民に対しては仁の心を抱くけれども、親族ではないから親しみの心は持たぬ。すなわち、親族を親しみ、人民を仁し、物を愛憐するのが正しい態度である」

222 孟子曰く、「知者は知らざること無きなり。当に務むべきを之れ急と為す。仁者は愛せざること無きなり。賢を親しむを之れ急にするを之れ務めと為す。堯舜の知にして物に偏からざるは、先務を急にすればなり。堯舜の仁にして人を愛するに偏からざるは、賢を親しむを急にすればなり。三年の喪を能くせずして、緦・小功を之れ察し、放飯・流歠して、歯決すること無きを問ふ、是を之れ務めを知らずと謂ふ」

［現代語訳］

孟子のことば「知者はなんでも知らぬことはないはずだが、自分の本務をまっ先とするから、自然知らぬこともある。仁者はなんでも愛さぬものはないが、賢者を親愛することを急務とするから、自然至らぬところも生ずるのだ。すなわち、堯舜のような知者でも、すべての物事をあまねく知らなかったのは、先務を急としたからであり、堯舜のような仁者でも、すべての人間をあまねく愛することがなかったのは、賢者を親愛することを急務としたからである。

しかるに、最もたいせつな三年の喪を行うこともできずに、緦麻や小功のごとき軽い喪のことを詳しく論議したり、大飯をがつがつ食らい、吸い物を大口開いて流し込んだりという大無作法をしながら、殊勝げに干し肉を歯でかみ切らぬようにと心がけるのは、これこそまず急にすべき本務を知らぬというもので、本末先後をわきまえぬもはなはだしい」

原文

177 孟子曰、盡二其心一者、知二其性一也。知二其性一則知レ天矣。存二其心一養二其性一所二以事一レ天也。殀

壽不レ貳、修レ身以俟レ之、所二以立一レ命也。

178 孟子曰、莫レ非レ命也。順二受其正一。是故知レ命者、不レ立二乎巖牆之下一。盡二其道一而死者、正命也。桎梏死者、非二正命一也。

179 孟子曰、求則得レ之、舍則失レ之。是求有レ益二於得一也。求二在レ我者一也。求レ之有レ道、得レ之有レ命。是求無レ益二於得一也。求二在レ外者一也。

180 孟子曰、萬物皆備二於我一矣。反レ身而誠、樂莫レ大レ焉。强恕而行、求レ仁莫レ近レ焉。

181 孟子曰、行レ之而不レ著焉、習矣而不レ察焉、終身由レ之、而不レ知二其道一者、衆也。

182 孟子曰、人不レ可二以無一レ恥。無レ恥之恥、無レ恥矣。

183 孟子曰、恥之於レ人、大矣。爲二機變之巧一者、無レ所レ用レ恥焉。不レ恥レ不レ若レ人、何若レ人有。

184 孟子曰、古之賢王、好レ善而忘レ勢。古之賢士、何獨不レ然。樂二其道一而忘二人之勢一。故王公不二致レ敬盡一レ禮、則不レ得二亟見一レ之。見且猶不レ得レ亟、而況得而臣レ之乎。

185 孟子謂二宋句踐一曰、子好レ遊乎。吾語二子遊一。人知レ之亦囂囂。人不レ知亦囂囂。曰、何如斯可二以囂囂一矣。曰、尊レ德樂レ義、則可二以囂囂一矣。故士窮不レ失レ義。達不レ離レ道。窮不レ失レ義、故士得レ己焉。達不レ離レ道、故民不レ失レ望焉。古之人、得レ志澤加二於民一、不レ得レ志修レ身見二於世一。窮則獨善二其身一、達則兼善二天下一。

186 孟子曰、待二文王一而後興者、凡民也。若二夫豪傑之士一、雖レ無二文王一、猶興。

187 孟子曰、附レ之以二韓魏之家一、如其自視欿然、則過レ人遠矣。

188 孟子曰、以二佚道一使レ民、雖レ勞不レ怨。以二生道一殺レ民、雖レ死不レ怨二殺者一。

189 孟子曰、霸者之民、驩虞如也。王者之民、皞皞如也。殺レ之而不レ怨、利レ之而不レ庸。民日遷レ
善、而不レ知レ爲レ之者一。夫君子所レ過者化、所レ存者神。上下與二天地一同レ流。豈曰三小二補之一
哉。

190 孟子曰、仁言不レ如二仁聲之入一レ人深一也。善政不レ如二善教之得一レ民也。善政民畏レ之、善教民
愛レ之。善政得二民財一、善教得二民心一。

191 孟子曰、人之所二不レ學而能一者、其良能也。所二不レ慮而知一者、其良知也。孩提之童、無下不レ
知レ愛二其親一者上。及二其長一也、無レ不レ知レ敬二其兄一也。親レ親仁也。敬レ長義也。無レ他、達二之天
下一也。

192 孟子曰、舜之居二深山之中一、與二木石一居、與二鹿豕一遊。其所三以異二於深山之野人一者、幾希。
及下其聞二一善言一、見中一善行上、若下決二江河一、沛然上莫二之能禦一也。

193 孟子曰、無レ爲二其所一レ不レ爲、無レ欲二其所一レ不レ欲。如レ此而已矣。

194 孟子曰、人之有二德慧術知一者、恆存二乎疢疾一。獨孤臣孽子、其操レ心也危、其慮レ患也深。故達。

195 孟子曰、有二事レ君人者一。事二是君一則爲二容悅一者也。有下安二社稷一臣者上。以レ安二社稷一爲レ悅者
也。有二天民者一。達可レ行二於天下一、而後行レ之者也。有二大人者一。正レ己、而物正者也。

196 孟子曰、君子有二三樂一。而王二天下一、不二與存一焉。父母俱存、兄弟無レ故、一樂也。仰不レ愧二於
天一、俯不レ怍二於人一、二樂也。得二天下英才一、而教二育之一、三樂也。君子有二三樂一。而王二天下一、不二
與存一焉。

197 孟子曰、廣土衆民、君子欲レ之、所レ樂不レ存焉。中二天下一而立、定二四海之民一、君子樂レ之、所レ

性不レ存焉。君子所レ性、雖二大行一不レ加焉、雖二窮居一不レ損焉。分定故也。君子所レ性、仁義禮智、根二於心一。其生レ色也、睟然見二於面一、盎二於背一、施二於四體一、四體不レ言而喩。

198 孟子曰、伯夷辟レ紂、居二北海之濱一。聞二文王作興一、曰、盍レ歸乎來。吾聞、西伯善養レ老者。太公辟レ紂、居二東海之濱一。聞二文王作興一、曰、盍レ歸乎來。吾聞、西伯善養レ老者、天下有二善養レ老、則仁人以爲二己歸一矣。

五畝之宅、樹二牆下一以レ桑、匹婦蠶レ之、則老者足二以衣一レ帛矣。五母雞、二母彘、無レ失二其時一、老者足二以無一レ失レ肉矣。百畝之田、匹夫耕レ之、八口之家、足二以無一レ飢矣。所謂西伯善養レ老者、制二其田里一、教二之樹畜一、導二其妻子一、使レ養二其老一。五十非レ帛不レ煖。七十非レ肉不レ飽。不レ煖不レ飽、謂二之凍餒一。文王之民、無二凍餒之老一者、此之謂也。

199 孟子曰、易二其田疇一、薄二其稅斂一、民可レ使レ富也。食レ之以レ時、用レ之以レ禮、財不レ可レ勝レ用也。民非二水火一不二生活一。昏暮叩二人之門戶一、求二水火一、無レ弗レ與者、至足矣。聖人治二天下一、使下有二菽粟一如中水火上。菽粟如二水火一、而民焉有二不仁者一乎。

200 孟子曰、孔子登二東山一而小レ魯、登二太山一而小二天下一。故觀二於海一者、難レ爲レ水、遊二於聖人之門一者、難レ爲レ言。觀レ水有レ術、必觀二其瀾一。日月有レ明、容光必照焉。流水之爲レ物也、不レ盈レ科不レ行。君子之志二於道一也、不レ成レ章不レ達。

201 孟子曰、雞鳴而起、孳孳爲レ善者、舜之徒也。雞鳴而起、孳孳爲レ利者、蹠之徒也。欲レ知二舜與レ蹠之分一、無レ他、利與レ善之閒也。

202 孟子曰、楊子取レ爲レ我。拔二一毛一而利二天下一、不レ爲也。墨子兼愛。摩レ頂放レ踵、利二天下一爲レ之。子莫執レ中。執レ中爲レ近レ之、執レ中無レ權、猶執レ一也。所レ惡レ執レ一者、爲二其賊一レ道也。擧レ一而廢レ百也。

203 孟子曰、飢者甘レ食、渴者甘レ飮。是未レ得二飮食之正一也。飢渴害レ之也。豈惟口腹有二飢渴之害一。人心亦皆有レ害。人能無下以二飢渴之害一爲中心害上、則不レ及レ人、不レ爲レ憂矣。

204 孟子曰、柳下惠、不下以二三公一易中其介上。

205 孟子曰、有レ爲者、辟若レ掘レ井。掘レ井九軔、而不レ及レ泉、猶爲レ棄レ井也。

206 孟子曰、堯舜性レ之也。湯武身レ之也。五霸假レ之也。久假而不レ歸、惡知二其非一レ有也。

207 公孫丑曰、伊尹曰、予不レ狎二于不順一。放二太甲于桐一、民大悅。太甲賢。又反レ之、民大悅。賢者之爲二人臣一也、其君不レ賢、則固可レ放與。孟子曰、有二伊尹之志一、則可。無二伊尹之志一、則簒也。

208 公孫丑曰、詩曰、不二素餐一兮。君子之不レ耕而食、何也。孟子曰、君子居二是國一也、其君用レ之、則安富尊榮、其子弟從レ之、則孝悌忠信。不二素餐一兮、孰大二於是一。

209 王子墊問曰、士何事。孟子曰、尙レ志。曰、何謂レ尙レ志。曰、仁義而已矣。殺二一無罪一、非レ仁也。非二其有一而取レ之、非レ義也。居惡在、仁是也。路惡在、義是也。居レ仁由レ義、大人之事備矣。

210 孟子曰、仲子、不義與二之齊國一而弗レ受。人皆信レ之。是舍二簞食豆羮一之義也。人莫レ大三焉亡二親戚君臣上下一。以二其小者一、信二其大者一、奚可哉。

211 桃應問曰、舜爲二天子一、皐陶爲レ士、瞽瞍殺レ人、則如レ之何。孟子曰、執レ之而已矣。然則舜不レ禁與。曰、夫舜惡得而禁レ之。夫有レ所レ受レ之也。然則舜如レ之何。曰、舜視レ棄二天下一、猶レ棄二敝蹝一也。竊負而逃、遵二海濱一而處、終身訢然、樂而忘二天下一。

212 孟子自レ范之レ齊、望二見齊王之子一、喟然歎曰、居移レ氣、養移レ體。大哉居乎。夫非二盡人之子一與。孟子曰、王子宮室車馬衣服、多與レ人同。而王子若レ彼者、其居使二之然一也。況居二天下之廣居一者乎。魯君之レ宋、呼二於垤澤之門一。守者曰、此非二吾君一也。何其聲之似二我君一也。此無レ他、居相似也。

213 孟子曰、食而弗レ愛、豕二交之一也。愛而不レ敬、獸二畜之一也。恭敬者、幣之未レ將者也。恭敬而無レ實、君子不レ可二虛拘一。

214 孟子曰、形色、天性也。惟聖人、然後可二以踐レ形。

215 齊宣王欲レ短レ喪。公孫丑曰、爲二朞之喪一、猶愈二於已一乎。孟子曰、是猶下或レ紾二其兄之臂一、子謂レ之、姑徐徐云上爾。亦教二之孝悌一而已矣。王子有二其母死者一。其傅爲レ之請二數月之喪一。公孫丑曰、若レ此者何如也。曰、是欲レ終レ之、而不レ可レ得也。雖レ加二一日一、愈二於已一。謂下夫莫二之禁一、而弗レ爲者上也。

216 孟子曰、君子之所二以教一者五。有下如二時雨化レ之者上。有二成德者一。有二達レ財者一。有二答レ問者一。有二私淑艾者一。此五者、君子之所二以教一也。

217 公孫丑曰、道則高矣、美矣。宜若レ登レ天然。似レ不レ可レ及也。何不レ使下彼爲中可二幾及一、而日孳孳上也。孟子曰、大匠不下爲二拙工一改中廢繩墨上。羿不下爲二拙射一變中其彀率上。君子引而不レ發、躍如也。中道而立。能者從レ之。

218 孟子曰、天下有レ道、以レ道殉レ身、天下無レ道、以レ身殉レ道。未レ聞下以レ道殉二乎人一者上也。

219 公都子曰、滕更之在レ門也、若レ在レ所レ禮。而不レ答何也。孟子曰、挾レ貴而問、挾レ賢而問、挾レ

長而問、挾㆑有㆓勳勞㆒而問、挾㆑故而問、皆所㆑不㆑答也。滕更有㆑二焉。

220 孟子曰、於㆑不㆑可㆑已而已者、無㆑所㆑不㆑已。於㆓所㆑厚者㆒薄、無㆑所㆑不㆑薄也。其進鋭者、其退速。

221 孟子曰、君子之於㆑物也、愛㆑之而弗㆑仁。於㆑民也、仁㆑之而弗㆑親。親㆑親而仁㆑民、仁㆑民而愛㆑物。

222 孟子曰、知者無㆑不㆑知也。當㆑務之爲㆑急。仁者無㆑不㆑愛也。急㆑親㆑賢之爲㆑務。堯舜之知、而不㆑徧㆑物、急㆓先務㆒也。堯舜之仁、不㆑徧㆑愛㆑人、急㆑親㆑賢也。不㆑能㆓三年之喪㆒、而緦小功之察、放飯流歠、而問㆑無㆓齒決㆒、是之謂㆑不㆑知㆑務。

尽心章句　下

223孟子曰く、「不仁なるかな梁の恵王や。仁者は其の愛する所を以て、其の愛せざる所に及ぼし、不仁者は其の愛せざる所を以て、其の愛する所に及ぼす」と。公孫丑問うて曰く、「何の謂ぞや」と。「梁の恵王は土地の故を以て、其の民を糜爛して之を戦はしめ、大いに敗れたり。将に之を復せんとし、勝つこと能はざるを恐る。故に其の愛する所の子弟を駆りて、以て之に殉ぜしむ。是を之れ其の愛せざる所を以て、其の愛する所に及ぼすと謂ふなり」と。

［現代語訳］

孟子が言う、「実に不仁だなあ、梁の恵王は。いったい、仁者は愛する者に対する心をもって、まだ愛さぬ者に及ぼし、不仁者は反対に、愛さぬ者に対する心をもって、愛する者に及ぼす者だ」公孫丑「それはどういう意味ですか」孟子「梁の恵王は土地が欲しさに、人民を粉骨砕身、戦わしめ、しかも大敗した。これに懲りずに、復讐戦を企てたが、勝ちみがないことを心配して、自分の愛する子弟をかり出して戦い、ついに子弟までも犠牲にしてしまった。こういうのこそ、愛さぬ者に対する心をもって、愛する者に及ぼすというのだ」

224 孟子曰く、「春秋に義戦無し。彼、此より善きは、則ち之有り。征とは、上、下を伐つなり。敵国は相征せざるなり」

[現代語訳]

孟子のことば「『春秋』の書には、正義の戦いはない。ただし多くの戦いの中では、あのほうがこれよりよいという程度のものはあるが、それも義戦とはいえぬ。いったい、征するとは、上、天子が下、諸侯の不正不義を正すために討つことであって、諸侯どうし、対等の国がかってに戦うのは、征伐ではないのである。だから春秋には義戦がないのだ」

225 孟子曰く、「尽く書を信ぜば、則ち書無きに如かず。吾武成に於て、二三策を取るのみ。仁人は天下に敵無し。至仁を以て至不仁を伐つ。而るに何ぞ其の血にして杵を流さんや」

[現代語訳]

孟子のことば「『書経』に書いてあることをことごとく信ずるならば、かえって道をそこなうことになり、むしろ『書経』はないほうがよい。私は『書経』の武成篇の中では、二三節を信用するだけだ。というのは、武王が紂を討ったときに、戦死者が多く、血が流れてきねを漂わせたとあるが、仁者は、天下無敵であるから、武王のごとき至仁者が、紂のごとき至不仁者を討つのに、激戦をして血の海がきねを流すなどということが、あるはずがないではないか」

226孟子曰く、「人有り曰く、『我善く陳を為し、我善く戦ひを為す』と。大罪なり。国君仁を好めば、天下敵する無し。南面して征すれば、北狄怨み、東面して征すれば、西夷怨む。曰く、『奚為れぞ我を後にする』と。武王の殷を伐つや、革車三百両、虎賁三千人。王曰く、『畏るること無かれ、爾を寧んずるなり。百姓を敵とするに非ざるなり』と。崩るるが若く厥角稽首す。征の言為る、正なり。各己を正しくせんと欲せば、焉んぞ戦ひを用ひん」

［現代語訳］

孟子のことば「自分は陣立ても上手だし、戦争も上手だという者があったら、その人はまことに大罪人である。国君が仁を好むならば、天下無敵である。たとえば、昔、殷の湯王が南方を征すると北の狄が恨み、東方を征すると西の夷が恨んで『なぜ私どもをあと回しになさるか』と言ったし、周の武王が殷を征伐するにあたっては、兵車わずか三百台、兵士は三千人にすぎず、武王が殷の民に向かい『恐れることはない、おまえたちを安んずるのだ。一般民衆を相手とするのではないぞ』と言うや、殷の民はこぞって平伏したのであった。征ということばは、正すということである。一人一人の人民がみな、自分の国に早く正しい政治をしてくれるようにと、仁者の来るのを待っているようなら、なんで戦争の必要があろうか」

227 孟子曰く、「梓・匠・輪・輿は、能く人に規矩を与ふるも、人をして巧みならしむること能はず」

［現代語訳］

孟子のことば「建具屋・大工・車大工などの職人は、人にコンパスや定規の使いかたを教えることはできるが、その人の腕を上手にすることはできない」

228 孟子曰く、「舜の糗を飯ひ草を茹ふや、将に身を終へんとするが若し。其の天子と為るに及びてや、袗衣を被り、琴を鼓し、二女果る。之を固有するが若し」

［現代語訳］

孟子のことば「舜が微賤であったときは、乾飯を食らい、野菜を食べて、そのまま一生を過ごしそうに思われた。ところが堯に見いだされて天子となると、美しい画衣を着、琴を弾じて楽しみ、堯帝の二人の娘をそばにはべらせても、昔からそうであったかのごとく、平気であった」

229 孟子曰く、「吾今にして而る後、人の親を殺すの重きを知るなり。人の父を殺せば、人も亦其の父を殺し、人の兄を殺せば、人も亦其の兄を殺す。然らば、則ち自ら之を殺すに非ざるや、一間のみ」

〔現代語訳〕

孟子のことば「自分はいまさらながら、人の近親を殺すことが重大事であることを悟った。すなわち、人の父を殺せば、人も我が父を殺すし、人の兄を殺せば、人も我が兄を殺す。そうなると、自分で直接我が父兄を殺さぬとはいっても、自分が殺したのとたいした違いはない」

230 孟子曰く、「古の関を為るや、将に以て暴を禦がんとす。今の関を為るや、将に以て暴を為さんとす」

〔現代語訳〕

孟子のことば「昔、国境に関所を設けたのは、乱暴を防ぐためであったが、今の関所は出入りの人や物に税金を掛けて、暴政を行うためだ」

231 孟子曰く、「身、道を行はざれば、妻子にも行はれず。人を使ふに道を以てせざれば、妻子にも行はるること能はず」

［現代語訳］

孟子のことば「自分自身が道を行わないならば、身近な妻子にも道を行わせられぬし、道にかなった人の使いかたをしないと、妻子にも命令が行われない」

232 孟子曰く、「利に周き者は、凶年も殺すこと能はず。徳に周き者は、邪世も乱すこと能はず」

［現代語訳］

孟子のことば「利益に用意周到な者は、凶年でも餓死することはない。徳義に通達した者は、邪悪の世でも志を乱さない」

233 孟子曰く、「名を好むの人は、能く千乗の国を譲る。苟も其の人に非ざれば、簞食豆羹も色に見る」

［現代語訳］

孟子のことば「真に名誉を好む人は、よく千乗の大国をも人に譲るが、いやしくも名誉心のない人は、簞食豆羹のわずかの食物のことでも、利を争う心を顔色に表すものである」

234 孟子曰く、「仁賢を信ぜざれば、則ち国空虚なり。礼義無ければ、則ち上下乱る。

政事無ければ、則ち財用足らず」

[現代語訳]

孟子のことば「仁者賢者を信じて登用しないならば、国は人材がいなくなって、人のいないのも同然となる。国に礼義がなければ、君臣・上下の秩序が成り立たずに混乱する。政治政策が貧困だと、国家の財政は不足する」

235 孟子曰く、「不仁にして国を得る者は、之有らん。不仁にして天下を得る者は、未だ之有らざるなり」

[現代語訳]

孟子のことば「不仁でも国を得て諸侯となる者はあるだろうが、不仁で天下を得て天子となる者は、あったためしがない」

236 孟子曰く、「民を貴しと為し、社稷之に次ぎ、君を軽しと為す。是の故に丘民に得られて天子と為り、天子に得られて諸侯と為り、諸侯に得られて大夫と為る。諸侯社稷を危ふくすれば、則ち変置す。犠牲既に成り、粢盛既に潔く、祭祀時を以てす。然り而して旱乾水溢あれば、則ち社稷を変置す」

[現代語訳]

孟子のことば「国家においては、民が最も貴重であり、社稷の神がその次で、君はいちばん軽いものだ。それゆえ、衆民に喜ばれ認められると天子になり、天子に認められると諸侯になり、諸侯に認められると大夫になるというわけである。さて諸侯が無道にして社稷・国家を危うくすると、その君を廃してあらためて賢君を立てる。また、社稷の祭りに用いる犠牲の牛・羊・豕が十分に肥え、穀類の供物も清らかにして、時期も誤らずに祭祀したにもかかわらず、旱魃や水害があったりすれば、社稷の神の責任であるから、その祭壇を壊して作り替えるのである」

237 孟子曰く、「聖人は百世の師なり。伯夷・柳下恵是なり。故に伯夷の風を聞く者は、頑夫も廉に、懦夫も志を立つる有り。柳下恵の風を聞く者は、薄夫も敦く、鄙夫も寛なり。百世の上に奮ひ、百世の下、聞く者興起せざるは莫きなり。聖人に非ずんば、能く是の若くならんや。而るを況んや之に親炙する者に於てをや」

[現代語訳]

孟子のことば「聖人は百世にわたって師たる人である。たとえば、伯夷や柳下恵がそうである。ゆえに、伯夷の清廉の遺風を聞けば、頑貪な男も廉潔に、惰弱な男も志を立てるし、柳下恵の遺風を聞けば、薄情な男も敦厚に、狭量な男も寛大になる。かくのごとく、百世の前に有名であったものが、百世ののちにも、その遺風を聞いて感奮興起せぬはないというようなことは、聖人でなくてどうしてできようか。百世ののちの人間でもそうだとすれば、当時直接に教化を受けた人々は言うまでもないことだ」

238 孟子曰く、「仁は人なり。合して之を言へば道なり」

〔現代語訳〕

孟子のことば「仁は人の人たる徳である。しかし、この仁を行うのは人である。仁の徳と、これを行う人とを合わせて、これを道というのだ」

239 孟子曰く、「孔子の魯を去るや、曰く、『遅遅として吾行く』と。父母の国を去るの道なり。斉を去るや、淅を接して行く。他国を去るの道なり」

〔現代語訳〕

「他国を去るの道なり」の一句を除いて、一三二と同内容であるから省略。

240 孟子曰く、「君子の陳・蔡の間に戹するは、上下の交はり無ければなり」

〔現代語訳〕

孟子のことば「孔子が陳と蔡との辺りで困窮されたのは、その国の君臣ともに悪人で、上下ともに親しく交わるべき人がなかったからである」

241 貉稽曰く、「稽大いに口に理あらず」と。孟子曰く、「傷むこと無かれ。士は憎〻茲に多口なり。詩に云ふ、『憂心悄悄たり、羣小に慍らる』とは、孔子なり。『肆に厥の慍を殄たず、亦厥の問を殞さず』とは、文王なり」と。

[現代語訳]

貉稽という者が「私は、はなはだ人から悪く言われて困ります」とこぼした。そこで孟子が言う、「心配することはない。士たる者は正義を主張すればするほど、いっそう多くの人からなんとか言われるものだ。『詩経』に『悄々として心を憂えるのは、君側の小人どもにそしられるからだ』とあるのは、孔子のような場合だし、また『けっきょく、小人の怒りを断ち切ることはできなかったが、その名声も失墜しなかった』とあるのは、文王のような場合である。文王や孔子でさえ、悪口を言われるのだから、心配することはない」

242 孟子曰く、「賢者は其の昭昭を以て、人をして昭昭たらしむ。今は其の昏昏を以て、人をして昭昭たらしめんとす」

[現代語訳]

孟子のことば「賢者はみずからの明らかなる徳をもって、人を導いてその徳を明らかにせしめるが、今の為政者は、みずから暗愚でありながら、人をしてその徳を明らかにせしめようとしている」

243 孟子、高子に謂ひて曰く、「山径の蹊、間く介然として之を用ふれば、路を成す。間く用ひざるを為せば、則ち茅之を塞ぐ。今や茅、子の心を塞げり」と。

[現代語訳]

孟子が高子に向かって言う、「山の峰の小道も、当分の間、決まってその道を通れば、ちゃんとした道になるが、しばらくの間、通らないでいると、茅などの雑草が生えて、道をふさいでしまう。学問も同じことで、おまえもしばらく学問を怠っているから、今では茅が、おまえの心をふさいでしまったぞ」

244 高子曰く、「禹の声は、文王の声に尚れり」と。孟子曰く、「何を以て之を言ふや」と。曰く、「追の蠡せるを以てなり」と。曰く、「是れ奚ぞ足らんや。城門の軌は、両馬の力ならんや」と。

[現代語訳]

高子が言う、「禹王の音楽のほうが、文王の音楽よりも勝っていると思います」 孟子「どういうわけでそう言うのか」「鐘の取っ手が虫の食ったようにすり減っているからです。これはつまり、禹の音楽のほうが勝っているので、その鐘を用いることが多い証拠でしょう」

「そんなことは、理由とするに足るものか。城門の所のわだちの跡は、深くへこんでいるが、それは長年の間、車がたくさん通ったからのことで、一台や二台の馬車のためではない。鐘の取っ手もそのとおりで、禹王の鐘は文王のよりも千年以上も古いから、自然すり減ったので、別に優劣の差のためではない」

245 斉饑う。陳臻曰く、「国人皆以へらく、夫子将に復び棠を発くことを為さんとすと。殆ど復びす可からざるか」と。孟子曰く、「是れ馮婦を為すなり。晋人に馮婦といふ者有り。善く虎を搏つ。卒に善士と為る。則ち野に之く。衆、虎を逐ふ有り。虎、嵎を負ふ。之に敢て攖るもの莫し。馮婦を望見し、趨りて之を迎ふ。馮婦臂を攘げて車を下る。衆皆之を悦びしも、其の士為る者は之を笑へり」と。

[現代語訳]

斉がききんであった。陳臻が言う、「町の人たちはみな、先生が前にもしてくださったように、もう一度、王に薦めて棠にある米を放出してくださるだろうと頼みにしていますが、二度とはできないことでございましょうか」孟子「それは馮婦のまねをするようなものだ。晋に馮婦という勇士がいて、虎を手取りにすることができた。のちには善良な紳士になったが、あるとき、郊外に出かけると、ちょうど大ぜいが虎を追いかけていて、虎は山懐を背にして身構え、だれも手出しをしようとする者がない。大ぜいの者は、たまたま馮婦の姿を見かけたので、走り寄って呼びに来た。すると、彼はもとの気分を出し、腕まくりして車から降り立った。大ぜいの者は喜んでかっさいしたが、心ある紳士たちは昔の癖が出たといって笑ったということだ（いつも柳の下に泥鰌はいないぞ）」

246孟子曰く、「口の味はひに於けるや、目の色に於けるや、耳の声に於けるや、鼻の臭に於けるや、四肢の安佚に於けるや、性なり。命有り、君子は性と謂はざるなり。仁の父子に於けるや、義の君臣に於けるや、礼の賓主に於けるや、智の賢者に於けるや、聖人の天道に於けるや、命なり。性有り、君子は命と謂はざるなり」

〔現代語訳〕

孟子が言う、「口が味に対し、目が色に対し、耳が音に対し、鼻がにおいに対し、四体が安逸に対し、いずれもその美好を欲するのは、人間の通性である。しかし、天命があって、だれでもそれを得られるとは決まらないから、君子はこれらを性とはいわないのだ。

また、父子の間の仁、君臣の間の義、賓と主の間の礼、賢者にとっての智、聖人にとっての天道が、常に必ず満足されるとは決まらないのは、天命である。しかし、これらの徳目は人間の本性なのだから、君子は命なりとしてあきらめずに、努力するのである」

247浩生不害問うて曰く、「楽正子は何人ぞや」と。孟子曰く、「善人なり、信人なり」

と。「何をか善と謂ひ、何をか信と謂ふ」と。曰く、「欲す可きを之れ善と謂ひ、諸を己に有するを之れ信と謂ひ、充実せるを之れ美と謂ひ、充実して光輝有るを之れ大と謂ひ、大にして之を化するを之れ聖と謂ひ、聖にして之を知る可からざるを之れ神と謂ふ。楽正子は二の中、四の下なり」と。

［現代語訳］

浩生不害が問うた、「楽正子はどんな人物でありますか」孟子が答える、「善人であり、信人である」「何を善といい、何を信というのですか」「人がだれでも欲するはずのものが善であり、その善を真実に己の有とすることが信である。また、この善信を己に充実せしめるのが美であり、十分に己に充実して外にまで光輝を発するのが大であり、大にしてよく天下を化するのが聖であり、聖にしてその作用を計り知ることのできぬのが神であり、楽正子は、この六段のうち、善と信の二者の中にあるが、他の四者の下にあって、その域には達せぬ者である」

248 孟子曰く、「墨を逃るれば必ず楊に帰し、楊を逃るれば必ず儒に帰す。帰すれば斯に之を受けんのみ。今の楊・墨と弁ずる者は、放豚を追ふが如し。既に其の苙に入れば、又従つて之を招ぐ」

〔現代語訳〕

孟子のことば「今の墨子の学派を学ぶ者がその誤りを悟れば、必ず楊朱の学派に入るが、その楊朱の説の誤りを悟れば、必ず我が儒者の道に帰する。かくて、我が道に帰したならば、そのまますなおに受け入れるまでのことだ。ところが、現在、楊・墨の学派と論争する者は、まるで逃げ出した豚を捕らえるような態度であって、我がおりの中に入ってしまえば、もうそれでよいものを、さらにそれを再び逃げ出さぬようにと、四足を縛りつけるようなことをする。それではかえってよくないぞ」

249 孟子曰く、「布縷の征・粟米の征・力役の征有り。君子は其の一を用ひて、其の二を緩くす。其の二を用ふれば、民に殍有り。其の三を用ふれば、父子離る」

〔現代語訳〕

孟子のことば「人民から取り立てるべきものに、布縷の税・穀物の税・勤労奉仕の三つがあるが、君子は適当な時期に、その一つを行って、他の二つは猶予する。もし、その二つを同時に行ったならば、民には餓死者が出るし、三つとも同時に行ったならば、一家父子離散という状態を引き起こす」

250 孟子曰く、「諸侯の宝は三あり。土地・人民・政事なり。珠玉を宝とする者は、殃必ず身に及ぶ」

［現代語訳］

孟子のことば「諸侯には三つの宝がある。それは土地と人民と政事だ。しかるに、もしこの三つを宝とせずに、珠玉などをこのうえもない宝とするような者は、必ず災害が身に及んで滅亡することになる」

251　盆成括斉に仕ふ。孟子曰く、「死なん、盆成括は」と。盆成括殺さる。門人問うて曰く、「夫子は何を以て其の将に殺されんとするを知るか」と。曰く、「其の人と為りや、小しく才有り。未だ君子の大道を聞かざるなり。則ち以て其の軀を殺すに足るのみ」と。

［現代語訳］

以前に孟子に学んだことのある盆成括という男が斉に仕えることになった。それを知って孟子は「殺されるだろうな、盆成括は」と言った。その後はたして盆成括が殺されたので、門人は、「先生はなぜ、彼が殺されるだろうということがおわかりでしたか」と問うた。そこで孟子「かの人物は小才があるが、君子の大道である仁義の道を学んでいない。それでは小才に任せて無理をするから、身を滅ぼすことになるだけなのだ」

252 孟子 滕に之き、上宮に館す。牖上に業屨有り。館人 之を求むるも得ず。或ひと之を問うて曰く、「是の若きか、従者の廋すや」と。曰く、「子は是れ屨を竊むが為に来れりと以へるか」と。曰く、「殆ど非なり」と。「夫れ予の科を設くるや、往く者は追はず、来る者は拒まず。苟も是の心を以て至らば、斯に之を受くるのみ」と。

［現代語訳］

孟子は滕の国へ行って、君の離宮に宿った。たまたま、その窓の上に、作りかけのくつがあったが、紛失して、離宮の使用人が捜したけれども見つからなかった。そこである人が、「こんなことをなさるのですか、先生のお供は人のくつを隠すなんて」と問うた。そこで孟子「あなたは我が従者が、わざわざくつを盗みにやって来たとでも思うのですか」「いや、まさかそうではありません」「もっとも私が弟子をとるのは、去る者は追わず、来る者は拒まず、という主義ですから、かりにも道を学ぶつもりで来る人間は、だれでも引き受けるまでです。したがって、そのような不心得者が絶無とは申せませんが」

253 孟子曰く、「人皆忍びざる所 有り。之を其の忍ぶ所に達するは、仁なり。人皆為さざる所 有り。之を其の為す所に達するは、義なり。人能く人を害せんと欲する無きの心を充さば、仁勝げて用ふ可からざるなり。人能く穿踰する無きの心を充さば、義勝げて用ふ可からざるなり。人能く爾汝を受くる無きの実を充さば、往く所として義為(た)らざるは無(な)きなり。士未(いま)だ以(もっ)て言ふ可(べ)からずして言ふ、是(こ)れ言ふを以(もっ)て之(これ)を餂(と)るなり。以(もっ)て言ふ可(べ)くして言はざる、是(こ)れ言はざるを以(もっ)て之を餂(と)るなり。是(こ)れ皆穿踰(みなせんゆ)の類(るゐ)なり」

[現代語訳]

孟子が言う、「人はみな人を害するに忍びない心、気の毒なのを見過ごしにできない心がある。この心をもって、今までは気の毒とも思わなかったことにまで推し及ぼすのが、仁である。人はみな不義不正をなさぬという心がある。この心をもって、今までは平気でやっていたことにまで推し及ぼすのが、義である。人はこの人を害することを欲しないという心を拡充することができれば、仁心はそこに備わって、その適用は尽きることがない。人はこの垣(かき)に穴をあけたり、へいを乗り越えたりせぬという、つまりかりにも不当の利をむさぼらぬ心を拡充することができれば、義心はここに備わって、その適用は尽きることがない。また、人が他人からこの野郎などと呼ばれてけいべつされることがない実体を拡充できれば、行く所、行うところ、どこでも義でないものはないということになる。ところで、士たる者は、言うべきでないのに言うのは、言うことによって人の気を引こうとするものであるし、言うべきであるのに言わないのは、言わぬことによって人の気を引こうとするものである。これらは、みな、盗人の同類である」

254 孟子曰く、「言近くして指遠き者は、善言なり。守ること約にして施すこと博き者は善道なり。君子の言や、帯を下らずして道存す。君子の守りは、其の身を修めて天下平らかなり。人其の田を舎てて人の田を芸るを病とす。人に求むる所の者重くして、自ら任ずる所以の者軽ければなり」

[現代語訳]

孟子のことば「ことばは卑近でも意味が深長なのが、善言である。守り行うことは簡約でも、その施し適用することが広いのは、善道である。さて君子のことばは、帯を下らぬ目前の至近のことであるが、そこに深い道理が含まれているし、君子が守り行うことは、自分の一身を修養するだけのことだが、それで広く天下が太平になるのである。しかるに、凡人は、とかく自分の田地はほうっておいて、他人の田の草を取り除きたがる通弊があるが、それは他人に要求することのみ重くして、自分の責任を軽んずるからである」

255 孟子曰く、「堯・舜は性のままなる者なり。湯・武は之に反るなり。動容周旋、礼に中る者は、盛徳の至りなり。死を哭して哀むは、生者の為に非ざるなり。経徳回ならざるは、以て禄を干むるに非ざるなり。言語必ず信なるは、以て行ひを正すに非ざるなり。君子は法を行ひて、以て命を俟つのみ」

[現代語訳]

孟子のことば「堯や舜は、本性のままに行動して、おのずから道にかなった人々である。殷の湯王や周の武王は、修養することによって、本来の善なる性に立ち返った人々である。人間として、その動作態度の細かい点に至るまで礼にかなうのは、まことに盛徳の至極である。すなわち死者に対して声をあげて泣いて悲しむのは、別に生きている遺族に聞かせるためではなく、平常の徳に邪曲がないのは、それによって禄を求めようとするのではなく、口に出すことばが必ず信実であるのは、しいて行いを正しくして人に認められようとするのではない。いずれもその徳が自然に行いに表れるのである。君子たる者は、正しい理法のままに行動して、その結果については天命に任せるまでである」

256 孟子曰く、「大人に説くには則ち之を藐んぜよ。其の巍巍然たるを視ること勿れ。堂の高さ数仞、榱題数尺。我志を得るも為さざるなり。食前方丈、侍妾数百人。我志を得るも為さざるなり。般楽して酒を飲み、駆騁田猟し、後車千乗。我志を得るも為さざるなり。彼に在る者は、皆我が為さざる所なり。我に在る者は、皆古の制なり。吾何ぞ彼を畏れんや」

[現代語訳]

孟子のことば「尊貴の人に自分の意見を述べようとするときは、相手を軽くみてかかれ。その人の巍巍然として富貴な様子を眼中に置くな。彼らの富貴は、たとえば、宮殿の高さが数仞もあり、たる木の頭は数尺もあるだろうが、自分は志を得てやれるときでも、そんなまねはせぬ。また、ごちそうを前に一丈四方も並べ、侍女は数百人もいるだろうが、自分は志を得てもそんなまねはせぬ。また大いに楽しんで酒を飲み、車馬を走らせて狩猟を催し、あとには千台もの車を従える、というようなことは、自分は志を得てもしようとせぬものだ。かの尊貴の人の下にあるものは、すべて自分はまねようと思わぬことであり、自分に有するものは、すべていにしえの聖人の定めた礼である。してみれば、自分の有するものは、彼の有するものよりも、はるかに貴重なものである。自分はなんで彼を恐れはばかることがあろうか」

257 孟子曰く、「心を養ふは、寡欲より善きは莫し。其の人と為りや寡欲なれば、存せざる者有りと雖も、寡し。其の人と為りや多欲なれば、存する者有りと雖も、寡し」

[現代語訳]

孟子のことば「人の本心を修養するには、欲を少なくするよりよい方法はない。人となり欲の少ない者は、善なる本心の存せぬことがあっても、それはわずかである。一方、人となり欲の多い者は、善なる本心の存することがあっても、それはわずかばかりである」

258 曾晳 羊棗を嗜む。而して曾子 羊棗を食ふに忍びず、公孫丑問うて曰く、「膾炙と羊棗と孰れか美き」と。孟子曰く、「膾炙なるかな」と。公孫丑曰く、「然らば則ち曾子は何為れぞ膾炙を食ひて、羊棗を食はざる」と。曰く、「膾炙は同じうする所なるも、羊棗は独りする所なればなり。名を諱みて姓を諱まざるは、姓は同じうする所なるも、名は独りする所なればなり」と。

[現代語訳]

曾子の父、曾晳は羊棗の実が好きだった。それで曾子は、父の死後には、羊棗を食べると父を思い出して悲しくなるので、食べるに忍びなかった、という話がある。公孫丑はそれについて問うた、「膾や焼き肉と羊棗の実とは、どちらがおいしいでしょうか」孟子「むろん、膾や焼き肉だね」公孫丑「それでは、（曾晳も膾や焼き肉を好んだのでしょうが）曾子はどうして膾や焼き肉を食べるのに、羊棗を食べないのでしょう」「膾や焼き肉は、だれでも皆が好むものだが、羊棗は父だけの好物だったからだ。古来のきまりとして、君や親の名を忌んで口にしないが、姓は忌まない、ということがある。それはつまり、姓は一族皆の共通のものだが、名はその人だけのものだからである（羊棗の話もこれと同じ意味なのだ）」

259 万章問うて曰く、「孔子陳に在りて曰く、『盍ぞ帰らざる。吾が党の士は、狂簡にして進取なり。其の初めを忘れず』と。孔子陳に在りて、何ぞ魯の狂士を思ふや」と。孟子曰く、「孔子は、『中道を得て之に与せずんば、必ずや狂獧か。狂者は進んで取り、獧者は為さざる所有るなり』と。孔子豈中道を欲せざらんや。必ずしも得可からず。故に其の次を思ふなり」と。「敢て問ふ何如なれば斯に狂と謂ふ可き」と。曰く、「琴張・曾皙・牧皮の如き者は、孔子の所謂狂なり」と。「何を以て之を狂と謂ふや」と。曰く、「其の志嘐嘐然たり。古の人古の人と曰ふも、其の行ひを夷考すれば、焉を掩はざる者なり。狂者又得可からず、不潔を屑しとせざるの士を得て、之に与せんと欲す。是れ獧なり。是れ又其の次なり」と。

［現代語訳］

万章が問うた、「孔子は陳の国におられたとき『さあ、故郷へ帰ろう。我が郷里の人間は、志ばかり大きく物事に粗略で、なかなか積極的だ。私は昔の仲間を忘れない』と言われたということですが、孔子は陳の国におられながら、どうして魯の狂士を思われたのでしょうか」孟子が答える、「孔子の考えでは、『中庸の道を行う者といっしょになれないなら、せめてぜひとも狂者か獧者を選ぼう。狂者は積極的であり、獧者は消極的だが、不義をなさぬものだ』というわけである。孔子はなんで中庸の道を行う者を求めぬことがあろうか。ただそのような人物を得られるとは限らないから、それに次ぐ者を思われたのだ」「押してお尋ねいたしますが、どういう人物なら狂者と言えるのでしょうか」「琴張・曾皙・牧皮などの人たちは、孔子の言われた狂者である」「どうして彼らを狂と言うのですか」「その志は嘐々然として大きく、口を開けば、いにしえの人、いにしえの人と言って、いにしえの聖賢を目標としているが、彼らの行為を公平に考えてみると、口で言うとおりにはいかぬ人たちのことである。この狂者もなかなか得られないから、潔白でない行いを潔しとしない人間を探し出して、彼らといっしょに道を行おうとするわけで、これが狷者である。これは狂者のさらに次だ」

「孔子曰く、『我が門を過ぎて我が室に入らざるも、我焉を憾みざる者は、其れ惟郷原か。郷原は徳の賊なり』と」曰く、「何如なれば斯に之を郷原と謂ふ可き」と。曰く、「『何を以て是れ嘐嘐たるや。言は行ひを顧みず。行ひは言を顧みず。則ち古の人、古の人と曰ふ。行ひ何為れぞ踽踽涼涼たる。斯の世に生まれては斯の世を為す。善せらるれば斯に可なり』と。閹然として世に媚ぶる者は、是れ郷原なり」と。

[現代語訳]

「孔子は『我が家の門前を通りながら、私の家に入って訪問しなくても、残念に思わない人は、まあ郷原だけであろうか。郷原は徳をそこなう偽善者だからだ』と言われましたが、さて、どういうのを郷原と言えるのでしょうか」「彼らは狂者に対しては、『なぜそんなに嘐々然と志やことばばかり大きくして、言うことには実行を考えず、実行には言ったことを考えずに、いにしえの人、いにしえの人とばかり言うのか』と評し、狷者に対しては、『なぜ人と親しもうとせず、人からも親しまれずに行動するのか』と評し、人としてこの世に生まれたら、この世の暮らしをし、人から評判がよければ、それでけっこうだ、と考えている。そして闇然として自分の本心は現さずに、世間にこびへつらう、というようなのが、つまり郷原なのだ」

万章曰く、「一郷皆原人と称す。往く所として原人為らざる無し。孔子以て徳の賊と為すは、何ぞや」と。曰く、「之を非とせんに挙ぐべき無く、之を刺らんに刺るべき無し。流俗に同じくし、汙世に合す。之に居ること忠信に似、之を行ふこと廉潔に似たり。衆皆之を悦び、自ら以て是と為すも、而も与に堯舜の道に入る可からず。故に徳の賊と曰ふなり。孔子曰く、『似て非なる者を悪む。莠を悪むは、其の苗を乱るを恐るればなり。佞を悪むは、其の義を乱るを恐るればなり。利口を悪むは、其の信を乱るを恐るればなり。鄭声を悪むは、其の楽を乱るを恐るればなり。紫を悪むは、其の朱を乱るを恐るればなり。郷原を悪むは、其の徳を乱るを恐るればなり』と。君子は経に反るのみ。経正しければ、則ち庶民興る。庶民興れば、斯に邪慝無し」と。

[現代語訳]

万章「村じゅうで原人すなわち謹直な人だと評判するような人なら、どこへ行っても謹直な人で通るでしょうに、孔子が徳の賊だとされたのは、なぜでしょうか」「原人は偽善者だが、非難しようにも取り上げていう欠点がなく、攻撃しようにも攻撃のしようがない。また、堕落した習俗に仲間入りし、汚れた世間に調子を合わせ、身を処することは忠信に似ており、行為は廉潔に似ていて、衆人はみなこの人間に好意を持ち、原人自身もそれで正しいつもりでいるが、しかし、とうてい堯舜の道に入ることができぬ、そういう人間である。だから、徳の賊だと言われたのである。孔子は『真なるものに似ていて実はそうでないものを憎む。たとえば、莠（はぐさ）を憎むのは、穀物の苗に紛らわしいからだし、口先達者な侫を憎むのは、その言が義に紛らわしいからだし、誠意のないおしゃべりを憎むのは、信実に紛らわしいからだし、鄭の音楽を憎むのは、正しい古典音楽に紛らわしいからだし、紫色を憎むのは、朱色に紛らわしいからだ。同様に、郷原を憎むのは、それが真の徳ある者を紛らわすことを恐れるからだ』と言われた。君子たる者は、一時のまやかしをせず、万世不易の常道に立ち返るばかりである。常道さえ正しく打ち立てられれば、庶民はこれによって興起し、庶民が興起すれば、郷原のようなまやかしの邪悪はなくなってしまうのだ」

260 孟子（まうし）曰（いは）く、「堯（げう）・舜（しゆんよ）由（よ）り湯（たう）に至（いた）るまで、五百有余歳（ごひやくいうよさい）。禹（う）・皋陶（かうえう）の若（ごと）きは、則（すなは）ち見（み）て之（これ）を知（し）り、湯（たう）の若（ごと）きは、則（すなは）ち聞（き）いて之（これ）を知（し）る。湯（たう）由（よ）り文王（ぶんわう）に至（いた）るまで、五百有余歳（ごひやくいうよさい）。伊尹（いゐん）・萊朱（らいしゆ）の若（ごと）きは、則（すなは）ち見（み）て之（これ）を知（し）り、文王（ぶんわう）の若（ごと）きは、則（すなは）ち聞（き）いて之（これ）を知（し）る。文王（ぶんわう）

由り孔子に至るまで、五百有余歳。太公望・散宜生の若きは、則ち見て之を知り、孔子の若きは、則ち聞いて之を知る。孔子由り而来今に至るまで、百有余歳。聖人の世を去ること、此の若く其れ未だ遠からざるなり。聖人の居に近きこと、此の若く其れ甚しきなり。然り而して有ること無しとせば、則ち亦有ること無からん」

[現代語訳]

孟子のことば「堯・舜から湯王まで五百余年で、禹や皐陶などは、直接、堯・舜の徳を見て知っており、湯王などは聞いて知ったのである。湯王から文王までが五百余年で、伊尹や萊朱などは、直接、湯王の徳を見て知っており、文王は聞いて知ったのである。文王から孔子までが五百余年で、太公望や散宜生などは、文王の徳を見て知っており、孔子は聞いて知ったのである。さて孔子から今までは、百余年であって、聖人孔子の時代を去ること、かくのごとくあまり遠くはない。また聖人孔子の国とは、かくのごとくはなはだ近いのである。時も所もかくのごとく近いのに、もし現在、孔子の徳を見知る者がないとするならば、今後はついに聞き知る者もなくなってしまうであろう」

原文

223 孟子曰、不仁哉、梁惠王也。仁者以二其所一レ愛、及二其所一レ不レ愛、不仁者以二其所一レ不レ愛、及二其所一レ愛。公孫丑問曰、何謂也。梁惠王以二土地之故一、糜二爛其民一而戰レ之、大敗。將レ復レ之、恐レ不レ能レ勝。故驅二其所レ愛子弟一、以殉レ之。是之謂下以二其所一レ不レ愛、及中其所上レ愛也。

224 孟子曰、春秋無二義戰一。彼善二於此一、則有レ之矣。征者、上伐レ下也。敵國不二相征一也。

225 孟子曰、盡信レ書、則不レ如レ無レ書。吾於二武成一、取二二三策一而已矣。仁人無レ敵二於天下一。以二至仁一伐二至不仁一。而何其血之流レ杵也。

226 孟子曰、有レ人曰、我善爲レ陳、我善爲レ戰。大罪也。國君好レ仁、天下無レ敵焉。南面而征、北狄怨、東面而征、西夷怨。曰、奚爲後レ我。武王之伐レ殷也、革車三百兩、虎賁三千人。王曰、無レ畏、寧レ爾也。非レ敵二百姓一也。若レ崩厥角稽首。征之爲レ言、正也。各欲レ正レ己也、焉用レ戰。

227 孟子曰、梓匠輪輿、能與二人規矩一、不レ能レ使二人巧一。

228 孟子曰、舜之飯レ糗茹レ草也、若レ將レ終レ身焉。及三其爲二天子一也、被二袗衣一、鼓レ琴、二女果。若三固二有之一。

229 孟子曰、吾今而後、知下殺二人親一之重上也。殺二人之父一、人亦殺二其父一、殺二人之兄一、人亦殺二其兄一。然則非二自殺一レ之也、一閒耳。

230 孟子曰、古之爲レ關也、將二以禦一レ暴。今之爲レ關也、將二以爲一レ暴。

231 孟子曰、身不レ行レ道、不レ行二於妻子一。使レ人不レ以レ道、不レ能レ行二於妻子一。

232 孟子曰、周二于利一者、凶年不レ能レ殺。周二于德一者、邪世不レ能レ亂。

233 孟子曰、好レ名之人、能讓二千乘之國一。苟非二其人一、簞食豆羹見二於色一。

234 孟子曰、不レ信二仁賢一、則國空虛。無二禮義一、則上下亂。無二政事一、則財用不レ足。

235 孟子曰、不仁而得レ國者、有レ之矣。不仁而得二天下一者、未二之有一也。

236 孟子曰、民爲レ貴、社稷次レ之、君爲レ輕。是故得二乎丘民一而爲二天子一、得二乎天子一爲二諸侯一、得二乎諸侯一爲二大夫一。諸侯危二社稷一、則變置。犧牲既成、粢盛既潔、祭祀以レ時。然而旱乾水溢、則變二置社稷一。

237 孟子曰。聖人、百世之師也。伯夷柳下惠是也。故聞二伯夷之風一者、頑夫廉、懦夫有レ立レ志。聞二柳下惠之風一者、薄夫敦、鄙夫寛。奮二乎百世之上一、百世之下、聞者莫レ不二興起一也。非二聖人一而能若レ是乎。而況於下親二炙之一者上乎。

238 孟子曰、仁也者人也。合而言レ之、道也。

239 孟子曰、孔子之去レ魯、曰、遲遲吾行也。去二父母國一之道也。去レ齊、接レ淅而行。去二他國一之道也。

240 孟子曰、君子之戹二於陳蔡之閒一、無二上下之交一也。

241 貉稽曰、稽大不レ理二於口一。孟子曰、無レ傷也。士憎二茲多口一。詩云、憂心悄悄、慍二于羣小一、孔子也。肆不レ殄二厥慍一、亦不レ殞二厥問一、文王也。

242 孟子曰、賢者以二其昭昭一、使二人昭昭一。今、以二其昏昏一、使二人昭昭一。

243 孟子謂二高子一曰、山徑之蹊、閒介然用レ之、而成レ路。爲二閒不一レ用、則茅塞レ之矣。今、茅塞二子之心一矣。

244 高子曰、禹之聲、尙二文王之聲一。孟子曰、何以言レ之。曰、以二追蠡一。曰、是奚足哉。城門之軌、兩馬之力與。

245 齊饑。陳臻曰、國人皆以、夫子將二復爲一レ發レ棠。殆不レ可レ復。孟子曰、是爲二馮婦一也。晉人有二

馮婦者一。善搏レ虎。卒為二善士一。則之レ野。有二衆逐一レ虎。虎負レ嵎。莫二之敢攖一。望二見馮婦一、趨而迎レ之。馮婦攘レ臂下レ車。衆皆悦レ之、其為レ士者笑レ之。

246 孟子曰、口之於レ味也、目之於レ色也、耳之於レ聲也、鼻之於レ臭也、四肢之於二安佚一也、性也。有レ命焉、君子不レ謂レ性也。仁之於二父子一也、義之於二君臣一也、禮之於二賓主一也、智之於二賢者一也、聖人之於二天道一也、命也。有レ性焉、君子不レ謂レ命也。

247 浩生不害問曰、樂正子何人也。孟子曰、善人也、信人也。何謂レ善、何謂レ信。曰、可レ欲之謂レ善、有二諸己一之謂レ信、充實之謂レ美、充實而有二光輝一之謂レ大、大而化レ之之謂レ聖、聖而不レ可レ知レ之之謂レ神。樂正子二之中、四之下也。

248 孟子曰、逃レ墨必歸二於楊一、逃レ楊必歸二於儒一。歸斯受レ之而已矣。今之與二楊墨一辯者、如レ追二放豚一。既入二其苙一、又從而招レ之。

249 孟子曰、有二布縷之征粟米之征力役之征一。君子用二其一一、緩二其二一。用二其二一、而民有レ殍。用二其三一、而父子離。

250 孟子曰、諸侯之寶三。土地人民政事。寶二珠玉一者、殃必及レ身。

251 盆成括仕二於齊一。孟子曰、死矣、盆成括。盆成括見レ殺。門人問曰、夫子何以知二其將一レ見レ殺。曰、其為レ人也、小有レ才。未レ聞二君子之大道一也。則足三以殺二其軀一而已矣。

252 孟子之レ滕、館二於上宮一。有三業二屨於牖上一。館人求レ之弗レ得。或問レ之曰、若レ是乎、從者之廋也。曰、子以二是為レ竊レ屨來一與。曰、殆非也。夫予之設レ科也、往者不レ追、來者不レ拒。苟以二是心一至、斯受レ之而已矣。

253 孟子曰、人皆有レ所レ不レ忍。達二之於其所一レ忍、仁也。人皆有レ所レ不レ爲。達二之於其所一レ爲、義也。人能充二無レ欲レ害レ人之心一、而仁不レ可二勝用一也。人能充下無二穿踰一之心上、而義不レ可二勝用一也。人能充下無レ受二爾汝一之實上、無二所レ往而不一レ爲レ義也。士未レ可二以言一而言、是以レ言餂レ之也。可二以言一而不レ言、是以レ不レ言餂レ之也。是皆穿踰之類也。

254 孟子曰、言近而指遠者、善言也。守約而施博者、善道也。君子之言也、不レ下レ帶而道存焉。君子之守、修二其身一而天下平。人病下舍二其田一而芸中人之田上。所レ求二於人一者重、而所二以自任一者輕。

255 孟子曰、堯舜性者也。湯武反レ之也。動容周旋中レ禮者、盛德之至也。哭レ死而哀、非レ爲二生者一也。經德不レ回、非二以干一レ祿也。言語必信、非二以正一レ行也。君子行レ法、以俟レ命而已矣。

256 孟子曰、說二大人一則藐レ之。勿レ視二其巍巍然一。堂高數仞、榱題數尺。我得レ志弗レ爲也。食前方丈、侍妾數百人。我得レ志弗レ爲也。般樂飲レ酒、驅騁田獵、後車千乘。我得レ志弗レ爲也。在レ彼者、皆我所レ不レ爲也。在レ我者、皆古之制也。吾何畏レ彼哉。

257 孟子曰、養レ心莫レ善二於寡欲一。其爲レ人也寡欲、雖レ有二不レ存焉者一、寡矣。其爲レ人也多欲、雖レ有二存焉者一、寡矣。

258 曾皙嗜二羊棗一。而曾子不レ忍レ食二羊棗一。公孫丑問曰、膾炙與二羊棗一孰美。孟子曰、膾炙哉。公孫丑曰、然則曾子何爲食二膾炙一、而不レ食二羊棗一。曰、膾炙所レ同也、羊棗所レ獨也。諱レ名不レ諱レ姓、姓所レ同也、名所レ獨也。

259 萬章問曰、孔子在レ陳曰、盍レ歸乎來。吾黨之士、狂簡進取。不レ忘二其初一。孔子在レ陳、何思二魯

之狂士一。孟子曰、孔子不下得二中道一而與上レ之、必也狂獧乎。狂者進取、獧者有レ所レ不レ爲也。孔子豈不レ欲二中道一哉。不レ可二必得一。故思二其次一也。敢問、何如斯可レ謂レ狂矣。曰、如二琴張曾皙牧皮一者、孔子之所謂狂矣。何以謂二之狂一也。曰、其志嘐嘐然。曰二古之人、古之人一、夷二考其行一、而不レ掩レ焉者也。狂者又不レ可レ得。欲乙得下不レ屑二不潔一之士上、而與甲之。是獧也。是又其次也。

孔子曰、過二我門一而不レ入二我室一。我不レ憾レ焉者、其惟郷原乎。郷原、德之賊也。曰、何如斯可レ謂二之郷原一矣。曰、何以是嘐嘐也。言不レ顧レ行、行不レ顧レ言。則曰二古之人、古之人一。行何爲踽踽涼涼。生二斯世一也、爲二斯世一也。善斯可矣。閹然媚二於世一也者、是郷原也。

萬章曰、一郷皆稱二原人一焉。無レ所レ往而不レ爲二原人一。孔子以爲二德之賊一何哉。曰、非レ之無レ擧也、刺レ之無レ刺也。同二乎流俗一、合二乎汙世一。居レ之似二忠信一、行レ之似二廉潔一。衆皆悅レ之、自以爲レ是、而不レ可三與入二堯舜之道一。故曰二德之賊一也。孔子曰、惡二似而非者一。惡レ莠、恐二其亂一レ苗也。惡レ佞、恐二其亂一レ義也。惡二利口一、恐二其亂一レ信也。惡二鄭聲一、恐二其亂一レ樂也。惡レ紫、恐二其亂一レ朱也。惡二郷原一、恐二其亂一レ德也。君子反レ經而已矣。經正、則庶民興。庶民興、斯無二邪慝一矣。

260 孟子曰、由二堯舜一至二於湯一、五百有餘歲。若二禹皐陶一、則見而知レ之、若レ湯、則聞而知レ之。由レ湯至二於文王一、五百有餘歲。若二伊尹萊朱一、則見而知レ之、若二文王一、則聞而知レ之。由二文王一至二孔子一、五百有餘歲。若二太公望散宜生一、則見而知レ之、若二孔子一、則聞而知レ之。由二孔子一而來、至二於今一、百有餘歲。去二聖人之世一、若レ此其未レ遠也。近二聖人之居一、若レ此其甚也。然而無レ有乎爾、則亦無レ有乎爾。

解説

一　孟子の略伝とその時代

孟子は名を軻といい、字は子車・子居・子輿などの諸説がある。子とは男子の敬称である。その故郷は鄒という所で、現在の山東省兗州の辺りにある。孔子の祖国の魯には属していないが、距離は三十〜四十キロメートルしか離れていない（趙岐『孟子』二六〇）。

生卒年月は不明である。中華民国の銭穆氏の研究「孟子生年攷」によると、古く『孟子譜』という書に、周の定王三十七年に生まれ、赧王二十六年に卒し、年八十四歳であったとある。しかし、定王は二十八年（前四四一）までしかないから、そのまま信用できない。また、孔子の没後三十五年にして生まれたという説もあるが、それだと周の貞定王二十五年（前四四四）ということになり、そんなに早く生まれたのではほかの点で支障が起こる。そこで、前の定王を安王の誤りとし、安王は在位二十六年（前三七六）であるから、それから赧王二十六年（前二八九）までとすると、八十八年になる。別に赧王二十六年に八十四歳で卒した点だけを取り上げて逆算すると、烈王四年（前三七二）に生まれたことになる。この最後の説が一般に用いられているが、どこまで信頼してよいか疑わしい。そこで、比較的正確にわかることは、『孟子』に出てくる諸侯の年代を参考とし、彼の活躍した時期が、それも晩年だったろうと思われるのだが、だいたい前三三〇〜前三〇〇年ごろであったということだけである。

彼の学統は、孔子を尊敬している（二五・二六〇など）ところからみて、その流れに属することは言うまでもないが、だれに師事したかというと、『史記』（孟子荀卿列伝）では孔子の孫である子思の門人に学んだといい、後漢の趙岐（一〇六?〜二〇一）（『孟子題辞』）は子思に学んだと言っている。子思に直接学んだという説は、子思の生存期間と孟子の生存期間とがどうしても重なることができないから、誤りである。

孟子の生い立ちについては、漢代の劉向《りゅうきょう》の著『列女伝』に、孟母三遷とか、断機の教えなどという有名な逸話が伝えられているが、事実かどうかはきわめて疑わしい。

その事績としては、『孟子』に見えるとおりで、戦国時代の諸侯に遊説して回ったが、ついに志を遂げることができなかった。しかし、かなり多くの国々を訪ね、その諸侯に面会し、あるいは面会しようとしたことが記されている。すなわち、梁の恵王（前三七〇〜前三三五在位）、襄王《じょうおう》（前三三四〜前三一九在位）、斉の宣王（前三四二〜前三二四在位）、滕の文公（年代不明）、魯の平公（前三一四〜前二九六在位）などがそれである。しかし、孟子が遊説した国の順序については異説があるが、大別すると二つある。①斉から梁に行ったとする説（『史記』）、②梁から斉に行ったとする説（『孟子』が梁の恵王に会った話から始まっているのに基づく）とがそれである。いずれにしても、その前後に宋・薛・滕・鄒・魯などの諸国にも行っており、それらの国々を訪れた時期の相互関係は、ある程度まで推定できるけれど、もちろん決定的な決め手はない。どうも斉の国を最後に、故国に帰って万章らの門人とともに『孟子』を編纂したということらしい。

孟子の時代は、いわゆる戦国時代であって、各国が勢力の拡大を図る一方、思想界も空前絶後の活況を呈した。当時、周王朝の権威はようやく衰えて、すでに回復の望みは絶え、一方、秦・楚・斉・燕・韓・魏（梁）・趙の戦国の七雄が覇を競い、魯・衛・鄭・宋・薛・滕などの小国がその間にあって、かろうじて存立を保つありさまであった。『孟子』中にも、どうすれば自国を強大にすることができるか、どうすれば他国から侵略されずに済むか、ということが、諸侯の最も重大関心事であったとともに、この戦乱の世を救済して一つの世界に統一するにはどうすればよいか、ということが、学派のいかんを問わず、思想家の根本問題であったことが記されている。

当時の諸学派は、漢の班固の著『漢書』の芸文志によると、儒家・道家・陰陽家・法家・名家（詭弁学派）・墨家・従横家（国際外交派）・雑家（折衷派）・農家・小説家（ゴシップ屋の類）の十種に分類されているが、『孟子』の中にもかなり他学派の人物が現れている。すなわち、道家系統とみられる楊朱と墨家の祖である墨翟（六〇・二〇二・二四八）をはじめ、墨者の夷之（五一）、平和論者で墨家系と思われる宋牼（一六四）、神農の言をなす者、すなわち農家系とみられる許行（五〇）、極端な廉潔主義でたぶん道家系と思われる陳仲子

（六一・二二〇）、外交家、すなわち従横家の公孫衍・張儀（五三）、弁説の士たる淳于髡（七八・一六六）、性論を戦わせた告子（一四一以下）などの諸思想家がある。また、『史記』の田敬仲完世家や孟子荀卿列伝によると、斉の宣王が学者を優遇して斉の都に集め、互いに議論を交わさせたことが見え、その学者の名は、陰陽家の騶衍・騶奭、道家の田駢・接子（田敬仲完世家には接予とある）・環淵・慎到（この人は法家に分類する説もある）および『孟子』にも出てくる淳于髡ら七十六人であったといい、これらの学者集団を斉の稷下の学という。稷下とは、斉の都の城門を稷門といったのによるといい、あるいは山の名であるともいう。

　孟子は、斉の宣王にも確かに会見しているし、淳于髡とも交渉があったが、稷下の学団には入らなかったらしい（四二参照）。しかし、それらの思想的影響は、何かの形で受けていたろうと思われる。こういう諸思想家の中に在って、孟子が自説を主張しようとすれば、戦闘的にならざるをえなかったろう（六〇）。ただ、彼の説が時の諸侯から実情に合わぬうかつな説だといわれた（趙岐『孟子題辞』）のは、要するに理想論に過ぎたからであろう。なお、『孟子』の中に、老子や荘子に関する論議が全然出て来ないことは注目すべきで、老荘は元来隠遁的であることにも理由はあろうが、あるいはその年代が孟子よりも遅れるためかもしれない。

二　孟子の思想

孟子は子思の門人に学んだといわれ、孔子を敬慕しているが、『論語』を見たかどうかは疑問とされる。それは、彼が孔子の語を引くことすべて二十九条あるが、『論語』と一致するもの八条（二五・三〇・四八・五〇・七五・二五九）、「孔子曰く」とは書いてないが『論語』に見えるもの二条（四八）、文章は違うがまったく同趣旨のもの二条（一〇〇・一〇七）であるにとどまり、その他の十七条は『論語』と無関係だからである。こういう事情は、『論語』を見なかった証拠であり、もし『論語』ができていれば必ず見たはずだから、おそらくできていなかったろうと考えられる。そのためばかりではあるまいが、彼の思想は孔子と違う点が相当ある。以下倫理思想と政治思想とについて略述しよう。

倫理思想

孟子の倫理思想として重要な問題は、仁義を中心とする性善説と五倫説とである。孟子は開巻第一に梁の恵王に対して「王何ぞ必ずしも利といはん、亦仁義あるのみ」と仁義を強調しているが、この仁義は孔子の主張した仁をさらに展開させたものであり、またこれに礼智を加えて仁義礼智の四徳を唱えた（二九・一四六・一九七）。そして、人間はみなこの四徳を固有することを、惻隠・羞悪・辞譲・是非のいわゆる四端の心があることによって論証しようとした（二九・一四六参照）。これがすなわち性善説の根拠である。

孟子が孔子の仁から仁義を説いた理由は、当時勢力のあった楊朱・墨翟の主張に対抗したものらしい。すなわち、楊朱の為我説は、極端な個人主義で、一見、義を守るかのごとくであるが人情の発露である仁を欠き、墨翟の兼愛説は、無差別の博愛主義で、一見、仁の極致のごとくであるが実は人倫の規範である義を欠いているところから、孟子は仁義を併称したとみられている。もっとも『墨子』にも仁人（兼愛下）とか仁義（尚同下）という用語があるが、墨子の仁義は愛利を主とするものであった。だから、孟子は特に利との対比で仁義を強調しているものと思われるが、この義と利との対立は儒家の伝統的思想に基づくものである。『論語』にも「君子は義に喩り、小人は利に喩る」（八二）そのほかしばしば見えるところである。

また、仁義礼智の四徳についていえば、礼は元来、いにしえの聖人の定めた客観的規範とされていたが、孟子はそれを主観化して、人の心に有する恭敬の心の表現としての意義を認めたのであった。これは形式としての礼が、周代封建制の崩壊とともに社会に適応しがたくなってきたので、その矛盾を解決するために考えられたことであった。形式そのものの変革を主張せず、主観化の意義を認めたところに彼の特色がある（形式的変革を主張したのは、のちの荀子の後王思想である）。ちなみにこの四徳は、のちに漢代の董仲舒によって信を加えた仁義礼智信の五常の徳として説かれるようになった。

孟子は性善説の根拠として右の四端の心を説くとともに、性が天から与えられたもの（七三・一五六・一七七）としているのは、のちに『中庸』に「天命を之れ性と謂ふ」と明言されることになる。なお、孟子の性善説は、当時、性に関する常識的見解が広く説かれていた（一四六）という事実を背景にしていることを忘れてはならない。つまり、孟子は性善を主張することによって、人の道徳心を鼓舞しようとしたもので、学問的・理論的には欠けるところがあるかもしれぬが、実際に人を説得する効果はあったと思われる。

もう一つ五倫説は、舜の五教の内容として説かれているが（五〇）、それはもちろん事実とはいえぬにしても、むしろ孟子の卓見として評価すべきものと考える。この「父子有親、君臣有義、夫婦有別、長幼有序、朋友有信」の五倫も、のちに董仲舒によって、その中の「君臣、父子、夫婦」の三者を三綱として取り上げられている。

孟子の実践倫理説としては、なお修養の方法として、養気（二一五）、拡充（二一九・二一五三）、夜気を存する（一四八）、放心を求める（一五一）、寡欲（二五七）などを説いているが、詳細は本文について参照されたい。

政治思想

孟子の政治思想の中心は王道論と革命論である。

王道論は、梁の恵王（三）、斉の宣王（七）などに対して力説したところであり、二八・二九そのほかの章にも見えている。なお、滕の文公（四九）に対しても、宋の立場についても（五六）、王道の重要性を説いているが、これらの小国の場合は、斉・梁などの大国の君に対する場合と、議論の意気込みにおいて差があるところからみると、孟子も、理論としてはともかく、実際問題としては、相当の実力がなければ天下の王者とはなりえないことを意識していたと思われる。王道論の内容については、前述の各章を参照されたいが、一言にしていえば、彼の性善説に立脚して、君主の心構えとして「人に忍びざるの心」によって政治をせよというにある。

革命論は、必然的に天命思想と関連する。彼は天下の授受はまったく天命によるものとし、一二七・一二八に詳しいが、その論旨を要約すれば次のようになるであろう。

一 堯・舜・禹の王位継承法である禅譲も天意であること。

二 天意は民望の帰服および天地百神がその祭祀(さいし)を嘉納(かのう)することで知られる。

三 天意がなくては天子になれぬが、いかなる有徳者も天子の推薦を必要とする。

四 継世の君は特別の暴君の場合でなければ容易に天命は去らぬこと。

右の第三項は孔子のような聖人が天子になれなかったことの説明であり、第四項は周の文王の有徳をもってしてもただちに天子になれなかったことの説明であろうが、理論的というよりも現実的な考えかたといえよう。

以上のような孟子の政治思想は、政教一致、政治と倫理の一体化を説くものであるが、それは儒家の伝統思想であって、天命論にしても、王道論の趣旨にしても、孟子の引いているように『詩経』『書経』に見えるところである。しかし、孔子の思想と比較すると、かなりの相違がある。

たとえば、「王道」の話は『書経』洪範篇に見えるが、『論語』にはまったく出てこない（その内容的な面は五・二八七・三一一に見えるが）。孟子は王覇の別を強調するが（二六・一六七）、王道を語らぬ孔子にその論のあろうはずはない。井田論（四九）にしても、孟子の発明かどうか問題だが（『詩経』小雅 大田篇に公田・私田と思われる表現がある）、孔子は触れていない。中でも最も重大な点は天命思想に基づく革命論である。孟子は革命の語こそ用いないが、天命を論ずれば必然的に天命が革まる、すなわち革命を承認する（一五）ことになる。孔子は革命の事実は否定しえないが、けっして積極的には承認しない。それは天下の三分の二を保有する勢力を有しながら臣節を守ったという文王を至徳と称し（『論語』二〇四）、舜の音楽を善美を尽くしたと評する一方、革命を行った周の武王の音楽は、美を尽くすが善は尽くさぬと評している（『論語』六五、この解釈には異論があるが普通の説による）ことによって知られる。

孔子も徳治、すなわち君主が徳を修めて人民を指導し国を治めることを主張しているから、これを裏返すと、君主が有徳でないならば別の有徳者が王となるべきだという論にもなりうるが、孔子は君主は有徳なるべしという「君主有徳」説を主張する。孟子は有徳者が君となるべしという「有徳為君」説を主張する。この変化は主として両者の時代の差がしからしめたのであろうが、天命思想を認めるか否かに分岐点がある。

三　孟子に関する評論

孟子の論説には時に激越なものがあるから、いろいろ批判もある。荀子が孟子の性善説に反対して性悪説を説いたことは有名であるが、そのほかにも非十二子篇で十二人の学者を批判した中に、儒家では子思と孟子とを一グループとしているのは、孟子の学統に関する記録として最古のものである。それに続いては後漢の王充（二七～一〇〇？）の『論衡』に刺孟篇があって、孟子の論説に対してちょっと痛いところを突いているものがある。

しかし、宋代の司馬光（一〇一九～一〇八六）の『疑孟』は、君臣問題に触れた点で、一つの代表的な見解といえよう。その論点はすべて十二条あり、特色とするところは、孔子の言動またはほかの経書の思想と一致しない点を問題にしているもの（三二・三四・七九など）と君臣間の名分問題（三四・一四〇など）である。司馬光はこれらの点で孟子を非難するとともに、孟子の思想でないものがある（二一一）とも疑っている。なお、同じく宋代の李覯（一〇〇九～一〇五九）も『常語』を著して孟子を批判している。ちなみに右の二書に対しては、同時代の余允文が『尊孟弁』を著して反駁し、さらに朱子は『読余隠之尊孟弁』（隠之は余允文の字）を書いて以上三書の全文を引き、余允文の説を補説している（『朱子文集』巻七十三）。

そのような批判論もあるが、全般としては孟子を尊重するものが多く、趙岐の『孟子題辞』によれば、漢の文帝（前一七九～前一五七在位）のときに『論語』『孝経』『爾雅』と並んで『孟子』も博士を置き、国家的な研究の便宜が与えられたという。真偽の程は疑わしいが、少なくともこれはまもなく廃止され、以後長く諸子類の儒家、すなわち儒家に属する一人の思想家の書物として扱われてきた。

けれども前漢の末の揚雄（前五三～一八）は、孟子が異端を排撃した点を賞揚し（『法言』吾子篇）、唐の韓愈（七六八～八二四）は、孟子が孔子を継いでよく先王の道を伝えたことをたたえ、彼の死後は道が伝わらない、と嘆き（『原道』）、また、荀子や揚雄と比較して孟子こそ「醇乎として醇なる者」（『読荀子』）とほめている。

さらに宋代になると、上記のような批判もあったが、数多くの学者によって尊重され、神宗（一〇六八～一〇八五在位）の時代には『論語』と並んで科挙の試験科目となるに至り、程伊川（一〇三三～一一〇七）は『礼記』の中の大学篇および中庸篇を抜き出して『論語』『孟子』と組み合わせたこと、その考えかたを継いだ朱子がこれを「四書」として特に注を書いたことなどによって、その地位は不動のものとなった。その尊重の理由は、主として、性善を説き孔子の仁の思想を発展させたこと、道統すなわち先王の道を顕彰して楊朱・墨翟らの異端を排撃したことにあり、これらが仏教に対抗しようとする当時の学者にアピールしたからである。そして、『孟子』はついに経書とされるようになり、宋の末期の陳振孫『直斎書録解題』という書目ではじめて経書として記録された（『宋史』芸文志では子部儒家類に入っている）。

ところで、孟子の論で最も問題なのが革命論ないし君臣論である。斉の宣王に答えた「聞誅一夫紂矣。未聞弑君也」（一五）、「君之視臣如土芥、則臣視君如寇讎」（九二）、「王曰、請問貴戚之卿。曰、君有大過則諫。反覆之而不聴、則易位」（一四〇）などのことばや「民為貴、社稷次之、君為軽」（二三六）などがそれである。これが古来我が国で大いに批判の対象になったことは無論であるが、かの国においても問題になった。ただ、これらは主として君主に対して諫戒（かんかい）の意味で述べられているので、民衆に向かって扇動したのと同日の談ではない。けれども『論語』では、魯の定公に対して孔子が「君、臣を使ふに礼を以（もっ）てし、臣、君に事（つか）ふるに忠を以てす」（五九）と言っているから、これを孟子のことばと比較すると、やはり孔子のほうが温和であることはいなめない。

なお、我が国の学者の孟子に対する非難は、荻生徂徠（おぎゅうそらい）の弟子である太宰（だざい）春台の「孟子論」（『斥非』の附録）が代表的である。これに対しては藪孤山（やぶこざん）の『崇孟』、深谷公幹の『駁斥非（ばくせきひ）』などの反論が出、さらに中山城山は『崇孟解』を著して藪孤山に再反論を加えるという、華々しい論争が行われた。これらの書は『日本儒林叢書』論弁部に収められており、その論点は多岐にわたるが、中心は上記の君臣論と王覇論であり、そのほかは思想の発展を考えぬ愚論である。この王覇論は、ちょっと興味ある点があるので一言すると、春台は覇者（伯者）は王者の一歩前で未完成のもの、王者は大成したもので、本来別物ではないとする。孤山は、伯者には徳をもっていうものと位をもっていうものとの区別があり、西伯（周の文王）は前者、斉の桓公は後者であるとし、この後者は王者と別物とする。また、『左伝』『管子』にも王覇の区別あることを説いて、孟子だけの論ではないとし、荀子も王覇の区別を説いているといって、孟子を弁護する。右の春台の意見は司馬光の意見とも一致している（二〇六）のがおもしろい。つまり、歴史的立場に立つと王覇別なしの論は当然出てくるのであろう。

なお、そのほか、藤沢東畡の『思問録』は、孟子が王道を説くことをもって、周の天子を尊んだ孔子の精神と反するという非難を加え、本居宣長も『玉勝間』（巻十四）で孟子を批判している。

また、孟子の論がとかく論理的でないという批判があるが、実践を主とする立場としてはやむをえないし、あるいはむしろ当然でさえあるかもしれない。学問的論理はどこまで押しつめても、けっきょく、行動とは連続しないからである。吉田松陰は、孟子の性善論と宋代の程伊川や張横渠（一〇二〇～一〇七七）らの本然と気質とに分けて論ずる性説とを比較して、程・張の説が学問的・論理的には優れていることを承認したうえで、次のように述べている。

然ども是に於て孟子と程張と学問優劣あるを知るべし。程張は議論上の事にて、孟子は事実上の教なり。孟子の人を教る、始終人の性善を引起すことを主とす。故に一人あり孟子に謁し性悪と云者あれば、孟子教て云く、汝惻隠の心はなきか。云くあり。云く是仁なり。汝羞悪の心はなきか。云くあり。云く是義なり。……故に孟子の前にて性悪を主張する者ありとも、其人々に就て其本然の良心を引起さるる故、絶て性悪の説を云に暇あらず。孟子の人を教ゆる斯の如し。程張に至ては、孟子を後立にして、荀卿・揚雄・韓愈の徒と難を構るのみ。其説愈備りて其実愈疎なり。故に孟子の書を読者、真に心を斯に留め議論に渉らず、只事実を学ぶべし。

（『講孟餘話』岩波文庫本、一五一ページ）

孟子の欠点は欠点として、まことに孟子の立場をよく理解したものと思う。なお、松陰は、革命論についても、よく和漢の歴史と国情の相違を認めて公平な批判を下している。

四　孟子の書

以上、孟子の思想を『孟子』という書物によって述べてきたが、実はそこに多少の問題がある。というのは、『史記』には孟子が晩年に弟子の万章らとともに『孟子』七篇を作ったとあり、趙岐もこれによっているが、唐の韓愈は、孟子の自著でなく、孟子の没後に門人たちが孟子の言を記したものといい（『文集』答張籍書）、以来この説が有力であり、また孟子の自著に門人が附加したものという説（『郡斎読書志』に引く馮休（ふうきゅう）の説）もある。朱子は、『孟子』の注では「門人尽（ことごと）くは其（そ）の詞を記すこと能（あた）はず」（四七）、「記す者の誤也」（五〇）など門人が記録したようなことをいうが、『朱子語類』には、文章が首尾一貫しているから自著だろうといい（巻十九）、門人から注との矛盾を突っ込まれてけっきょく、自著説を採っている（『文集』巻五十二、答呉伯豊）。

今、諸説を考えるに、孟子の会見した諸侯はみな「某王」と死後の諡（おくりな）で記してあるが、梁の襄王、滕の文公、魯の平公などは、孟子の没後に薨（こう）じたらしいこと、孟子の門人が楽正子・公都子・屋廬子など「子」をもって称していること（多少疑問があるが、二五九には一ヵ所「万章」を「万子」と記してある）などによれば、厳密に孟子の自著とするのは無理だし、第一、当時自分で著述をする習慣があったかどうかが問題である。まったく同じ文章の重複や同様の論旨が散見するのは、門人の編修によるためではあるまいか。しかし、内容は信頼してよかろう。

次に『孟子』の篇数である。『史記』には「七篇」とあり、『漢書』芸文志（前三二〜七ごろの記録）には「孟子十一篇」とある。趙岐は『孟子』七篇と『孟子外書』四篇とに分けて、七篇にのみ注を加え、かつ各篇を上下にわかち、すべて二六一章とし（これには問題があり、現在は二六〇章とする。本書もそれによった）、四篇の『外書』は後世の偽書として捨てた（『孟子題辞』）。以来『孟子』七篇のみ伝わり、『外書』四篇は趙岐の記述によって篇目名だけが伝わっている。しかし、その記述は「性善辨文説孝経為政」とあるだけなので、どうくぎるのか明らかでない。宋の孫奭（そんせき）は、性善辨・文説・孝経・為政とし、清の翟灝（てきこう）や焦循は、性善・辨文・説孝経・為政とする。ここでは、後漢の王充『論衡』本性篇に、孟子が性善篇を作ったとあるのによって、あとの説を採る。この『外書』は、宋代すでに散逸した

（王応麟『困学紀聞』）というのがほんとうらしく、今は逸文を集めたものがあるが、真偽はわからない。

七篇の表題は、それぞれの篇の最初に出てくる語を適当に採ったもので、深い意味があるわけではない。しかし、『孟子』全篇の配列については、趙岐の『孟子篇叙』（焦循『孟子正義』巻末に引用）によると、もっともらしい理屈をつけている。これはこじつけの感があるが、各篇ごとに多少のまとまりはあるようである。

全体の字数はどれくらいあるか。趙岐は三万四千六百八十五字、陳士元は三万五千四百十字、周広業は三万五千二百二十六字など、ほかにも異説があるが、森本角蔵氏によると三万五千三百七十四字である。テキストによっても違うだろうが、この森本説が現本としては正しいであろう。文字の種類は千八百八十九種である。ついでながら、『論語』は一万五千九百十七字、千三百五十五種、『大学』は千七百五十三字、三百九十四種、『中庸』は三千五百六十八字、六百四十四種で、これら四書の使用字種は総計二千三百十七種である（以上、森本氏による）。

さて、この『孟子』が我が国に伝来したのは相当古いことで、宇多天皇の寛平年間に陸奥守として在職中（八九一～八九七）の藤原佐世が勅命によって編纂した『日本国見在書目録』にすでに記録されている。ただし、孟子の思想には、我が国柄に合わぬ点があるというので問題になっていたらしく、明の謝肇淛（一五六四？～一六四二？）の『五雑俎』に「倭奴も亦儒書を重んじ仏法を信じ、凡そ中国の経書、皆重価を以て之を購ふ。独り孟子なし。

云く、その書を携へて往く者あれば、舟輒ち覆溺すと」とあるのは有名な話である。しかし、『孟子』がきらわれたことは、明の茅元儀の『武備志』にも見え、藤原貞幹の『好古日録』にも載せ、船の沈没の話は上田秋成の『雨月物語』にもあるという（藤野岩友博士『五雑組』、明徳出版社、中国古典新書）。

五　参考文献

『孟子』の注釈書や参考文献は非常に多いが、ここには最も基本的なものおよび私が参考した比較的主要と思われるものにとどめる。なお、ここにテキストの刊本を記しておくが、これはまったく便宜上のことで、刊本の良否とは別問題である。

●孟子注疏十四巻　漢・趙岐注、宋・孫奭疏（『十三経注疏』本）

趙岐の注は最古のもので、のちの朱子の注に対して古注という。孫奭（九六二〜一〇三三）の疏は、実は彼の作でないことが明らかにされているが、真の作者名がわからないから、便宜上、その名を用いる。『孟子題辞』はこれに附録している。

●孟子集注七巻　宋・朱熹（通行本）

朱熹（一一三〇〜一二〇〇）は宋の大儒朱子である。古注に対して新注という。集注とは諸家の説を集めて注をしたという意味。だいたいは趙岐の説を採っている。

●孟子正義三十巻　清・焦循（『皇清経解』本、『国学基本叢書』本）

趙岐の注を底本とし、諸研究を広く取り入れてある。焦循（一七六三～一八二〇）は清朝中期の人。まとまった注釈書として最善というが、ときに偏見もある。

●孟子四考四巻　清・周広業（『皇清経解続編』本）

●四書考異総考三十六巻・条考三十六巻　清・翟灝（単行本）

右の二書は焦循の『正義』にも引用しているが、総括的研究に便利である。

次に、日本人の漢文で書いた注釈書。特に注記する以外は『日本名家四書註釈全書』の孟子部（二冊）に収めてある。この『全書』にはこれ以外のものもあるが省略。

●孟子古義七巻　伊藤仁斎

仁斎（一六二七～一七〇五）は古義学で、朱子学を批判したが、朱子説によるところが多い。その長子東涯（一六七〇～一七三六）にも『四書集注標注』六巻がある。

●孟子逢原七巻　中井履軒

履軒（一七三二～一八一七）は朱子の注を底本としているが新説が多い。ほかに、『孟子雕題』『孟子雕題略』がある。

●孟子欄外書二巻　佐藤一斎

一斎（一七七二～一八五九）は昌平黌教官。広く諸説を折衷。

●読孟叢鈔十四巻　西島蘭渓（『続日本名家四書註釈全書』本）

蘭渓（一七八〇～一八五二）は昌平黌教官。焦循の『正義』も参照して広く内外の諸説を比較し、所論概して穏当である。

●四書訓蒙輯疏二十九巻　安部井褧（原刻本）

安部井が氏だが、唐風に安褧ともいう。会津藩儒で生卒は明らかでないが、弘化年間（一八四四～一八四七）に没したらしい。朱子の注を敷衍説明した諸家の説を集めてある。

●孟子定本十四巻　安井息軒（『漢文大系』本）

息軒（一七九九～一八七六）は昌平黌教官。清朝考証学を十分に研究し、所論は正確・妥当なものが多い。

なお、和文で書かれたもの、特に近年のものを主として挙げる。

●講孟餘話四巻　吉田松陰（『岩波文庫』本）

松陰（一八三〇～一八五九）が下田の脱出に失敗し、とらわれて故郷の萩にある野山の獄中で同囚に講義した内容を自身筆録したもの。ときに二十五歳。注釈というより一種の評論であるが、識見高邁でまことに敬服にたえない。

●孟子通解　簡野道明（明治書院、一九二五）

新しい形の注釈書としては最も古い部類に属する。解釈は穏当だが、文語文であること、解釈の根拠を記してないことなどが、今日としては欠点。

●孟子新釈（二冊）　内野台嶺（弘道館、一九二九）

著者は元東京文理科大学教授。新注・古注に偏せず、広く諸説を参照して出典を示し、所論明快である。今日では入手困難。

●孟子講義　近藤正治（大修館、一九三九）
著者は元東京女子大学教授。内野本に比してさらに詳細。趙岐の『孟子題辞』、朱子の序説を附録し、孟子に関しても相当に詳しい解説がある。今日では入手困難。

●孟子　内野熊一郎（『新釈漢文大系』本、明治書院、一九六二）
著者は元東京教育大学教授。日本大学教授、文学博士。語釈・通釈ともおおむね穏当で、今日入手しやすいものでは最もよいものの一つ。

●孟子　金谷治（『新訂中国古典選』本、朝日新聞社、一九六六）
著者は東北大学教授、文学博士。語釈は簡単で、訓読も独特のものがあるが、平明に叙述されている。

●孟子　渡辺卓（『中国古典新書』本、明徳出版社、一九七一）
著者は元お茶の水女子大学教授。これは抜粋本であるが、『孟子』の研究に独自の境地を開いた著者の研究がみられる。

KODANSHA

本書は、一九七三年に集英社より刊行された
『全釈漢文大系　第二巻　孟子』から抜粋し
文庫化したものです。

宇野精一（うの　せいいち）

1910-2008。東京帝国大学文学部支那哲学支那文学科卒業。文学博士。東方文化学院研究員，東京高等師範学校教授，東京大学教授を経て同大学名誉教授。二松学舎大学教授，尚絅大学長・尚絅学園理事長。『儒教思想』『中国古典学の展開』『論語と日本の政治』『宇野精一著作集』（全6巻）など著訳書多数。

講談社学術文庫

定価はカバーに表示してあります。

孟子（もうし）　全訳注

宇野精一（うのせいいち）

2019年3月11日　第1刷発行
2024年4月3日　第3刷発行

発行者　森田浩章
発行所　株式会社講談社
東京都文京区音羽 2-12-21 〒112-8001
電話　編集（03）5395-3512
販売（03）5395-5817
業務（03）5395-3615

装　幀　蟹江征治
印　刷　株式会社広済堂ネクスト
製　本　株式会社国宝社
本文データ制作　講談社デジタル製作

ISBN978-4-06-514311-7

「講談社学術文庫」の刊行に当たって

これは、学術をポケットに入れることをモットーとして生まれた文庫である。学術は少年の心を養い、成年の心を満たす。その学術がポケットにはいる形で、万人のものになることは、生涯教育をうたう現代の理想である。

こうした考え方は、学術を巨大な城のように見る世間の常識に反するかもしれない。また、一部の人たちからは、学術の権威をおとすものと非難されるかもしれない。しかし、それはいずれも学術の新しい在り方を解しないものといわざるをえない。

学術は、まず魔術への挑戦から始まった。やがて、いわゆる常識をつぎつぎに改めていった。学術の権威は、幾百年、幾千年にわたる、苦しい戦いの成果である。こうしてきずきあげられた城が、一見して近づきがたいものにうつるのは、そのためである。しかし、学術の権威を、その形の上だけで判断してはならない。その生成のあとをかえりみれば、その根は常に人々の生活の中にあった。学術が大きな力たりうるのはそのためであって、生活をはなれた学術は、どこにもない。

開かれた社会といわれる現代にとって、これはまったく自明である。生活と学術との間に、もし距離があるとすれば、何をおいてもこれを埋めねばならない。もしこの距離が形の上の迷信からきているとすれば、その迷信をうち破らねばならぬ。

学術文庫は、内外の迷信を打破し、学術のために新しい天地をひらく意図をもって生まれた。文庫という小さい形と、学術という壮大な城とが、完全に両立するためには、なおいくらかの時を必要とするであろう。しかし、学術をポケットにした社会が、人間の生活にとってより豊かな社会であることは、たしかである。そうした社会の実現のために、文庫の世界に新しいジャンルを加えることができれば幸いである。

一九七六年六月

野間省一

中国の古典

451
論語新釈
宇野哲人著（序文・宇野精一）
「宇宙第一の書」といわれる『論語』は、人生の知恵を滋味深く語ったイデオロギーに左右されない不滅の古典として、今なお光芒を放つ。本書は、中国哲学の権威が詳述した、近代注釈の先駆書である。

594
大学
宇野哲人全訳注（解説・宇野精一）
修己治人、すなわち自己を修練してはじめてよく人を治め得る、とする儒教の政治目的を最もよく組織的に論述した経典。修身・斉家・治国・平天下は真の学問の修得を志す者の熟読玩味すべき哲理である。

595
中庸
宇野哲人全訳注（解説・宇野精一）
人間の本性は天が授けたもので、それを〝誠〟で表し、「誠とは天の道なり、これを誠にするのは人の道なり」という倫理道徳の主眼を、首尾一貫、渾然たる哲学体系にまで高め得た、儒教第一の経典の注釈書。

742
菜根譚
洪自誠著／中村璋八・石川力山訳注
儒仏道の三教を修めた洪自誠の人生指南の書。菜根とは粗末な食事のこと。そういう逆境に耐えてこそこの世を生きぬく真の意味がある。人生の円熟した境地、老獪極まりない処世の極意などを縦横に説く。

1283
孫子
浅野裕一著
人間界の洞察の書『孫子』を最古史料で精読。春秋時代末期に書かれ、兵法の書、人間への鋭い洞察の書として名高い『孫子』を新発見の前漢末の竹簡文をもとに解読。組織の統率法や人間心理の綾など詳細に説く。 電P

1319
墨子
浅野裕一著
博愛・非戦を唱え勢力を誇った墨子を読む。中国春秋末、墨子が創始した墨家は、戦国末まで儒家と思想界を二分する。兼愛説を掲げ独自の武装集団も抱えたが秦漢期に絶学、二千年後に脚光を浴びた思想の全容。

中国の古典

1692
呂氏春秋
町田三郎著

秦の宰相、呂不韋（りょふい）が作らせた人事教訓の書。始皇帝の宰相、呂不韋と賓客三千人が編集した『呂氏春秋』は天地万物古今の事を備えた大作。天道と自然に従い人間行動を指示した内容は中国の英知を今日に伝える。

電P

1824
孝経
加地伸行全訳注

大文字版

この小篇は単に親孝行を説く道徳書ではない。中国人の死生観・世界観が凝縮されている。『女孝経』「法然上人母へのことば」など中国と日本の資料も併せ、精神的紐帯としての家族を重視する人間観を分析する。

1899
十八史略
竹内弘行著

神話伝説の時代から南宋滅亡までの中国の歴史を一冊に集約。韓信、諸葛孔明、関羽ら多彩な人物が躍動し、権謀術数が飛び交い、織りなされる悲喜劇——。簡潔な記述で面白さ抜群、中国理解のための必読書。

電P

1962
論語　増補版
加地伸行全訳注

人間とは何か。溟濛の時代にあって、人はいかに生くべきか。儒教学の第一人者が『論語』の本質を読み切り、独自の解釈、達意の現代語訳を施す。漢字一字から検索できる「手がかり索引」を増補した決定新版！

2010
倭国伝　中国正史に描かれた日本　全訳注
藤堂明保・竹田　晃・影山輝國訳注

古来、日本は中国からどう見られてきたか。漢委奴国王金印受賜から遣唐使、蒙古襲来、勘合貿易、倭寇、秀吉の朝鮮出兵まで。中国歴代正史に描かれた千五百年余の日本の姿を完訳する、中国から見た日本通史。

電P

2058
荘子　内篇
福永光司著

中国が生んだ鬼才・荘子が遺した、無為自然を基とし人為を拒絶する思想とはなにか？　荘子自身の手によるとされる「内篇」を、老荘思想研究の泰斗が実存主義的に解釈。荘子の思想の精髄に迫った古典的名著。

電P

2121
池田知久訳注
「淮南子」
訳注

淮南王劉安が招致した数千の賓客と方術の士に編纂させた思想書『淮南子』は、道家、儒家、法家、兵家、墨家の諸子百家思想と、天文・地理などの知識を網羅した古代中国の百科全書である。その全貌を紹介する。電P

2135
布目潮渢訳注
茶経　全訳注

中国唐代、「茶聖」陸羽によって著された世界最古の茶書。茶の起源、製茶法から煮たて方や飲み方など、茶のあらゆる知識を科学的に網羅する「茶の百科全書」を豊富な図版を添えて読む、喫茶愛好家必携の一冊。電P

2237・2238
池田知久訳注
荘子（上）（下）全訳注

「胡蝶の夢」「朝三暮四」「知魚楽」「万物斉同」「庖丁解牛」「無用の用」……。宇宙論、政治哲学、人生哲学まで、森羅万象を説く、深遠なる知恵の泉である。達意の訳文と丁寧な解説で読解・熟読玩味する決定版！電P

2257～2260
井波律子訳
三国志演義（一）～（四）

中国四大奇書の一冊。後漢王朝の崩壊後、群雄割拠の時代から魏、蜀、呉の三つ巴の戦いを活写する。時代背景や思想にも目配りのきいた、最高の訳文で、劉備、関羽、張飛、諸葛亮たちが活躍する物語世界に酔う。電P

2333～2336
下定雅弘・松原　朗編
杜甫全詩訳注（一）～（四）

国破れて山河在り、城春にして草木深し――。「詩聖」と仰がれ、中国にとどまらず日本や周辺諸国の文化や文芸に影響を与え続ける中国文学史上最高の詩人。その全作品が、最新最良の書きおろし全訳注でよみがえる！電P

2429・2430
池田知久訳
荘子（上）（下）全現代語訳

「無」からの宇宙生成、無用の用、胡蝶の夢……。宇宙論から人間の生き方、処世から芸事まで。幅広い思想を展開した、汲めども尽きぬ面白さをもった『荘子』を達意の訳文でお届けする『荘子　全訳注』の簡易版。電P

中国の古典

2451〜2455
井波律子訳
水滸伝（一）〜（五）

中国武侠小説の最大傑作にして「中国四大奇書」の一つ。北宋末の乱世を舞台に、好漢百八人が暴力・知力・胆力を発揮し、戦いを繰り広げながら、「梁山泊」へと集結する！　勢いのある文体で、完全新訳！　電P

2476
顔之推著／林田愼之助訳
顔氏家訓

王朝の興亡が繰り返された乱世の古代中国を生き抜いた名門貴族が子孫に書き残した教えとは。家族の在り方、教育、養生法、仕事、死をめぐる態度まで、人生のあらゆる局面に役立つ英知が現代語で甦る！　電P

2534
宇野精一訳注
孟子　全訳注

王の正しいあり方、人として心がけること、なしてはならぬこと、理想の国家、性善説――『大学』『中庸』『論語』と並び「四書」の一つとされ、儒教の教えの根幹を現代まで伝える必読書を、格調高い現代語訳で。　電P

2539
池田知久訳注
老子　全訳注

無為自然、道、小国寡民……。わずか五四〇〇字に込められた、深遠なる宇宙論と政治哲学、倫理思想と養生思想は今なお示唆に富む。二〇〇〇年以上読みつがれる大古典の全訳注。根本経典を達意の訳文で楽しむ。　電P

2589
劉向（りゅうきょう）著／池田秀三訳注
説苑（ぜいえん）

前漢の大儒・劉向の編纂になり、皇帝の教育用の書として作られた故事説話集の全訳が文庫に。本書には精選された九十五を収録。「君子の徳は風」「忠臣は君に殉ぜず」など、君と臣のあり方や、身の処し方を説く。　電P

2642
呉　兢著／石見清裕訳注
貞観政要　全訳注

唐王朝最盛期を築いた名君と謳われる太宗が、自らの統治の是非について臣下と議論を交わし、時に痛烈な諫言を受け入れた様を描く不朽の「帝王学」。平明な全文訳と、背景となる中国史がわかる解説による決定版。　電P